シリーズ・現代の世界経済 ①

現代アメリカ経済論

地主敏樹／村山裕三／加藤一誠 編著

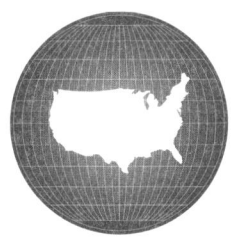

ミネルヴァ書房

『シリーズ・現代の世界経済』刊行のことば

　グローバリゼーションはとどまることを知らず，相互依存関係の高まりとともに，現代の世界経済は大きな変貌を見せている。今日のグローバリゼーションは，瞬時的な情報の伝播，大規模な資金移動，グローバルな生産立地，諸制度の標準化などを特徴としており，その影響は急激であり多様である。たとえば，一部の新興市場諸国は急激な経済発展を遂げその存在感を強めているが，他方で2008年の世界金融危機による同時不況から，いまだに抜け出せない国々も多い。国内的にもグローバリゼーションは勝者と敗者を生み出し，先進国，途上国を問わず，人々の生活に深い影を落としている。

　グローバリゼーションの進展によって世界の地域や国々はどのように変化し，どこに向かっているのであろうか。しかし，現代の世界経済を理解することは決してたやすいことではない。各地域や各国にはそれぞれ固有の背景があり，グローバリゼーションの影響とその対応は同じではない。グローバリゼーションの意義と限界を理解するためには，様々な地域や国々のレベルで詳細にグローバリゼーションを考察することが必要となる。

　このため，本シリーズは，アメリカ，中国，ヨーロッパ，ロシア，東アジア，インド・南アジア，ラテンアメリカ，アフリカの8つの地域・国を網羅し，グローバリゼーションの下での現代の世界経済を体系的に学ぶことを意図している。同時に，これら地域・国とわが国との関係を扱う独立した巻を設定し，グローバリゼーションにおける世界経済と日本とのあり方を学ぶ。

　本シリーズは，大学の学部でのテキストとして編纂されているが，グローバリゼーションや世界経済に強い関心を持つ社会人にとっても読み応えのある内容となっており，多くの方々が現代の世界経済について関心を持ち理解を深めることに役立つことができれば，執筆者一同にとって望外の喜びである。なお，本シリーズに先立ち，ミネルヴァ書房より2004年に『現代世界経済叢書』が刊行されているが，既に7年が経ち，世界経済がおかれている状況は大きく変貌したといって決して過言ではない。本シリーズは，こうした世界経済の変化を考慮して改めて企画されたものであり，各巻ともに全面的に改訂され，全て新しい原稿で構成されている。したがって，旧シリーズと合わせてお読み頂ければ，この7年間の変化をよりよく理解できるはずである。

　2011年2月

編著者一同

は　し　が　き

　本書は，アメリカ合衆国の経済をテーマに「シリーズ・現代の世界経済」第1巻として刊行される。本書の前身は2004年に「現代世界経済叢書」の1冊として刊行された『アメリカ経済論』(前書)で，これは幸い好評を得て，版を重ねることができた。しかし，前書が世に出てからすでにおよそ8年の歳月が経ち，その間にアメリカ経済を取り巻く状況も大きく変わった。出版当時，好調であったアメリカ経済は，いま，金融危機で負った傷が癒えず，回復途上にある。そして，2008年の大統領選挙で圧倒的な支持を得て当選したオバマ大統領には逆風が吹いているように見える。本書では，こうしたアメリカの変貌を描こうと努めた。

　おそらく，第二次世界大戦後の世界において，一時的な変動はあってもアメリカは日本がもっとも深いつき合いをしている国である。その分，報道される機会も多いから，読者のアメリカとのつき合い方によってアメリカ観は異なるだろう。また，読者がいつの時代にどのような領域でアメリカとかかわったかによっても，別のアメリカ像をもっているだろう。本書はそのような多様な読者のニーズに合うため，いくつかの工夫を凝らしている。

　まず，タイトルでは「経済」と銘打ってはいるが，目次からもわかるように，経済だけでなく技術，政治，法律，移民，医療，教育，環境などアメリカの社会の描写に紙幅を割いている。そして，日本では枚挙に暇(いとま)がないほどのアメリカ本が出版されており，それらを見た方も少なくないだろう。本書の特徴はそのような書物とは一線を画し，各分野の専門家が各自の知見を生かして易しく書いたアメリカ社会の入門書だということにある。平易さを旨としたため，「アメリカを学びたい」という学生にはアメリカ研究の入門書として読んでもらいたい。

　また，すでに経済学を履修した人には，より深くアメリカを理解できる解説が随所に散りばめられている。なぜなら，「アメリカ経済」といえども，それが一国の経済である以上，枠組みはマクロ経済学の考え方で説明できる。特定

の財やサービスに関してはミクロ経済学の考え方を援用することができるからである。たとえば，日本経済を学んだ読者は日米経済の比較を念頭に本書を読み進められればよい。このような配慮は類書にはない特徴といってよい。

　なお，前書とは構成も変更している。アメリカの経済発展の基盤を支えた技術や交通はあらためて第Ⅰ編とした。また，前書で高評価をいただいた「アメリカ政治経済のクロノロジー」は，「20世紀以後の政治経済の歩み」として第Ⅱ編に置いた。これらを最初に読まれてから，各論に入るように構成しており，読者は体系的にアメリカを理解することができるようになっている。

　前書では地主と村山が編集作業にあたったが，このたび，村山と同門の加藤を加えて3名の編集体制となった。地主と村山は関西日米フォーラムという，アメリカ研究の学際的な集まりで出会った。同フォーラムからは前書と同様に，大津留（北川）智恵子氏をはじめ前田高志・藤重仁子の諸氏に参加願った。また，編者の村山と加藤の恩師である榊原胖夫教授にも加わって頂いた。滝井光夫氏も同じ研究会で報告をされている。また，いまひとりの編者である地主の同僚である神戸大学社会科学系諸学部の研究者として上林憲雄，泉水文雄の両氏にも前書から引き続いてご助力頂いた。

　医療問題を担当された中浜隆氏はアメリカの医療関係の著書も多く，塙武郎氏は公共交通や教育の財政に造詣が深く，編者の加藤と同じ学会に属している。温暖化対策などアメリカの環境政策を研究してきた有村俊秀氏には，地主の同僚の紹介で縁を得て，執筆メンバーに加わって頂いた。こうした領域は前書で取り扱いたかったがそれが叶わず，今回新たに加わった領域である。

　本書の執筆にあたり，執筆者は多くの方のご協力を得ており，ここであらためて謝意を表したい。巻末のデータの作表については，宮本大輔氏（当時，神戸大学大学院）がつくられたものに，加藤が補足したものである。最後に，本書の草稿にも丹念に目を通されたうえで，編者や著者を叱咤激励いただいたミネルヴァ書房の赤木美穂氏に心から感謝申し上げる。本書がこの時期に刊行に至ったのは，ひとえに赤木氏の根気強い努力によるものであることを申し添える。

　　2012年3月

　　　　　　　　　　　　　　　　　　地主敏樹・村山裕三・加藤一誠

現代アメリカ経済論

目　次

はしがき

序　章　多面的なアメリカ経済…………………………………………… 1
　　1　アメリカ経済の多面性　1
　　2　多様なアプローチに基づいた本書の構成　2

第Ⅰ部　経済大国アメリカの基盤

第1章　アメリカ経済の特性……………………………………………… 7
　　1　経済の仕組み　7
　　2　自然資源　9
　　3　人的資源　12
　　4　ソーシャル・フレームワーク　14
　　5　経済成長　19
　　コラム　アメリカ研究の多国籍化　21

第2章　経済成長の源泉………………………………………………… 23
　　1　市場の大きさと経済成長　23
　　2　国内統合市場と大量生産方式　26
　　3　法律の枠組みと経済成長　30
　　コラム　19世紀の鉄道と20世紀のインターネット　33

第3章　自由企業体制…………………………………………………… 35
　　1　アメリカ企業の経営システム　35
　　2　近代企業の生成と発展　36
　　3　アメリカ型企業統治の特徴　41
　　4　アメリカ企業の戦略と組織　44
　　5　ITの発達とアメリカ企業の動向　47
　　6　アメリカ型企業システムのゆくえ　50
　　コラム　アメリカのMBA　51

第4章　反トラスト法……………………………………………54
　　1　アメリカの法制度と裁判制度　54
　　2　アメリカの反トラスト法　58
　　3　局　地　戦——OSとブラウザの抱き合わせ　61
　　4　全面戦争——1998年提訴から分割訴訟へ　64
　　5　マイクロソフト事件終結へ　67
　　6　裁判における専門家の役割　70
　　コラム　カルテルと反トラスト法　71

第5章　交　　通……………………………………………73
　　1　交通と経済　73
　　2　交通と経済発展　75
　　3　連邦制における交通整備　78
　　4　空港運営の効率性　84
　　5　旺盛なインフラの資金需要　86
　　コラム　連邦道路予算と政治家　87

第6章　技術政策と研究開発……………………………………89
　　1　冷戦期の技術政策と産官学の研究開発体制　89
　　2　技術開発の低迷と産業政策論争　94
　　3　IT革命，9.11テロ，中国の台頭　98
　　4　アメリカの技術政策の特質　100
　　コラム　スペース・シャトルの退役　102

―――――――――――――――――――――――――――――――
　　　　　　　第Ⅱ部　20世紀以後の政治経済の歩み
―――――――――――――――――――――――――――――――

第7章　大きな政府へ……………………………………………107
　　1　見直される政府の役割　107
　　2　大きな政府の出現　112
　　3　第二次世界大戦と戦後　118

4　コンセンサスの時代——1950年代　125
　　　5　激動の時代——1960年代　128
　　　コラム　ケネディ一族とアメリカの経済・社会　134

第8章　小さな政府を経て新たな政府の役割へ……………………136
　　　1　ベトナムとインフレで病む経済社会——1970年代　136
　　　2　模索と改革　140
　　　3　保守化の時代——1980年代　145
　　　4　新しいリベラリズム——1990年代　154
　　　5　バブルと戦争——2000年代　160
　　　6　オバマ政権のアメリカ　169
　　　コラム　オバマとレーガン　173

第Ⅲ部　マクロ・対外政策の考え方と展開

第9章　財政システム……………………………………………177
　　　1　アメリカの公共部門——連邦政府と州・地方政府　177
　　　2　アメリカ財政の概要　180
　　　3　財政システムと歳出・歳入構造　183
　　　4　財政赤字と予算・税財政改革——経済と財政の再生のために　190
　　　コラム　地方税に見るアメリカ流の地方自治　194

第10章　金融システム……………………………………………196
　　　1　アメリカ金融システムの特徴　196
　　　2　さまざまな金融機関　200
　　　3　金融危機と金融規制　205
　　　4　連邦準備制度と金融政策　209
　　　5　アメリカ金融システムのゆくえ　211
　　　コラム　アメリカで銀行を使う　213

目　次

第11章　産業構造と貿易 ………………………………………………… 215
　　1　産業発展と産業構造の変化　215
　　2　貿易依存度と貿易構造の変化　219
　　3　通商政策の動向　229
　　コラム　保護貿易主義に屈したレーガン政権　233

第Ⅳ部　現代の重要課題

第12章　移民政策 ………………………………………………………… 237
　　1　アメリカへの移民の流れ　237
　　2　アメリカの移民政策　242
　　3　1965年移民法以降の変化　245
　　4　9.11同時多発テロ事件以降の動向　249
　　コラム　変化しつつある人口構成　251

第13章　医療保険 ………………………………………………………… 254
　　1　医療保険制度の概要と特徴　254
　　2　公的医療保険と医療扶助　255
　　3　民間医療保険　262
　　4　保険加入者と無保険者　266
　　5　近年の政策動向　268
　　コラム　保険の州規制と全米保険監督官協会　271

第14章　教育政策 ………………………………………………………… 274
　　1　アメリカの教育支出と教育政策ベクトル　274
　　2　初等中等教育　278
　　3　高等教育　282
　　4　アメリカ経済社会の普遍的価値と教育システム　286
　　コラム　産業構造の変化とコミュニティ・カレッジの限界　287

第15章　環境政策………………………………………………………290
　　　1　アメリカの環境政策の特徴　290
　　　2　排出量取引制度——アメリカ発の環境政策　292
　　　3　再生可能エネルギー　298
　　　4　省エネルギー　302
　　　コラム　大統領選挙とトウモロコシ　307

終　章　アメリカ経済の展望……………………………………………311
　　　1　金融危機後の停滞　311
　　　2　アメリカ経済を長期的に観察・考察するために　313

資　料　317
索　引　323

序　章
多面的なアメリカ経済

　アメリカは，経済面において依然として世界最大の経済規模をもつ。それ以外にも，資源大国，軍事大国，農業大国にはじまり，移民の国，サラダボウル，所得格差などアメリカを形容する言葉には枚挙の暇(いとま)がない。

　本章はアメリカあるいはアメリカ経済が多様性をもつことを読者に認識してもらうために書かれている。多様性を理解するためには，経済だけではなく，歴史，政治および教育など広範な領域の知識が必要であり，本書はそのような構成となっている。

　第Ⅰ部ではアメリカ経済の基盤となる概念が説明され，第Ⅱ部において20世紀のアメリカ経済と政治の大きな流れが描かれている。第Ⅲ部では財政・金融・貿易というマクロ経済の側面と対外関係が扱われ，そして第Ⅳ部においてアメリカの経済社会が直面する重要なトピックが扱われている。読者は自分の関心のあるところからアメリカ経済に切り込めるとともに，すべてを読めば各人のアメリカ像が構築できるようなひとつのストーリーをもった構成になっている。

1　アメリカ経済の多面性

　アメリカは，依然として世界最大の経済大国であり，多様かつ魅力的である。自由の国。ビジネスの国。資源大国。軍事大国。移民が多く人種・民族問題に悩む国。競争が激しく格差の大きな国。弁護士も裁判も多い国。新技術や新産業が生み出される国。巨大な国土を空路とハイウェイで結び付けている国。二大政党と大統領制の国。地方分権の強い連邦制の国。国際通貨ドルを発行している世界の金融センター。医療の水準も費用も高い国。大学などの教育・研究水準の高い国。エネルギー消費が多く，京都議定書に参加しなかった国。さまざまな印象をもっていることだろう。

アメリカ経済の研究者は，ほとんどの場合，自分が惹き付けられたどれかひとつの側面を切り取って，分析を加えることになる。したがって，諸大学で教えられているアメリカ経済論の内容も，講義担当者の専門領域に応じて，かなり多様なものにならざるをえない。大学の講義は一種のライブ・パフォーマンスであるから，担当者の得意な部分を中心に構成されて自然であろう。しかし，そうした講義をしていると，複数の専門家が集まってさまざまな側面を取り扱ったテキストができてほしいと考えるものである。それが実現して，多くの方に参加していただいて本書をつくることができたので，非常に喜ばしく思っている。

2 多様なアプローチに基づいた本書の構成

多面的なアメリカ経済を理解するために，本書では経済学に限定せず，社会科学諸学のアプローチを援用することとした。本書の構成を説明することを通して，内容やアプローチの多様性を示してみよう。前半の第Ⅰ部と第Ⅱ部は，アメリカ経済の全体像を呈示しようとしている。比較経済とマクロ経済学，経済史と政治史，経営学および法学からの視点もあわせて，多面的に示すように努めた。後半の第Ⅲ部と第Ⅳ部は，興味深い諸側面を各章ごとに取り扱っている。各分野の専門家に参加していただけたことで，どの章も味わい深い内容になったと考えている。

第Ⅰ部では，いまなお世界第1位の経済大国であるアメリカの基盤を理解してもらうことを意図した。第1章は，アメリカ経済の特性を呈示して，学生諸君にアメリカ経済を学ぶうえでの出発点を提供している。第二次世界大戦後早期のアメリカ留学以来，アメリカ経済を研究してきた榊原胖夫（同志社大学）がこの章を執筆した。第2章は，アメリカ経済の長期的な経済発展を取り扱っている。村山裕三（同志社大学）が，経済史のアプローチから，19世紀後半におけるアメリカの高度成長の源泉を説明している。このふたつの章を読んで，アメリカ経済を観察するための基礎となるwisdomを習得してほしい。

残る4つの章は，企業・法・交通および技術開発という，アメリカ経済の基礎そのものを構成する，重要な諸側面を扱う。第3章は，アメリカ経済の根幹をなす自由企業体制について，19世紀のビッグビジネスの形成から最近のIT

化にいたるまで，経営学の専門家である上林憲雄（神戸大学）がアメリカ企業の経営システムの観点をベースとして，説明している。第4章は，アメリカ経済のインフラをなす法システムについて，英米法伝統の経験法の枠組みや，ビッグビジネスを規制しようとした反トラスト法などを中心に，泉水文雄（神戸大学）が説明している。第5章は，巨大な国土を単一市場にまとめている交通システムの成り立ちや資金調達について，政府の関与という観点から加藤一誠（日本大学）が分析している。第6章は，シリコンバレーのウォッチャーであった経験をもつ村山裕三が，IT化や中国の台頭をふまえて，アメリカの技術政策の変遷や特質について，説明している。

第Ⅱ部は，経済大国となったアメリカの20世紀に入ってからのクロノロジーを扱う。地主敏樹（神戸大学）がマクロ経済の変遷を担当し，大津留（北川）智恵子（関西大学）が政治の変遷を担当して，ふたつの学問アプローチをあわせて，複合的に分析し叙述した。第7章は，主に1930年代の大恐慌から60年代の民主党政権まで，市場経済システムの限界に政府が対処しようとした「大きな政府」の流れを，追っている。第8章は，1970年代のスタグフレーションという混迷期から，80年代の共和党政権による保守革命によって「小さな政府」へ向かう方向性が打ち出され，90年代の「新しいリベラリズム」および現在にいたるまで，政府の能力の限界が認識されてきた時代を取り扱っている。アメリカ経済の通時的な把握によって，歴史的な認識力を磨いてもらいたい。

第Ⅲ部は，アメリカ経済全体に影響を及ぼし，かつ対外関係ともつながる分野である，財政・金融・貿易を取り扱った。第9章では，前田髙志（関西学院大学）が，アメリカの連邦制度の概要と，連邦政府の財政赤字問題と解決法の変遷を説明している。第10章では，地主敏樹が，世界でも特異なその金融システムと，近年における大きな自由化，および繰り返されてきた金融危機について述べている。第11章では，滝井光夫（桜美林大学）が，アメリカ経済の貿易構造や通商政策を，産業構造の変化に対応させるかたちで，説明している。

第Ⅳ部は，アメリカの経済のみならず社会全体が直面している重要な諸問題として，移民・医療・教育・環境を扱った。第12章では，藤重仁子（森ノ宮医療大学）が，移民の歴史と最近の移民政策の動向を論じている。近年のヒスパニックの増加が移民政策との関係で明らかにされている。第13章では，中浜隆（小樽商科大学）が，世界でも特異なアメリカの医療保険制度に関して，説明し

ている。最近，オバマ政権が大きな改革を立法した分野である。第14章では，塙武郎（八洲学園大学）が，アメリカの各段階の教育制度や教育政策を論じている。州政府と学校との独立性とともに，高等教育において連邦政府の役割が拡大していることが述べられている。第15章では，有村俊秀（早稲田大学）が，環境政策について説明している。京都議定書には参加しなかったが，オバマ政権でグリーン・ニューディールという政策が打ち出されている。

　終章で，アメリカ経済について，金融危機からの回復という近未来のテーマと，より長期的に考察するうえで役立つであろうヒントを提供している。なお，終章は大津留（北川）智恵子の意見を参考にしつつ，編者一同が担当した。

　第一線で活躍する多彩な専門家を豊富に投入できたので，「アメリカ経済を学んでみたい」方々の多くに役立つ本となったと，編者一同は自負している。この本を使って，アメリカ経済の多面的な全体像を習得した方には，ぜひ，次のステップに進んでいただきたい。図書館や書店に行くと，本書の執筆陣を含めて多くの専門家による，アメリカ経済・社会に関するさまざまな本や論文が手に入るはずである。もちろん，インターネットを生み出した国のことなので，ネット上の情報も豊富である。上手に情報を選択していただきたい。また，他の国々の経済と比較してみることも勧めておきたい。

●参考文献
秋元英一・菅英樹（2003）『アメリカ20世紀史』東京大学出版会。
アメリカ学会編（1950～2006）『原典アメリカ史』全9巻＋社会史史料集，岩波書店。
榊原胖夫・加藤一誠（2011）『アメリカ経済の歩み』文眞堂。
松尾弌之ほか編（2004）『事典　現代のアメリカ』大修館書店。
村山裕三・地主敏樹編（2004）『アメリカ経済論』ミネルヴァ書房。

（地主敏樹・村山裕三・加藤一誠）

第Ⅰ部

経済大国アメリカの基盤

第1章
アメリカ経済の特性

　本章はアメリカ経済を勉強するにあたって必要な2つのことについて述べる。ひとつは経済についての最低限の常識である。経済学には世界の大部分の学者が同意する理論の枠組みがある。その枠組みは細部にわたっていつも同じであるわけではない。しかしその枠組みのなかでは経済現象はどの国，どの地域で生じてもほぼ同じ結果を生む。アメリカにおける経済現象も経済学によって解釈され，理解される部分が大きい。いまひとつは特殊アメリカ的な地理的，社会的，歴史的，制度的要因の理解である。アメリカ経済はそのなかで生まれ，育ち，発展し，新しい問題に直面してきたからである。アメリカ経済を勉強するものは，アメリカそのものをよりよく知る必要がある。
　本章の目的は上の2つの点について，最も基礎的な知識を提供することである。

1　経済の仕組み

(1)　経済活動

　経済は一定の歴史的社会的枠組み（ソーシャル・フレームワーク）のなかで人間が行う生産と消費という活動を中心に成り立っている。人間は自然界にある物質に労働を加え，そのままでは役に立たないものを変形して役立つものに変える。その行動を生産という。自然界に質量不変の法則がある限り，人間は無から有をつくりだすことはできない。生産活動によって人間がつくりだしているのは効用（有用性）である。一方，消費は効用の消費で，有を無にすることではない。生産と消費の過程で無用となった残存物は何らかのかたち（廃棄物，ごみなど）で自然界に戻される。
　効用には本来かたちがない。人間にとって有用であるのは物質だけではない。労働にはかたちがないし，文化や芸術にもかたちがない。過去の経験や知識な

第Ⅰ部　経済大国アメリカの基盤

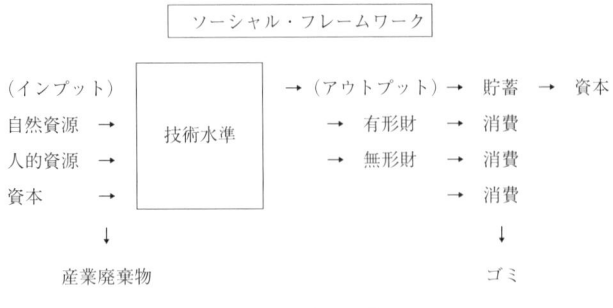

図1-1　生産と消費

出所：筆者作成。

ども大いに有用であるが，書物やCDやメモリなど一部は有形であっても，大部分は無形である。無形の経済財は経済学ではサービスと呼ばれている。

　人間が生産活動をするにあたっては投入（インプット）が必要である。インプットは大別すると，自然資源，人的資源および資本になる。資本とは人間の経済活動のなかで生産したが，そのまま消費せず貯蓄した過去からの蓄積のことである。資本には2種類があり，ひとつは，直接，生産に結びついた工場設備や機械などであり，いまひとつは社会資本と呼ばれるもので，直接，生産活動にインプットされるわけではないが，生産と消費の環境をととのえ，その効率を高めるものである。治山，治水，交通通信，上下水道，教育施設，公園などの公共施設がこれにあたる。

　生産とはインプットをアウトプット（産出）に変える人間行動のことである。そしてインプットをアウトプットに変えるにはそのための技術が必要である。技術とは一定のインプットから最大限のアウトプットを得るための工夫である。

　このプロセスを簡単に示すと図1-1のようになる。

（2）　経済の循環

　人類のもっとも大きな発明のひとつは貨幣であるといわれる。貨幣は経済のなかで多くの役割を果たしているが，生産と消費の過程をスムーズにするとともに，それぞれの経済財の価値をはかる目安ともなっている。

　ひとつの国の産出の総価値は国内総生産（GDP）と呼ばれる。価値とは産出された財の量にそれぞれの価格を掛けあわせたもので，GDPはそれらを国全

第1章 アメリカ経済の特性

図1-2 経済の循環
出所：筆者作成。

体で総計したものである。GDPが増加するためには投入量が増加するか，投入物の質が改善されるか，技術水準が向上して同じ投入量でより多くの産出ができるようになるしかない。

　生産をつかさどる主体を企業と呼び，消費する主体を消費者と呼ぶことにしよう。企業はすべてのインプットを所有しているわけではない。企業はインプットの大部分をその所有者から買い，通常，貨幣のかたちで代価（地代，賃金および利子など）を所有者に支払う。インプットの所有者の大部分は消費者である。一方，消費者は企業が生産した財やサービスを購入してその代価を支払う。このようにして経済は循環する。このプロセスを簡単に示すと図1-2のようになる。人間による生産と消費の活動や経済循環の構造そのものには国によって大きな差があるわけではない。国による差の大部分はソーシャル・フレームワークの違い，投入できる資源の存在量とその質，技術の水準，その結果としてのGDPの大きさやその成長率にある。

　本書の構成もここで述べた経済の基本的構造に従っており，そのなかでアメリカ経済の特殊性を把握するというかたちになっている。

2　自然資源

（1）　国土の大きさ・利用形態と資源

　土地は農業，牧畜，林業や工場用地として生産者に，また宅地として消費者に用いられる。さらに「公共地」として公園，学校，道路，その他交通機関，

軍用にも利用される。住民が利用できる土地の大きさは国によって大きな差がある。アメリカの国土面積は約985万平方キロメートルで、日本の約25倍、ロシアを除くヨーロッパの約1.9倍である。大陸国家で西海岸から東海岸までの距離は約5000キロ、カナダ国境からメキシコ湾までの距離は約2500キロである。国土のうち連邦が所有するのは約20％、残りの土地のうちルーラル・エリアは71％（耕作地19％、畜産業用地21％、放牧地6.0％、森林21％）、その他都市など開発された土地は5.6％、湖や沼が2.6％となっている。

　面積だけからするとアメリカより大きい国（ロシア、カナダ、中国）はあるが、ツンドラ、砂漠、山岳地帯などの占める割合が大きく、耕作可能面積はいずれもアメリカよりも小さい。アメリカの国土利用は進んでおり、交通網がほぼ全土をおおっている。道路に使われている土地面積はイギリス全土よりも大きい。

　アメリカの国土の地勢は多様で、寒冷地もあれば亜熱帯もあり、湿地帯があるかと思えば砂漠もある。収穫しうる農産物も多様である。伝統的に北部地域は主として小麦、中部地域はとうもろこし、南部は綿花といわれてきたが、現在では農業技術の進歩もあり、多くの種類の農産物と果実が各地で生産されている。

　19世紀はじめに捕鯨国であったアメリカは、資源保護の立場から現在では捕鯨をごく少数の例外を除いて認めていない。しかし、海産物は豊富で、東海岸、西海岸、メキシコ湾、国土内にある無数の湖沼には豊かな漁業資源がある。

　農産物や海産物に加えて鉱物資源も豊富で、石油、鉄鉱石、石炭、ボーキサイト、銅などの生産は世界でも有数である。どの地域で何がどれほど生産されるかは主として需要と供給、そして価格に依存する。国内にある資源だから開発されなければならないという発想はほとんどなく、需要が伸び、価格が上昇し、利潤が生じるならば増産され、そうでない場合は減産される。アメリカが原油供給の多くを中東に依存しているのは主として中東産の方が掘削などのコストが低く、輸送費を含めても価格が安いからである。近年、環境に対する配慮が重視されるようになり、アパラチアの石炭もユタの銅もアラスカの石油も環境問題を無視して増産することは難しい。

（2）　人口密度

　1776年アメリカが独立したとき、アメリカの国土は現在の5分の1であった。

19世紀に1803年のルイジアナ購入をはじめとしてアメリカの国土は次々と拡がり，最後にロシアから購入したアラスカを含めて現在の大きさになった。一方，アメリカの人口は国土の拡大よりも早く増加したために，密度はわずかずつ上昇した。独立当初，1平方キロあたり2人であった密度は1860年には4人になり，1900年には9人になった。しかし，19世紀を通じてつねに西には未開拓の土地があり，平均すると土地の価格はその土地が生み出す生産力に比べて多少とも低かったと想定される。それが19世紀における西部の急速な開発と発展につながったといえる。20世紀になると人口密度は急速に上昇し，2000年には30人に達している。

（3） 大きさゆえの問題

国土の大きさにはメリットもあるが，デメリットもある。アメリカをひとつの国に，アメリカ人をひとつの国民にするために大きな努力が必要であった。全土をおおう交通やコミュニケーションに莫大な投資が行われた。後に述べられているように，アメリカの経済行政や金融制度にも国土の大きさゆえに生じた不効率があった。

一方，交通やコミュニケーションに大きな技術進歩が生じるとその効果は大きかった。鉄道の発達がなければ，土地のポテンシャルがいかに大きくても，西部がいち早く開発されることはなかった。鉄道に冷蔵車ができると西部の牧畜は変わった。それまで牛や豚は生体のまま消費地まで輸送されていたが，冷蔵車ができると，生育地の近くで屠殺され，肉のかたちで消費地に送られるようになった。それによる人件費の節約（カウボーイたちも牛や豚と一緒に消費地まで旅をするのが普通だった），食肉の量と質の保全，それにもまして牧畜業の西部への拡大に大きく貢献したのである。

今日，アメリカで高速道路を建設する費用は用地費も含めて平均すると日本の25分の1前後である。しかし，人口密度や経済密度を考慮すると，日本の高速道路1キロメートルの効果はアメリカの高速道路25キロメートル以上に相当すると考えられる。大きさゆえの不効率が存在するからである。

3 人的資源

（1） 人口と高齢化

　土地制約がなかったこともあってアメリカは人類史上かつてなかった急激な人口増加を経験した。植民地時代から1860年までアメリカの人口は23年に2倍になる割合で増えた。「人口論」を書いたマルサスは幾何級数的な人口増加の例としてアメリカを挙げている。

　その後，アメリカの人口の伸びは徐々に低下し，1860～90年は10年ごとに25％，1890～1910年は20％，1910～50年は15％（30年代のみ7％），1960～80年は10％，1980～2000年は9.2％になっている。世紀の交のアメリカの人口は約2億8000万人である。アメリカの人口増加は主として自然増の結果であったことが統計的に実証されている。

　もともとアメリカは移民によってつくられた国である。ネイティブ・アメリカンもアジアから移住してきた人たちである。1820年から1960年までにアメリカには約4700万人の移民があり，そのうち帰国した者を除くと，2500万人がアメリカにとどまった。1960年以降もアメリカは積極的に移民や難民を受け入れ，80年代には約730万人，90年代には850万人を受け入れている。

　新しい移民たちはアメリカで労働を提供しただけでなく，鉄鋼王カーネギー，新聞王ピューリッツァー，労働運動の父ゴンパースなどの各界における成功者を生んだ。経営者，研究者，技術者，医師などにも外国生まれの人，または外国生まれの両親をもつ人が少なくない。移民はアメリカにとって人的資源の貴重な供給源であった。

　第一次世界大戦中，上官の命令がわからなかった兵士が少なからずいたことから，1920年代にはアメリカ化運動が盛んになり，移民たちは生まれ育った国の言語や習慣を捨て，アメリカ文化を吸収するよう求められた。しかし，1970～80年代以降になると，多様な言語や文化を許容するのがアメリカ本来の姿であるという認識が高まり，「多文化主義」が一般的な考え方となった。

　2006年の統計では家庭で英語を使っているアメリカ人は約80％，スペイン語系12.2％，アジア太平洋系3.0％，フランス語1.2％などとなっている。一方，新移民が多い大都市で半数以上が英語以外の言語を話しているところは，エル

パソ，ロサンゼルス，サンホセで，ニューヨークでも47％となっている。

アメリカの将来人口の推計を見ると，2020年には3億3400万人，2050年にはほぼ4億人に達するとされている。21世紀初頭のアメリカの65歳以上の人口は12.3％（日本は17.2％），15歳以下の人口は21.7％（日本は14.7％）である。アメリカはまだ若者の国であるといってよい。しかし，高齢化は徐々に進む。2020年には65歳以上人口は16.3％（日本は27.8％），2050年には21.2％（日本は35.7％）になると推計されている。日本やヨーロッパ諸国に比べると高齢化のスピードは遅いが，高齢化社会についての議論や対策は進んでおり，そのなかで移民受け入れが経済に果たす役割は将来においても大きいと考えられている。また強制的な一律定年制度は高齢者差別であるとして廃止されたところが多い。

（2） 労働力率と労働の質

人口のうち成人に達した者はいろいろなかたちで生産過程に参画する。労働者，経営者，企業家，技術者，研究者，行政官など仕事はさまざまである。16歳以上で健康で働く意欲をもつ人々を労働力人口といい，総人口に占める労働力人口の割合を労働力率（または労働参加率）という。

アメリカの労働力率は増加傾向にあり，1970年60.4％，80年63.8％，90年66.5％，2000年67.1％となっている。しかし，2000年以降は安定から減少傾向に向かうと想定されている。労働力率の増加は主として女性の労働力率の上昇（1970年43.3％，2000年59.9％）に基づいており，低下は高齢者人口の増加によると考えられている。

人間と経済のかかわりのなかで教育の果たす役割は大きい。アメリカにおける所得格差のもっとも大きな原因が教育格差にあることは明確に実証されている。経済が高度化すると，それにかかわる人間にはより高い知識水準と思考能力が求められる。知識水準や思考能力は人間がもつ資源である。人的資源の多くは教育によって蓄えられる。教育については後の章で詳しく論じられるが，アメリカ人はもともと教育熱心で現在でもGDPに対する学校教育費の割合は7.4％（日本は4.8％〔2004年〕）であり，とくに高等教育の割合は2.9％（日本は1.3％）と世界でもっとも高い。

問題は人種と性別によって受けた教育レベルに差が残っていることである。2004年高校教育と大学教育を終えた人の割合を人種別，性別に見ると**表1-1**

表1-1 教育水準の人種別,性別格差（2004年）

(%)

	高校卒業以上		大学卒以上	
	男性	女性	男性	女性
アメリカ全体	84.8	85.4	29.4	26.1
白 人	85.3	86.3	30.0	26.4
黒 人	80.4	80.8	16.6	18.5
アジア・太平洋	88.7	85.0	53.7	45.6
ヒスパニック	57.3	59.5	11.8	12.3

出所：*Statistical Abstract of the United States*, 2009, p.145.

のようになる。人種と性別による教育水準の縮小が進めば，人的資源はさらに豊かさを増すと考えられる。

4 ソーシャル・フレームワーク

(1) 自由企業体制

　いままで述べてきたように，国土の大きさやその地勢，気候，人口とその構成は経済に大きな影響を及ぼす。しかし，人間が時間をかけてつくりあげてきた社会，制度，政治，行政システム，司法などもまた，経済に深く関係する。その詳細については後の章に任せるが，ここではアメリカのソーシャル・フレームワークの特徴的な点についていくつかふれておく。

　アメリカは自由企業体制（Free Enterprise System）の国であるといわれる。しかし，その意味するところは決して自由放任経済（Laissez-faire Economy）ではない。事実，アメリカが自由放任の経済であったことは歴史的に存在しない。確かに連邦政府の力は弱く，連邦の経済に対する規制がないに等しい時期もないではなかったが，その代わりに州政府はつねに州内の経済を助成したり，規制したりしていた。連邦の規制は1887年の州際通商法以降徐々に進み，ニューディール期には大幅に強化された。1970〜80年代以降，規制は撤廃される方向に進んでいるが，それにもかかわらず，消費者保護や環境保護などの規制は強化されている。

　アメリカの自由企業体制というのは，法の範囲のなかで企業は最大限の自由を維持することができるという意味である。法はなぜ守られなければならないのか。それは法が人民の代表である議会において定められたものだからである。

人民の代表が定めた法は守られなければならない。法律の表現はしばしばあいまいであるために，企業は弁護士を雇って裁判を起こす。その判決は自由の限界を再定義する役割を果たしている。法によって規制されない限り，企業の行動は自由であるからである。もし，政府が法に基づかない規制まがいの行動をすれば，企業は直ちに裁判に訴える。裁判で政府が勝つ見込みはない。

アメリカの法による規制の多くは間接的である。そのことは州レベルでも同様であった。法に基づいて第三者（規制者でもなく被規制者でもないという意味）による委員会が設けられ，委員会が法の施行を監視する。

第三者機関による規制は，政治権力に対する本能的な警戒心からきている。もともとアメリカはイギリスという権力に対抗してできあがった国である。その意識は政府が大きくなって国内最大の雇用者になった20世紀後半においても変わらず，政府による直接規制は人民の利益を損ねると考えられているのである。

（2） 競争と協調

アメリカは日本やヨーロッパに比べると競争的な社会であると思われがちである。確かに個人間でも企業間でも競争は激しい。競争が工夫の才をはぐくむというのは多くのアメリカ人の信条ともなっている。

しかし，競争はもともと個人間，企業間の競争というようにとらえられていなかった。アメリカに移住してきた人たちにとってアメリカの自然はきわめて厳しいものがあり，それは克服されなければならない対象であった。競争は自然を克服するための競争であって，人々はそれぞれの工夫の才を活かして，自然克服競争に打ち克つべきものであった。自然が厳しかったがために，人々はどこの国の出身者であれ，互いに協力することを学んだ。教会や学校の開設，道路の建設などは人々が協力して行ったものである。もちろん，自分の財産を守るために武器をもって戦った人や協力の輪のなかに入れなかった人もなくはなかったが，例外的であった。

アメリカの公共事業は今日でも私有財産に優先すると考えられている。憲法には法の適切なる手続きなしに誰も私有財産を奪われることはないと規定されているが，法の適切なる手続きを経れば，公共目的のために私有財産を取り上げることができると解釈されている。そこに本人の同意は含まれていない。住

民の多数が賛成する事業ならば個人はそれに協力すべきであるという考えが根底にあるからである。

今日になると，競争と協調は次第に経済的合理性に基づいて判断されるようになっている。

(3) 機会の平等か結果の平等か

アメリカは法のもとにおける平等を国家の目標のひとつとして独立した。それが何を意味するかについて見解の一致があったわけではなかった。歴史的には平等は機会の平等を意味した。農業社会では自分の土地をもてるかどうかが平等への鍵であった。アメリカは農奴や小作人であった人たちに独立自営農民になる機会を与えた。一生懸命に働き，節約し貯蓄するならば，ベンジャミン・フランクリンがいうように，誰もが成功できる社会と考えられた。

工業化が進むと，貧富の差が拡大した。ヴァンダビルドやロックフェラーのような大金持ちが生まれる一方，工場労働者は失業すると帰るべき田舎もなく，文字どおり食べられなくなった。そこで，機会の平等だけでなく，結果の平等をめざすべきであるという考えが生じた。

1930年代の大不況とニューディールを通じて，失業が個人の怠惰や不誠実のせいでなく，社会的につくられたものであり，国家が失業をなくするよう努力すべきであるという認識が広まった。

1960年代，ジョンソン大統領の「貧困への戦い」は機会だけでなく，結果の平等をめざすものと考えられた。もちろん，貧困は簡単にはなくなるものではなく，その後は再び機会の平等が強調された。しかし，結果の平等論は消滅したわけではない。計量経済史家ロバート・フォーゲルは「平等主義」を論じた書物のなかで，「21世紀は平等にとってきわめて重要な世紀になるであろう」と論じた。彼は21世紀には少子化，高齢化，サービス産業化，情報化が進み，知識産業が発展する。国内総生産（GDP）の大部分はモノの生産量とその価値ではなく，サービスの生産とその価値，知的生産物とその価値から成り立つようになる。教育の機会と，能力を最大限発揮できる機会とは均等になる。そうなれば結果の平等が達成される可能性は大きいと，彼は論じている。

（4） 州と連邦

アメリカの歴史のなかでは，昔から連邦の権限を強化しようというフェデラリストと，連邦の権限を小さくして州中心に行政を行おうとするアンチ・フェデラリストがいた。この両者の対立はかたちを変えながら今日もつづいている。どちらからといえば，民主党は連邦重視であり，共和党は州重視であると考えられている。

州はもともと国家であり，連邦ができるより以前に存在していた。連邦ができたとき，連邦の権限はすべて州から委託されたものであった。地域開発の主体も州であった。鉄道建設のための債券を海外で発行したのも州であり，許認可もほとんど州の権限であった。銀行の設立，その管理も州であったため，銀行はごく最近まで州外に支店をもつことができなかった。連邦政府の権限は州際商業に関するものに限られていた。その意味では地方分権はアメリカの政治と経済の基本的な理念であった。

しかし，交通やコミュニケーション手段が発達するにつれて州際商業の範囲は広がった。経済の現実に従って連邦の権限も次第に大きくなった。加えて，ニューディールは連邦の権限を大きく広げた。その傾向は第二次世界大戦後もつづき，アメリカ経済の適切な成長を達成することも連邦政府の役割であるとされるようになった。その間，州の権限は縮小していったが，それでも国家の成り立ちからして連邦政府はつねに州の権限に配慮するかたちで行政を行っている。連邦議会が通過させた重要法案は過半数または3分の2の州の賛同を得て発効することが多い。

1970年代以降，連邦政府が肥大化したという批判が強まり，多くの権限を州に戻そうとする州権論も勢いを増した。しかし，経済の現実から連邦議会による立法を妥当とするケースが増えていることは否定できない。

（5） 政治主導と官僚制

アメリカの大統領選挙は4年に一度行われる。憲法修正22条によって大統領は2期以上務めることはできない。大統領が変わると多くの場合，閣僚はもちろん官僚の上層部も大幅に入れ変わる。新しい大統領は新しいスローガンと新しい政策を打ち出す。日本に比べると連邦官僚がエリートであるという意識はない。また出身大学に基づいた閥もなければ系列もない。官僚制は拡大してい

るが，アメリカはいまでも政治主導の国家である。

　しかし，大統領は行政については素人である。新機軸を打ち出そうとするあまり前政権とはまったく異なる政策を打ち出し，急いでその成果を上げようとする大統領もいる。その結果，アメリカの政策の振幅が大きくなると指摘するヨーロッパの学者も多い。歴代大統領のうち，経済に詳しかった人はいない。そこで大統領は経済関係のアドバイザーを自分の周囲に集める。アドバイザーの選択には大統領の個性と思想が反映される。アドバイザーの主たる候補は，経済関係閣僚，経済諮問委員会議長およびメンバーなどである場合が多い。経済以外の領域でも大統領の決断にアドバイザーの見解が反映されることは少なくない。

　一方で，対外政策と外交については政権が交代してもある程度の連続性がある。前政権が結んだ条約や交換した覚書などは新しい政権になったからといって直ちに破棄されることはない。

（6）　孤立主義と国際主義

　アメリカが経済的にも政治的にも決定的に国際化したのは，第二次世界大戦後のことである。国際政治ではアメリカは孤立主義を維持してきた。公式には1823年のモンロー宣言から1947年のトルーマン宣言までの124年間である。孤立主義が否定されたのは，第二次世界大戦がアメリカの孤立主義，閉鎖主義のために生じたという反省と大戦後の世界経済の荒廃のためである。1950年代にはアメリカのGDPは世界の総生産額の半分を超えていた。アメリカはヨーロッパに対するマーシャルプランや発展途上国に対する援助などによって，積極的に世界経済に関与していった。その背後には冷たい戦争という政治的現実があった。戦後著しく拡大した共産圏に対して，自由経済圏を維持し，繁栄させることは，アメリカの国益にかなっていた。

　アメリカはまた戦後世界の制度を定めた。第二次世界大戦後の国際航空の基本的枠組み，国際通貨基金（IMF）あるいは世界銀行の設立などは第二次世界大戦中から企画され，戦後に成立した。これらの制度は時とともにほころびを見せるようになったが，自由主義経済はほころびを修正しながら経済を機能させていった。

　ヨーロッパ諸国や日本経済が急速な発展を遂げると，世界経済に占めるアメ

リカの相対的地位は低下した。それにもかかわらず，アメリカが世界最大の経済をもつ国であるという事実はその後も変わることはなかった。

ソ連が崩壊し，東欧ブロックが自由化し，中国やベトナムが閉鎖的な経済体制から脱却すると，アメリカの世界経済のリーダーとしての立場は再び強化されることになった。その間多くの企業は世界企業化し，複数の国に生産拠点をもち，その役員も多国籍となった。資金も流動化し，国際化した。アメリカ経済はその点で世界経済の先端を走っている。

かつてアメリカは国内市場が大きく，海外貿易に依存する割合は低いと考えられていた。確かに，1960年の貿易依存度を見ると，輸出が4.0％，輸入が2.9％にすぎなかった。しかし，貿易依存度は70年ごろから徐々に高まり，1985年には輸出5.4％，輸入8.7％，2000年には8.0％と11.7％となり，その後も高まりつづけ，日本の数値とほとんど変わらなくなっている。

5　経済成長

（1）　成長の過程

アメリカはこれまで述べてきたフレームワークのなかで経済活動をつづけ，その結果として経済の拡大と生活の向上を達成してきた。

18世紀アメリカは世界でもっとも豊かな国であったと考えられている。人口の大部分が農業に従事した時代には広く肥沃な土地の存在が決定的な役割を果たした。

アメリカの一人あたり総生産の成長率は，1830年ごろまでは年平均1％をかなり下まわったと推計されている。1830年代終わりごろから成長率は高まり，1960年まで平均すると年率1.64％，つまり43年に2倍になる速度であった。1960年の一人あたり総生産は実質で1830年の7倍であった。この成長率は今日の発展途上国に比べるとかなり低いが，アメリカ経済は長い期間の着実な成長によって現在の水準に達したのであった。

（2）　成長の源泉

経済成長については多くの考え方が可能である。ジョセフ・A・シュムペーターは，経済成長の原因は技術革新にあると論じた。シュンペーターにつづい

て技術革新がどうして生じるのか，それが生じる環境はどうであろうか，企業家精神はどのようにして育つのであろうかなどについての多くの論文が発表された。ロイ・F・ハロッドとエブセイ・D・ドマーは資本の理論を展開し，どの国においても経済成長率は貯蓄率と投資効率に依存すると考えた。発展途上国の経済発展を促進するには，貯蓄率を高めると同時に資本産出量比率のよい部門に投資がなされるべきであるという種類の論文も数多く発表された。また経済成長を人為的に早めるような経済政策はほとんど成功することがない，政府や金融は中立的であるのがよく，経済は経済に委ねるのがよいとする新古典派の理論も展開されてきた。

アメリカの経済成長に貢献した要因を調べると，インプットの量の増加と技術進歩の役割が大きい。この場合の技術進歩は狭い意味ではなく，科学知識の増加と普及，経営方法の改善，労働者の質の向上（知識と技術のストック）などを含んでいる。

20世紀後半は技術進歩の時代であった。コンピュータは小型化し，安価となり，企業だけでなく，個人もそれをもち，かつては多くの時間と複雑な手続きが必要であった計算も簡単にできるようになった。交通・コミュニケーションの領域においても技術進歩はめざましかった。1974年に登場したジャンボ機のおかげで世界は小さくなり，外交交渉のかたちもすっかり変わった。世界の指導者たちだけでなく，業界も学者も絶えず世界会議を開くようになった。観光客は世界をかけめぐり観光は世界最大の産業となった。そして90年代にはIT（情報技術）の飛躍的な発展とそれに伴う大規模投資が進んだ。そしてそれがその領域でヘゲモニーを獲得したアメリカ経済の成長率を高めた。

（3） 21世紀のアメリカ

しかし，21世紀に入るとアメリカ経済は9.11を経験し，アフガニスタンやイラクで新たな紛争を抱えることとなり，リーマンショック以降は世界同時不況に直面した。そこからの脱却は，中国やインドなどアジア経済の新興経済国の動向次第ということになっていった。

アメリカ経済は今後どのような展開を遂げていくのであろうか。成長をつづけるのであろうか。今後とも世界経済のなかでリーダーシップをとっていけるのであろうか。そして経済構造は今世紀にどう変わっていくのであろうか。経

第1章 アメリカ経済の特性

■□コラム□■

アメリカ研究の多国籍化

　アメリカを熱心に研究すればするほど，どうしてもアメリカを中心にものを見るようになる。しかしその一方で経済のグローバル化は進む。1950年代アメリカが世界のGNPの50%以上を生産していたころ，アメリカがくしゃみをすると世界中が風邪をひくといわれた。今日ギリシア財政の破綻が，EU全体の信用不安や日本の円高につながったことを見ると，世界のどこかで誰かが風邪をひくと，世界中が咳をする事態になったことがわかる。

　このことは一国経済の一歴史的な事件の解釈にも影響を及ぼした。たとえば移民研究において従来は特定の国からの移民がアメリカ経済にどのような貢献をしたかとか，彼らが移民から市民になるべくいかに差別を克服したかなどに重点がおかれていた。しかし19世紀世界中の移民が向かったのはアメリカだけでない。いわばそれはグローバル・マイグレーションの一部だったのである。移民研究は移民を出した側をも視野に入れ，海外に誕生した移民コミュニティに対する母国の影響とか，移民コミュニティの相互比較，グローバル・マイグレーションの一部としてのアメリカ移民の意味とか，いわばトランスナショナルな視点が求められるようになった。

　アメリカ経済の勉強をするにあたっても，アメリカ国有の事情とともに世界経済の動きから眼を離すことができない時代が到来したのである。

済成長の議論のなかで比較的軽視されてきたのは，経済成長の主体である人間である。アメリカ経済の今後の展開についてアメリカ人がどのようなインセンティブをもち，どう考え，どう取り組み，新しい時代にどう適応していくのかが問われるところである。

■　■　■

●参考文献

ジェフリー・ウィリアムソン（2003）『不平等，貧困と歴史』安場保吉・水原正亨訳，ミネルヴァ書房。

合衆国商務省編（1986，1987）『アメリカ歴史統計』斎藤眞・鳥居泰彦監訳，原書房，Ⅰ～Ⅱ，別巻。

榊原胖夫（2001）『アメリカ研究──社会科学的アプローチ』萌書房。
総務省統計局・統計研修所編（2010）『世界の統計』。
Fogel, Robert（2000）, *The Fourth Great Awakening & the Future of Egalitarianism*, The University of Chicago Press.
U.S. Department of Commerce（2000）, *Statistical Abstract of the United States*.

（榊 原 胖 夫）

第2章
経済成長の源泉

　前章の最後に経済成長の要因についてふれられたが，本章ではこれを受けて，アメリカの経済成長が，そもそもどのようにしてはじまったかを探ってみる。この鍵を握るのが，アメリカの国土の広さであり，これが交通機関で結ばれることにより，自由に取引が行われる国内統合市場が19世紀の後半には誕生した。この巨人な市場が存在することにより大量生産が可能になり，これが生産技術や経営組織の変化を巻き起こした。この連鎖的な変化が引き起こす進歩と発展により，アメリカはダイナミックな経済成長を達成することができたのである。

　アメリカ経済の源を考察する際，自由競争を支える法律の枠組みと，その基礎にある「個人の自由」に対する考え方にも注意を払わなくてはならない。これらがアメリカの経済成長の下支えとなって機能することにより，変化と柔軟性をもった経済成長のパターンが生まれたのである。

1　市場の大きさと経済成長

　アメリカの経済成長は19世紀の前半にはじまり，その成長率は19世紀後半に加速化した。南北戦争（1861～65年）前には，農業の生産額が半分以上を占める農業国であったが（1849年は61％），農業の比率はその後低下し，1889年には逆に工業生産が61％を占めるようになり，アメリカは工業国へと変身を遂げた。そして，製造業における生産額は，1870年にはフランスとドイツを足した額を上回り，第一次世界大戦前には，それにイギリスの生産額を足しあわせた額をも上回るようになった。アメリカは19世紀の経済成長により，ヨーロッパを抜き去り，世界第一の工業国に生まれ変わったのである。

(1) 累進的な変化

このようなめざましい経済成長を目にしたイギリスでは，アメリカ経済への関心は高かった。1928年，大恐慌がはじまる前年に，「科学進歩のための英国学会」会長でアメリカの経済学者のアリン・ヤングは，学会で「収穫逓増と経済進歩」と題された講演を行った。そのなかで，ヤングはアメリカの工業の高い労働生産性の原因はどこにあるのか，という疑問を聴衆に投げかけた。彼は，アメリカの高賃金や機械化が原因である説を，これは原因と結果を混同したものであるとして斥け，また，アメリカ企業の経営力が優れているという議論に対しても，イギリスと比較しても，このような事実の裏付けはないとして，これを否定した。

ヤングは，アメリカ工業の高い生産性の鍵を握るのは，アメリカに関税などがかからない膨大な国内市場が存在することである，という議論を展開した。アメリカの経済効率的で利益の上がる生産方式は，必ずしも他の国では経済効率的なものにならない場合があるとして，その理由をアメリカがもつ国内市場の広さに求めたのである。国内市場の広さゆえに，アメリカは生産活動を大規模に展開できるメリットをもつ。アダム・スミスの指摘を待つまでもなく，これが分業を促進し，生産プロセスが細分化されることにより，機械化なども可能になり，生産性の上昇につながる。

ヤングはこのような効果に加えて，市場の広さが生み出す変化の連鎖性に注目した。企業の生産が拡大することにより，生産の組織に変化が起こり，これがさらに他の経済活動の変化をもたらす点に注目したのである。ヤングは，これを「工業活動の条件の変化が，他の工業構造の反応を起こし，これがさらなる変化をもたらす」，「変化は進歩的となり，累進的に広がる」といった，抽象的な表現を用いて表した。ここでヤングが注目したのは，市場の広さが巻き起こす変化であり，これが連鎖的に繰り返されることにより，アメリカの経済が進歩を繰り返し，これにより生産性が高まり，ほかでは見られないアメリカ経済の強さが出現した，と論じたのである。

(2) ヨーロッパ型対フォード型生産方式

この意味では，19世紀から20世紀初頭にかけての，ヨーロッパとアメリカの自動車生産方式を比較することは興味深い。自動車産業の発祥の地はヨーロッ

パであったが，19世紀の終わりの自動車生産は，以下のような状況であった。

まず，自動車はすべて，注文生産で，熟練した職人による手作りであった。労働者は徒弟制のもとで修行を積んだ熟練労働者で，自動車メーカーの求めに応じて，部品や半製品の製造を担当した。これらの労働者が使っていたのは，自動車生産専用の道具類ではなく，他の機械部品の生産にも使用できる，汎用性の高いものであった。自動車メーカーは，このようにして町中に散らばる工房でつくられた部品を寄せ集め，これらを「部品のすき間がほとんど見えない手作業の見事さ」（ウオマック／ルース／ジョーンズ，1990：33）により，自動車を組み立てていったのである。

したがって，完成した自動車は1台として同じものはなかった。また，1台あたりの製造コストはきわめて高いうえに，1台あたりの製造コストは何百台つくっても，大きな差はなかった。このため，このようにしてつくられた当時の自動車は，金持ちの遊び道具としての機能しか果たさなかったのである。

自動者生産は，アメリカで革命的な変化を遂げた。この典型が，フォード社により実現されたＴ型フォードの生産であり，これにより現在にも通じる自動車生産の基本が出来上がったのである。フォードが導入したのは，よく知られているベルト・コンベイヤーを使った大量生産であり，これにより自動車の生産が一変したのである。フォードは，自動車をつくるにあたって，一つひとつが異なる手作りの部品ではなく，細分化され，標準化され，それぞれが他の部品との互換性をもつ部品による製造方式を用いた。これにより，熟練工に頼るしかなかった組立作業は，技術をもたない単純労働者でもできる作業となった。この意味では，フォードの新たな生産方式への貢献は「労働力の再組織化」（マドリック 2003：118）にあったといえる。

この方式の採用により，人件費を低下させたうえに，作業のスピードを大幅に向上させることができた。表2-1は，この代表的な方式である，ベルト・コンベイヤーの導入による流れ作業の効果を見たものであるが，これにより組立作業に要する時間が大幅に削減され，これが労働生産性の向上に寄与した様子を知ることができる。これに加えて，ヨーロッパでは町中に散らばっていた部品工場は，フォードのもとでは，工場内への取り込みが行われ，垂直統合が進んだ。また，工場内で使われる道具も汎用性の高いものではなく，自動車工場専用のものが多くなり，製造工程の細分化が進んだ結果，機械化も大幅に進

第 I 部　経済大国アメリカの基盤

表 2-1　組立工場における手作り生産と大量生産の比較
（1913年 対 1914年）

(分)

組立所要時間	後期手作り生産 (1913年秋)	大量生産 (1914年春)	削減率
エンジン	594	226	62%
磁石発電機	20	5	75%
車　軸	150	26.5	83%
最終組立	750	93	88%

注：「後期手作り生産」には，部品の互換性や作業の細分化など，すでに大量生産の要素が含まれていた。1913年から14年にかけての大きな変化は移動式組立ラインへの移行によるもの。
出所：ウオマック／ルース／ジョーンズ（1990：41）。

んだ。

　このような製造方式，生産組織，機械や道具類が，フォードのもとで大きな変化と進化を遂げ，自動車の価格自体も大幅に低下した。T型フォードで見ても，その単価は，1908年の629ドルから1913年には364ドルにまで低下している。そして，この 5 年間に，生産台数は，6000台から18万3000台へと30倍以上の増加を示したのである。

　このような変化の裏に，アメリカ国内市場の広さが存在したことはいうまでもないだろう。すなわち，国内市場の広さにより，大量生産が可能になり，これが生産技術，生産方式，経営組織，などの多くの変化を生み出し，これらの変化が高い生産性を実現したのである。そして，高い生産性により低コストの自動車生産が実現し，これがさらなる自動車市場の拡大をもたらし，さらなる変化へとつながっていったのである。ヤングがすでに1920年代に看破したように，「進歩的で累進的な変化」がアメリカ経済の強さの源泉となったのである。

2　国内統合市場と大量生産方式

（1）　鉄道と国内統合市場

　それでは，アメリカではいかにして広い国内市場が誕生したのだろうか。前章では，アメリカの国土の広さが説明されたが，国土が広いだけでは広い国内市場と呼ぶことはできない。広い国土に実際に人が住んで経済活動を行い，これらの経済活動が広い国土を背景にして自由に行われる，すなわち，関税がか

けられず，経済取引のシステムが同一で，共通の言語が通じる市場が誕生することにより，広い国土に経済的な意味が出てくるのである。

アメリカでは19世紀の後半に，全米を結び付ける輸送ネットワークが誕生し，経済的に意味のある市場が誕生した。これを実現させたのが鉄道であり，これにより特定の場所でつくられた製品が全米各地に輸送されることが可能になり，大量生産の基礎ができあがったのである。この広い，統合された国内市場を背景にして，19世紀の後半には，デュポン，ジェネラル・エレクトリック，USスティールなどの世界を代表する大企業が次々に誕生し，アメリカ経済の成長を牽引したのである。

（2） 分断から統合へ

アメリカでは19世紀の中ごろより，鉄道線路の敷設が本格化し，1860年代にはミシシッピ川より東の地域では，主要な鉄道網が完成した。しかし，これがすぐには統合市場の誕生には結び付かなかった。というのは，アメリカでは，日本のように国有事業として鉄道網が整備されたのではなく，多くの私企業がそれぞれの思惑のもとで，鉄道の敷設にあたったからである。このため，鉄道会社により，料金体系や運営方式が異なり，鉄道は敷かれたものの，これは統合されたネットワークと呼べる代物ではなかった。

もっとも大きな問題は，鉄道会社により線路の幅（ゲージ）が異なっていた点だった。このため，長距離を輸送するためには荷の積み替えをしなくてはならなかった。たとえば，1860年代にペンシルバニア州のフィラデルフィアからサウス・カロナイナ州のチャールストンに荷を運ぼうとすると，その間に少なくとも8回にわたり線路の幅を変えなくてはならなかった。このような状況は，長距離にわたる鉄道による輸送のコストを引き上げ，輸送に必要以上の日数をかけねばならない非効率な状況を招いていたのである。

このような問題の存在は，業界を鉄道ネットワークの標準化へと向かわせた。まず，河川などにより，異なった鉄道会社のターミナルが離れているような場所では，関係した会社が協力して橋や接続線の建設を行った。また，鉄道業界が主導して線路の幅は4フィート8.5インチへと標準化が進められ，この作業は1880年代にはほぼ完了した。

鉄道の運営面からも業界内で話し合いが行われ，この面からも標準化が進め

られた。料金体系については、積荷の等級、料金の設定方式が各社で統一されていき、複数の会社の路線を経由する荷の取り扱いについても、標準化が図られていった。このような標準化作業を通じて、物理的に統合された鉄道ネットワークの上を、積み替えや積荷の確認なしにスムーズに輸送されるようになり、また鉄道会社間の料金の決済も効率的に行われるようになったのである。

このような標準化のプロセスを経て、1880年代には物資が全米を自由に輸送されるネットワークがほぼ完成し、アメリカはその歴史上はじめて、統合された国内市場を手中に収めることができたのである。

（3） アメリカ式製造方式

統合された国内市場だけでは、そのメリットを生かした大量生産方式は機能しない。これが実現するためには、大量生産に対応できる生産方式が確立されなければならない。アメリカ式製造方式と呼ばれる大量生産に適応した方式が生まれたのも19世紀であった。

この製造方式の源は、国営兵器工場に求められる。19世紀初頭の兵器生産の中心は、マスケット銃などの小銃であったが、当時はそのほとんどが手作りで行われていた。しかし、銃は戦場で使われるため破損しやすく、これをいかに修理するかが、大きな問題となっていた。というのは、当時の銃は手作りであるため、1カ所が破損してもその部分だけを取り替えて部分修理することができなかったのである。

そこで考案されたのが、互換性部品の利用である。互換性部品を利用して銃をつくると、銃が部分的に破損しても、部品同士に互換性があるため、その部分を交換することにより銃の修理ができることになる。この互換性のアイディアは、もともとはフランスで考案されたが、最終的に実現されたのはアメリカの兵器工場であった。ところが、実現のためには、精密な工作機械や計測機器などの発達を待たねばならず、1810年代には互換性部品を使う決定がなされたものの、これが実現したのは1840年になってからとなった。

1851年にロンドンのクリスタル・パレスで開かれた万国博覧会で、アメリカは互換性部品を使った六種類のライフル銃を展示した。これは博覧会で評判となり、その技術に驚いたイギリス政府は、後日アメリカに調査団を送り、銃の買取り契約を結び、互換性の技術導入もはじめた。そして、この互換性部品を

使った標準品の生産方式が,「アメリカ式製造方式」として,世界で認識されるようになったのである。これらの銃は,現在,ワシントンDCのスミソニアン博物館に展示されている。

「アメリカ式製造方式」は,国営兵器工場の積極的な働きかけにより,民間企業へその手法が移転された。この技術移転は,工作機械業界のさらなる発展をもたらし,「アメリカ式製造方式」は,農業機械,ミシン,タイプ・ライターなどの産業へと次々に伝播していった。そして,この技術は20世紀の初頭には自動車産業にまで波及し,先に見たように,自動車生産に革命的な変化をもたらしたのである。

(4) 連鎖的な発展パターン

19世紀後半のアメリカは,世界最大の統合された国内市場と,それに見合う生産方式という,ふたつの財産を手に入れた。これにより,アメリカではふたつの大きなサイクルがまわりはじめた。第1は,鉄道ネットワークの完成により,製品を遠くの市場へと出荷できるようになり,この量産効果により生産コストが低下した。さらには,このコスト低下が,より広い地域に製品を出荷することを可能にし,これがより一段コストを低下させるという好循環がはじまったのである。1870年から1900年にかけて,アメリカの卸売物価は約40%低下している。これは,物に対する需要不足によりもたらされたのではなく,市場の拡大とそれに伴う量産効果によりもたらされたと考えたほうが,同時期の順調な経済成長とのつじつまはあうのである。

互換性部品を使った標準化された製造方式が,このサイクルのなかに組み入れられることにより,大量生産技術はさらなる改善が進んだ。すなわち,大量生産が加速化することにより,互換性部品を使った生産プロセスがさらに細分化されて機械化が進展した。そして,この機械化がさらなる技術革新を生み出すという連鎖的な好循環がはじまったのである。

アメリカの19世紀後半の経済成長は,このようなサイクルがさまざまな分野でまわりはじめた,と考えると理解しやすい。たとえば,同様のことは教育分野でも起こったと考えられる。アメリカの教育水準は19世紀に向上を見るが,これが経済成長に寄与したことは,この連鎖的なサイクルを考えると,容易に理解できる。すなわち,教育水準の向上は,人的資本の蓄積を促し,技術革新

の担い手を育て，企業家精神の高まりを招いた。これらは，経済成長にとって重要な要因であり，これにより，一人あたりの国内総生産（GDP）は引き上げられた。一人あたりのGDPの上昇は，家計を豊かにして，教育への投資をさらに促進した。これがさらなる人的資本の蓄積をうながすなど，教育を中心とした連鎖的な好循環が起こったといえるのである。

このような動きは，まさにヤングが指摘した「進歩的で累進的な変化」を通じた経済発展のパターンである。19世紀後半のアメリカでは，このような連鎖的な好循環がさまざまな分野で巻き起こることにより，第一次世界大戦前夜には，世界第一級の経済国として台頭することができたのである。

3　法律の枠組みと経済成長

（1）　法律に基づいた市場経済

次に，「進歩的で累進的な変化」を引き起こすための基礎的な条件を考えてみよう。というのは，経済活動を行える大きな市場さえ存在すれば，どの国でも簡単にアメリカが経験したような経済成長を達成できるとはいえないからである。前章では，アメリカの体制は，まったくの自由放任経済ではなく，法律の範囲内における競争経済であることが指摘されたが，ここにこの問いを解く鍵が隠されている。

アメリカにおける法・経済史学の創始者で，この分野の権威であるジェームズ・ウイラード・ハーストは，19世紀の法制度の基本は，アメリカのもつ「創造的エネルギーの解放」を目的にしていた，と述べている。ハーストは，人間は創造性に満ちた生き物であり，この人間のもつ創造のエネルギーを，いかにして最大限に解放してアメリカの経済発展に役立てるかという視点から，19世紀の法制度が整備されていったというのである。

ハーストによると，このような考え方を背景にして，19世紀のアメリカでは，私有財産権が確立され，会社法がつくられ，経済活動に伴う契約や不法行為に対する法律も整備された。このような法律面からの基礎づくりを経て，自由な経済活動が保証される基盤が出来上がったのである。興味深いのは，私有財産権の保護というと，既存の所有物を守るための法律というようにとらえがちだが，ハーストによると，19世紀のアメリカの法体系が求めたのは，所有権の強

化による現状維持の「安定」ではなく，むしろ「変化」にあったという解釈をしている。すなわち，「変化」を巻き起こし，この変化を通じての「創造的なエネルギーの解放」を行うことを，19世紀の法体系はめざしたのである。これは，指摘するまでもなく，ヤングの言葉でいうと「進歩的で累進的な変化」を生み出すことのできる法体系といえる。

(2)　「自由」の保障と経済変化

アメリカ経済が「進歩的で累進的な変化」を実現できた背景をさらに掘り下げていくと，最終的にはアメリカという国がもつ理念，すなわち，「個人の自由」の確保という問題にまで行き着く。「個人の自由」の確保は，アメリカの植民地時代からの基礎となる考え方であった。また，合衆国憲法の前文でも，「我等と我等の子孫の上に自由の祝福のつづくことを確保する目的をもって，アメリカ合衆国のために，この憲法を制定する」と述べられているように，これが憲法制定のひとつの大きな目的であった。

著名な経済思想家のフリードリック・ハイエクは，その著書『自由の価値』のなかで，「個人の自由」が保障された世界では，その適応力は高くなる，という議論を行っている。ハイエクによると，社会，あるいは経済がどのように変化するかは，基本的には予測できない。このため，「個人の自由」が保障されて，さまざまな人がさまざまな試みを行っている社会では，誰かがいつも新たな方策を模索しているため，社会の適応力も高くなるし，新しい環境に適応した変化を生じさせることも容易になる，というのである。

アメリカは，このハイエク的な「個人の自由」が保障された典型的な社会であった。この理念を基礎にして法体系が整備され，これにより，「進歩的で累進的な」変化を生み出しやすい環境が整えられたのである。このように考えると，アメリカの経済成長の源泉としての理念と，それを具体化した法律的な枠組みの重要性が認識できるであろう。

(3)　「資本主義的」と「アメリカ的」

「個人の自由」をベースにしてできあがったアメリカ経済は，多分に「資本主義的」な経済といえる。資本主義の国を「資本主義的」というのはおかしな表現かもしれないが，日本経済のような協調や和などの要因が入り込んだ経済

と比べると、個人の自由競争、市場重視、能力・実力主義などに重点をおくアメリカ経済は、純粋な「資本主義」に近い国といえる。

　しかし、この一方で、アメリカ経済がいわゆる「アメリカ的」な部分をもっていることも見逃してはならない。たとえば、19世紀に見られたような、積極的に自由競争が起こるための法律的な枠組みづくりを推進する姿勢も、見方によっては「アメリカ的」かもしれない。たとえばハーストは、19世紀のアメリカが積極的に法律づくりに乗り出した背景には、法律を変えることにより、アメリカの望む方向に環境をコントロールできるという、きわめて「アメリカ的」な発想があったことを指摘している。

　先に見た標準化へのこだわりにも、「アメリカ的」な要素は見出せる。アメリカが標準化を重視するのは、アメリカ社会がヨーロッパ社会と比べて階級意識が薄いという歴史的な要因が影響を与えているかもしれないのである。というのは、階級意識が少ない社会構造のもとでは、標準品は受け入れられやすく、企業戦略の視点から見ても、階級意識が希薄で多くの人口を抱える層をターゲットにして大量生産することは、理にかなっているのである。

　この標準化へのこだわりの背景には、アメリカが多民族からなる社会であることとも関係があるのかもしれない。というのは、多様な人種構成をもつ市場で成功を収めるためには、多人種間で共通した要素を見つけ出し、それにあった標準品を導入することが、有効なマーケティング策になるからである。日本では、異なる人種が存在する市場においては、「郷に入れば郷に従え」ということで、その民族的なニーズにあわせるかたちの対応が行われることが多い。これと比べて、アメリカでは、ローカルなニーズよりも、それらのローカルなニーズに共通する要素を見つけ出して標準化し、それにより大きな市場を手に入れることに重点がおかれる傾向が強いのである。

　また、統合された市場やその手段としてのネットワークへのこだわりの裏にも、「アメリカ的」な要素を垣間見ることができる。広大な土地と移民による絶え間ない人口の流入を経験してきたアメリカにとっての大きな歴史的な課題は、広大な土地と人口増のもつ経済的な潜在性をいかに活かすかにあったといえる。19世紀のアメリカは、これを鉄道ネットワークにより結び付けることで、巨大で統合された自由競争市場をつくりだし、それが生み出す経済的なメリットを享受した。ネットワークの拡大による市場規模の拡大は、アメリカの経済

第 2 章　経済成長の源泉

┌─■□コラム□■────────────────────────┐
│
│　　　　　　19世紀の鉄道と20世紀のインターネット
│
│　19世紀のアメリカでは，当初，鉄道会社ごとに分断されていた路線が，ゲージや
│運営方法の標準化により，全米ネットワークへと発展を遂げたが，このプロセスは，
│インターネットの発展パターンと酷似している。
│　インターネットが普及する以前は，IBM，AT＆Tなどが独自のコンピュータ
│ネットワークを展開しており，それぞれのネットワークをお互いにつなげることは
│できなかった。これを劇的に変化させたのがインターネットの出現であった。イン
│ターネットでは，異なったネットワークをつなげる際の約束事（専門用語では通信
│プロトコル）が作成され，この通信の約束事を守りさえすれば，異なったネット
│ワーク同士が接続できる世界が出来上がったのである。
│　インターネット自体は，1969年に生まれた比較的古い技術であったが，80年代に
│入って，この約束事（通信プロトコル）が当時に存在していたさまざまなネット
│ワークを結び付ける役割を果たし，世界的なネットワークへと発展を遂げたのであ
│る。すなわち，インターネットの場合も19世紀の鉄道と同様に，技術の標準化が
│ネットワークをつなげる役割を果たし，これにより統一的なネットワークが誕生し，
│新たな市場の創出へと結び付いていったのである。
│
└──────────────────────────────────┘

史につねにつきまとってきた大きな問題であり，これを「アメリカ的」ととらえることも可能なのである。

　アメリカは，歴史的に見ると「資本主義的」な部分と「アメリカ的」な部分の両方を抱えて成長してきた。アメリカ経済への理解を深めるためには，経済学による資本主義のメカニズムに関する知識と，アメリカ研究によるアメリカという国への洞察を兼ね備えて，これに臨まなければならないゆえんである。

　　　　　　　　　　　■　　■　　■

●参考文献
ジェームズ・ウオマック／ダニエル・ルース／ダニエル・ジョーンズ（1990）『リーン生産方式が，世界の自動車産業をこう変える』沢田博訳，経済界。

第Ⅰ部　経済大国アメリカの基盤

ジェフ・マドリック（2003）『経済はどうすれば成長するか──アメリカ経済成長メカニズムの徹底解明』上野正安訳，シュプリンガー・フェアクラーク東京。
村山裕三（2000）『テクノシステム転換の戦略──産官学連携への道筋』NHK出版。
Hurst, James Willard (1956), *Law and the Conditions of Freedom in the Nineteenth-Century United States*, The University of Wisconsin Press.
Young, Allyn (1928), "Increasing Returns and Economic Progress," *The Economic Journal*, vol. 38, Issue 152.

　　　　　　　　　　　　　　　　　　　　　　　　　　　　（村 山 裕 三）

第3章
自由企業体制

　本章では、アメリカ経済の主たる担い手である企業(「アメリカ企業」)の経営システム上の特徴を明らかにする。近代企業の生成・発展の歴史を概観し、現代では全世界的に普及している経営制度の成立プロセス、なかでもビッグビジネスの成立と職能制組織の誕生、事業の多角化と事業部制組織の形成、管理階層制マネジメントの形成などを概観し、なぜアメリカでそれらの諸制度が成立しえたのかについて検討する。また、近代企業を法制度的側面から支えている企業統治システムのアメリカ的特徴、とりわけ株主重視の企業統治システムの具体的特徴とその長所・短所について概説する。次いで、アメリカ企業の経営戦略策定や組織編成方法に焦点をあて、日本企業との対比の観点から検討を加える。さらに、1990年代以降、ITの発達がアメリカ企業の行動にどういった変化をもたらしているかについて学習する。

　総じて、アメリカ企業の経営システムには、そのシステムを根底から規定している市場中心志向が伏在し、自由企業体制が根付いていることを明らかにする。

1　アメリカ企業の経営システム

　一般に、経済体としての企業は、原材料(インプット)に何らかの技術的変換を行い産出物(アウトプット)を生み出すことによって、付加価値を創出する作業を行っている。このような変換作業を、企業が計画したとおり滞りなく遂行するには経営諸活動のマネジメント(経営管理)が不可欠である。

　マネジメント・システムは、生産、財務、研究開発、人事労務、流通などの複数の職能から構成され、それぞれ個別に経営学の下位領域として発展を遂げ研究の蓄積が行われてきた。このマネジメント・システムのそれぞれの職能領域ごとにアメリカ的特徴――日本やアジア諸国、ヨーロッパ諸国と比した場合

のアメリカ企業の特徴——が見られるわけである。本章では、これらの職能ごとに蓄積されてきた諸研究の成果もふまえつつ、とりわけ他国と比して大きな相違が見られるとされるアメリカ企業の戦略・組織や市場での行動上の特徴に焦点をあてて、概説することとしよう。

まず次節において、アメリカ近代企業の生成と発展の経緯を概観することからはじめる。周知のように、現代では全世界に普及することとなった「企業」のシステムは、この19～20世紀のアメリカにおいて形成された近代企業（ビッグ・ビジネス、巨大企業）にそのルーツを求められるからである。つづく第3節においては、この近代企業を法制度的側面から支えている企業統治（コーポレート・ガバナンス）システムのアメリカ的特徴を、そして第4節では、アメリカ企業が、とりわけ日本企業やヨーロッパの企業と比べ、どういった経営戦略や組織構造上の特徴を有しているかを確認する。さらに第5節においては、とりわけ1990年代以降のIT（Information Technology：情報技術）の発達とともに顕著となったeビジネスの普及や、それに伴う新しい企業モデルについて概説する。最後に第6節で、それらのアメリカ的特徴を形成している根本的要因としていかなる点が考えられるか、また今後のアメリカ企業の変化の方向性はどのように展望されるか、といった点について論じることとしよう。

2　近代企業の生成と発展

アメリカにおける近代企業の構造を、19世紀から20世紀にかけて生成したビッグビジネスの詳細な研究から明らかにしたのは経営史家のアルフレッド・チャンドラーである。チャンドラーによると、近代企業の基本的特色は①多数の異なった職能や事業単位から構成されていること、②階層的に組織された俸給管理者（salaried managers）によって管理されていること、この2点であるとされる。以下、それぞれについて敷衍してみよう（詳細については、米倉〔1992〕を参照）。

（1）ビッグビジネスの誕生と職能制組織

19世紀のイギリス産業革命前後に典型的に見られた組織形態は、生産という単一職能のみを有する工場制組織である。職能制組織とは、このような単一職

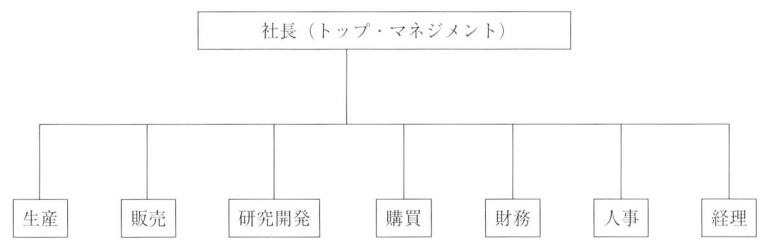

第 3 章　自由企業体制

```
                社長（トップ・マネジメント）
    ┌─────┬─────┬─────┼─────┬─────┬─────┐
   生産   販売  研究開発  購買   財務   人事   経理
```
図 3-1　職能制組織の基本構造
出所：伊丹・加護野（2003：283）を一部変更。

能のみの工場制組織とは異なり，生産以外にも，生産の前提となる研究開発や購買，生産した財を売る営業・販売などといった複数の職能と，さらにそれらを管理する総務や人事，経理などの部門などを備えた組織形態のことである（図 3-1）。職能制組織は，企業の主要職能をもとに組織を編成する方法であり，企業全体がひとつの自己充足的な組織単位をなしている。職能制組織の基本的メリットは，それぞれの職能内部でより専門的な分業を行うことによって能率が増し，いわゆる専門化の利益を享受できることである。

　チャンドラーによると，アメリカにおいて職能制組織が出現した歴史的経緯は概ね次のように説明される。すなわち，アメリカ市場は（イギリスなど他国と比して）広大で，かつわずか数十年という短期の間に成立した未発達な市場であった。したがって，イギリスのように効率的な流通業者や効率的な分業関係の発生する余地がほとんどなかった。さらに，大量生産に基づく「規模の経済（economy of scale）」の効果を完全なものとするためには，生産のみならず販売量を的確に把握することによって財の流通を統括的に管理する必要があった。

　そこで，当時のアメリカ企業の多くは，大量生産を行うと同時に，財の流れの観点からすると生産より後方（川下）に位置している販売部門も，自企業の一職能として統合しようとする戦略をとったのである。同様に，「規模の経済」の達成をめざし，原材料の安定供給が必要不可欠な産業においては，原材料部門や半製品製造部門などといった川上へ向けての統合も促進する戦略をとった。こうして，アメリカ企業は製造職能の前方・後方双方向への垂直統合を盛んに行うことを通じ，複数の職能を具備した職能制組織による巨大企業，いわゆるビッグビジネスを誕生させたのである。

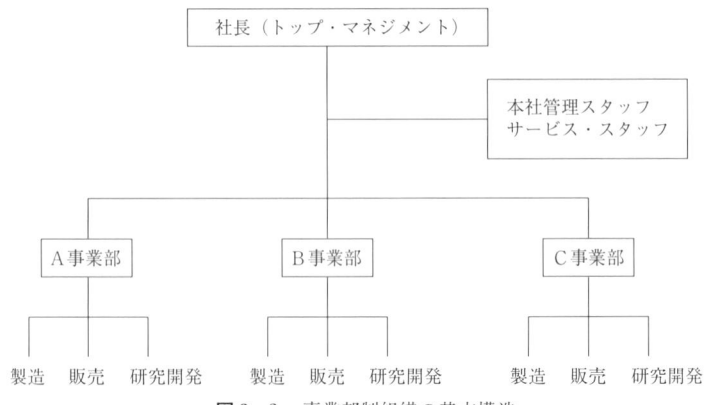

```
                社長（トップ・マネジメント）
                        │
                        ├──────────── 本社管理スタッフ
                        │              サービス・スタッフ
        ┌───────────────┼───────────────┐
      A事業部          B事業部          C事業部
     ┌──┼──┐         ┌──┼──┐         ┌──┼──┐
    製造 販売 研究開発  製造 販売 研究開発  製造 販売 研究開発
```

図3-2　事業部制組織の基本構造
出所：伊丹・加護野（2003：285）を一部変更。

（2）　多角化と事業部制組織の形成

しかし，チャンドラーによると，企業が単一事業のみを営んでいる場合には職能制組織でよいが，複数の事業を営むようになる（「多角化」）につれ，職能別の縦割り組織の欠陥が露呈するようになるという。事業を多角化した企業を職能制組織で運用すると，企業は事業ごとに異なった市場と技術の要請をまとめて総合的事業としての意思決定を行うのが困難になるというのが，既存の職能制組織の最大の欠陥であった。そこで，複数事業を営む組織形態として，職能制組織に代わって登場したのが「事業部制組織」である。

図3-2に見るように，事業部制組織とは，本社などのトップ・マネジメントのもとに複数の事業部を配置した組織形態のことを指す。事業部制組織のもとでは，財務や人事といった一部のスタッフ機能は除き，それぞれの事業部が担当事業の業績と市場確保に責任をもつという仕組みになっており，その意味において，企業全体ではなく各事業部が自己充足的単位をなしている。事業部に大きな権限が委譲されており，したがって事業部制組織は，トップ・マネジメントのもとに企業の各職能が集権化された職能制組織に比べると，より分権的な組織形態であるということができる。

アメリカ企業の歴史において職能制組織に代え事業部制組織が出現した経緯を，チャンドラーは，アメリカ最大の火薬生産企業であったデュポン社を例に

挙げながら次のように説明している。すなわち，第一次世界大戦によってデュポン社は，軍需に対応し急成長を遂げたものの，対戦終結とともにその痛手をもまともに被ることとなった。終戦とともに急激な需要減退に直面せざるをえなかったためである。そこで，デュポン社がとった戦略は，これまでの火薬を中心とした製造に加え，火薬製造過程で利用される化学品や副産物を利用した関連事業，たとえば染料や有機化学製品，植物性油脂，ペイント，水溶性化学製品などの製造をも手がける，という多角化であった。しかし，これらの多角化製品は良質で安価であったにもかかわらず，大きな赤字を計上することとなる。火薬という軍需品と有機化学製品やペイントなどの民生品の間には，生産計画や流通経路が大きく異なっていたため，これまでのトップ集権的な職能制組織のままでは対処しきれなくなったためである。

そこでデュポン社がとった組織的解決策として登場したのが，各事業を個別の事業部として独立させ，それぞれに購買，製造，販売などの職能をもたせ分権化する事業部制組織の採用であった（1922年）。事業部制組織を導入することにより，デュポン社は多角化した事業，多品種化された財の大量生産・大量販売という戦略的課題を達成しえたのである。この事業部制組織という組織形態は，翌23年にはGM（ジェネラル・モーターズ）社でも採用され，その後今日にいたるまで，多角化した多くのアメリカ企業に典型的に見られる組織形態となった。

現代では，アメリカに限らず世界中の各国において，複数の事業を営む企業のほとんどが基本的には事業部制組織を採用している。こうして，職能制組織と事業部制組織という近代企業に典型的に見られるふたつの組織形態が確立することになったのである。ちなみに，日本においては，パナソニック株式会社（旧松下電器産業）がすでに1933年に事業部制に移行している。ただしこれは例外で，多くの日本企業で事業部制が採用されはじめたのは60年代であり，これは日本企業の多角化がはじまった時期とも合致している。

（3） 階層制のマネジメント

チャンドラーが指摘した近代企業を特徴付ける第2の特色は，階層的に組織され俸給経営者によってマネジメントが行われているという点である。

ここに「階層」とは，アメリカに生成・発展した近代企業が，多角化したさ

第Ⅰ部 経済大国アメリカの基盤

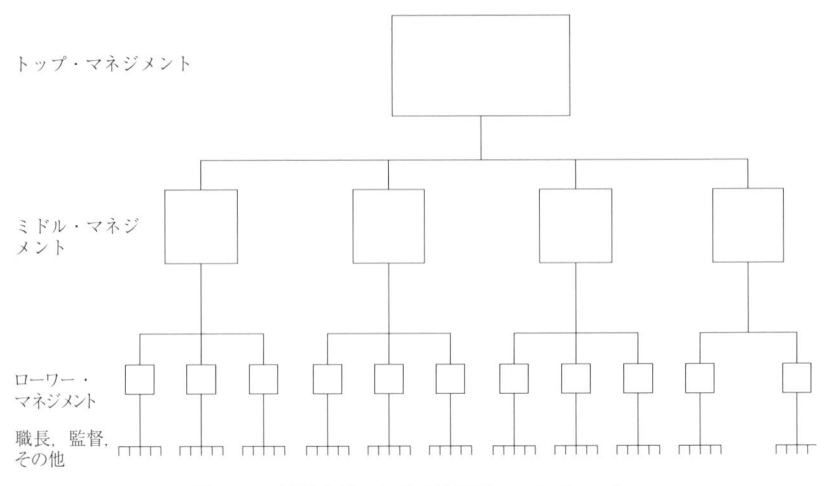

図3-3 近代企業における階層制のマネジメント
出所：チャンドラー（1979a：5）。

まざまな事業を有効に管理するため設けた，トップ・マネジメント（上級管理者層）からミドル・マネジメント（中間管理者層）を経てローワー・マネジメント（下位管理者層）へといたる管理階層（managerial hierarchy）を指している（図3-3）。トップ・マネジメントは，複数の事業部の戦略を総合的に立案し，全社的な経営資源（ヒト，モノ，カネ，情報）の配分を行って企業行動を調整，監督，評価する役割を果たす。ミドル・マネジメントは，トップ・マネジメントに付与された経営資源をうまく活用し最大限の成果を上げるために，下位部門の経営諸活動を計画・管理する機能を果たしており，トップ・マネジメントのもとに複数設けられている各事業部がこれにあたる。また，ローワー・マネジメントは，実際に現場の作業組織で働くブルーカラー労働者を管理監督することが主たる機能である。

またチャンドラーがいう俸給経営者とは，組織体を経営管理することを専門職業とし，給与を受け取るビジネスパーソンのことを指している。すなわち，近代企業は，企業の所有者とそれを経営する経営者とを区分させるほど大規模に成長していることが大きな特徴であり（「所有と経営の分離」という。第3節にて詳述），それまでにイギリスで多く見られたような，所有と経営の未分離による創業経営者や家族・同族による経営とは根本的に相違していると主張した

のである。

このようにチャンドラーは，職業人としての経営者が事業を運営するために組織を階層的に形成している点こそが，近代企業を特徴付ける大きなメルクマールのひとつであり，それは広大かつ未発達というアメリカ的市場特性によって大きく規定された組織形態であると考えたのである。

3 アメリカ型企業統治の特徴

前節で見たような歴史的成立過程を経て登場した近代企業であるが，今日のアメリカ企業は，より具体的に，他国と比してどのような「アメリカ的」特徴を有しているのであろうか。本節ではとりわけアメリカ企業の企業統治システムの具体的特徴を検討してみることにしよう。

（1） 企業統治とは

企業統治とは，会社企業の経営を実質的に行う経営者（トップ・マネジメント）の任免にかかわる経営制度であり，昨今ではコーポレート・ガバナンス（corporate governance）とも称されている。企業統治は，企業目的そのものの決定に関する制度を取り扱うため，企業目的の達成のための戦略や組織化，資源動員にかかわる問題を主に取り扱う狭義の経営管理（マネジメント）よりも本来，上位にくる概念である。

近代企業の代表的な会社制度である株式会社は，現代では世界中の多くの国々に普及しており，その意味である種の普遍性を有しているといえる。しかし，その進化のプロセスや株式会社制度の具体的運用形態に注目すると，国によってかなり顕著な相違が見られる。

たとえば，アメリカやイギリスなどのアングロサクソン諸国では，出資者である株主を中心にした企業統治が行われているが，ドイツでは労資同権の産業民主主義思想の伝統があり，現代でも労働組合の影響力が強大で，労資共同の企業統治システムが展開されている。これ以外にも，たとえばフランスでは，私企業よりも国有企業が多数存在するため，国家が企業統治に関して重要な役割を演じているし，韓国ではチェボルと呼ばれる財閥が重要な統治機関となっている。日本においては，法制度的にはアングロサクソン諸国と同じ株主中心

の企業統治システムであるが，現実の運用形態では，多くの企業の株主総会が形骸化（けいがい）していることが象徴的に示唆しているように，株主よりも経営者・従業員が企業統治の主役となっている。日本においては，法制度上では経営者を監督する役割を果たすべき取締役ですら，経営者の代表である社長や会長によって実質的に選ばれていることは周知の事実である。

（2） アメリカ企業統治の展開——経営者革命と株主反革命

この企業統治の問題に関する諸議論の最初の出発点となっているのは，1932年にアドルフ・バーリとガーディナー・ミーンズによって発表された「所有と経営の分離」（「所有と支配の分離」ともいう）にかかわる問題提起である。彼らは，アメリカ企業の実態調査をもとに，企業がその規模を巨大化させていくにつれ，どの株主も企業の支配権（経営者の任免権）を行使できなくなり，支配権は経営者に掌握されてしまうという事態が生じつつあることを発見した。すなわち，バーリとミーンズは，最大株主の所有比率をもとに，「経営者支配」（20％未満），少数支配（20〜50％），多数支配（50〜80％），独占的支配（80％以上）に分類し，当時のアメリカ大企業の44％が「経営者支配」の段階にまで到達していることを明らかにしたのである。このような現象は，近代企業の成立，企業の巨大化とともに，資本市場における株主の影響力の弱体化，企業経営者の影響力の相対的強化が進行しつつあることを示しており，時に「経営者革命」と呼ばれることもある。

しかし，1960年代の後半から，アメリカ巨大企業における企業統治の構造は，再び株主の力が強くなりはじめる方向へと徐々に転化していくこととなる。この動きは「株主反革命」と呼ばれる。株式の過度の分散は，株式市場での敵対的買収を誘発しやすいというデメリットがあり，この敵対的買収に対する脅威を回避する必要性から，それまでの経営者支配に対する株主支配力の巻き返しが生じたのである。そしてそれ以降，アメリカ企業では脈々と株主重視という経営の伝統が引き継がれ，現代にいたっている。アメリカ企業の企業統治は主として取締役会で行われ，経営者の一部は取締役会の構成員ではあるが，当該企業の経営者ではない外部取締役が含まれているのが普通である。概して，取締役会と経営者との重複が少ないのが現在のアメリカ型企業統治の特徴であるともいえる。

（3） アメリカ型企業統治のメリットとデメリット

　アメリカ型の株主中心の企業統治では，経営者が株主の利益である株価上昇を考えて企業経営を行えるよう，取締役会に経営者を評価しその報酬を決定する権限が付与されている。そのため，株主主権の立場に立てば，アメリカ型企業統治の構造は，出資者である株主の意向に沿った企業経営を行うことができるというメリットを有している。また，事業運営にあたって，企業内部で実際に働く経営者や従業員の支持が必ずしも必要とはならないために，思い切った企業革新（イノベーション）を行うことが可能であるというメリットも有している。

　しかし，アメリカ型の企業統治には同時にデメリットも存在する。最大の問題は，株主の意向があまりにも重視されるため，企業内部の経営者や従業員の利害が軽視されてしまい，その結果として企業内部で働く従業員のモラールが低下したり労働組合との関係の悪化を招いてしまったりすることである。また，長期的視野に立たない短期志向の経営が行われてしまいがちであるという問題もある。市場において株価を決定するのは，短期的に株式を売買する人々である。企業経営に必ずしも高いコミットメントをもっているとは限らない，このような短期志向の株主の意向が，企業統治において直接的に反映されやすいのである。

　このような株主重視というアメリカ型企業統治の特徴は，もっとも端的には経営者が企業の経営目標をどのような点に置いているかという点によく現れている。**図3-4**は，日米の主要企業各1000社の経営者を対象として，企業の経営目標は何であるかを質問票調査によって尋ねた結果を示したものである。具体的には，図の横軸に示した9種類の企業目的のなかから重要な目的3つについてその順位を尋ね，もっとも重要な目標という回答に3点，2位には2点，3位には1点，選ばれなかった目標には0点をそれぞれ付与し，その平均点をグラフ化したものである。

　この図によると，アメリカ企業と日本企業の最大の相違点は，株価という株主利益を代表する項目を日米の企業経営者がどのように考えているかである。アメリカ企業は投資収益率という財務指標や株価上昇という項目が1位と2位を占めている。しかし，日本企業ではそのいずれの項目も相対的には低く，とりわけ株価上昇についてはきわめて低位の経営目標としてしか認識されていないことがうかがえるであろう。

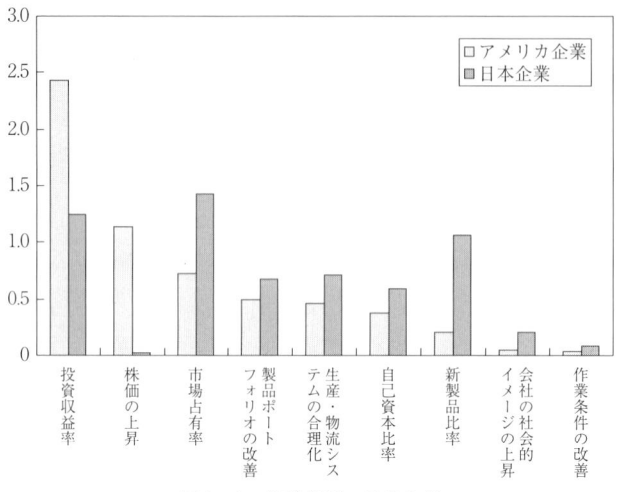

図3-4 経営目標の日米比較
出所:加護野ほか (1983:25) を一部変更。

4 アメリカ企業の戦略と組織

 本節では,昨今(概ね1980年代以降)のアメリカ型企業経営のマネジメント・システム上の特質を検討してみよう。第1節でも言及したように,マネジメント・システムは,経営学では一般に,生産,財務,研究開発,人事労務,流通などの職能ごとに論じられることが多いが,ここではとくに日本企業との相違が大きいとされる経営組織上の仕組みに焦点をあてながら,アメリカ型マネジメントの特徴を概観することとする。一口にアメリカ企業といっても,所属産業や組織規模によってそのマネジメント・スタイルには相違が見られ,一概にその特徴を論じるのは困難であるが,ここではとりわけ従業員規模で1000人以上の大規模製造企業を念頭におきつつ,同規模の日本製造業との対比を中心として概説することにしよう。

(1) 経営戦略の策定

 一般に日本企業では,経営戦略の策定に際し,ミドル・マネジメントが重要な役割を果たす。ミドル層(職位でいうと,課長から非役員の部長層にいたるまで

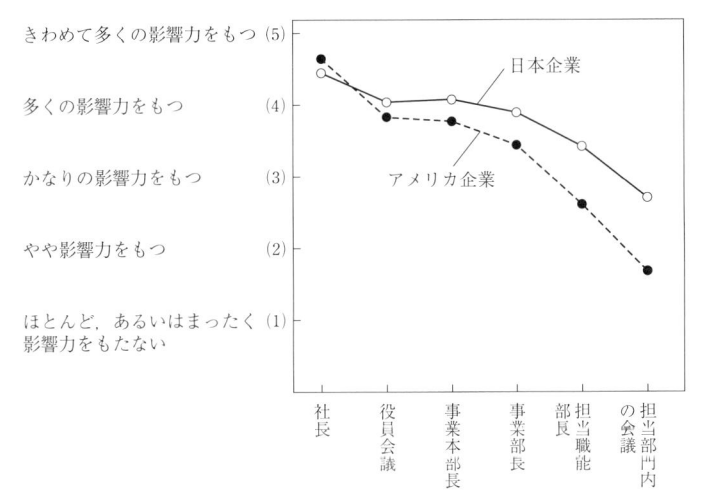

図 3-5 意思決定への影響力構造の日米比較（コントロール・グラフ）
出所：加護野ほか（1983：34）を一部変更。

のクラス）が、当該組織のおかれている状況を客観的に観察し情報収集や分析を行うといった戦略発想をし、構想を練って現実にオペレーションを組織化させるのである。多くの日本企業においては、トップ・マネジメントは、大きな戦略の方向付けや、相対的に解釈の余地が高い戦略ビジョンの提示のみを中心的に行い、後はミドルの策定した戦略にゴーサインを出すという、いわば補助的・追認的な役割を果たすにすぎない。それゆえ、日本企業の経営は、時に「ミドル・アップ・ダウンの経営」とも称される。

これに対し、アメリカ企業では明らかにトップ・マネジメント主導のトップ・ダウン型戦略策定がなされている。トップは、どの事業に進出すべきか（「ドメイン」）を明確に提示し、環境やリスクを精緻に認知・分析したうえで機動的な資源展開を行う。ミドルは、トップが主導的に立案した経営戦略を、トップの指揮命令に忠実に従って実行へと移していく。換言すると、日本企業がより分権的な戦略策定を志向するのに対し、アメリカ企業ではよりトップ集権的な戦略策定を志向しているともいえる。

このような組織の集権度に関する日米企業間の相違は、組織における意思決定への影響力をグラフ化して表現した「コントロール・グラフ」を見ることによっていっそう明白になる（**図 3-5**）。このグラフの横軸は、組織階層上の地

位の高低を，縦軸は意思決定への影響力をそれぞれ示している。アメリカ企業では，社長がきわめて高い影響力をもっており，階層を下るにつれて急速に影響力が低くなることがうかがえる。アメリカ企業に比べると，日本企業のコントロール・グラフの勾配はより緩やかである。アメリカ企業においては，相対的にトップ・マネジメント層にいかに強大な権限が付与されているかがこのコントロール・グラフによってうかがえるであろう。

（2）組織編成方法

　アメリカ企業のトップ・マネジメントが強大な権限を有していることに呼応して，アメリカ企業では一般に経営戦略に適合した階層型の組織構造を設計するとされる。第2節で見たようなトップ・マネジメントからミドル・マネジメント，ローワー・マネジメントにいたる管理階層，さらにその下に実際にオペレーション活動に従事する現場作業組織がくる。現場作業組織内部でも，上位の現場監督者や職長と，その下にくる一般のブルーカラー労働者とは明確な階層構造によって区分される（階層型作業組織）。

　これに対し，日本企業では，どちらかというと経営階層のトップとボトム（現場作業組織）の格差が小さいフラットな柔構造組織の設計を志向している。日本企業では，この柔構造組織のもと，現場従業員による自律性と微調整的適応行動をかなりの程度許容できる組織構造となっている。日本企業の現場作業組織で実施されているQC（Quality Control）サークル活動は，現場作業員のもつ能力をより有効に組織的に活用している典型例である。

　次に，従業員の組織統合システムを見てみよう。日本企業では，フラットな柔構造組織を前提とし，価値観や情報の組織内共有とそれを支援する，より緩慢な統合システムに基づいたコントロールを行う。したがって，日本企業では組織という集団内の構成員間の相互作用を通じた，よりダイナミックな組織学習が行われやすいという特性をもっている。職務に関しても，もともと職務記述書が存在していなかったり，たとえ存在していても有名無実であったりするケースが多い。逆に職務を明確に定義しないことにより，組織のダイナミズムを生かそうという志向が日本企業には見られる。多くの日本企業における従業員の教育訓練の重点は，実際に職務に従事しながら試行錯誤を重ね体験学習を積んでいくという職場内教育（OJT：on-the-job training）にあるとされる。

これに対し，アメリカ企業の組織統合システムでは，経営戦略に合致した精緻なコントロール・システムが整備されている。規則や手続き，階層，計画などの，いわゆる官僚制（bureaucracy）に見られる組織統合システムがより頻繁に用いられる。それゆえ，組織学習という側面では，アメリカ企業は日本企業よりもその活用の程度が相対的に低く，むしろ従業員は管理階層に応じた専門能力の蓄積を個人単位で行う志向がより強いといえる。職務においても，可能な限りノウハウが標準化され，どのような事態が生じた場合にはどのように対処すればよいかについて明瞭に規定したマニュアルが整備されている（「公式化」）。従業員の教育訓練についても，日本式の職場内教育の重要度は相対的には低く，いわゆるビジネススクール教育を通じて得られるMBA（Master of Business Administration：経営学修士）取得者を積極的に採用することになる。その組織を通じてしか得られない組織特殊的知識よりも，より客観的なビジネス能力資格を有しているかどうかの方が重要視されるのである（MBAについては章末のコラムを参照）。

5　ITの発達とアメリカ企業の動向

本節では，1990年代以降に顕著となったIT革新がアメリカ企業の構造や行動にいかなる影響を及ぼしたのかについて，その概略を見てみることにしよう。ITは，広義には情報通信技術全般を指すが，ここではとりわけインターネットを消費者向けに活用した，いわゆる「eビジネス」を行っている企業の動向を念頭において検討する（本節の詳細は，尾高・都留〔2001〕や夏目〔2004〕を参照されたい）。

(1)　インターネットの普及とeビジネスの発展

アメリカの大企業は，1990年代後半に入り，急速にインターネットを企業活動のなかに積極的に導入しはじめるようになった。アメリカの売上高上位500社のうちで，まったくサイトを開いていない企業と簡単な会社案内程度の情報しか掲載していない企業が，97年4月時には355社（71％）であったが，2年後の99年4月時にはその割合は70社（14％）にまで激減した。ITを活用した電子商取引を導入している企業も，97年4月時には29％しかなかったのに対し，

99年4月時には86％にまで急増し，90年代末までには，アメリカ大企業のほぼすべてが，その経営にインターネットを何らかのかたちで導入し，電子商取引を積極的に行うようになっていた（夏目 2004：26）。このように，地理的な範囲や物理的な店舗の運営コストをかけることなく，サイバー空間上で事業を展開するビジネスは，一般にeビジネスと呼ばれている。

eビジネスを行っている企業の特質は，インターネット技術を活用しながら顧客の細かな要求にあわせた製品やサービスを提供できること，そして従来の小売企業がもたざるをえなかった店舗スペースや店舗従業員などの固定費や製品在庫を大きく削減できることに求められる。

（2） eビジネスと新しい企業モデル

こうした特性をもつeビジネスの拡大は，従来型の企業モデルの修正を迫ることとなった。とりわけ，電子商取引が急速に浸透しつつあった市場においては，eビジネスを積極展開する企業は，競合他社に対して企業―顧客間関係の変革を迫りつつあった。OECDの調査によれば，eビジネスが急速に拡大した1990年代末期～2000年初頭に企業モデルの転換が進んだのは，小売，音楽，出版，銀行などの業界であり，輸送業界や情報サービス業界においても，かなりの程度，進展していたとされる。

挑戦を受けることとなった従来型の企業モデルは，第2節で見たチャンドラーによる垂直統合型の企業モデルである。チャンドラーによれば，垂直統合企業においては，大量生産と大量流通が統合され，購買，研究開発，財務，製造，販売，物流などの間を通ずる資金や財，情報の流れを効率的に調整しうる階層的な管理組織が形成された場合に限り，競争上の優位を維持できるとされたのであった。この垂直統合企業は，1920～50年代のアメリカで，異なる市場や異なる地域への経営資源の配分を統合的に行いながら，70年代までには多角化企業，多国籍企業へとその組織規模を拡大してきたのである。

チャンドラーが描いた従来型の企業モデルのエッセンスは，アメリカ全土的規模による大量生産・大量販売・大量購入などの職能の企業内部への統合であり，この膨大な企業活動を調整するにあたっては，階層的管理機構が形成され，効率的に管理が行われなければならない。eビジネスによる新しい企業モデルは，このチャンドラーによる企業モデルを根幹から揺るがすものとなったので

ある。

　たとえば，アマゾン・ドット・コムは1995年に設立された新興のｅビジネスであるが，従来型の書店や他の小売りチェーンが売上高を伸ばすために新店舗と従業員を増やさなければならなかったのとは対照的に，より多くの消費者を単一のオンライン店舗に来てもらうだけで販売額を増やすことができた。同様に，パソコンのハードウェア業界ではデル・コンピュータ，証券業界ではイー・トレード証券やウォーターハウス証券などの新興のオンライン証券会社が急速に台頭したのである。

　これらのｅビジネスを展開している企業は，第２節で見たような職能制組織や事業部制組織といった既存の組織形態とは一線を画する形態を有しており，ときに「バーチャル・コーポレーション」や「オープンネットワーク型組織」といった呼称で呼ばれることもある。ここで「バーチャル」とは，実体としての形をもたない仮想的な空間という意味合いである。組織の物的な場所や規模の拡大を必要とする組織ではなく，ITを活用して市場や顧客のニーズに関するデータを集め，それらのデータと設計・生産工程とを連動させ，その総体をコンピュータが統合的に管理するシステムをもちあわせている新たな組織形態のことである。

（３）　企業モデル転換の困難性

　では，従来型の大量生産・販売を行ってきた企業が，ネット販売などを介しｅビジネスに新たに参入すればそれですむかといえば，話はそれほど単純ではない。従来型の大企業が簡単にｅビジネスに参入しようとしない理由は，チャネル・コンフリクトと呼ばれる問題が発生するためである。

　大量生産・販売を行ってきた企業が，インターネットで既存と同じ商品を低価格で直接販売を開始することは，これまで構築してきた小売店舗販売網と共食いの関係に立つことになる。この小売店舗販売網は従来の大量販売企業の収益源であり，そう簡単にインターネットでのオンライン販売に資源を振り向けることができないのである。

　さらに，インターネット販売は，中間の卸商人を排除し，直接的に，より速く，より安価に消費者に接近することができる。ただし，大量生産・販売企業にとって，インターネット販売に参入することは，中間の卸売業者の利益を損

なうことを意味し，これまで協力関係にあった卸売業者とも競争関係に入ってしまいかねない危惧がある。したがって，大量生産・販売企業は，従来型の企業モデルを捨て，簡単にeビジネスへ乗り移ることに躊躇せざるをえないのである（夏目 2004：37）。こうして，従来型モデルをとっている企業と新しいモデルをとる新興企業とがともに併存し，相互に絡み合いながら，激しい市場競争を展開することとなる。

　いずれにしても，ITの発達を基盤にした新たなeビジネスは，大量生産・販売企業に対し企業モデルの転換を迫りつつあり，その企業モデルの転換は，単に一企業のみならず，産業構造や雇用，労働形態といった経済・社会システムの全般に大きな影響を及ぼしつつある。総じて，ITという新しい技術システムの発達が，アメリカ企業の成長や市場競争をますます激化させ，しかもその競争が本格的にグローバルに展開することとなった契機が，本節で概観したような1990年代後半のeビジネスの台頭であったといえよう。

6　アメリカ型企業システムのゆくえ

　以上，本章において概観したようなアメリカ企業の特徴の背後には，アメリカという広大な国土をもちきわめて短期間のうちに急速に発達したという，特殊アメリカ的な市場特性が重要な要因として伏在している。このような市場特性からして，アメリカ企業においては大量生産・大量消費という理想をいち早く実現させることが可能となったのである。

　第2節で見たように，現代では全世界に普及している近代企業という企業の仕組みがアメリカで生成・発展したのは，このようなアメリカ的市場特性があってのことである。また第3節で見たような，実際に組織で働く従業員よりも出資者である株主をより重視する企業統治システムのあり方，さらには第4節で触れたような，トップ・マネジメントに強大な権限が付与されたトップ主導のマネジメント・システムの仕組みには，このような特殊アメリカ的な市場特性がよく反映されている。ひとくちに要約すれば，日本企業のように，「企業＝ヒトを中心とする組織のシステム」であるとする見方（社会性重視の観点）よりも，どちらかというと「企業＝市場における資源配分のためのシステム」とする発想法（経済性重視の観点）が，アメリカ企業の経営システムの随所に現

■□コラム□■

アメリカのMBA

　MBAはビジネススクールの修了者に授与される資格である。一般にビジネススクールとは、企業の経営を科学的に分析し、経営実践に資する目的で設立される大学院の課程を指す総称である。プラグマティズムの伝統があり実益を重視するアメリカでは、ビジネススクールでの学修が事業を成功させるうえでの重要な手段であると位置づけられ、1881年のウォートンスクールを皮切りに、1908年のハーバード・ビジネススクールなど、その後も多くのビジネススクールが設立され、現在にいたっている。MBAの取得は将来的に企業幹部になるうえで重要な一要件とされ、MBAはアメリカ社会で広く認知された資格となっている。

　日本においても、2003年に文部科学省が従来の研究中心の大学院課程とは別に「専門職学位」課程を設置したことを契機にビジネススクールの開設が相次いだが、日本のビジネススクールにおける在学者数は入学定員を下回っているのが実情であり、アメリカほどの人気はない。筆者らの調査によると、実際にビジネススクールで教育されている内容も、アメリカのMBAではすぐに実践に役立つ分析ツールやケーススタディが中心なのに対し、日本ではむしろ理論ベースで社会科学のアカデミズムの延長線上に位置付けられていることが多い。MBAという資格の取得が、条件のよりよい企業への転職に直接つながるアメリカに対し、日本のMBAコース生には転職につなげようとする意識はそれほど高くなく、むしろ人的ネットワークを拡げ、情報や知識を得ることを目的としてスクールに通うケースが大半である。このように、同じMBAという資格といっても日米間でその社会的認知や位置付け、内実が大きく異なっている。

れており、今日の自由企業体制の基盤を構築しているとまとめることができるであろう。

　もっとも、このような市場中心、経済性重視の観点というアメリカ的特質が永久に不変であるわけではない。アメリカ企業も、他国の例に学び、その経営システムを修正しようとしている。たとえば、1980年代後半には、日本企業の生産性の高さを「日本的経営」として学び、アメリカ企業にもある程度適用可能なシステムを、とりわけ現場作業組織を中心として、一部取り入れようとした。日本企業のもつ「組織力」、とりわけブルーカラーの高い生産性をアメリ

カ企業が高く評価したためである。また，第2節・第3節で概説したように，1920年代にアメリカで成立した近代企業の一般特性や，一見したところ普遍性をもつように見える株式会社制度なども，その具体的仕組みや運用形態については各国ごとにかなりの程度異なっている。その意味で，今後アメリカ型の企業経営システムが全世界のあらゆる国で普遍的有効性を有しつづけるかどうかというと，必ずしもそうとはいえないのが実情であろう。

今後，IT化やグローバル化がますます進展するなかで，アメリカ企業の動向やアメリカ型の企業経営システムのゆくえがどのようになっていくのか，経営学のそれぞれの領域において，多様なアプローチからの分析が不断につづけられている。

■　■　■

●参考文献

伊丹敬之・加護野忠男（2003）『ゼミナール経営学入門（第3版）』日本経済新聞社。
奥林康司・上林憲雄・平野光俊編（2010）『入門・人的資源管理（第2版）』中央経済社。
尾高煌之助・都留康編（2001）『デジタル化時代の組織革新』有斐閣。
加護野忠男・野中郁次郎・榊原清則・奥村昭博（1983）『日米企業の経営比較——戦略的環境適応の理論』日本経済新聞社。
上林憲雄（2001）『異文化の情報技術システム』千倉書房。
上林憲雄ほか（2007）『経験から学ぶ経営学入門』有斐閣。
上林憲雄・厨子直之・森田雅也（2010）『経験から学ぶ人的資源管理』有斐閣。
小池和男・猪木武徳編（2002）『ホワイトカラーの人材形成——日米英独の比較』東洋経済新報社。
A・D・チャンドラー（1979a）『経営者の時代（上）』鳥羽欣一郎・小林袈裟次訳，東洋経済新報社。
A・D・チャンドラー（1979b）『経営者の時代（下）』鳥羽欣一郎・小林袈裟次訳，東洋経済新報社。
夏目啓二（2004）『アメリカの企業社会——グローバリゼーションとIT革命の時代』八千代出版。
A・A・バーリ／G・C・ミーンズ（1958）『近代株式会社と私有財産』北島忠男訳，文雅堂書店。

米倉誠一郎（1992）「現代企業の生成と発展」高柳曉・飯野春樹編『新版・経営学（1）総論』有斐閣。

（上 林 憲 雄）

第4章
反トラスト法

　本章では，マイクロソフト事件を素材にして，アメリカの法・裁判制度の内容を明らかにする。まず，コモンロー・大陸法とは何かなどを見る。次にアメリカの裁判所制度が三審制からなり，第一審が事実審で第二審以降は法律審であること，最高裁の裁量上訴制度を見る。つづいて，反トラスト法がシャーマン法，クレイトン法，連邦取引委員会法の3つの法律からなり，司法省と連邦取引委員会が執行を分担していることなどを見る。そのうえで，マイクロソフト，インテル，最近ではGoogleなどが反トラスト法の審査を受けたことを述べ，とくにマイクロソフト事件に目を向ける。1995年事件は，基本ソフトとブラウザとの抱き合わせがシャーマン法2条に違反するかが争われた。1998年に再提訴されるとより広範に応用ソフトに対する次期プラットフォームの覇権をめぐるマイクロソフトとJava陣営との争いが問題となり，シャーマン法2条違反の排他的行為，シャーマン法2条違反の抱き合わせ，シャーマン法1条違反の抱き合わせ・排他的合意にあたるかが争点となった。ここでは，裁判所がどのような論理でどのように判断したかを見る。最後に，専門家証言の役割の重要性を明らかにする。

1　アメリカの法制度と裁判制度

（1）　コモンロー（英米法）とシビルロー（大陸法）

　本章ではアメリカの法制度を見ることにする。アメリカの法制度，とりわけ裁判制度を知るにはアメリカの法廷映画を見るのがよい。古い映画であるが，1957年に公開された「12人の怒れる男（12 Angry Men）」は，日本でも裁判員制度という形態で重要な刑事事件について2009年に導入され定着してきた陪審制度を知る格好の教材とされてきた。「12人の怒れる男」はある少年裁判に関する陪審員による評議の様子を描いたものであるが，12人の陪審員のうち11人

は有罪と判断したのに対してヘンリー・フォンダが扮する陪審員だけが無罪を主張し，物語は展開していく。しかし現在では，このような映画はいくらでもあるので，読者にはむしろ日本の裁判制度よりもアメリカの裁判制度のほうになじみがあるかもしれない。これらの映画にはもともと法廷小説を映画化したものが多い。反トラスト法——日本法では独占禁止法に相当する——分野でも，カート・アイヘンワルトが2000年に出版した *The Informant* という小説は，リジンカルテル事件といわれるリジンという化学製品を製造販売しているメーカーがリジンの価格を共同で引き上げる行為（価格協定，価格カルテル）が国際的に行われ，日本の企業にも有罪が下された大規模な反トラスト法違反事件をモデルにしたものであり，反トラスト法の重要な分野である国際カルテルの規制を見るうえで有益である。そして，それは「インフォーマント」の題名で映画化され，DVDが発売されているので見てみよう。しかしこれ以外は，日本語訳はされておらず，また反トラスト法については有名な映画もほとんどない。そこで，本章では，読者にも比較的なじみがあるであろうマイクロソフト事件を素材にして，アメリカの法制度，裁判制度を見ていくことにしよう。

　ところで，アメリカの法体系はイギリス法のそれを引き継いだものである。イギリス，アメリカの法体系は，コモンロー（common law）といわれ，ヨーロッパ大陸，日本，その他の法体系である大陸法（civil law）と区別される。アメリカと日本の法制度は大きく異なるのである。もっとも，日本でも，憲法，民法の一部（親族相続法），会社法，金融商品取引法，刑事訴訟法，独禁法などは，第二次世界大戦後にアメリカ法を参考にしてつくられたので，これらの法規制の中身はよく似ている。コモンローと大陸法の大きな違いは，コモンローの法体系では，裁判所の判決すなわち判例が法としての効果（法源という）をもつのに対して，大陸法では判例は法源とはならず，民法，刑法などの制定法（statute）のみが法源性をもつ点にある。もっとも，判例の積み重ね——裁判官によるいわば法の発見——によって相当の法がつくられたイギリスやアメリカにおいても，現在では，制定法はそれが憲法に違反しない限り判例法に優先するし，非常に整備された制定法が形成されている。

（2）　連邦の裁判制度

　多くの国と同様，アメリカの法制度においても，裁判所，議会および政府と

いう3つの機関が互いにその行動をチェックアンドバランスし，3つの権力が分立している。このうち裁判所の制度をここでは見てみよう。

アメリカでは，連邦，コロンビア特別区および各州がそれぞれ裁判制度をもっている。反トラスト法についていえば，複数の州をまたがったカルテルや企業結合など，つまり「州際取引」については連邦反トラスト法が適用され，州内に限られた取引，つまり「州内取引」に対しては各州の反トラスト法が適用される。反トラスト法には連邦法と州法のふたつのタイプがあり，さらに州法は州ごとに微妙に，また時には大きく異なるのである。また，会社法などは州法だけがあり連邦法はなく，証券取引法は連邦法しかなく州法はない。

連邦の裁判所には，地方裁判所（district courts），控訴裁判所（courts of appeals），最高裁判所（United Stares Supreme Court）の3つのタイプがある。これらの3つの裁判所は合衆国憲法第3条によって設立されたため第3条裁判所とも呼ばれる。第3条裁判所の裁判官の任期は終身である。この3つの連邦裁判所のほか，連邦破産裁判所，連邦租税裁判所などの特別裁判所も存在する。連邦裁判所の裁判官は大統領が指名し，上院の承認が必要である。

訴訟を提起する者（原告）はまず地方裁判所に訴訟を提起する。映画で見るように，弁護士が法廷において弁論活動，つまり証人尋問などの激しいやりとりをするのはこの地方裁判所においてである。マイクロソフト事件の審議の過程が報道されたのもこの地方裁判所のそれである。原告や被告（訴訟を提起された者）が主張する事実が本当にあったのかなどを審理することを事実審理といい，事実審理をする裁判所を事実審という。多くの事件では，原告，被告は，映画で見るような陪審制度を利用することができる。地方裁判所においては通常は裁判官は1名で審理を行うが，まれに3人の裁判官による合議制がとられることもある。独禁法や知的財産訴訟のような専門知識を必要とする事件では，裁判所において経済学者などの専門家証言の役割が重要になっており，原告または被告に雇われた名だたる経済学者が専門家証言を行うことがある。

当事者（原告，被告）のいずれかが地方裁判所の判決に満足しなければ，連邦控訴裁判所に判断を求めることができる。これを上訴という。アメリカ全土には，巡回区裁判所（circuit）といわれる13の連邦控訴裁判所がある。13のうち12の裁判所は，アメリカを11の地域とコロンビア自治区に地理的に分け，その12の地域にひとつずつおかれている。circuitというのは，西部劇で見られる

ように，かつて裁判官がその地域を巡回して裁判をしていたことに起源をもち，かつて巡回していたその地域がひとつの巡回区となって，ひとつの巡回区裁判所がおかれているのである。たとえば第2巡回区はコネチカット州，ニューヨーク州およびバーモント州からなり，この地域に所在する連邦地方裁判所が扱った事件は，第2巡回区裁判所に上訴される。残りのひとつの控訴裁判所は，連邦巡回区裁判所（The Court of Appeals for the Federal Circuit）であり，知的財産訴訟など特殊な事件を専門に扱っている。

　日本の高等裁判所においては事実審理を行うが，アメリカの連邦控訴裁判所は事実審ではなく，地方裁判所が行った事実認定に基づいて法律の解釈に関する判断（法的判断）を行う法律審にすぎない。当事者は上訴趣意書や口頭弁論によって法律上の争点について裁判所を説得する。連邦控訴裁判所は通常3人の裁判官が合同で審理をするが，特に重要な事件は全裁判官による。

　当事者（上訴人，被上訴人）は，連邦控訴裁判所の判決に不満であれば，連邦最高裁判所に上訴することができる。これを裁量上訴（certiorari）という。しかし，連邦最高裁判所には裁量上訴を認める義務はなく，9名の裁判官のうち4名の賛成があってはじめて裁量上訴が認められる。上訴が認められるのは，事件がとくに重要な場合，および下級審裁判所の判例の統一の必要性がある場合である。連邦最高裁判所も法律審である。連邦最高裁判所への上訴数のうち裁量上訴が認められるのは数％にすぎない。したがって，事実上は二審制に近いといえる。以上は連邦法に関する裁判の場合である。

（3）　州の裁判制度

　これに対し，各州も州法を制定しており，それを審査するためにそれぞれの裁判制度をもっている。州の裁判所制度も連邦の裁判所制度によく似ており，事実審である地方裁判所，法律審である控訴裁判所，最高裁判所と三審制とするのが一般的である。もっとも，興味深いのは裁判所の名称であり，たとえば地方裁判所は，事実審裁判所（trial court），巡回区裁判所（circuit court）のほか，奇妙なことに最高裁判所（supreme court）と呼ばれることもある。また，二審制の州もある。裁判官の任命方法は，選挙，任命制などさまざまである。

（4） コモンロー（判例法）とエクイティ（衡平法）

コモンローには別の意味もある。「判例法」という意味である。これはエクイティ（衡平法）と対比される。エクイティはイギリスの裁判の歴史から産まれたもので，中世においてコモンロー（国王裁判所の管轄）では救済されない種類の事件について，正義と衡平の観点から自らが救済されるべきだと考えた者は，国王に誓願をするようになり，時代が移ると大法官に提出するようになった。大法官は事件ごとに裁量で救済を与え，そのような例が増加することで一定の事実関係については大法官に救済を求めるようになった。

このように法源としてコモンローとエクイティが形成されていったが，複雑な変遷を経て，アメリカにおいては同一裁判所において同一手続きのなかにコモンローとエクイティを統合するにいたった。エクイティはコモンローを前提としており，エクイティ上の救済は，コモンローの救済手段では目的を達しえないときにのみ補完的に与えられる。エクイティは裁判所の裁量によっており，救済方法が弾力的である点に特徴をもつ。大陸法系の国の判決がその救済措置（remedy）においてしばしば硬直的であるのに対し，アメリカではさまざまな救済措置がとられる。それは，以下で見る民事的裁判所侮辱罪や企業分割（垂直分割）命令もその一例であるが，エクイティという制度があることにも一因があろう。

2　アメリカの反トラスト法

（1） 反トラスト法

アメリカの連邦反トラスト法（antitrust law）を見よう。反トラスト法は，20世紀のはじめにはスタンダード石油，1970年代にはIBMやAT&T，90年代から2000年代はマイクロソフト事件，最近ではインテルやGoogleと，それぞれの時期の大きな企業に対して積極的に適用されてきた。反トラスト法は，イギリスの判例法（コモンロー）に起源をもつものではあるが，直接にはアメリカで制定された3つの制定法（statutes）からなっている。

最初に成立した制定法は，1890年にできたシャーマン法であり，その1条でカルテルなどの取引制限を，2条で独占を獲得したり維持する行為（独占化），その未遂（独占化の企図）などを禁止し，カルテルや談合は刑罰の対象とされ

ている。マイクロソフト事件で問題になるのはこのふたつの規定である。20世紀のはじめにはシャーマン法に基づくスタンダード石油の分割，タバコ産業へのシャーマン法の適用がなされていったが，その後シャーマン法の不十分さが認識され，1914年に独占を萌芽の段階で規制するなどを目的に，クレイトン法と連邦取引委員会法（FTC法）が制定された。

　現在反トラスト法といえば，シャーマン法，クレイトン法，FTC法の3つの法律を指す。クレイトン法は，1936年，1950年に二度大きな改正がなされ，現行法は，競争を減殺するなどする差別対価（2条），競争を実質的に減殺しまたは独占をもたらす排他条件付取引や抱き合わせ販売（3条）および企業結合（合併，株式取得，事業譲渡など）（7条）を禁止している。FTC法は，シャーマン法などを執行する司法省反トラスト局とは別に，独立行政委員会という法形態の連邦取引委員会（FTC）を創設し，不公正な競争方法を禁止する包括的な規定をおいている（5条）。司法省はシャーマン法とクレイトン法を，FTCはクレイトン法とFTC法を執行する。

　本章でも問題になるのはシャーマン法1条，2条であった。このふたつの規定を和訳してみよう。シャーマン法1条は，「州間もしくは外国との取引または通商を制限するすべての契約，トラスト，その他の形態による結合，または通謀は，これを違法とする」とし，同2条は，「州間もしくは外国との取引または通商のいずれかの部分を独占化し（monopolize），独占化を企図し（attempt to monopolize），または独占化する目的をもって他の者と結合しもしくは共謀する者は，重罪を犯したものとし……」とする。いずれも，きわめて抽象的な表現が使われており，これを見ただけではどのような行為が違法とされるのかわからないであろう。この何が違法行為なのかを具体化する作業は100年以上にわたる判例の蓄積によって行われているのである。もっとも，次の項目で見るように，判例や司法省，FTCの運用・執行がつねに一貫してきたわけではない。

　さらに，連邦反トラスト法のほかに，各州が反トラスト法をもっている。各州の反トラスト法は，連邦法とよく似てはいるが，異なる点もある。とくに，次に述べる連邦反トラスト法の運用が特定の政権の政策によって大きく変わる時期には，州政府が連邦とは異なる反トラスト政策をとって対抗することがある。たとえば，反トラスト法の執行に消極的である共和党政権の時代には，一

部の州の規制は連邦の規制より厳格な規制をするガイドライン（いわば法執行の指針）と呼ばれるものがおかれていた。また，マイクロソフト事件でも，後に述べるように1998年の提訴のときには，司法省とともに19州およびコロンビア特別区も提訴をし，司法省（連邦政府）がマイクロソフトと和解した後も，カリフォルニアなど一部の州は和解を拒んで訴訟を継続していった。反トラスト法を語るとき，州反トラスト法を見逃すことはできない。

（2） 反トラスト法と経済理論

　アメリカの独禁法は，経済学の一分野である産業組織論ないし応用ミクロ経済学の発展と密接に関係しながら形成され，運用・執行されてきた。第二次世界大戦後から1970年代ごろまでは，ジョー・ベインなどのハーバード大学を中心とするハーバード学派といわれる学派の強い影響を受けた。この時代は，市場構造（structure）が市場行動（conduct）を決定し，市場行動が市場成果（performance）を決定するという考え方——構造，行動，成果の頭文字をとって「SCPパラダイム」といわれる——が強い影響をもっていた。その影響を受け，市場構造・マーケットシェアを基準にしてそれが大きければ違法性を推定するルールなどを導入した企業結合ガイドラインが出され，またAT&AやIBMに対して司法省は分割訴訟を提起した。市場構造に積極的に介入しようとする厳格な反トラスト法の執行・運用がなされたのがこの時期なのである。

　70年代にはハーバード学派の反トラスト法を強く批判し，企業の自由な行動を重視するシカゴ学派の代表的な反トラスト書が出される。それはリチャード・ポズナーの*Antitrust Law*（1976），およびロバート・ボークの*Antitrust Paradox*（1978）であるが，当時は法曹界からはほとんど支持を受けることはなかった（ポズナーはまもなくシカゴ大学ロースクール教授から裁判官に転身し現在も裁判官の地位にあるが，それは自ら裁判官となりシカゴ学派の理論を判決のかたちで実践するためであったといわれている）。しかし，80年代のはじめ，政権が民主党から共和党へと交代し，ロナルド・レーガン政権の時代になると，スタンフォード大学のウィリアム・バクスターが司法省反トラスト局長に任命され，彼のもとでシカゴ学派の政策が実行される。AT&Aの分割訴訟は和解により終了し，82年，84年には新しい企業結合ガイドラインができ，厳格な規制を行っていた垂直的制限ガイドラインも停止され，反トラスト法政策の中心はカ

ルテル，入札談合などに対する規制のみとなる。この時期の独禁法の政策転換は「シカゴ革命」と呼ばれる。

その後80年代の終わりから90年代には，ゲーム理論や参入分析を重視した新しい産業組織論，いわゆるNew I.O. が，「ポスト・シカゴ学派」として独禁法の執行の中心に次第になっていき，新しい産業組織論の強い影響を受けた1992年企業結合ガイドラインができた。それは，最新のものでは2009年ガイドラインに展開され，現在にいたっている。マイクロソフト事件はこのような新しい産業組織論に基づく競争政策が根付いていった民主党のビル・クリントン政権の時代に起こったのである。

3 局 地 戦──OSとブラウザの抱き合わせ

(1) 1995年同意判決

準備作業は終わった。では，反トラスト法の大きな事件で，長期にわたり訴訟がつづいたマイクロソフト事件を見てみよう。これから司法省とマイクロソフトの争いがはじまるが，実はマイクロソフトに対して最初に調査を行ったのはFTCであった。FTCは1990年にマイクロソフトに対して調査を開始したが，FTC内において委員の意見が2対2に分かれ，立件することができなかった。この判断に不満をもちFTCの調査を引き継いだのが，司法省である。

司法省は結局94年，マイクロソフトのいくつかの行為がシャーマン法1条，2条に違反するとしてコロンビア特別区連邦地方裁判所に提訴した。この訴訟は95年，司法省とマイクロソフトが和解をすることで合意する。司法省が反トラスト事件について和解しようとしても，司法省と被告とで勝手に和解をすると消費者などに害のある和解がされるかもしれない。そこで，連邦地方裁判所がその和解内容は「公共の利益に適合する」と判断することが必要とされ，さらに和解内容は判決のかたちをとらなければならないこととなっている。これを「同意判決」という。

1995年同意判決においては，マイクロソフトがパソコンメーカー（OEMs）と間のライセンス契約において，次の行為をすることを禁止した。なお，OSというのは基本ソフトのことで，マイクロソフト製のOSはかつてはMS-DOS，現在はWindowsであるが，同意判決の対象となったのはMS-DOS 6.22とWindows 3.11であり，Windows 95は当時開発中であった。①期間が1年を超える契約の禁止，②パー・プロセッサ・ライセンスの禁止，③マイクロソフト以外のOSのライセンス，販売の禁止，④MS-DOS 6.22，Windows 3.11，OS，その他の製品のライセンスを条件付けることの禁止（ただし，これはマイクロソフトによる統合製品〔integrated product〕の開発を禁止するものではない），マイクロソフト以外の製品のライセンス，購入，使用などを義務付けることの禁止，⑤価格体系の改訂に関する一連の制限，⑥情報開示後1年を超えて守秘義務を課すことなどの原則禁止である。

　2点について解説をしておこう。禁止行為のうち②は，マイクロソフト製のOSを搭載しているかどうかにかかわらずパソコンの出荷台数に応じてライセンス料を支払わせていたことを禁止するものである。この方式でライセンス料をとると，マイクロプロセッサの数，つまり通常はパソコンメーカーが出荷するパソコンの台数によってライセンス料が決まるので，パソコンメーカーから見ればマイクロソフト製のOSを搭載する追加的な費用が無料になってしまい，他社製のOSを搭載するインセンティブがなくなる。このようなことがなされれば，マイクロソフトは容易に他社製OSを排除できることから，パー・プロセッサ・ライセンスが禁止されたのである。

　④については，シャーマン法1条，クレイトン法3条に関する判例法においては，抱き合わせ（tying）が原則違法とされている点に注意しなければならない。なお，以下の判決などでは，tyingのほかバンドリング（bundling）という言葉も用いられるが，本章では抱き合わせという表現に統一する。ある商品（tying product，一般には人気商品であるので，以下，人気商品という）の販売やライセンスに際して別の商品（tied product，一般に不人気商品であるので，以下，不人気商品という）の購入やライセンスを義務付けることを抱き合わせという。抱き合わせを行うと，人気商品（本件ではOS）の市場でもっている市場支配力（market power：価格を引き上げることのできる力）を利用して，不人気商品を購入させるなどすることによって，人気商品でもっている市場支配力をテコとして不人気商品の市場へ力を拡張することが問題にされる。

　もっともシカゴ学派の論者の一部は，一方の市場で市場支配力をもっている者が，一定比率で用いられる商品の市場へその力を拡張しても利潤は変わらないことから，抱き合わせを当然違法とする判例法を批判している。また，これ

らの論者は，用いられる比率が異なる商品間の抱き合わせは，価格差別の機能があり，価格差別は一般に経済厚生を増大させることから，判例法を批判する。

しかし，判例法は，抱き合わせは，ⓐ人気商品と不人気商品が「別の商品」であり，ⓑ人気商品に市場支配力（強制力と読み替えられることもある）があり，かつⓒ不人気商品の市場に「実質的でないとはいえない」影響がある（たとえば不人気商品の市場における相当の取引についてライバルを閉め出すこと）といえるならば，原則として違法となるとしている。これを当然違法（per se illegal）という。④は，このような考え方から，マイクロソフトがOSの力を使ってそのOSで動くアプリケーションソフトなどの他の商品を抱き合わせることを禁じたのである。

（2）　1995年同意判決違反事件

ところがその後，マイクロソフトは，パソコンメーカーに対して，新たに開発したOSであるWindows 95/98と，ブラウザであるインターネット・エクスプローラー（以下，IEと表記）とを同時にインストールすることを義務付ける方針を発表し，この方針を実行した。これはWindows 95/98とIEとを抱き合わせることで，当時ブラウザ市場で高いシェアを誇っていたNetscapeのシェアを奪う結果になり，まさに違法な抱き合わせではないかという疑いが出てきた。

そして司法省は，1997年，この義務付けは95年同意審決の④に違反し民事的裁判所侮辱（civil contempt）に該当するとし，さらにこの行為の仮差し止め（インジャンクション）を求めて再びコロンビア特別区連邦地方裁判所に提訴した。民事的裁判所侮辱とは，裁判所の命令に故意に従わないことであり，制裁として，拘禁または違反1日あたりいくらといった制裁金が科されるものである。

これに対し，マイクロソフトは，同時インストールの義務付けは同意審決の④の「ただし書き」にいう「統合製品」にあたり，したがって同意審決に違反しないと主張した。確かに，IEをWindowsの一部に組み込んでしまえば，IEとWindowsは「ひとつの商品」となり，抱き合わせが当然違法であるためのⓐの基準を満たさないのではないかとう疑問が出てくる。たとえば自動車はきわめて多数の部品を組み合わせたものであるが，自動車を違法な抱き合わせだ

という者はまずいないであろう。しかし，他方では，組み合わせて統合してしまえばひとつの商品になり違法な抱き合わせにならないのだとすれば，統合することで違法な抱き合わせも容易に回避できてしまう。本件のような技術を統合するタイプの抱き合わせは「技術的抱き合わせ」と呼ばれる。技術的抱き合わせがどの範囲で違法な抱き合わせになるのかは，法的には@の基準の解釈の問題であるが，難しい問題である。では，裁判所はどのように判断したのであろうか。

地方裁判所は，98年に判決を出し，④にいう「統合製品」は不明確な概念であり故意に同意判決に従わなかったとはいえないとして民事的裁判所侮辱にはあたらないとしたが，Windows 95/98とIEとの同時インストールの義務付けは同意判決違反であるとし，行為の仮差し止めを命じた。

しかしながら，コロンビア特別区巡回区裁判所は，98年9月，地裁の判断を覆し，Windows 95/98とIEとは「統合製品」であるとした。判決は，この「統合製品」の意味は同意判決の解釈によるとし，「その（ふたつの）機能が購入者によって別個に購入され購入者によって組み合わされた場合には得られない利点をもたらすような方法で複数の機能を統合した製品」であるとする。つまり，購入者が別個に購入できないこと，および購入者が別個に購入して組み合わせた場合には実現できない利点を統合がもたらしていれば「統合製品」であるとする。そして，Windows 95/98とIEの統合はこの基準を満たしているとしたのである。

こうして，局地戦においては司法省は破れた。

4　全面戦争──1998年提訴から分割訴訟へ

（1）　1998年提訴と2000年地裁判決

司法省は，1995年同意判決によったのでは目的は実現できないと判断し，OSとIEとの抱き合わせのほか，他の違反行為を加えて，同意判決ではなく反トラスト法違反を根拠として，シャーマン法1条，2条違反としてコロンビア特別区連邦地方裁判所に3度目の提訴を行った。同時に，19州およびコロンビア特別区も，反トラスト法および州の競争法に基づき提訴し，その後これらの訴訟は司法省の訴訟と統合された。

この訴訟の特徴は，OS間の競争，OSの独占をテコとした補完財市場（ブラウザ）へのテコの拡張も取り上げられてはいるものの，むしろ次世代プラットフォームをめぐるマイクロソフト陣営とJava陣営との覇権争いをめぐる争点が正面から取り上げられた点にある。ネットスケープのNetscape Navigator（NN）およびサンマイクロシステムが開発したJavaは，OSが何かにかかわらずプラットフォーム機能を果たすミドルウェアといわれるもので，当時，Windowsに対する潜在的な脅威であった。OS市場での独占化行為，独占を維持しようとする行為が正面から問題になったのである。さらに，提訴後，マイクロソフトのOS部門とそれ以外の応用ソフト部門への二分割を命じる差し止め命令が主張された，アメリカ史上珍しくはないが（企業分割命令が出された有名な反トラスト法訴訟に，第2節で触れたスタンダード石油の分割，およびAT&Tの分割がある）稀な主張が争点となった。

　コロンビア特別区地方裁判所は再び判決を出した。それは1999年11月に事実認定判決，2000年4月に違法判断判決，同年6月に終局判決と異例にも3回に分けて出された判決であり，司法省の主張の大部分を認め，マイクロソフトをOS部門と応用ソフト部門の2社に分割を命じるという画期的な判決であった。

　司法省は次の4点を主張していた。①シャーマン法2条違反の独占化，②独占化の企図，③シャーマン法1条違反の抱き合わせ，④排他的取引である。

　①はインテル互換パソコン用OS市場の独占化であり，次世代プラットフォームをめぐる覇権争いの主戦場である。判例法上独占化が違法になるには，独占力（monopoly power）を保有し，かつ独占力を意図的に獲得・維持したことが必要とされている。判決の内容は，以下のとおりである。すなわち，マイクロソフトのOSは98％のシェアをもち高い参入障壁により独占力を維持しており，マイクロソフトは，NNが唯一の競合ブラウザであり技術革新によりマイクロソフトのOSに代替するプラットフォームとしての機能を果たし独占力を脅かす存在になると懸念し，反競争的排他行為により独占力を維持したとする。それらの排他的行為には，ⓐネットスケープのブラウザ（NN）へのプラットフォーム機能を盛り込むような技術開発の断念の要請，拒絶されて以降の重要な情報提供の拒絶，ⓑパソコンメーカーへのOSとIEの抱き合わせ合意など，ⓒインターネット・アクセス・プロバイダへのIEの無償ライセンスその他NNの利用中止などの誘引，ⓓインテルに圧力を加え他のOSでも作動する

Javaの改良作業への協力をやめさせること，ⓔOSが何でも作動する汎用Java対応応用ソフトを開発した応用ソフトメーカーを，技術的操作によりマイクロソフト専用Javaへと転換させること，ⓕ独立系ソフトウェア・ベンダーにマイクソフト製OSでないと作動しないJavaを使用，販売するよう強制することがある。

②は，ブラウザ市場の独占化の企図である。判例法によれば，独占化に成功していない場合であっても，略奪的・反競争的行為があり，独占化の特定意図があり，それが成功する危険な蓋然性があるという3つの要件を満たせば違法とされる。マイクロソフトが上記ⓐの要請をしたときNNのシェアは70％超であり，上記行為がなされた後の2001年段階ではIEのシェアが60％超などから独占化の企図の要件を満たすとする。

③については，判例法は前述の3つの要件を満たせば，抱き合わせは当然違法だとする。OSとブラウザには別個の需要が存在するなど抱き合わせ規制の伝統的なアプローチから，いずれの要件も満たすとする。④については，排他的合意はシャーマン法1条の要件を満たさないとするが，これは省略する。

以上の法的判断に基づき，連邦地裁は，OS部門とそれ以外の応用ソフト部門に垂直分離することを命じたのである。

（2） 2000年連邦巡回区裁判所

これに対し，2000年に連邦巡回区裁判所は，①についてはシャーマン法2条違反を認めたが，②③についてはシャーマン法2条，1条のいずれにも違反しないとし，垂直分離命令も破棄し地裁へ差し戻した。

①については，地裁判決が支持され，地裁とほぼ同じ判断がされている。ただし，「プログラムの追加と削除」からIEを除くことなども違法とされた。②については，シャーマン法2条にいう独占化の企図にあたるためには，連邦地裁のいうように独占化が成功する危険な蓋然性が必要であるが，そういえるためには関連市場（relevant market）の画定，関連市場への参入障壁が高いことが必要であるが，地裁判決はブラウザとは何か，代替品がないかなどを示してなく，これらの証明がないとした。

③については，抱き合わせに当然違法原則が適用されるのは，裁判所の経験上反競争的効果が明白であり，それを相殺するに足る利点がないと認められて

きた場合であるが，本件のサードパーティの応用ソフトのためにプラットフォームを提供するソフトウェア（OS）とその補完財（応用ソフト）との抱き合わせについては，裁判所に経験がなく，またこのようなソフトウェアは技術革新などの効率性を促進する蓋然性があるので，当然違法原則は妥当せず，合理の原則（rule of reason）により判断されるとする。そして連邦巡回区裁判所は，この判断を連邦地裁が行うよう破棄・差し戻した。そして，連邦地裁は，再審理の際には，合理の原則のもとにおいて，ブラウザについて関連市場を画定し，参入障壁の分析を行い，反競争的効果があるかどうかを判断し，反競争効果があると判断された場合，反競争効果が競争促進的正当化事由を上回るかどうかを判断しなければならないとした。

最後に，垂直分離命令については，地裁は事実関係が争われたのに証拠審理を欠き，分離命令について十分な根拠を示さず，かつ当該裁判所は違法判断について地裁を大きく変更したことを理由に，地裁の判決を破棄し，差し戻した。

なお，以上で述べたコロンビア特別区連邦地方裁判所の判決はすべて同じ裁判官が担当してきた。この裁判官であるトーマス・ジャクソン判事は，2002年の連邦地欧裁判所の終局判決が出るまでの間に，法定外で何度も報道機関のインタビューに応じ，たとえば『ニューヨークタイムズ』誌に「ビル・ゲイツの証言は信用できない」という発言が掲載されるなどしていた。ところが，合衆国裁判官行動規定は，連邦裁判官は継続中または継続中でない事件についてその評価に関するコメントをしてはならない，不適切な行動・不適正と見える行動をしてはならないと定めている。連邦巡回区裁判所は，ジャクソン判事はこの合衆国裁判官行動規定に違反したとして，差戻審では別の裁判官が審理を担当すべきだとし，差戻審である連邦地裁ではコリーン・コテリー判事が裁判を担当することとなった。

5　マイクロソフト事件終結へ

（1）　2002年同意判決

差戻審である連邦地裁裁判所においてはコラー・コテリー判事のもとで審理が再開された。しかし，2001年には司法省とマイクロソフトとの間で和解が合意され，02年11月には同意判決が出され，訴訟が終了することとなった。この

同意判決には9州も参加し，カリフォルニア州などはなお訴訟を継続したが，ここで事件はほぼ終結する。

　同意判決ではマイクロソフトに対して10個の義務が課された。これらは，ミドルウェア製品を幅広く定義し（ブラウザ，電子メール，メディア・プレイヤー，インスタント・メッセージング・ソフト，将来開発されるミドルウェア），ミドルウェア・インターフェイスを開示させ，サーバー・プロトコルを開示させ，ミドルウェア・ソフトウェアをインストールする自由を与え，報復を禁止し，均一なライセンスを強制し，排他的契約を禁止し，知的財産権のライセンスを強制した点に特徴があり，企業分割に代えて，インターフェースの開示や行動の規制によって反競争的効果を除去する（除去できる）とするものである。10個の義務の概要は次のとおりである。

　①パソコンメーカーが，マイクロソフト製プラットフォーム・ソフトウェアと競合するソフトウェア，マイクロソフト以外のミドルウェアの開発，販売，使用，WindowsのOSとマイクロソフト以外のOSをひとつのパソコンに組み込んで出荷することなどを理由に，従来の取引関係の変更などをして報復をしてはならない，②パソコンメーカー向けのWindowsのOSの提供は原則として同じ条件の統一的なライセンス契約による，③パソコンメーカーが，マイクロソフト以外のミドルウェアをインストールし，またはアイコン，ショートカットアイコン，スタートメニューを表示することなどを禁止してはならない，④Window XPサービスパック1の発売時または本同意判決後12カ月のいずれか早い時期から，WindowsのOSと相互接続する目的に限り，マイクロソフトのミドルウェアに使用される応用ソフトインターフェースと関連文書を，独立系ソフトウェア開発者・販売業者（ISV），独立系ハードウェア供給業者（IHV），インターネット・アクセス・プロバイダ（IAP），インターネット・コンテンツ・プロバイダ（ICP），およびパソコンメーカーに開示する，⑤本同意判決の9カ月後から，第三者に対して，WindowsのOSとの相互接続またはコミュニケーションの目的に限り，コミュニケーション・プロトコルを，合理的で非差別的な条件で利用できるようにする，⑥マイクロソフトのプラットフォーム・ソフトウェアと競合するソフトウェアの開発，販売，使用，サポートを理由に，独立系ソフトウェア開発者・販売業者，独立系ハードウェア供給業者に報復をしてはならない，⑦ISV，IHV，IAP，ICPまたはパソコンメーカーに対して，

マイクロソフトのプラットフォーム・ソフトウェアを排他的にまたは一定割合で販売，使用，サポートなどすることを条件に，利益を供与する契約を締結してはならないことなど，⑧Window XPサービスパック１の発売時または本同意判決後12カ月のいずれか早い時期から，最終ユーザーおよびパソコンメーカーに対して，マイクロソフトのミドルウェアまたはマイクロソフト以外のミドルウェアへのアクセスを認めまたは削除することを自由にできるようにしなければならない，⑨ISV，IHV，IAP，ICPまたはパソコンメーカーに対して，本同意判決で与えられた選択権を行使するために必要な限りで，マイクロソフトが所有し，またはライセンス可能な知的財産権を，合理的かつ非差別的な条件でライセンスしなければならないとし，⑩ではマイクロソフトに許される行為が列挙されている。

このほか，同意判決で課された義務の実行を支援するため３人の独立・専任の専門家から構成された技術委員会（Technical Committee）が任命されている。技術委員会の委員はOSのソースコードを含むすべての帳簿，記録，システム，社員へのアクセスが認められる。同意判決の効力は５年間であるが，マイクロソフトが意図的でシステマティックな違反をしたと裁判所が判断した場合には，さらに２年間延長される。

（２）　垂直分離

垂直分離を主張してきた司法省がなぜ和解に合意したかについては，いくつかの要因が考えられる。ひとつ考えられるのは，連邦控訴審裁判所が，2000年判決，2002年同意判決，違法性の判断において抱き合わせなどに関する先例を固定的に見ないで，プラットフォームをめぐる競争，技術革新がもたらす競争促進効果に一定の理解を示してきたことにあろう。連邦控訴審裁判所が反競争効果の判断，競争促進効果との比較考量において慎重な姿勢をとりつづけたことが，司法省を和解に向かわせたと考えられる。さらに，忘れてはならないのは，2000年の控訴審判決が出る過程で，民主党であるクリントン政権から共和党であるジョージ・W・ブッシュ政権に交代した点である。ブッシュ政権のもとで司法省反トラスト局のメンバーも交代し，マイクロソフト事件の担当者も交代した。司法省の新長官や新反トラスト局長は，就任前から分離には消極的な発言をしていた。司法省の和解は，政権交代の影響も大きいと考えられる。

6　裁判における専門家の役割

　以上，マイクロソフト事件を素材にしてアメリカの司法制度，とくに裁判制度を見てきた。マイクロソフト事件は，反トラスト法の訴訟として20年ぶりの大きな訴訟となった。これは，きわめて複雑ではあるが，アメリカの裁判制度と司法制度を見るうえでもよい教科書であることがわかるであろう。しかしながら，2000年連邦地裁判決が出される過程でなされた事実審については，ここでは紹介する余裕がなかった。事実審においては，マイクロソフトのビル・ゲイツ会長をはじめ，多くの証言と，エコノミストの専門家証言が出され，その内容は逐一テレビや新聞で報道された。

　本件においても，著名な学者が活躍した。まずエコノミストを見よう。司法省側ではフレデリック・ボールトンおよびマサチューセッツ工科大学（MIT）のフランクリン・フィッシャー教授が，証言をした。フィッシャーは，独占力の意義，ネットワーク効果，反競争効果，独占力の拡張はいかにして起こるかを説明し，マイクロソフトの行為の分析に入り，マイクロソフトは独占力をもち，ブラウザでの独占の企図し，かつOSにおいて独占を維持したとする。マイクロソフト側ではMITのリチャード・シュマレンシー教授が専門家証言をしている。シュマレンシーは，コンピュータ市場の競争は活発で，他のプラットフォームからの競争に直面しており，マイクロソフトはOSなどの市場でも独占力がなく，ブラウザを抱き合わせておらず，IEの機能を統合した優れたソフトウェアを開発したにすぎないなどと証言した。これらの証言に対しては厳しい反対尋問がなされている。このほか，2002年の最終判決の前には，9州とコロンビア自治区側の証人として，カリフォルニア大学バークレー校（当時）のカール・シャピロも証言を行っている。

　法定外においては反トラスト法の大物も活躍した。2人だけごく簡単に紹介しよう。いずれもすでに名前の出たシカゴ学派の論客である。一人目は，先に触れたシカゴ学派の論客であるボークであり，ボークはNetscapeの側に立って活発なロビー活動を展開した。なお，ボークは，連邦控訴裁判所裁判官であった1987年に連邦最高裁裁判官の指名を受けたが，その差別的言動から上院の承認を得られず，最高裁裁判官になれなかったことでも知られている。もう

第4章 反トラスト法

―■□コラム□■―

カルテルと反トラスト法

　反トラスト法の執行が強力に行われる行為類型にカルテルがある。カルテルとは，競争者が話し合って価格の引き上げを取り決め（価格カルテル），あるいは生産・販売数量を取り決める行為（数量制限カルテル）である。カルテルはシャーマン法1条に違反し，刑事罰が科される。会社などの法人であれば高額の罰金が科されカルテルを実際に行った担当者など（自然人）は禁固刑が科され投獄されることもある。たとえば，テレビ，パソコン用の液晶パネルの価格カルテル事件では，2008年にシャープ，韓国のLGディスプレーなど3社が，合計550億円の罰金を支払うことで司法省と合意し，その後日立ディスプレイズ，セイコーエプソンの子会社など数社も罰金を支払っている。ここ数年でも，日本企業が関わるカルテル事件は多く，国際航空貨物輸送，冷却用コンプレッサー，自動車用ワイヤーハーネスなどのカルテル事件がある。これらの事件では各会社は1000億円を超える罰金を支払うほか，禁固刑も科されている。カルテルが行われている事実を司法省などに報告した違反行為者は，事件発覚前に1番目に報告すれば罰金が全額免除される（リニエンシー制度。EU，日本なども同様の制度をもつ）。これにより高額の罰金が免除され，違反行為の抑止や摘発に役立っている。企業にとってさらに怖いのは民事訴訟である。民事訴訟は，集団訴訟（クラスアクション）の形態をとり，カルテルにより高い価格を支払わされた被害者の多数がこれにより救済を受ける。とくに反トラスト法違反では，違反行為を抑止するため懲罰的な損害賠償請求が認められ，実際に被った損害の3倍を賠償請求できる。上記の液晶パネルカルテル事件では，シャープなど7社は約420億円の支払いで同意したと報道されている（『日本経済新聞』2011年12月29日）。反トラスト法違反を行うことの対価は高額である。

一人は，2000年連邦地裁終局判決が出る前に和解に向け仲介を行ったが失敗に終わったポズナーである。ポズナーは*Antitrust Law*の筆者として知られ，さらに法の経済分析，すなわち「法と経済学」の分野の代表的な論客でもあり，現在は第7巡回区裁判所（シカゴ）の判事である。

　最後にトーマス・ジャクソン裁判官の法定外発言という特異な行動も，問題を混乱させるとともに，マスコミの格好の材料とされた。

　関心があれば，当時の新聞やインターネットの記事，さらには直接判決文や本件を扱った論文にあたって調べてほしい。反トラスト法のおもしろさがわか

るであろう。

■　■　■

●参考文献
荒井弘毅（2000）「マクロソフト訴訟とエコノミスト」『公正取引』第592号。
伊藤正己・木下毅（2008）『アメリカ法入門（第4版）』日本評論社。
田中英夫編（1991）『英米法辞典』東京大学出版会。
根岸哲（2003）「マイクロソフト事件」『公正取引』第627号。
和久井理子（1998）「マイクロソフト社と米国司法省の係争について」『公正取引』第577号，第578号。
Gorden, Richard L. (2002), *Antitrust Abuse in the New Economy : The Microsoft Case*, Edger Elger.
Kwoka, John E. and Lawrence White (2003), *Antitrust Revolution : Economics, Competition, & Policy* (3rd ed.), Oxford University Press.
Shenefield, John H. and Irwin M. Stelzer (2001), *The Antitrust Laws : A Primer* (4th ed.), The AMI Press.
関係判決など（http://www.findlaw.com/01topics/01antitrust/microsoft.html）。
2002年11月12日同意判決（http://www.usdoj.gov/atr/cases/f200400/200457.htm）。

（泉水文雄）

第5章
交　通

　本章では交通を政府の関与という視点からとらえるため，インフラとそれを利用する交通手段（モード）とに分けて考える。道路や空港などのインフラは公的部門が整備してきたが，公営バスや地下鉄を除いてモード運行は民間企業が担うことが多いからである。
　道路建設には19世紀の民間有料道路の時代を経て州・地方政府が，20世紀後半以降連邦政府が積極的に関与した。また，航空と国防の密接な関係から基幹空港は公有公営であり，航空会社は連邦補助に依存していた。1978年の規制緩和によって政府の関与は弱まったが，9.11テロ以降に経営破綻した航空会社は連邦政府によって救済された。
　今後の課題はインフラの維持運営の資金調達である。なぜなら，道路や空港の資金は燃料税や使用料を中心に利用者負担によって賄われてきたが，燃費向上による歳入減少や使用料引き上げの困難さのため，資金需要に応じられないからである。80年代以降，空港や有料道路のレベニュー債の発行が増え，民間企業が道路を運営する例もあり，民間資金の重要性が高まっている。

1　交通と経済

　ビジネスパーソンは本来ならば仕事のできなかった移動時間中にまで，パソコンやモバイル通信を使って働いている。ここから，交通が経済におよぼす役割を帰納的に考えてみよう。彼らは地点間の移動に際して，費用，所要時間および移動の快適性などを理由に，徒歩，バス，鉄道および航空機などの移動手段（交通機関，モード）を選択する。彼らが交通機関を利用することによって移動時間を節約して労働時間を増やせば，企業の売上（＝生産高）も増え，彼らの要素所得（給料）は増加する可能性がある。このように，ビジネスパーソンはより高速の交通手段を選択することが合理的なのである。

次に「交通オタク」の行動を考えてみよう。彼らは鉄道や航空に乗り，交通写真を撮ることで自らの効用を高める。彼らの特殊性は，鉄道や飛行機に乗ったり，交通を写真におさめたり，交通そのものを目的としていることである。しかし，おそらく人口の大部分を占める非交通オタクにとって交通はあくまでも「手段」にすぎず，彼らは到達地におけるビジネスや観光を目的として付随的に交通を利用するにすぎない。すなわち，交通需要は本源的需要から派生した需要（派生需要）である。生産活動が活発になれば交通需要は増加することから，交通は経済成長の結果なのである。

他方，交通は経済成長の原因にもなる。ただし，交通が原因であるのか，結果であるのかというのは，古くから議論されてきた問題である。たとえば，鉄道の延伸によって住宅地ができ，道路の延伸や空港整備によってホテルやショッピングセンターなどが立地することがある。そして何よりも，交通整備によって物流コストが下がれば，あらゆる財の供給曲線は下あるいは右にシフトするから，財価格の低下と輸送量の増大につながる。

そして，交通はマクロレベルでみれば社会資本の一部であり，その量や質は産出量や産出額に影響を及ぼす。1970年代後半に『荒廃するアメリカ』が刊行されたとき，都市部の交通インフラの維持管理の不十分さに焦点があたった。こうした交通インフラの劣化は産出水準を下げることになる。たとえば，道路には亀裂が走り路面が歪むが，これを放置すると自動車はスピードを落として走行しなければならないし，事故にもつながる。移動時間は余計にかかるし，人命そのものに危害が及ぶ。

交通サービスや交通インフラの性質はアメリカ独自のものではないから，経済学に基づいて説明することができる。けれども，交通が現実の現象である限り，国土や気候などの自然条件や社会経済的な要因に基づいてアメリカ独自の規準や制度ができている。そこで，本章では可能な限り現実問題を例示し，その背景にある考え方や歴史などを説明する。また，アメリカの交通史は，連邦制における交通に対する政府の関与の歴史といえ，この視点からアメリカの交通を観察すれば，アメリカ自体への理解も深まると考えられる。

2　交通と経済発展

(1)　時間節約の価値

　交通の経済発展に対する影響の大きさについては諸説がある。ノーベル経済学賞を受けた計量経済史家のロバート・フォーゲルは，鉄道がなかった場合との比較に基づいて鉄道による社会的節約を求めた。彼はまず，農産物輸送を農場から中西部の集散地（第一次市場）への短距離輸送（地域内輸送）と，第一次市場から農産物需要の中心地（第二次市場）への長距離輸送（地域間輸送）に区分した。当時の輸送法は，陸路（荷馬車），水路（運河）および鉄道であったが，荷積み地点（農場数）は多数であり，それらと第一次市場を運河と鉄道のみで結節することはできない。そのため，荷馬車と水路，荷馬車と鉄道という複数のモードが使われた。対照的に，第二次市場は比較的少数でエリー運河沿岸や北東部沿岸地域に集中していたため，第一次市場との間は単一モードで輸送することができた。

　このことは，農場が輸送費を負担しなければならず，農業の立地条件が生産形態や土地利用を左右することを意味する。もし，第二次市場までの鉄道がなければ農産物輸送には荷馬車と運河が使用されるため，積み替えが不要で長距離でも運賃の安い運河に近い農場に立地上の優位性がある。こうして運河に沿って農地が広がるが，それ以外の地域で農地は縮小する。これが，鉄道がない場合の経済に対する負の効果である。

　反対に，フォーゲルは鉄道がなければ水路が拡張されていたとする。新技術の不要な運河の建設費あたりの収益率は高かったが，新技術である鉄道のコストは高く，その分，社会的な節約を減らす。そして，鉄道がなければ道路整備も進み，荷馬車の輸送費はさらに低下していただろうとも指摘する。つまり，運河の周囲をはじめとして農地は拡大し，農産物の生産量は増加する。

　そして，輸送規模が一定量を超えると費用が上昇するから，輸送費を引き下げるために新技術を備えた輸送機関が普及する。フォーゲルによれば，それがトラックであり，1910年ごろまでに短距離輸送ではトラックが荷馬車にとってかわった。もし，鉄道がなければ，もっと早くトラックが発明されたかもしれないとした。結局のところ，プラスとマイナスの要因が相殺され，鉄道によ

第Ⅰ部 経済大国アメリカの基盤

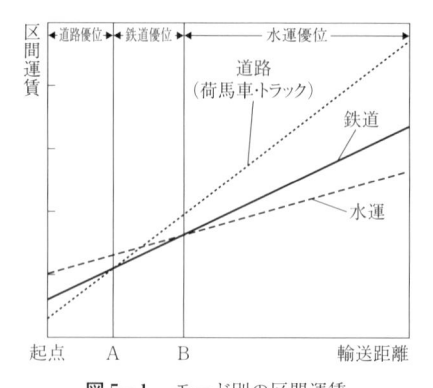

図5-1 モード別の区間運賃
出所：フォーゲル（1977：198, 200），テーフ／ゴーシェ（1975：39）より筆者作成。

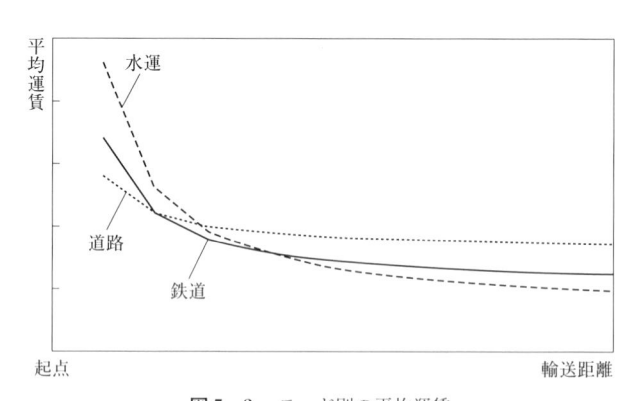

図5-2 モード別の平均運賃
出所：フォーゲル（1977：198, 200），テーフ／ゴーシェ（1975：39）より筆者作成。

る社会的節約は1890年の国民総生産（GNP）のうちの1％前後と推定された。

　今日から見れば，フォーゲルの推計の精度は高くないし，結論もあいまいである。けれども，交通と経済の関係を示唆する事例に富み，一般的な交通機関の特性が分析されている。**図5-1**はモード別の区間運賃を，**図5-2**は平均運賃を示している。図の基本概念はフォーゲルの実証結果に基づいているものの，現代にも応用可能なように筆者がトラックなどのモードを加えている。

　図5-1の切片は積荷料を示し，それがもっとも高いのは水運（19世紀には運

河)であった。荷馬車やトラックは積み下ろしこそ容易であるが，限界輸送費用はもっとも高い(直線の傾きが急)から，短距離輸送に優位性をもつ。農産物は荷馬車で運河まで輸送され，そこで積み下ろされて運河で輸送するという形態がとられていた。したがって，荷主は荷馬車と船舶に対して2回の積荷料を支払う必要があり，これが輸送費を引き上げた。

　しかし，都市間(長距離)輸送の場合，目的地はB以遠であり，コスト上は水運が優位性をもつ。南北戦争後にアメリカでは全国的な鉄道網が完成するが，それでもなお都市間輸送に貨物水運が利用された理由は，コストにあった。なお，図5-2の平均運賃については，鉄道や航空をはじめとする交通機関は初期投資＝固定費の大きさから，長期逓減の曲線という形状をとることが多いが，ここでは直線とした。もっとも，長距離では水運，短距離では荷馬車やトラックに優位性があることは変わらない。

　また，図は貨物の輸送単位(かさばり)を無視しており，あくまでモデルであることを念頭におく必要がある。現実にはコストではなく，重量あるいは輸送単位によって輸送モードが制約されることも多い。長距離輸送の場合，荷主はかさばる荷物をトラック数台に分けて輸送するよりも，可能な限り水運を選択しようとするだろう。また，小口荷物を水運で輸送すればかえって輸送コストは上昇してしまうから，陸送が選択されることになる。これらは輸送手段の容量との兼ね合いである。ほかにも，所要時間や目的地における該当貨物の必要性やタイムスケジュールもモード選択に影響を及ぼす。このように，貨物輸送ではさまざまな要素がモードの決定要因となっている。

(2) 都市化

　次に交通の空間的影響を考えることにする。アメリカでは20世紀に入って，都市域が周辺部に拡大していくが，そこに交通の果たした役割は大きい。交通サービスは通勤・通学，買い物，レジャーなど多様な目的をもって消費され，とりわけ，頻度の高い通勤・通学の流動は都市のかたちに影響を与える。

　アメリカで最初の公共交通機関はオムニバス(乗合馬車)であり，各地でそれが馬車鉄道を経て電気鉄道に代わるのは19世紀末のことであった。就業地は都心部にあり，通勤手段としての鉄道周辺に労働者の住宅が立地するようになり，商業施設も同じところに立地した。ここには，電気鉄道の運賃が基本的に

均一料金制であったことが大きいとされる（榊原 2002：116-117）。

軌道から外れた地域は低開発地となったが，1920年代に自家用車が普及すると未利用地に住宅が立地し，都市のかたちは現在のように円を描くように拡大するようになった。20年代のアメリカの経済成長と同時に自家用車の価格が低下し，人々は広い宅地を郊外に求めた。人々は自家用車で通勤するため，自家用車の普及と郊外化が同時に進んだ。さらに，道路投資の急拡大によって道路が整備されたことによって，通勤時間は短縮され，交通事故のリスクも低下した。また，トラック輸送の普及によって工場が郊外に立地することも可能になった。

このように交通は都市形成に影響を与えてきたが，前提にあったのは，都心―就業地，郊外―居住地という都市のかたちであり，住宅やローカルなサービス業の都市周辺部への立地によっていっそう郊外化が進んだ。しかし，1980年代以降，都心部から郊外に移転したり，郊外に新規立地する企業が増加し，郊外は就業地としての機能を強めた。その結果，朝の郊外から都心へ，夕方の都心から郊外へという通勤流動パターンが変化し，都心部の低所得層が郊外に通勤する必要が生じた。このことは交通の問題であるが，対象が低所得層であるため，福祉の問題としても認識されることになった。そのため，州や地方政府は，都心部居住者が郊外に通勤するための公共交通を提供しなければならなくなった。このことは逆通勤（問題）といわれている。

現代においても容積率規制や用途規制の緩和は収益（地代）＝地価を増加させ，同時にトリップ数も増加させることが多い。マイカーの乗り入れ禁止などの流入規制や混雑課金のような特定地域への課金を実施すれば，収益そのものが低下することもありうる。これらは，規制が交通流動に影響を及ぼし，都市の形状も変える例である。

3　連邦制における交通整備

（1）　インフラ公有公営の歴史

アメリカの政府は交通整備に積極的に関与してきており，フォーゲルの推計結果もインフラの役割を過小評価するものではない。しかし，交通の歴史を振り返れば，連邦政府が交通に直接的に関与したのは20世紀後半になってからで

あり，州政府が道路や運河の整備に積極的な役割を果たしてきた。

　1787年制定の合衆国憲法にある交通に関する連邦の権限には，諸外国，州間およびインディアン部族との通商（第1条8節3項），郵便局と郵便道路の建設（to establish Post Offices and Post Roads，8節7項）がある。このほかにも8節には，軍の統轄，公共の福祉のための税の徴収および貨幣の鋳造などが連邦の権限として列挙されている。つまり，憲法上，郵便輸送ルートの整備のみが連邦政府の交通に関する役割なのである。その後，1819年の判例が定着してからは連邦の権限は必ずしも明示されている必要はなくなったが，連邦政府に対する法的な制約は，アメリカの交通整備の担い手を決めるうえで基本的な事項となっている。

　植民地時代の道路整備はもっぱら地方政府の役割であり，地域住民には道路作業の義務があった。やがて，交通量の増大に伴って州の支援が求められるようになったが，州には十分な資金がなかった。そのため，19世紀前半には私企業が通行料収入を得て運営する道路（ターンパイク）や橋梁が多く建設された。通行料収入によって運営するターンパイク会社の経営の行方は，ひとえに需要の多寡にかかっていた。つまり，通行量の多い路線を運営する会社ほど有利であり，低需要路線をもつターンパイク会社は経営に行き詰まり，最後は州政府に資産を譲渡した。このような交通企業の支援や規制が州政府の役割であった。

　1916年に連邦補助道路法が成立し，連邦補助道路の建設がはじまった。法律の所管は農務省であり，そこでは州の建設・維持する郵便道路への補助が明記された。その後，第二次世界大戦を経て国土の東西両岸を結ぶインターステート道路の整備が国防の観点から必要だと認識され，1944年連邦補助道路法が成立し，インターステート道路網の建設が議会で認められた。

　1956年には連邦道路信託基金が創設された。50州の代表の集合体である連邦議会で1ガロン3セントの連邦燃料税の徴収が決定され，これを含めた自動車関連の連邦税が財源となった。この制度はいわゆる特定財源制度と呼ばれ，連邦補助道路の建設あるいは維持管理のための費用を利用者が負担する枠組みである（受益者負担ともいわれる）。インターステート道路建設のための連邦と州のマッチング比率は90％と10％と定められ，『荒廃するアメリカ』の時代を経て維持管理費も連邦補助の対象となった。そして，80年代以降，連邦燃料税の値上げがつづき，91年には1ガロン4.3セントの値上げによって18.4セントに

表5-1 道路整備の水準とその課金額（2008年水準）

(セント/ガロン)

	すべての道路で課金		連邦補助道路のみで課金		燃料税で徴収するケース		信託基金の必要額
	小型車	貨物車	小型車	貨物車	ガソリン税	ディーゼル税	（億ドル）
2008信託基金の収入維持	0.9	5.0	1.0	5.9	18.3(現行)	24.3	364
2008連邦プログラム水準維持	1.3	7.3	1.5	8.6	27.0	39.2	536
現在の維持管理水準を維持	1.9	10.6	2.2	12.5	39.0	59.9	776
現在の維持管理水準を改善	2.3	13.2	2.7	15.5	48.4	75.9	962

出所：The National Surface Transportation Infrastructure Financing Commission (2009), *Paying Our Way*, p. 203.

なった。しかも，87年以降はガソリン税の一部は連邦財政赤字を削減する原資となった。

およそ4.7万マイルに及ぶインターステート道路網が完成したのは，基金の創設から35年が経過した1991年のことであった。しかし，現在では，インターステート道路を含め，都市地域だけではなく，ルーラル地域の橋梁や道路も含めた道路網全体の維持管理（アセット・マネジメント）費用の確保が課題になっている。

アメリカの有料道路は総延長の0.12％にすぎず，それ以外の道路で通行料が徴収されることはない。けれども，これは「無料道路」ではない。燃料税は自動車による道路使用の疑似的な使用料（対価）であり，走行距離の増加関数となっている。したがって，有料道路を走行する車輌は通行料と燃料税を二重に課金されていることになる。1956年以降，有料道路の建設が見送られた理由がここにある。しかし，80年代以降，州・地方政府の道路財源が不足し，主に人口稠密地域を中心に新たな有料道路が建設されている。

ガソリンは自動車の燃費の改善と価格高騰によって長期的には使用量が減少した。そのため，2000年代初頭から道路財源の不足が表面化しており，対距離課金への移行が模索されている。**表5-1**は2008年水準値をベースに試算された結果である。連邦燃料税によって現在のサービス水準を維持しようとすれば，1ガロン27.0セントまで燃料税を引き上げなければならないし，さらに状態を改善するためには48.4セントまで引き上げる必要がある。そして，対距離課金に移行すれば，課金の範囲としてすべての道路における課金と連邦補助道路に

おける課金というふたつのケースが考えられる。後者の枠組みで現在の維持管理水準を維持する場合，路面損傷の大きい大型貨物車の課金水準は，小型車の5.7倍にあたるガロンあたり12.5セントになると試算されている。

（2） 鉄　　道

都市人口がルーラル人口を上回るのは1920年のことであり，人口が拡散している国土全体に交通網を整備するには公的部門の力が不可欠であった。このことは道路だけではなく，都市間鉄道にもあてはまった。西部の土地は連邦政府が所有しており，19世紀後半になると国有地はいったん州政府に引き渡され，その後に鉄道会社に譲与するという間接的な関与形態がとられた。

1850年に9000マイルであった鉄道延長が60年までに3万マイルを超えるほど，建設は加速した。アメリカでは天然資源や農産物という重くてかさばる財が内陸部で生産されるため，鉄道は市場と生産地を結ぶ役割を果たしている。現在でも鉄道貨物は世界最大の2兆トンキロを輸送している。

しかし，航空との競争の結果，鉄道旅客輸送の地位が極端に低くなっている。鉄道会社にとっても旅客輸送は貨物輸送の付随的なものにとどまっている。北東部の人口稠密地帯を運行する旅客鉄道会社のアムトラックでさえ，航空や長距離バスとの競合が激しいため経営は苦しく，連邦議会での審議を経て連邦補助を受けている。国土面積の小さい日本とは対照的に，国土面積の大きさが航空に優位性を与えているといってよい。

（3） 航空の規制緩和とその後

道路や鉄道に比べて歴史は浅いが，アメリカの旅客輸送の10.6％（人キロ，2008年）を担うのが航空である。1927年のリンドバーグの太平洋無着陸横断は，航空機の安全性や有用性に対する認識を高めたが，それ以前の航空輸送の主な積み荷は郵便であった。航空会社の郵便輸送料には補助金が含まれ，しかも配送エリアの分割などもあり，航空産業は幼稚産業として政府や議会の保護のもとにおかれていた。

1938年にはニューディール立法のひとつとして民間航空法が成立した。同法に基づいて規制は民間航空委員会（Civil Aeronautics Board：CAB）へ，安全は民間航空局へと業務が区分された。CABは既存18社に路線権を与え（運航免許

の恒久的認可〔grandfather〕条項），参入・退出の管理，運賃規制および安全基準の設定なども担当した。このようにして，第二次世界大戦前にユナイテッド，アメリカンおよびパンナムなどの航空会社の基礎ができあがった。そして戦後の経済成長によって航空需要は大幅に伸び，アメリカの大手航空会社はすでに1950年代には経営的には自立していた。けれども，歴史をふりかえれば，それがCABの庇護のもとで実現された安定であったことがわかる。

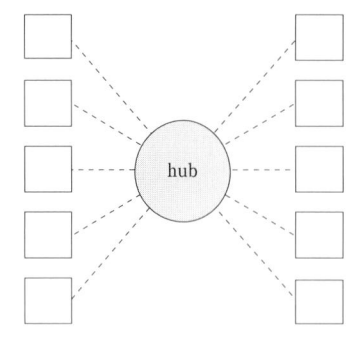

図5-3 ハブ・アンド・スポーク・システム
出所：筆者作成。

1978年に航空規制撤廃法が成立した。ここでは，経済規制の撤廃とCABの廃止が決定され，80年代初頭には低運賃を売り物とする新規航空会社の参入がつづいた。既存の航空会社は運賃の切り下げで対抗したため，結果的に多様な割引運賃が実現された。そして，地点間輸送である航空サービスは基本的にサービスの差別化が難しいため，価格以外の競争が激化した。

たとえば，航空会社が導入したフリークエント・フライヤーズ・プログラム（FFP，いわゆるマイレージ・プログラム）はその典型である。旅客がマイレージ・プログラムを変更するためには，これまでのマイレージを捨てるというスイッチングコストが必要であるため，他社あるいは他のアライアンスへの移行の障壁となる。アライアンスとは，航空会社の連合体である。航空会社は別々のコードを付すことにより，機体を共同して使用できるし，旅客はアライアンス会社のマイレージを使うことができるのである。こうして，顧客の囲い込み競争が激化した。会社の倒産や吸収・合併が相次いだ。その結果，1993年には航空会社上位6社の市場シェアが，84.5％を占めた。

また，大手航空会社は**図5-3**のようなハブ・アンド・スポーク・システムといわれる路線網を構築した。これは自社のハブ（車輪の中心部にある車輪の中心部を模してこのように表現される）から多数の支線を配置する運航形態である。これによって大都市間の基幹路線を除いて直行便は大幅に減少したが，スポーク路線が図のように10本あれば，就航都市数は45（10(10-1)/2）都市となる。ユナイテッドはシカゴやデンバー，アメリカンはダラス・フォートワース，デ

ルタはアトランタ・ハーツフィールドの各空港をハブに指定しており，これらの空港の旅客数は大きく，乗換客の比率も高い。

　航空会社は特定の空港をハブに指定することによって輸送密度を高め，輸送コストを低下させるという研究結果が出ている（輸送密度の経済性という）。空港は専用ターミナルの提供をはじめ，コストをかけて航空会社にメリットを用意する。加えて，空港が立地する地方政府はハブ機能の獲得によって雇用創出などの地域に対する外部効果を期待する。そのため，地方政府は競ってハブ誘致の複合的な優遇措置（インセンティブ・パッケージ）を航空会社に提示する。

　ただし，ハブの指定と空港の利益は相反する可能性がある。ハブの決定権は航空会社にあり，空港はコストをかけながら，航空会社の合併によるハブ機能の喪失や他空港へのハブの移転という経営上のリスクを抱える。また，乗り換え時間が短いほど利便性は向上するが，そのことは旅客の空港滞在時間を短縮するから，ターミナルビルにおけるショッピングや飲食による収入の伸びは小さい。

　最近では，単に路線が集まる拠点空港をハブ空港と称し，「ハブ」を援用するようになった。しかし，ハブの決定権が航空会社にあることが忘れられており，政府がハブを決定しても航空路線がなければハブとして機能しない。そして，空港の将来の減収あるいは破綻リスクを低減させるためには，乗換え便を増やすよりも直行便の就航に注力することが望ましい。

　1990年代はアメリカ経済が好調であったため，航空会社の経営も順調であった。アメリカの航空需要の所得弾性値は0.9程度であるものの，観光客の多いフロリダ路線やの弾力性は1.9ときわめて高い（村上ほか 2006：62-63）。したがって，将来的にも景気変動は航空需要の決定要因でありつづける。

　ところが，21世紀の最初の10年で2001年の9.11テロ，SARS，そして08年秋以降のリーマンショックといった外生的なショックが相次いで生じた。ほとんどの航空会社が旅客を大きく減らし，経営基盤は揺らいだ（図5-4）。02年にはユナイテッド航空に，05年にはデルタ航空に，会社更生法（チャプター11）が適用された。このような外生的なショック，運航頻度，遅延の多さ，距離や飛行時間などによっても航空需要は変動するため，航空会社の経営基盤は相変わらず脆弱といってよいだろう。

　そのようななか，サウスウェスト航空を筆頭に，格安航空会社（LCC）と呼

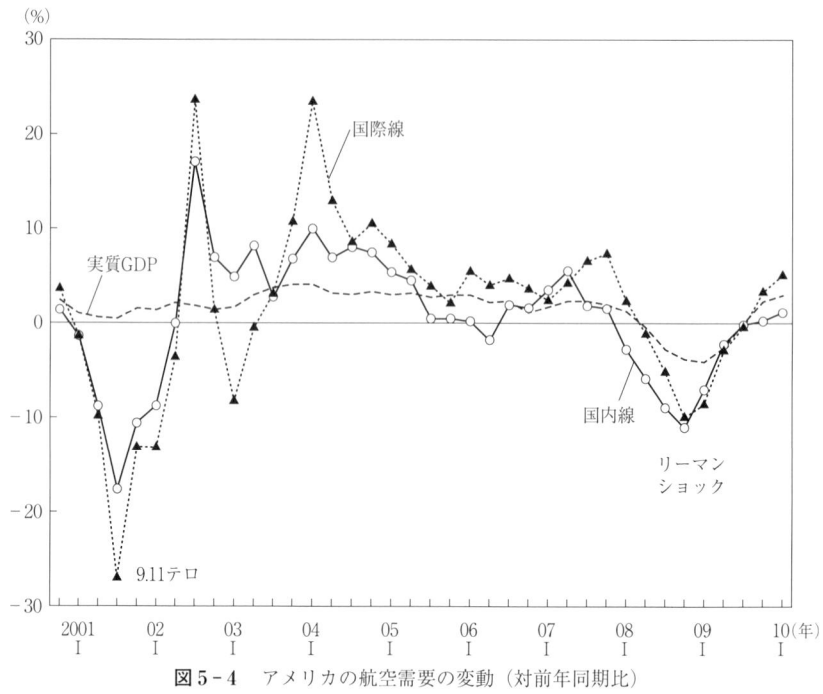

図5-4 アメリカの航空需要の変動（対前年同期比）

注：四半期データ．Ⅰは第1四半期．
出所：国内線・国際線：アメリカ連邦運輸省交通統計局（BTS）のデータベース（RITA），実質GDP：Federal Reserve Bank of St. LouisのHPより筆者作成．

ばれる会社の健闘が目立った。LCCはハブ・アンド・スポーク型の路線形成戦略をとらず，直行便中心の運航形態をとる。また，彼らは使用機材も統一し，就航する空港も混雑空港を避け，セカンダリ空港を利用することが多い。

4　空港運営の効率性

アメリカでは小規模な民営空港は多いものの，基幹空港はすべて公有であり，その過半は地方政府が所有している。郡や地方自治体（市町村）が保有・運営するケースがもっとも多いが，エアポート・オーソリティやポート・オーソリティが所有・運営するケースも多い。これまで一部の空港で管理が民間企業に委託されたり，民間企業がターミナルの建設・運営権を購入したことはあるが，完全民営化の方向に舵を切っているイギリスやオーストラリアなどとは事情が

異なる。また，有料道路についてはわずかに民有民営や運営権のコンセッション契約が見られるが，それらは例外といってよい。

　一般的に公＝非効率という先入観があるが，一定の旅客数をもつアメリカの空港にはそれはあてはまらない。ここにアメリカの空港運営の効率性を物語るトピックがある。毎年，航空輸送に関する国際会議（ATRS）が世界の空港の生産性や効率性を計測して，上位空港を表彰している。アメリカの空港は，民営空港の多いヨーロッパやアジアの空港と比べても効率的に運営されている。たとえば，この数年間，最上位にあるのはアトランタ・ハーツフィールド空港（旅客数1500万以上の大規模空港）やノースカロライナ州のローリー・ダーラム空港（同未満）であった。前者の所有者はアトランタ市，後者はエアポート・オーソリティであり，いずれも公有公営空港である。

　道路，空港および鉄道のいずれをとっても共通しているのは，インフラ整備に対する政府の関与が強いのに対して，上もの（乗り物）の運行（運航）は民間企業が行っていることである。そのため，インフラを利用する航空企業や鉄道貨物企業の間で激しい競争が繰り広げられ，それがインフラ運営の効率性をあげることにつながっている。

　そして，空港の効率性を契約上の要因から説明することもできる。それは，航空会社との間で使用料や使用条件を規定した契約を結んでおり，空港の収支を償うような使用料を保証するという契約形態があるからである。航空会社が空港運営の効率性に注目するため，公的所有とはいえ，非効率な運営は許されないのである。

　さらに，民間資金を積極的に導入していることも空港運営を効率化させる要因である。アメリカの空港や有料施設は自らの利益のほかに債券を発行し，外部資金を調達している。空港や有料施設は公有であるため，債券は州・地方債として発行される。フロリダ州のように州の特定組織が債券を発行するケースやアラスカ州のように州が空港を保有するケースもあるが，多くは地方債である。空港は道路のようにインフラのみでネットワークを形成しないため，外部性の受益地域である地元が債券の発行体となるという考え方もある。

　新規の地方債は2008年に3871億ドル発行されており，9月の残高は2兆6690億ドルとなっている。大別すると，地方団体の財政収入すべてを担保にする一般財源保証債と特定施設の収入を担保にするレベニュー債（revenue bond）に

表5-2　空港債格付けの例

	シカゴ都市圏	ダラス=フォートワース都市圏
Aaa		
Aa1		
Aa2		
Aa3	オヘア空港（収入，優先債）	
A1	オヘア空港（収入，劣後債）（旅客施設使用料収入）	ダラス・フォートワース空港（収入）
A2	ミッドウェイ空港（収入，優先債）	
A3	ミッドウェイ空港（劣後債）	
Baa1		ダラス・フォートワース空港（レンタカー施設）
Baa2		ラブ・フィールド空港（収入）
Baa3		ダラス・フォートワース空港（ホテル収入）

注：ミッドウェイ空港とラブ・フィールド空港はともにLCCのハブとなっているセカンダリ空港である。セカンダリ空港は都市圏の主要空港に比べて立地条件が悪いなどの理由で空港使用料が安いことが多く，LCCが利用する。
出所：Moody's Investors Service（2011：21, 23）．

区分できる。

　債券発行体は格付け会社に自らの債券のデフォルト確率を示す格付けを依頼し，市場における流動性を高めている。格付け会社ムーディーズ社の基準ではBaa以上が投資適格であり，同社の格付けする93空港のなかで投資不適格のものはない（2010年2月現在）。

　表5-2は複数空港を抱える都市圏空港の債券格付けを，トランシェ（発行区分）ごとに示している。LCCの使うセカンダリ空港よりも第一次空港が，担保については旅客施設使用料やホテル収入などの特定収入よりも空港全体の収入のほうが高格付けを得ていることがわかる。

　空港運営者にとっては低い格付けしか受けられなければ債券利回りが高くなるため，経営は圧迫される。そのため，空港当局は空港を「経営」するよう努めるのである。なお，ムーディーズ社によれば，過去32年にわたって空港債と有料施設債のデフォルトは発生していない。

5　旺盛なインフラの資金需要

　繰り返すが，アメリカにとって，交通インフラの維持管理とその資金調達が

第5章　交　　通

> ■□コラム□■
>
> ## 連邦道路予算と政治家
>
> 　日本では国の道路予算が有力政治家の地元に配分されたとか，特定政党の議員が多いほど予算が多くなるという記述があるが，アメリカにも似通った事情がある。
> 　アメリカの連邦道路予算の80%以上は事前に公表された配分公式に基づいて各州に配分され，20%程度が特定のプロジェクトに配分される。後者は目に見える地元への利益となるから，政治家は強い関心を示すという。道路プロジェクトでは連邦と州の資金がマッチング（共同拠出）される。しかも，道路種別ごとに連邦の補助率が決まっており，州は残りを拠出する。州道には連邦のお金は出ないが，連邦補助道路，インターステート道路の順で補助率は上がる。当然，補助率が高いほど州の負担割合が減り，少額で道路がつくれる。
> 　もっとも，上院議員と下院議員では行動パターンが異なる。上院議員は州全体が選挙区だから選挙民の意見も広範である。そのため，州内の特定地域の利益ではなく，外交や国防といった国益につながる領域に関心をもつ。
> 　他方，選挙区の小さい下院の場合，議員の関心は選挙区の利益にあり，州全体ではないという。なぜなら，道路がつくられたとしてもそれが州内の別の選挙区の下院議員の功績とも映るからである。そして，州別の道路予算を分析すると，議員の在職年数，議会与党であること，インフラ委員会の所属議員であるかなどによって，プロジェクト配分に基づく連邦補助が増加する傾向がある。

今後の課題である。大規模空港も含めた基幹空港には，連邦道路信託基金を模して創設された空港・航空路信託基金から補助金が支払われている。しかし，補助金はもともと航空会社や旅客の負担によって賄われている。航空会社間の競争は激しく，破綻会社があるなかでその負担が空港経営を支えるという構造に，航空会社は不満をもっているとされる。

　そのため，航空需要の拡大という点では航空会社も空港運営者も同じ方向を向いているものの，それに伴って必要な投資の分担については意見が異なる。空港側は空港独自の財源となる旅客施設使用料の上限を引き上げることに賛意を示すが，追加的な負担が旅客の増加につながり，旅客離れを危惧する航空会社との間で対立が深まっている。

　19世紀以降，連邦制の枠内で政府がインフラを整備し，それを民間運営会社

が利用してきた。そして，20世紀後半には受益と負担の関係に基づく財源調達方法が確立され，税や使用料を財源としてインフラを整備してきた。今後もその方向が大きく変わることはないが，民間資金の導入が進むことになろう。すでに，いくつかの有料道路の運営は民間企業が行うようになっている。交通については対距離課金の導入と民間資金の導入（民営化）が当面の焦点となろう。

■　■　■

●参考文献

アメリカ連邦交通省道路局編（1981）『アメリカ道路史』別所正彦・河合恭平訳，原書房。

加藤一誠（2007）「道路財源の政府間移転」『欧米における道路と自動車に係る負担に関する研究』道路経済研究所，道経研シリーズA-140。

榊原胖夫（2002）『アメリカ研究──社会科学的アプローチ』萌書房。

榊原胖夫・加藤一誠（2011）『アメリカ経済の歩み』文眞堂。

E・J・テーフ／H・L・ゴーシェ（1975）『地域交通論──その空間モデル』奥野隆史訳，大明堂。

ロバート・W・フォーゲル（1977）『アメリカ経済発展の再考察──ニューエコノミック・ヒストリー十講』田口芳弘・渋谷昭彦訳，南雲堂。

村上英樹・加藤一誠・高橋望・榊原胖夫（2006）『航空の経済学』ミネルヴァ書房。

Moody's Investors Service (2011), *Global Airport Sector Outlook.*

航空輸送に関する国際会議（ATRS）（http://www.atrsworld.org/airportawards.html）。

（加藤一誠）

第6章
技術政策と研究開発

アメリカ経済の根本には自由競争の哲学があり、小さな政府がよいものとされる、といわれている。しかし、技術分野はこの例外で、さまざまな局面で、政府は研究開発への資金提供を行い、技術の発展方向に大きな影響を与えてきた。本章では、第二次世界大戦後から現在にいたるアメリカの研究開発の歴史を振り返ることにより、アメリカにおける技術政策の特質を明らかにする。

アメリカの技術政策が日本のそれと異なるのは、政策の目的が安全保障や社会問題の解決などの非経済分野を中心に展開されてきた点である。これは、冷戦期にはとくに顕著であったし、現在でもこの傾向は見られる。アメリカの技術政策は、アメリカが直面する危機に対応して変化してきており、それを基礎から支えてきたのは、政治のリーダーシップが技術政策に反映される制度的な枠組みや、柔軟性をもつ産官学間の連携体制である。

1 冷戦期の技術政策と産官学の研究開発体制

(1) 第二次世界大戦のインパクト

第二次世界大戦は、アメリカの技術政策に大きな影響を与えた。第二次世界大戦中のアメリカは、大規模な軍事動員を行った。この動員は、人員や産業にとどまらず、科学技術分野でも総力を結集して行われた。戦時中に、400にのぼる大学、研究所、企業と科学技術開発の契約が結ばれ、3万人にのぼる全米の科学者が、軍事研究に従事した。このなかのもっとも有名なのが原子爆弾を開発したマンハッタン計画であるが、このほかにも、レーダーやVT信管（対空爆弾などに付ける電子装置で、目標物に近づくと自動的に爆発する）など、戦争を有利に進めるための技術が開発された。

戦争が終結すると、アメリカは直ちに大規模な軍民転換を進めたが、科学技

術分野はこの例外となった。というのは，戦後の世界でアメリカが影響力をもちつづけるためには，科学技術力の保持が不可欠と認識されたからである。ハリー・S・トルーマン大統領は，戦後すぐに行われた議会向けの演説のなかで，「科学および技術的な資源を最大限に発展させることなく，いかなる国も現在の世界でリーダーの地位を維持することはできない。また，どのような政府も，大学，産業，および政府の研究所における科学研究を，寛大に，そして理性的に支援，奨励することなく，その責任を果たすことはできない」と述べ，科学技術の重要性とそれを政府が支援する方針を打ち出した。

（2） 3つの大発明

一方，第二次世界大戦は，政府が支援すべき3つの重要な大発明を生み出していた。その第1が，ジェット・エンジンである。ジェット・エンジンの開発では，ヨーロッパが先行しており，ドイツの研究グループは，1939年には史上初のジェット・エンジンを搭載した飛行機の試験飛行に成功していた。これを後追いしていたのがイギリスで，軍の援助も得て，41年にジェット機の初飛行に成功した。

アメリカはこのような状況に憂慮していたが，ドイツの脅威にさらされていた同盟国のイギリスから技術移転を受けることができ，ジェネラル・エレクトリック社がその開発にあたった。そして，42年にはイギリス製をまねたジェット機の初飛行に成功するところにまでこぎつけた。

2番目の重要発明はデジタル・コンピュータで，この技術はアメリカが先行した。コンピュータの開発は，弾道分析，火器制御，暗号解読，などの分野への応用に目を付けた軍により，第二次世界大戦中にNCR，IBM，レイセオンなどの企業，マサチューセッツ工科大学（MIT），ハーバード大学，ペンシルバニア大学などの研究機関を巻き込んで，大量の資金がつぎ込まれて行われた。そして，45年には世界最初のデジタル・コンピュータである「ENIAC」が完成した。

3番目の重要発明は半導体で，これはアメリカの電話会社AT&Tの研究所であるベル研究所で発明された。ベル研究所では，第二次世界大戦前から，電話交換の効率を上げるために，機械式から電子式への転換を進める研究を行っていた。これは，戦時中にベル研究所が軍事関連研究を手がけたために中断さ

れたが，この一方で，半導体材料に関する研究は戦時中も継続されていた。戦争が終結するとともに，ベル研究所は豊富な人材と資金，そして，戦時中に進歩した半導体材料の成果を利用して研究を進め，47年の終わりには，世界最初の半導体を利用した増幅機器を完成させたのである。

（3） 冷戦の開始と3つの発明

　ジェット機，コンピュータ，半導体のいずれをとって見ても，これらは戦後のハイテク産業を支えた基幹技術といえる。これらが，戦中，戦後のきわめて短い期間に集中して発明されたのである。アメリカはこれらの新技術の開発に積極的に乗り出したが，この背景には，1940年代末に顕在化した冷戦が存在していた。

　これらの三大発明は，商業用の潜在性が高いだけでなく，軍事技術に応用されると，兵器の性能を飛躍的に向上させる可能性があるため，国防総省が中心になり，巨額の資金をこれらの分野に振り向けたのである。そして，これによりソ連との軍事競争に勝利しようとしたのだった。このため，48年に4億9000万ドルであった政府の軍事研究費は，6年間で5.5倍の伸びとなり，53年には26億ドルに達している。

　政府が新技術に対して積極的な支援をはじめたことは，これらの技術を手がける企業にとって願ってもない環境を提供した。ジェット・エンジン，コンピュータ，半導体のいずれをとってみても，商業分野における潜在性はきわめて高いと考えられたものの，発明されて間もない技術であるため，それを製品化するまでには，多くの不確実性，すなわちリスクが存在したのである。このため，政府が巨額の投資をしてくれれば，軍事分野の開発を行い，これを商業用に転用することにより事業を立ち上げる見通しが出てきたのである。

　たとえば，IBMの場合，戦時中にコンピュータの開発を手がけたものの，40年代の終わりの時点では，この開発に集中的に資源を投資するのはリスクが高すぎると考えていた。このため，戦前に行っていた事務機器事業に後戻りしようとしていた。このような動きに危機感をもった国防総省は，IBMに資金を提供し，軍事用コンピュータの開発にあたらせ，できあがった製品を政府が買い取る取り決めを行った。このような状況でコンピュータ開発がなされたため，IBMが戦後はじめて発表したコンピュータは「ディフェンス・キャルキュレー

ター（防衛用計算機）」と名付けられた，軍事用コンピュータをベースにしたものであった。

このようにして，国防総省は，企業側に有利な条件を提示して，企業を軍事研究に引き入れ，軍事用の開発を進めたのである。そして，これは，商業市場を目標にした企業にとっても悪くない話であり，これにより，国防総省とハイテク企業の緊密な関係ができあがったのである。

（4） 軍と大学の関係

大学も，国防総省の多額の研究開発資金に引き付けられ，軍事研究のなかに入っていった。第二次世界大戦終結後，海軍はハーバード大学，MIT，カリフォルニア工科大学などの全米を代表する大学に代表者を送り，海軍関係の研究への参加を打診した。しかし，当初はどの大学も，平和時に軍事研究を行うと政治が科学技術をコントロールする結果を招き，研究の自由が奪われる可能性があるし，また，政府による軍事分野への支援は，状況が変化すればすぐにも削減される懸念もあり，あまり乗り気ではなかった。

このような懸念にもかかわらず，大学が軍事研究のなかに入っていった背景には，大学間の研究開発資金の獲得競争が存在していた。すなわち，軍と契約を結ぶことにより，大学を資金面で潤沢にすることができるし，これにより研究を充実させて大学間の競争に勝ち残り，大学の規模を拡大することが可能になるという思惑が存在していたのである。とくに，企業に対してと同様に，政府は大学に対して有利な条件を提示して資金提供を申し出たこともあり，大学はこのなかに引き込まれていったのである。

軍事研究に大学が加わることにより，国防総省を中心にした産官学のトライアングルが生まれた。この産官学の研究開発システムが，ジェット・エンジン，コンピュータ，半導体の発明による新たな技術の流れと噛み合うことにより，これらの技術分野から多くの技術が生まれたのである。そして，これらの技術が後に軍事から民生用にスピン・アウトすることにより，アメリカはこれらのハイテク分野で圧倒的な国際競争力をもつにいたったのである。この技術群のなかには，後に世界を席巻するインターネットの源流となったアーパネットなどの技術も含まれていた。

（5） NASAの技術開発

1950年代の終わりからは，NASA（連邦航空宇宙局）に対する政府の研究開発費が急増した。この背景には，宇宙分野におけるソ連との激烈な競争が存在していた。57年にソ連はアメリカに先駆けて，世界最初の人工衛星スプートニクを打ち上げに成功した。これは，科学技術ではソ連を上回っているというアメリカの自信を揺るがせ，これが宇宙分野への積極的な支援につながっていった。58年にはNASAが設置され，宇宙における研究開発の中心となり，ここに多額の政府資金が投入された。そして，NASAに対する資金援助は，66年には連邦政府の研究開発資金の36％にあたる54億ドルに達した。

NASAの研究開発の中心がアポロ計画であった。ソ連は，スプートニクにつづき，61年4月にはガガーリン少佐を乗せたボストーク1号を打ち上げ，世界初の有人宇宙飛行にも成功し，アメリカは宇宙開発においてソ連に遅れをとっていた。この起死回生策として打ち出されたのがアポロ計画だった。当時のジョン・F・ケネディ大統領は，ボストーク打ち上げの1ヵ月後に議会向けの演説を行い，「60年代が終わるまでに，人間を月に着陸させ，安全に帰還させる」ことを宣言した。このような壮大な計画が打ち出された理由はきわめて単純で，ソ連に対して宇宙分野で勝利をおさめる手段として考えられたものであった。ケネディの言葉を借りると，「勝利をおさめるための劇的な結果を約束する宇宙計画」（1961年4月20日，副大統領宛てのケネディ大統領の書簡）だったのである。

このような宣言がなされたものの，NASAの現場には実現性に対する懐疑論が強く，宇宙開発グループのエンジニアの多くは，「大統領は気が変になったのではないか」と感じたといわれている。しかし，このアポロ計画も，軍事開発と同様に，全米の科学者の英知が結集され，産官学が一体となった開発が行われた。そして，ケネディ大統領の約束は守られ，60年代が終わる5ヵ月前に，人類を月に送り，無事に帰還させることに成功したのである。このアポロ計画のエピソードは，この成功により，アメリカがスプートニク以来もちつづけていたソ連に対する劣等感を払拭しただけではなく，冷戦を背景にしたアメリカの研究開発体制が効率的に機能していたことを物語っている。アポロ11号の成功は，冷戦期におけるアメリカの技術的なピークを象徴した出来事であった。

2　技術開発の低迷と産業政策論争

（1）　大学の離脱

　1970年代に入り，技術を取り巻く環境が一変した。50年代から60年代にかけて，ソ連との緊張関係は高まったが，70年代に入ると，米ソ両首脳がお互いの国を訪れ，核軍縮交渉が進展して，貿易や宇宙開発分野などで協定が結ばれるなど，いわゆる「デタント（緊張緩和）」の時代が訪れた。この一方で，ベトナム戦争の泥沼化を背景にして，アメリカ国内，とくに大学のキャンパスでは，反戦運動が高まりを見せた。

　このような国内，国際環境の変化により，国防総省への研究開発資金が削減されるとともに，反戦運動のため，大学内で軍事研究をすること自体が難しくなった。このため，大学における軍事研究の拠点であったMITの計測工学研究所（ミサイル誘導装置の開発などを担当）は，反戦運動のあおりを受けて軍事研究ができなくなり，73年には，MITから独立して非営利の研究機関への衣替えを余儀なくされた。また，西海岸における軍事研究拠点であったスタンフォード研究所も同様に，大学からは分離され，SRIインターナショナルと改名して，大学からは独立した機関となった。この結果，大学に対する連邦政府の基礎研究費のうちで，国防総省が占める割合は，58年の44％から75年には8％にまで低下したのである。

（2）　研究開発費の変化と企業の離脱

　図6-1は，1950年代から90年代における，連邦政府による省別研究開発費の推移を見たものである。この図からも明らかなように，50年代から60年代の前半までは，国防総省とNASAが全体の70～80％に達していたものの，この比率はその後低下し，70年代の終わりには60％以下にまで低下した。

　この背景には，ジョンソン大統領の「偉大なる社会プログラム」の実施に象徴されるような，国内社会問題の高まりとこれに対する政府の対応策があった。このような環境変化は，科学技術分野にも反映され，より多くの研究開発費がバイオ・メディカルやライフ・サイエンスなどの医療分野に割かれるようになり，図のように，省別で見ると，厚生省の割合が増加した。また，70年代の後

図6-1 省別研究開発費の推移

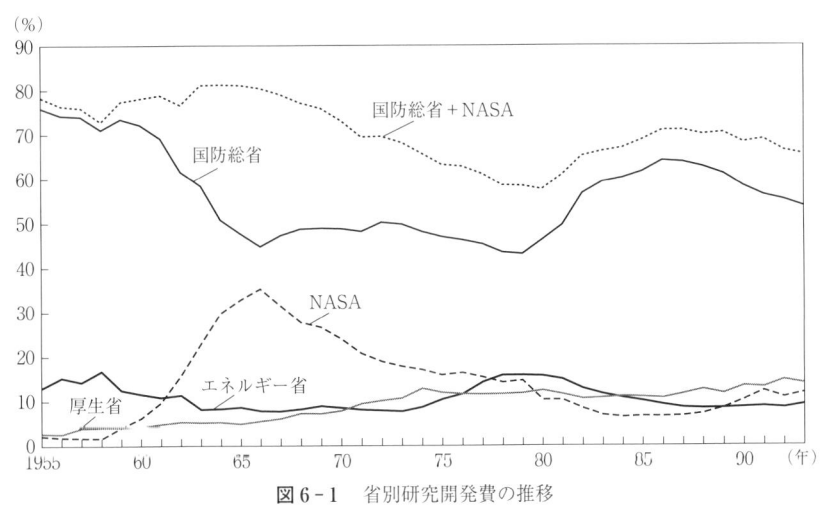

出所：Department of Commerce（各年）, *Statistical Abstracts of the United States*.

半に石油危機が発生すると，新たに設立されたエネルギー省への配分が高まり，エネルギー保存や代替エネルギーの開発に多くの研究資金が割かれるようになった。

このような傾向に加えて，70年代は連邦政府による研究開発費自体の伸びが押さえられたため，国防総省とNASAへの研究開発費は，実質年平均3.9％のペースで低下した（1966～79年）。この一方で，70年代は，コンピュータ，通信機器，家電などの民生用エレクトロニクス市場が高成長をはじめ，これらの分野を手がける企業の軸足は，軍事，宇宙から民生分野へと移っていった。この典型は半導体産業で，62年時点では，ICの100％が軍事向けであったが，65年には政府向け（軍事，宇宙を含む）ICの比率は55％となり，これは70年代に入って急速に低下し，74年には20％にまで低下したのである。

このように，冷戦期の研究開発体制を支えた企業と大学が，次々とこの体制から離脱することにより，政府の技術政策は大きな行き詰まりを経験することになった。

(3) 政府技術開発プロジェクトの挫折

NASAは，アポロ計画に代わる大型宇宙プロジェクトとして，スペース・シャトル計画を打ち出した。しかし，この計画は，開発のスピード，開発コス

ト，性能のすべての面から見て，アポロ計画を凌駕できるものとはならなかった。1981年にスペース・シャトル，コロンビアが初飛行を行ったが，これは当初の計画よりも3年遅れとなっていた。また，そのための研究開発費も見積りよりも30％を超え，1飛行あたりの平均費用にいたっては，当初予定の2.2倍にまで膨れ上がっていた。そして，当初の計画では主要エンジンはオーバーホールなしに，50回程度飛行でき，シャトルは週1回程度の打ち上げが予定されていたが，実際には年4〜6回しか打ち上げられない状況となっていたのである。これに加えて，86年にはチャレンジャーが，打ち上げ後73秒で爆発を起こし，7人の命が奪われるという，悲劇的な事故までを引き起こしたのである。

軍事開発分野の問題も深刻で，ここでも納期の遅れ，コスト超過，性能低下の三重苦を経験していた。70年代には，これを改善するための多くの提案がなされたものの，これらの問題は解決せず，80年代にはこれが社会問題までになった。86年に行われた調査では，「国防のための連邦支出にかかわる浪費と不正」が，アメリカの抱える問題の第2位にランクされ（第1位は財政赤字），国民の多くが軍事分野の開発体制に懸念をもつまでになったのである。

（4） 民生技術の国際競争力問題

この時期のアメリカ技術の低迷は，政府による技術開発プロジェクトにとどまらなかった。一般企業が手がける民生技術分野でも，国際競争力の低下が大きな問題になった。テレビやビデオのように，アメリカで発明され，基礎研究が行われた技術が製品化され，最終的に利益を享受したのが，応用技術に秀でた日本の企業であることが大きな問題となった。

この典型が，半導体であった。先に述べたように，半導体は1947年にアメリカで発明され，メモリやマイクロプロセッサのような重要な技術も，そのほとんどがアメリカ企業から生まれた。事実，40年代後半から60年代にかけての時期はアメリカの独壇場であり，研究開発，製品化，消費市場のどれをとってみても，アメリカが世界を席巻していた。ところが，70年代になって風向きが変わり，70年代の後半になると，日本企業がメモリ分野で台頭しはじめた。そして，80年代を通じて急速にシェアを伸ばし，86年には世界シェアにおいて，日本企業はアメリカ企業を抜き去った。

このような状況に危機感をもったアメリカは，政府が民生技術の支援に乗り

出した。とくに，半導体の場合は軍事にも使える軍民両用性をもつため，政府の関心が集まったのである。88年にセマテックと名付けられた官民共同の研究開発計画がスタートし，この分野の国際競争力の回復にアメリカ政府が資金を投入した。セマテックは，国防総省のDARPA（国防高等研究計画庁）から資金提供を受けていたため，表向きは安全保障のための研究開発という体裁をとっていたが，その真の目的はアメリカ半導体産業の国際競争力の復活にあったのである。

（5） 産業政策論争

　セマテックはアメリカの技術政策について，大きな論議を巻き起こした。アメリカには自由経済主義の伝統があり，元来，政府の民間企業への干渉はよくないこととされてきた。この考えの根底には，市場が経済活動の勝者と敗者を決定する機能をもち，政府がこの両者の決定に干渉するのは自由経済主義に反するし，また，政府がこのようなことをうまくこなすことはできない，という考え方があった。これは，とくに自由競争を重んじる共和党に根強い哲学であり，当時のロナルド・レーガン共和党政権がセマテックを認めた意味合いは大きかった。

　このような動きを受けて，民主党内ではハイテク分野の産業政策をめぐる議論が高まった。民主党は，共和党の自由競争一点張りの政策には批判的な傾向があり，民主党から見ると産業政策的なセマテックというプロジェクトを共和党が容認したことにより，これを政治的な争点にする要素ができあがったのである。また，民主党が産業政策を推進しようとした背景には，政府の技術政策による国際競争力の建て直しの思惑に加えて，産業政策を実施して日本が競争力を高めることができた，という認識も作用していた。いずれにしても，その後の民主党は，当時の次世代のテレビであるHDTV（高品位テレビ）に対する政府の支援を求めるなど，積極的に市場介入的な技術政策を推進していったのである。

　このような民主党の動きに対して，共和党内の自由競争主義派が反撃に出た。伝統的な共和党にとっては，安全保障にかかわる部分では，政府の産業への介入は正当化できるが，民生分野への介入は政府が「勝者と敗者」を決定することになるため，これを容認できない。セマテックの場合は半導体という軍民両

用技術がかかわっているため，ぎりぎりの線で容認できたが，HDTVという民生色の濃い技術を政府が支援することについては大きな抵抗があったのである。

このように，共和党と民主党の間で，国際競争力を復活させるための技術政策に関して，大きな溝を残しながら90年代に入っていった。

3　IT革命，9.11テロ，中国の台頭

（1）　IT革命と競争ルールづくり

1992年の大統領選挙は，技術政策という視点から見ると，きわめて重要な意味をもっていた。というのは，技術政策のあり方がひとつの争点になったうえに，民主党の副大統領候補にアル・ゴア上院議員が選ばれた点である。ゴアは，上院議員時代に産業政策的な方策に積極的に取り組み，HDTV開発計画への強い支持を打ち出し，これらの関連法案を議会に提出していたのである。

93年にビル・クリントン政権が誕生し，ゴア副大統領が科学技術政策の実権を握ることにより，80年代後半から民主党が主張してきた，政府がより大きな役割を果たす技術政策が動き出すと思われた。とくに，ゴア副大統領は，上院議員時代から情報通信産業に大きな関心をもち，全米に光ファイバー網を張り巡らす「情報スーパーハイウェイ構想」を推進してきたため，インターネットの急速な普及を追い風にして，政府の役割が高まる方向に技術政策が変化することが予想されたのである。

ところが，このような方向への技術政策は，結果的に産業界からの反発を買い，現実の政策は，民間企業が技術を主導し，政府がこれを後押しする方向へと変化を遂げていった。この典型が，全米情報通信基盤（NII）を構築する際に政府が果たすべき役割である。当初のクリントン政権の構想では，政府自身が主導権をとって通信網を構築する計画をもっていたが，この計画はAT&Tをはじめとする民間通信企業からの反発を買い，政府の方針は次第に民間部門を重視する方向，すなわち市場重視へと転換していったのである。

政府主導から市場主導へと技術政策が変化を遂げた背景には，90年代に入ってアメリカの景気が回復に向かい，とくにインターネットが主導するIT革命で米企業が先頭を走ることにより，企業の国際競争力が回復した要因が大きい。また，同時期に日本ではバブルがはじけて経済が低迷期に入り，二重の意味で

アメリカ企業が自信を取り戻した。また，政権を離れた共和党が，クリントン政権への批判の矛先を，民主党の売り物であった科学技術政策に向けた要因も存在した。しかし，もっとも根本的な要因は，IT革命の進行を受けて，アメリカ政府自体が70年以降模索をつづけてきた技術政策に，新たな座標軸を見つけ出した点が大きいといえる。

この新たな政策の方向性は，90年代の後半の時期に，アメリカ政府が発表した文書から明らかである。たとえば，97年7月に発表された「世界的な電子商取引の枠組み」と題された報告書では，政府の役割は，①ネットワークを介して行われる取引に税金をかけない方向への政策づくり，すなわち「インターネット自由貿易圏」の実現に向けた役割，②知的所有権やプライバシーの保護，商取引にかかわる不正の防止や紛争処理，ネット上で行われる取引の契約履行などの分野で新たな法律をつくり，自由競争に基づいた商取引が拡大する基礎をつくる役割，③これらの新たな競争ルールを世界へと広げる役割，などが書かれている。

すなわち，政府の技術政策は，IT革命の進行を受けて，IT分野における競争ルールづくりと，これを世界へと広げることにより，アメリカ企業の活躍の機会を拡大する方向へと変化したのである。換言すると，IT時代のアメリカの技術政策は，できる限り市場の機能を有効に利用し，これを政府が後押しする方向へと変化を遂げたといえるのである。

(2) 9.11テロのインパクト

クリントン政権下では，アメリカの競争力の向上を受けて，自由競争を前面に出した技術政策が推進されたが，これは，2000年代に入り，微妙な変化を遂げはじめた。その第1が，01年9月11日にアメリカを襲ったテロ事件の影響である。G・W・ブッシュ大統領は，このテロ事件を受けて国土安全保障省を設けることを発表し，これは議会の支持をえて，03年3月に，既存の諜報，警備，テロ対策などの部署を統合して，18万人の人員を要する巨大な省が誕生した。ここでは，国境や運搬手段の警備強化，緊急体制の整備，生物・化学兵器，核などを用いたテロへの対処などの総合テロリズム対策がとられることとなった。

このなかには，テロを防ぐための技術面からの対策も含まれていた。国土安全保障に技術面から対応するための次官職が設けられ，国土安全保障高等研究

計画庁（HSARPA）のような研究機関も新設された。ここでは，大学や民間企業を巻き込んだ産学官の協力体制のもとで，テロ対策のための研究開発が行われており，政府の役割は微妙に変化している。

（3） 中国台頭のインパクト

一方，2000年代に入ると，中国の経済的な台頭がアメリカの安全保障に与える影響も懸念されるようになった。この問題は，とくに，技術分野では顕著であり，1990年代にはすでに，アメリカ議会は「アメリカの国家安全保障と中国に対する軍事・通商上の懸念」委員会（通称，コックス委員会）を立ち上げ，アメリカから中国への核関連などの機微技術の流出に懸念を示していた。2000年代に入ると，アメリカ議会は米中経済安全保障検討委員会を創設し，米中間の貿易，経済関係が，アメリカの安全保障に与える意味合いを，監視，調査するようになった。

このような中国への技術の流出懸念は，法律面の変化につながってきており，アメリカは07年には輸出管理規制の見直しを行い，中国向けの輸出規制を強化した。同様に，同年，海外からアメリカへの投資を安全保障上の理由から規制する枠組みであるエクソン・フロリオ条項の強化にも乗り出している。このような物，資本の流れに加えて，アメリカ国内で急増する，中国からの留学生や研究者を，安全保障上の理由から規制する動きも出てきている。

中国に対する一連の動きは，従来の国内の研究開発を強化する方向性とは異なるものの，アメリカを取り巻く国際環境の変化が，技術政策に再び影響を及ぼしつつあることを物語っており，ここからはアメリカの技術政策の新たな変化の芽を見てとることができる。

4　アメリカの技術政策の特質

（1） 危機と技術政策の変化

ここまで第二次世界大戦後のアメリカの技術政策を概観してきたが，ここからどのような特質を見出すことができるかを検討してみよう。まず，最初に指摘できるのが，技術政策の目的である。日本では，戦後，通産省による産業政策に典型的に見られるように，技術政策の目的は，技術，あるいは経済競争力

の強化，すなわち，経済目的で行われてきた。ところが，アメリカの技術政策の目的は，このような経済目的ではなく，何らかの危機的状況に対応するためのものであったといえる。1950年代から60年代にかけては，冷戦に勝利するために，軍事や宇宙分野の研究開発に向けての技術政策が行われたし，70年代には国内的な危機を背景にして，健康やエネルギー分野などがその対象となった。また，9.11テロ事件や中国の台頭への技術面からの対応にもこの傾向が見られることは，前節で見たとおりである。

　この意味では，80年代の国際技術競争力の低下が引き起こした危機は，アメリカの技術政策という文脈からは特殊なケースであったといえるかもしれない。ここでは，民主党が経済競争力強化のための技術政策に傾き，共和党でも安全保障を絡めて一部でこの傾向が見られた。しかし，最終的には共和党の自由競争派が巻き返し，明確に経済競争力強化のために，政府の技術政策が動員される事態は起こらなかった。このことは，アメリカでは，政府が民間分野に干渉して，経済目的だけのために技術政策を行うことに反対する姿勢が根強いことを物語っている。

（2）　技術政策の変化パターン

　技術政策が変化するパターンには，共通性があり，これもアメリカの特質といえる。技術政策が変化するきっかけとなるのは，危機の発生であり，アメリカ政府は危機に直面して新たな省庁を創設することにより，危機に技術面から対応する。これは，スプートニクショックに直面して，NASAを創設してこれに対応しようとした際に典型的に見られたし，エネルギーショックに対しては，エネルギー研究開発庁などのエネルギー関連の機関を統合してエネルギー省がつくられた。また，最近の例では，9.11テロ事件がきっかけとなり，国土安全保障省が創設された。

　次に実施されるのが，新たに設けられた機関への予算増であり，これらに連邦政府の研究開発資金を集中投入することにより，危機に対応できる技術開発が実施に移されるのである。NASAが推進したアポロ計画，エネルギー省が行った代替エネルギー開発，国土安全保障省が進めるテロ対策のための技術開発などは，すべてこれにあたる。

　このようなパターンで技術政策が展開されるため，アメリカの技術開発は変

第Ⅰ部　経済大国アメリカの基盤

■□コラム□■

スペース・シャトルの退役

　NASAは，1960年代に「人類を月に立たせる」プロジェクトを成功させたが，その後は，このような華々しい歴史を再現させることはできなかった。「70年代のアポロ計画」と位置付けられたスペース・シャトル計画は，プロジェクトのはじめから開発計画には遅れが生じ，開発に要する費用も膨れ上がった。

　このような背景には，組織としてのNASA自体に変化が起こったことが指摘されている。アポロ計画後には，NASAへの予算は大幅にカットされ，これに伴って人員削減が行われた。このような環境下で技術者や研究員の士気が低下するとともに，組織自体も官僚化していった。かつての挑戦的でリスクを恐れない姿勢は失われ，安全でルーティン化した仕事に慣れ親しむようになった。また，技術者は次第に開発の現場から離れ，デスクワークに専念するようになった。これとともに，開発の主導権が契約企業に移り，これがNASA組織の官僚化に拍車をかけたといわれている。

　スペース・シャトル計画は，アポロ計画と比べて，際立った成果を上げることなく，スペース・シャトルは2011年には退役を余儀なくされた。この例は，冷戦という背景で成功した政府プロジェクトも，環境が変化すると，開発意義や手法，組織の組み換えなどが効果的に行われないと，成功に結び付けることが難しくなることを物語っている。

化の波が激しい。時によっては，予算の大幅増が得られるし，目的が達成されて危機が去ると，予算は急激に削減されるのである。これは，アポロ11号が月に到達した後で，NASAの予算が削減された例で見たとおりである（前掲図6-1）。これは，日本の研究開発費が省庁の間で，安定的に推移しているのとは好対照をなす，アメリカの特質といえる。

（3）　制度的枠組みの柔軟性

　アメリカの技術政策が危機に対応して変化できる背景には，それを支える制度的枠組みに柔軟性がある点を見逃してはならない。これは，大統領のリーダーシップにより，行政府内の組織を変えることが恒常的に行われるという要因もあるし，第1章で指摘されたように，大統領が変わると政権上層部の大部

分が入れ替わるという,アメリカ政治の特質が反映されているといえる。いずれにしても,アポロ計画で見たように,国のリーダーの一言で,巨大な科学技術プロジェクトが動き出すのは,アメリカ特有の現象といえるだろう。

アメリカは,産官学の連携という側面から見ても,高い柔軟性をもっている。冷戦期には,国防総省やNASAのもつ巨額の研究費に引き付けられた大学と産業が一体となり,技術開発が行われた。このような三者の連携がスムーズに行われて技術的な成果が生み出された背景には,産官学間の壁が低いという要因が作用している。この典型は三者の間における人の流れで,大学,政府の研究機関,企業の研究所のいずれでも研究暦をもつ研究者は少なくない。また,いずれのセクターも外から守られた存在ではなく,つねに競争に直面しているため,連携のインセンティブが与えられればこれに参加する動機が強くなる,という要因もある。さらには,国家プロジェクトが,危機を背景にして実施されることが多いため,プロジェクトに対するコミットメントの度合いが強くなり,これが産官学連携に必要となる求心力を生み出すことも多い。

いずれにしても,第2章で述べられた変化を重視するアメリカの特質は,技術分野でも顕著に見られる。この柔軟性をもって変化する政策と技術が,アメリカの特質であると同時に,アメリカのもつ強さといえるのである。

●参考文献
村山裕三(1996)『アメリカの経済安全保障戦略――軍事偏重からの転換と日米摩擦』PHP研究所。
村山裕三(2000)『テクノシステム転換の戦略――産官学連携への道筋』NHK出版。
サイモン・ラモ(1990)『ビジネス オブ サイエンス――アメリカハイテク時代の栄光と敗北』キヨコ・ザボースキー訳,パーソナルメディア。
Mowery, David and Nathan Rosenberg (1989), *Technology and the Pursuit of Economic Growth*, Cambridge University Press.
Penick, James, Carroll Pursell, Morgan Sherwood and Donald Swain (eds.)(1972), *The Politics of Science : 1939 to the Present*, The MIT Press.

(村山裕三)

第Ⅱ部

20世紀以後の政治経済の歩み

第7章
大きな政府へ

　アメリカは建国以来，中央政府の専横を恐れて，連邦制度や三権分立といった制度デザインを採用してきた。「小さな政府」が伝統的な哲学であったといえる。経済面でもその特徴は鮮明で，政府の介入が全般的に小さいうえに，連邦政府の権限がなかでも小さく抑制されていた。しかし，本章で扱う19世紀後半から20世紀半ばにかけては，政府全般，なかでも連邦政府の活動領域が広がった時期である。大恐慌期には政府がそれまでにはない新たな役割を果たし，ほとんど全面戦争となった第二次世界大戦期には民間経済活動も大きく統制された。1960年代にはケネディ＝ジョンソン民主党政権のもと，ベトナム戦争と貧困との戦いという内外両面で大規模な政策を実施した。アメリカにおける「大きな政府」のひとつのピークであったといえよう。この後，70年代にはインフレが昂進するなかで経済は停滞し，財政赤字や貿易赤字も増大して，政府の役割が再検討されることとなった。

1　見直される政府の役割

(1)　革新主義運動の背景

　自由放任主義的なアメリカ政府が，国内の正義を名目に経済に介入してくるようになった背景には，有徳の個人が自己責任において共和制を守るというアメリカの理想が，実際のアメリカ社会と乖離(かいり)してきたという現実があった。

　そのひとつの例は，奴隷解放により自由人となったものの資産をもたず小作化せざるをえなかったアフリカ系アメリカ人が，産業化した北部都市部に労働力として大量に流入し，北部においても南部に劣らないほどの人種差別を引き起こすことになったことである。アメリカの産業化は，ヨーロッパの農村部からも大量の移民を労働力として吸収していった。こうした移民のほとんどは英語が話せないことに加え非熟練労働者であり，資本側によるスト破りに投入さ

れては，次々と新しく到着した移民にその役割を置き換えられていった。

　アフリカ系やヨーロッパ移民など非熟練労働者の生活する都市の住環境は劣悪で，公衆衛生の問題が生じた。非熟練の低賃金・長時間労働は，女性や未成年労働者に対する搾取としてすでに問題となっていたが，アフリカ系や移民労働者問題をも加えて大きな社会問題を引き起こした。

　こうした問題は，従来は州や地方政府にその責任が帰せられるもので，連邦政府が介入することはなかった。しかし，19世紀半ばからは市場の全国化が進んだため，たとえば都市で消費される食肉は生産地である他州から運送され，労働条件も州を越えて経済活動に影響を及ぼすようになったことで，州際交易として連邦政府の介入がはじまった。連邦政府は，極度の資本集中が自由な経済活動の妨げになることに対し，シャーマン反トラスト法（1890年）などを制定し，それらを執行するために独立規制機関として州際商務委員会などを設立した。

　こうした連邦政府の権限の拡大は，法を条文どおりに解釈しようとする司法消極主義をとる最高裁判所によって牽制された。たとえば，「米国対E.C.ナイト社」判決（1895年）では，連邦政府の砂糖トラスト規制は州内活動である砂糖製造には適用されないとして，実際にはトラストが全国市場に影響を及ぼしているにもかかわらず，連邦政府の介入を否定した。

　社会的弱者である移民労働者は，政治的にも搾取の対象となった。アメリカの移民管理は19世紀末まで徹底されておらず，市民権をもたないままに投票が行われたりしていた。新移民が同じ民族や地域出身者で集住する傾向を利用して，都市では職の斡旋など移民の生活条件を優遇することと引き換えに，その票をボス政治家に投じるという慣行（マシーン政治）が常套となっていた。

（2）　ウィルソンにいたる革新主義

　革新主義運動は，このように19世紀後半の産業化と都市化が社会的弱者により負担をかけるかたちで進行することに対し，社会的な正義を実施し，アメリカ社会を改善しようとする運動であった。

　革新主義は都市や州という地方政治でまず展開されていった。住民投票（イニシアティブ，レファレンダム）という直接民主主義が取り入れられ，政党による大統領候補選出の過程でも民主的で透明性の高い予備選挙制度が採用されは

じめた。また，能力に基づく公務員採用制度が浸透することで，都市政治におけるマシーンの力を徐々に弱めていった。連邦政治において革新主義の考えを反映したものに，一連の憲法修正がある。所得税課税を可能とした修正16条（1913年），上院議員の直接選挙を導入した修正17条（1913年），そして人口の半数を占める女性に参政権を保障した修正20条（1919年）などが，この時代の社会正義の精神を象徴しているといえよう。

革新主義の頂点ともいえるウィルソン政権では，自己決定権が民主主義の根幹であると見なす大統領がニューフリーダムを提唱し，自由競争と個人の機会を確保するために不正な企業活動の取り締まりや労働条件の改善に努めた。連邦法においては独占禁止の罰則をさらに厳しくしたクレイトン法が1914年に，児童労働禁止法が1916年に制定された。

(3) 第一次世界大戦

ヨーロッパでは第一次世界大戦が1914年からはじまった。アメリカは当初中立を保って輸出を増やし，ヨーロッパ諸国に貸付を行ったことで，過去の借金返済を終えて債務国から債権国へと変化した。17年には自ら参戦し，翌年に西部戦線に大量の兵力を送り込んで戦況の逆転と勝利に貢献した。参戦以後は，戦争遂行のために経済への政府介入が増加した。物資輸送の管理，物価統制，消費抑制，産業動員などである。GDPの20％を軍事分野に振り向けることとなった。

産業動員は容易ではなかった点が興味深い。高稼働水準にあった民間企業に軍需生産をさせるために，高い買取価格を呈示したり競争入札をやめるなど，企業を優遇する措置もとられた。軍需生産に参加した企業の利益率は非常に高くなり，戦後に批判が高まって，上院に調査委員会が設置された。

軍隊への大量動員と高水準の生産のために，女性やアフリカ系などマイノリティの雇用も拡大したし，戦時中には政府の保護もあって労働組合が勢力を強めた。また，戦費を調達するために，国債の大量発行と増税が実施された。直前に導入されていた個人所得税の税率引き上げや，奢侈品税などの導入が行われたのである。戦後には，価格統制が撤廃されたことで高インフレが発生した。

ウッドロウ・ウィルソンは，ベルサイユ条約の締結に尽力し，国際連盟の設

立を推進した。しかし，アメリカでは孤立主義への回帰が生じており，海外紛争への介入を義務付ける国際連盟規約の批准は上院で否決された。

（4） 1920年代の経済

　共和党のウォレン・ハーディング大統領は，「正常への復帰」を掲げて政府の経済介入を減らしていった。戦時の特別な税金は撤廃されたし，大幅な減税も実施された。政府による鉄道管理は終了し，戦時中に建造した商船群も民間に売却された。共和党の政策として，保護貿易主義も挙げておかねばならない。1920年のフォードネー・マッカンバー関税法と，28年のスムート・ホーレー関税法で，関税が大幅に引き上げられた。アメリカの高賃金労働を海外の低賃金労働との競争から保護することで，国内需要水準も高めて，国内の経済均衡を高水準に維持するという論理であった。しかし，戦争でアメリカに対して借金や賠償金を背負ったヨーロッパ諸国に対して，アメリカ市場を閉ざす結果になったと批判されている。

　1920年から21年の戦後不況の後，経済は持続的な好況を享受した。自動車が普及し，郊外に住宅地が広がるかたちで都市が拡大し，国内投資と国内消費が拡大したのである。自動車では，1908年に発売されたＴ型フォードは生産性上昇を背景に価格を下げてきており，典型的な大衆車であった。20年代初頭から，さまざまな客の要求を満たすようなGM（ジェネラルモーターズ）社のシェアが伸び，より贅沢なＡ型フォードの発売へと移っていった。都市の電化も進んで，ラジオや洗濯機，掃除機などの耐久消費財の生産も伸びて，普及率を高めた。そうした自動車や耐久消費財の購入には，消費者信用（割賦）が利用された。

　住宅建設も20年代半ばにブームとなり，10％の頭金支払いを売り物とする住宅ローンも普及して，不動産価格も上昇した。しかし，移民制限などで人口増加は鈍化していく。他方で，フロリダの別荘を対象とする投機的な不動産ブームが発生し，1928年には崩壊した。持続する好景気を背景に，株式価格も上昇しつづけた。投資信託が次々と発売され，信用売買も拡大して，一般大衆の参加も増えていった（図7-1）。

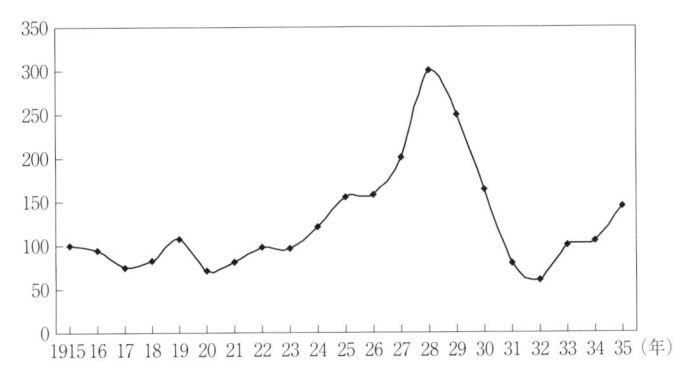

図7-1　株価の推移：ダウ・ジョーンズ指数
出所：*Historical Statistics of the United States*, Millenium Edition, Cambridge University Press, vol. 3, 2006, p. 758.

（5）　1920年代共和党政権

　アメリカにおいて政治が経済活動に介入しないという伝統は中立的に響くか，基本的に力をもつ者ともたない者の間のバランスを前者に有利にするものであり，労働者側にとっては不利であった。それが不公正と見なされなかった背景には，未熟練労働者の多くがヨーロッパ移民であり，労働運動がヨーロッパから流入した左翼思想を象徴し，アメリカ的な自由主義と対立すると考えられていたためである。1921年にはイタリア生まれの無政府主義者ニコラ・サッコとバルトロメオ・バンゼッティが冤罪で逮捕され，後に処刑されたのをはじめ，労働運動の左翼化に対する牽制が行われた。資本側は，1886年に創立されたアメリカ労働総同盟（AFL）のような，アメリカ生まれの熟練労働者の労働組合に保障を与える代わりに，ラディカルな勢力を弱めようとしたため，保守色の強い労働組合がアメリカの特徴となる。

　左翼思想のみでなく，19世紀末から「ネイティビズム」と称する非アメリカ的な要素への反感が強まっていた。第一次世界大戦中には敵国であるドイツ系アメリカ人の市民的自由よりも国家安全保障が優先されるという，民主主義からの逸脱も起こった。アメリカは戦後ますます内向きの時代に入り，1924年に制定された移民制限法はヨーロッパ東・南部からの移民を制限し，帰化できない非白人（主として日本人が対象）の移民も禁止した。

第Ⅱ部　20世紀以後の政治経済の歩み

　1920年代のアメリカは，ピューリタンの禁欲的な道徳心により社会悪を追放しようとする禁酒時代でもあった。地方政治レベルでつくられた禁酒法が効果を挙げないため，1917年に連邦議会は憲法修正18条として禁酒を定めた（1919年に発効）。しかし，酒の密造・密売をめぐり都市のギャングが勢力を伸ばすなどの逆効果が大きく，1933年には憲法修正21条によって先の修正18条を廃止することが定められた。この背景には，大恐慌のなかで少しでも政府の財源を拡大しようとする財政的な理由もあったといわれている。

2　大きな政府の出現

（1）　大　恐　慌

　1930年代にアメリカ経済が大恐慌を経験したことを知っている人は多いだろう。通常の景気後退や不況と比べて，はるかに厳しい現象であったということは覚えているかもしれない。経済の落ち込みの程度，継続時間の長さ，国際的な広がりといった点で，大恐慌は抜きん出ている。失業者は1000万人を越えて，失業率も約25％にまで届き，鉱工業の生産高は30％余も落ち込み，物価水準も低下した。経済の生産が大恐慌前の水準に回復するには，10年近くもかかることとなった（表7-1）。そうして，アメリカだけではなく，日本を含めた世界各国も不況に引きずり込まれた。さすがのアメリカにおいても，自由市場を中核とした資本主義システムへの信頼が揺らぎ，ソビエト連邦への移民が出たり，政府の経済政策も市場への干渉を強めて計画経済の方向へ近づいたりしたのである。

　この大恐慌の原因については，盛んな論争がつづいている。「大恐慌の発生原因は，1929年10月の株式市場崩壊である」と思っている人も多いだろう。しかし，株式市場崩壊は大恐慌の契機であったとしても，全体の原因としては影響力が小さすぎるというのが，学界の通説なのである。マクロ経済学の考え方を適用すると，生産も物価も低下したのだから，総需要が不足したのだと考えるのが順当である。総需要低下の分析としては，「1920年代の過剰投資によって設備投資が落ち込んだ」，「株価・地価などの資産価格低下により消費需要が低下した」，「各国の保護貿易化によって輸出が落ち込んだ」など，総需要を構成する各要素についての低下原因を探るのが一手である。個々の項目ごとには

表7-1 大恐慌とその前後

年	実質GNP (成長率%)	失業率 (%)	失業者 (1000人)	卸売物価 (変化率%)	消費者物価 (変化率%)	貨幣供給量 (M1 10億ドル)	名目利子率 (%)
1925	8.4	3.2	1,453	5.5	2.5	25.7	4.02
1926	5.9	1.8	801	-3.4	1.0	26.2	4.34
1927	0.0	3.3	1,519	-4.6	-1.9	26.1	4.11
1928	0.6	4.2	1,982	1.4	-1.3	26.4	4.85
1929	6.7	3.2	1,550	-1.4	0.0	26.6	5.85
1930	-9.8	8.9	4,340	-9.3	-2.5	25.8	3.59
1931	-7.6	16.3	8,020	-15.5	-8.8	24.1	2.64
1932	-14.7	24.1	12,060	-11.2	-10.3	21.1	2.73
1933	-1.8	25.2	12,830	1.7	-5.1	19.9	1.73
1934	9.1	22.0	11,340	13.7	3.4	21.9	1.02
1935	9.9	20.3	10,610	6.8	2.5	25.9	0.75
1936	13.9	17.0	9,030	1.0	1.0	29.6	0.75
1937	5.3	14.3	7,700	6.8	3.6	30.9	0.94
1938	-5.0	19.1	10,390	-8.9	-1.9	30.5	0.81
1939	8.6	17.2	9,480	-1.9	-1.4	34.2	0.59
1940	8.5	14.6	8,120	1.9	1.0	39.7	0.56
1941	16.1	9.9	5,560	11.1	5.0	46.5	0.53
1942	12.9	4.7	2,660	13.2	10.7	55.4	0.66
1943	13.2	1.9	1,070	4.4	6.1	72.2	0.69
1944	7.2	1.2	670	0.9	1.7	85.3	0.73
1945	-1.7	1.9	1,040	1.7	2.3	99.2	0.75
1946	-11.9	3.9	2,270	14.5	8.5	106.5	0.81
1947	-0.9	3.9	2,356	25.6	14.4	111.8	1.03

注:名目利子率は,最優良商業手形4〜6カ月物。
出所:*Historical Statistics of the United States, Colonial Times to 1970*, U.S. Department of Commerce, Bureau of Census, 1975.

らばらな原因となってしまいがちなのが欠点だが,将来期待の大幅な上下運動が共通要因とも考えられよう。将来に対する過度の楽観が大勢となれば,投資が増えるし,資産価格も上昇して消費も増加する。その後に将来に対する期待が大きく低下すると,資産価格が低下して消費は減少し,設備も過剰となって投資も減少する。国内需要が減少してしまうと,関税を高めたり輸入を制限したりする。

他方で,総需要の低下を招いた共通要因として,金融政策に代表される貨幣的要因に注目する学派もある。表7-1に見られるように1933年が景気の底(最悪状態)となったのだが,これは同年に生じた多数の銀行破綻(3000行あまり)が大きく影響していると考えられる。これだけ多くの銀行破綻を発生させ

てしまったのは，金融政策が消極的だったからだと非難するのである。また，当時の大幅な物価下落（デフレーション）もマネーサプライの低下の結果だとして，金融政策を批判する人々もいる。デフレーションが発生してしまうと，金融緩和は困難となってしまう。さまざまな資産の利子率や収益率が低下するので，元本保証のある現金への需要がきわめて大きくなり（流動性の罠），マネーサプライを増やそうとしても現金が退蔵されてしまって，経済を循環していかない。さらに，借金があるとその実質価値はデフレによって上昇してしまうので，借金返済は次第に難しくなっていく（デット・デフレーション）。90年代の日本経済にもこうした議論が適用されているのは，周知のことだろう。

　大恐慌が発生したときのハーバート・フーバー大統領は，「自由放任主義の共和党政権であり，大恐慌の進行に対して無策だった」，と批判されることが多い。20年代の共和党政権の経済政策の原則は「限定的な関与（limited intervention）」であったが，フーバーはかなりリベラルな考え方の持ち主で，経済安定化のための政府の関与を支持していたと考えられている。景気の後退に直面して，彼は公共事業を増やし減税して，財政赤字も受け入れた。しかし，そうした施策が顕著な効果を上げなかったので，32年には増税への転換を実施した。当時の主流派学説に基づいて，財政赤字を減少させることを通じて景気回復をめざしたのである。現在では，当初の施策が小規模過ぎたのであり，この増税は失敗であったと評価されている。他方で，復興金融公社（RFC）を創設して，州・地方政府や企業などに大規模な貸付を行った。RFCは，フランクリン・D・ローズベルト政権下で，さらに大規模化することになる。

（2）　ニューディール

　大恐慌という異常事態に対して，整然とした解決策が考案されたわけではなかった。それは最近の日本の長期停滞における状況と似ている。周知のニューディール政策にしても，整合的な諸施策からなる総合的な政策パッケージなどではなく，ローズベルトの大統領選挙時には内容が不明確なままであった。選挙中には財政赤字を招いたフーバーを批判して均衡財政を標榜していたし，後にも銀行危機対策としての預金保険制度の創設には最後まで反対した。大統領就任直後の100日間に次々と対策が立法化されたが，大不況の結果として表面化する諸問題への産業別対応からなり，それらの共通点を強いて探すとすれば，

「低下しすぎた」物価水準を元に戻すことをめざした点であろうといわれている。全国産業復興法（NIRA）は、産業ごとに生産量を調整・削減し価格低下を阻止すること（カルテル）を通じて、企業への利潤と労働者への賃金を維持しようとするものであった。景気回復をもたらさないままに、最高裁によって連邦政府の権限外である違憲立法と判断されて、廃止された。農業調整法（AAA）も、各農産物の生産量を調整・削減するとともに、政府による購入も行って、農産物価格の低落を阻止しようとするものであった。やはり、違憲立法であると判定されて廃止されたが、その後もさまざまな試みがなされた。

ニューディールの諸施策は、救済（relief）・復興（recovery）・改革（reform）といった目的をもっている。救済策としては、銀行休日や、AAAのような農家対策、政府による直接雇用、住宅・農業ローン対策などが知られている。直接雇用には、ダムや高速道路といった公共工事ばかりではなく、作家を雇って各州の歴史を書かせるといったプログラムもあった。復興策の中心にはNIRAがあったが、その違憲判決後1935年に一部が全国労働関係法（ワグナー法）となった。今日の代表的な景気対策である財政・金融政策は、復興策の中核ではなかった。改革の代表例としては、社会保障制度（公的年金制度）や失業保険制度の導入、銀証分離や証券取引委員会（SEC）と連邦預金保険公社（FDIC）の創設などが挙げられる。これらの新しい制度の多くは、さまざまな問題を内包しながらも、長期間にわたって利用されることとなった。

ニューディール政策の有効性も、さまざまな研究によって再検討されてきた。「アメリカ経済は大恐慌から抜け出したのだから、ニューディール政策こそ不況対策の見本である」と考えている人々も多いだろう。しかし、アメリカ経済が大恐慌以前の生産水準に戻ったのはその10年後なのである。この長期化に関しては、回復途上の1937年に政策方向を転換したことが、危機対応からの「出口」を急ぎすぎた失策であったと批判されている。

全体としてもニューディール政策は試行錯誤の連続であった。最初の100日間で多くの対策を打ち出して、経済安定化に成功したというのは幻想でしかない。復興策の中核であったNIRAは生産量の割り当てや価格・賃金の統制を行ったことで、市場機能を阻害してむしろ停滞を長引かせたのではないかと批判されている。よく知られている銀行休日にしても、わずかに1カ月間で、全国の莫大な数の銀行を検査しきれるはずがないのである。財政均衡化への施策

もつづき，企業の内部留保への課税や所得税の累進度を高くした増税など，総需要を減らしかねないものが度々試みられた。最低賃金法にも，未熟練労働者の就職を妨げかねない欠点がある。

財政政策面では，連邦政府の直接雇用プログラムがよく知られており，累計で500万人を雇用したとされている。しかし，財政政策全体の経済効果は小さかったという評価が，学界における通説となっている。州・地方政府は支出削減や増税によって財政均衡化をつづけており，政府部門全体としてはさほどの積極策ではなく，結果的にマクロ経済への拡張効果も小さかったのである。

金融面を見ると，銀行危機は1933年を最後として終息したが，連邦準備制度は積極的な緩和策を実施しなかったし，銀行は超過準備を積み上げて貸出しには積極的でなかった。マクロ経済にとっては，33年の金本位制離脱とドル切り下げの影響が大きかったとされている。貿易収支が改善されたうえに，その後の欧州における政治不安もあって，金がアメリカに大量に流入しつづけることとなり，これがマネーサプライを増大させて，実質利子率をマイナスにして，景気回復に貢献したという。

このように，ニューディールの経済政策としての評価は芳しくないが，大掛かりな対策や改革の実施により人々の期待に働きかけて景気を下支えした点は評価されるべきであろうし，政治的には大きな成功であったとされている。

（3） 政党再編成

大恐慌は，アメリカの伝統である自助の精神には限界があり，個人の力ではどうしようもないような逆境に対しては，社会的な救済が必要であることを認識させた。そして，それを具体化したニューディール政策は，社会的な弱者として周辺化されてきた人々を包摂していった。たとえば，それまで奴隷を解放した「リンカーンの政党」として共和党支持であったアフリカ系アメリカ人が民主党支持に移行し，今日にいたるまで確固たる民主党支持母体でありつづけている。

またワグナー法の制定により，全国労働関係委員会が「不当労働行為」を取り締まり，多数派組合に全従業員を代表して交渉できる「交渉単位決定権」を与えるなど，労使の力のバランスに大きな変化を要求した。同法は1937年に合憲判決を受け，AFLとは異なる未熟練労働者の権利を守る可能性を広げ，産

業別組合会議 (CIO) 創設の土台となった。

　ニューディール政策を軸としたアメリカ政治の転換は，地域的な政党再編成をも引き起こし，「ニューディール連合」として連邦政治レベルでの多数派政党となった民主党は，1980年代までその立場を保ちつづけた。もっとも，南部民主党は経済的問題では民主党として統一的な行動をとったが，社会的問題ではむしろ共和党保守派に近く，両者が「保守連合」を組むことも多々見られた。南部の人々が南北戦争の敵であった共和党の候補に投票するようになる20世紀末には保守連合は消滅し，逆に南部が共和党勢力の中心となっていく。

(4) 連邦政府の権限拡大をめぐる応酬

　連邦政府が積極的に人々の生活に介入していくことに関しては，その権限をめぐり最高裁判所の牽制がつづいた。画期的な立法とされた全国産業復興法，農業調整法は，南部出身の保守的な判事からなる最高裁判所によりことごとく違憲の判定を受けた。最高裁判所の保守的なイデオロギーを弱めようと，ローズベルト大統領は，70歳に達しても離職しない判事の数だけ判事数を増し，最高15人まで増員するという提案をし，増員分にニューディールに好意的な判事を任命しようとした。この試みは大統領権限の濫用であるとの批判を受けたが，同時に，選挙で選ばれたわけでもない最高裁判事が，世論が高く支持する大統領の政策をことごとく否認することは，民主的な政治に反するという批判もなされた。結局，1938年に最高裁判所がニューディール政策に理解を示して (1938年革命)，この対立には終止符が打たれ，司法積極主義の流れがつくられていく。

　1913年に連邦政府が所得税を直接徴収できるようになってから，連邦政府の財源が安定してきた。それを使って，連邦政府から州へと補助金が流れるようになり，それまで財政的にほぼ独立していた州が連邦に対する依存をはじめることになる。ひとつの政策が連邦補助金，州予算，地方政体の予算という複数の財源で実施されたため，マーブルケーキ型の連邦制度と呼ばれることもある。しかし財政的な依存は結果的には政策上の影響を伴い，連邦による州の政策への介入が60年代にかけて拡大していくことになる。

3　第二次世界大戦と戦後

（1）　戦時経済体制

　第二次世界大戦は全面戦争（total war）と形容されるように，社会全体を巻き込んだ戦争であったため，経済システムにおいても平時とはまったく異なるシステムが利用されることとなった。1939年秋にヨーロッパでの戦闘が開始されて，アメリカでも戦争準備がはじまり，軍事支出が急増して39年には国民総生産（GNP）の1.8％であったものが，44年には37.8％にまで達した（図7-2）。景気も急速に回復し，44年の（実質）GNPは大恐慌前（29年）のほぼ1.6倍となり，失業率も1.2％にまで低下した。政府支出によって総需要が増大したことで，経済は超完全雇用状態に達したのである。就業年齢の男性が大規模に動員されたために，労働力の構成は大きく変化した。

　ただし，44年の政府支出の総合計は国民総生産の58.2％であり，経済の過半を政府が利用するという，まさしく異常事態であった。労働や機械設備など生産に使える資源は完全雇用状態に入ってしまったので，軍需を優先することが必要となり，政府の統制が経済の諸側面に適用された。

　供給サイドでは，産業統制（諸産業間での原材料の優先配分など）や，労働統制（人員の動員・配分など），輸送統制（輸送サービスの優先配分など）が行われた。たとえば，住宅建設や民用の自動車生産などは制限されて，自動車工場は戦車工場に転換されたりしていた。企業に協力させるために，競争入札方式から交渉による契約方式に変えて利潤を保証したり，設備資金も助成したりした。政府が工場を建設して民間に経営委託するというGOCO（Government-Owned Company-Operated）工場まで導入された。政府が設備投資のリスクを負ったのである。需要サイドでは，生活必需品に配給制が実施され，人数に応じて配られた配給切符をもっていないと購入できなくなった。将来に向けた設備投資や，州・地方政府の活動なども優先度が低いものとされて減少した。

　需要の伸びに供給が追いつかないため物価上昇がはじまり，1940年から42年までで約20％のインフレが生じた。そこで，価格や賃金の統制も実施された。多くのものに42年3月の水準での凍結が適用されたが，食料品や賃金のコントロールは難しかった。42年から終戦までに，物価水準はさらに10％強上昇した。

図7-2　政府軍事支出

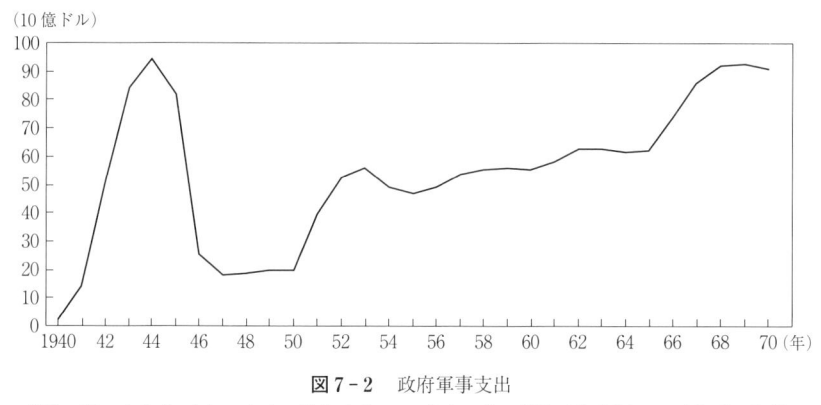

出所：*Historical Statistics of the United States of America*, Millenial Edition, vol.3, Cambridge University Press, 2006, pp.40-41.

賃金は，時間あたりの賃金率が固定されても，時間外労働や昇進あるいは福利厚生といったかたちをとって上昇したのである。人々の所得は増大したが，消費に使えないために貯蓄率も大幅に上昇した。

　戦費の調達においては，税金で過半を負担した。経済活動の上昇に伴う自然増収のみでは不足で，税率の引き上げ（最高限界税率は90％）や最低課税所得の引き下げおよび源泉徴収制が実施されて，39年から45年で個人所得全体に占める連邦所得税の比率は1.2％から11.2％にまで上昇し，総税収は約8倍になった。それでも戦費の半分弱は，国債発行に依存することとなった（図7-3）。連邦準備銀行が国債の価格支持（額面での随時買い入れ）を約束して，国債発行は順調に進んだ。その裏面で，マネーサプライは増大することとなった。

（2）　動員されるマイノリティ

　アメリカの白人中産階級の間では，女性が家庭で消費的役割を担い，男性が賃金労働を行うという性的分業が確立していた。ところが，第二次世界大戦が本格化すると，男性は戦闘員として動員され，軍事産業を含めて工業労働者が不足した。そのため，それまで賃金労働をしなかった女性も含めて労働力として動員され，工場で女性が腕まくりをしている「リベット工ロージー」（図7-4）というポスターに象徴されるように，伝統的男性の職場にも進出した。

　戦争が終わって戦時動員が解除されると女性の多くはまた家庭へと戻ったが，

(億ドル)

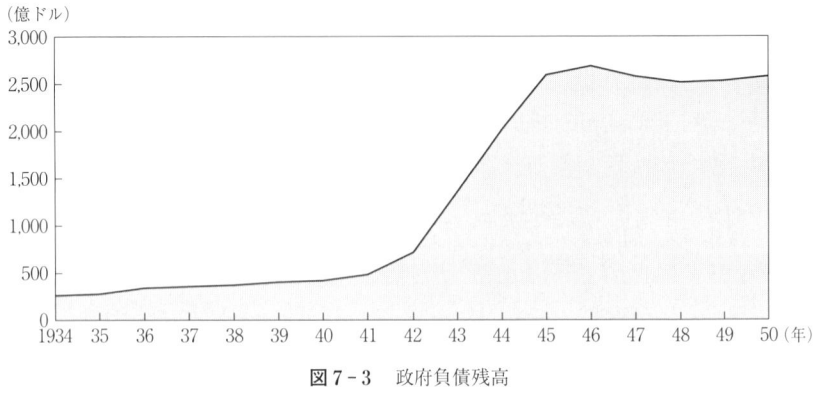

図7-3　政府負債残高
出所：*Historical Statistics of the United States of America*, Millenial Edition, vol. 5, Cambridge University Press, 2006, p. 98.

図7-4　リベットエロージー
出所：バージニア歴史協会
(http://www.vahistorical.org/visions/rosie.htm)。

男性労働者と同等の労働を行ったという経験は，後の女性解放運動の大きな原動力となる。もっとも，白人中産階級以外の女性はそれ以前から所得獲得者としての役割を担っており，戦時動員の効果を強調することで女性労働の全体像を誤解しないことが必要である。

女性と同様に戦時動員の経験がその後の地位改善要求につながったのが，アフリカ系アメリカ人である。戦時のアメリカ政府の政策も，アフリカ系が人種差別に対して立ち上がる後押しをしていた。ローズベルト大統領は，戦時中の政府の軍需品調達においてマイノリティ企業を排除しないという，アファーマティブ・アクション（積極的差別是正措置）の原型となる政策をとった。また軍隊では表向きは人種差別を行ってはならず，アメリカは民主主義の教科書的存在として対外的にそのイメージを示すことになった。1944年に，最高裁判所は南部でアフリカ系の投票権を実質的に奪っていた白人のみによる予備選挙に違憲判決を下した。これは，政党は自発的な団体であり私的領域に属するという従来の解釈を逆転させた判決で，政党は公的な性格をもつため，党内の予備選挙であっても人種差別が許されないことを明

らかにした。

しかし実際には軍のなかにも人種差別意識は残っていた。さらに,「民主主義のための戦争」に動員されて現地の人々の自由と平等のために戦ったアフリカ系アメリカ人兵士は,戦争が終わると人種差別の温存されたアメリカ社会に復員することになる。アメリカ社会の現実が外向けのレトリックとかけ離れているという矛盾が,1950年代から本格化する公民権運動の意識のうえでの出発点となる。

(3) 戦後停滞論と雇用法

大恐慌からの脱出が不完全なままに第二次世界大戦へ突入して,政府の莫大な財政支出によって経済が回復としたと認識されていたので,終戦によって財政支出が大幅に減少すると再び不況がはじまるのではないかという懸念が表明されていた。また,大量に動員されていた兵隊たちが帰国してくると,失業率が高まることも懸念された。

こうした懸念に後押しされて,1946年雇用法が制定された。その原案は当時のケインズ学派の考え方を適用して,完全雇用を実現するために必要な財政赤字を予算局が毎年推定して,連邦議会に送って予算案の基礎とするというものであった。しかし,「完全雇用の維持」という目標が野心的すぎて,インフレを引き起こすバイアスをもっているという点を強く批判されて,実現した法の文面においては,「最大限の雇用・生産・購買力」を維持することに政府が責任をもつという表現に改められた。財政赤字を政策手段として明示することも回避されたが,同法の執行機関として経済諮問委員会(CEA)が創設された。これは3人の委員とスタッフからなる委員会で,次第にエコノミストが委員となるようになり,スタッフにも多くの若手・中堅エコノミストが集められるようになっていく。CEAは,『大統領の経済報告』を毎年作成し,大統領に経済政策のアドバイスを提供している。権限のないポストであるものの,政権内で発案される諸政策案のなかで問題のあるものを阻止する役割を果たしてきたと評価されている。

実際のところ,戦後停滞は発生しなかった。民間企業は,戦時経済に特化した生産体制を平時経済に向けた体制へと戻すための再転換投資を行った(図7-5)。戦車をつくっていた工場が,再び自動車をつくるための工場に戻された

第Ⅱ部　20世紀以後の政治経済の歩み

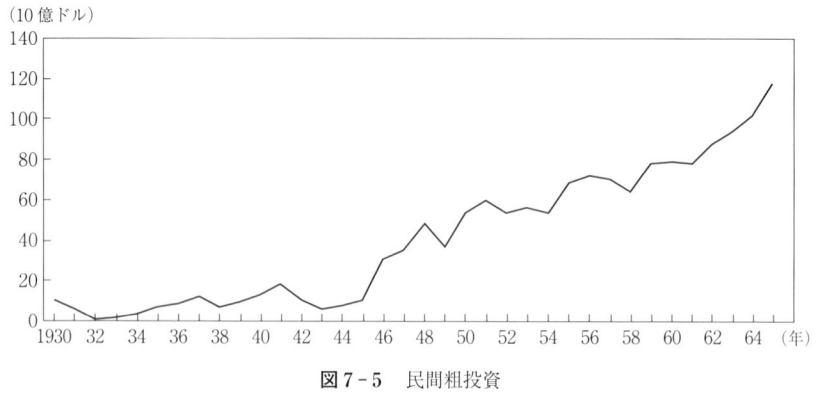

図7-5　民間粗投資

出所：*Historical Statistics of the United States of America*, Millenial Edition, vol.3, Cambridge University Press, 2006, pp.307, 308.

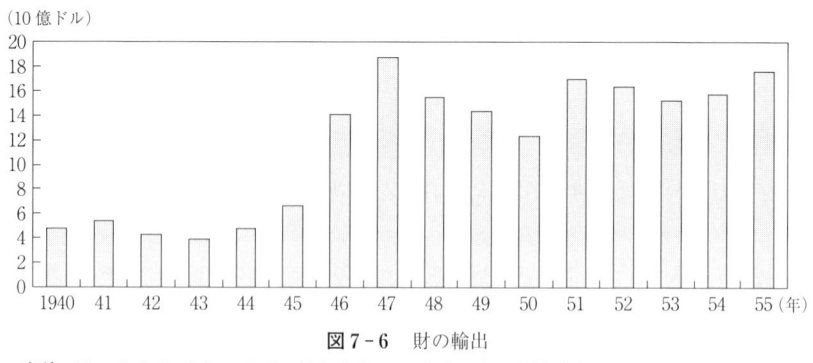

図7-6　財の輸出

出所：*Historical Statistics of the United States of America*, Millenial Edition, vol.3, Cambridge University Press, p.40.

のである。払底していた在庫を標準レベルに蓄積するための、在庫投資もあった。一般の人々からの需要も、予想外に増大した。繰延べ需要（pent-up demand）と呼ばれるようになったもので、戦時中に所得が増大していたのに統制下で購入できなかった商品への需要が、顕在化していった。蓄積されていた貯蓄を使って、自動車や冷蔵庫といった耐久消費財を購入したのである。また、アメリカの生産設備は戦災を被らなかったので、世界中の戦後復興に必要な資本財をアメリカが生産して、輸出したという要因もあった（**図7-6**）。

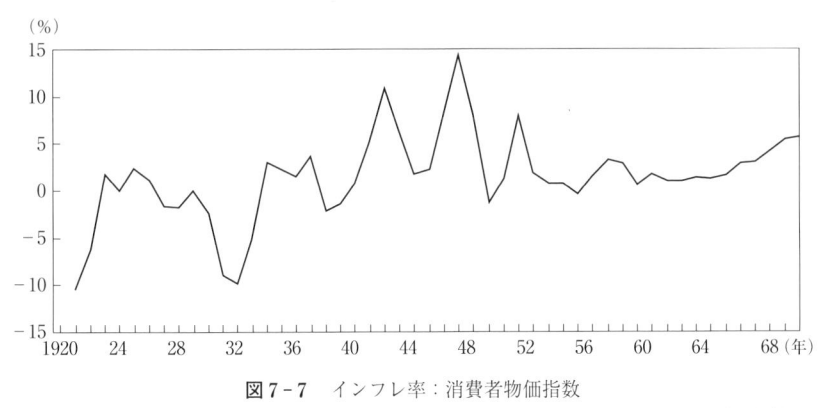

図7-7 インフレ率：消費者物価指数

出所：*Historical Statistics of the United States of America*, Millenial Edition, vol. 3, Cambridge University Press, 2006, pp. 158, 159.

（4）統制解除と戦後インフレーション

　第二次世界大戦中の経済統制は，ドイツの降伏以後に解除がはじまった。労働統制は戦後すぐに解除されたが，産業統制は1945年末まで，賃金・価格統制は46年半ばまでかけて，段階的に撤廃されていった。平時経済への移行を秩序立てて実現しようとしたのである。このなかで，戦争中の企業利潤の増大を認識していた労働組合が賃上げに動き，大規模なストライキが多発するようになった。こうした事態への対応として，47年にタフト・ハートレイ法が，ハリー・S・トルーマン大統領の拒否権を覆して成立し，労働組合の行動に対して制限を加えることとなった。ワグナー法とあわせて労使関係の基本的枠組みが定まって，労使双方の位置関係が安定化し，48年にはストライキ件数も顕著に減少した。

　46年後半からインフレ率が高まったが，国債価格維持のための利子率固定をつづけていたために，連邦準備制度の金融政策は引き締めを実施できなかった。結果として，インフレ率は46年から48年にかけて10％前後の高水準に達した（**図7-7**）。財政政策は，軍事支出が大幅に削減できた上に，48年半ばまで戦時税制が継続されたので急速に財政黒字化して，自動安定化装置の役割を果たした。再転換投資や繰延べ需要などの一時要因に基づいた需要増が一巡すると，48年末から景気後退がはじまり，49年にはインフレーションも終息した。

(5) フェアディール政策とアコード

ローズベルトが病死したため，1945年4月にトルーマンが副大統領から昇格した。彼は，ニューディールの継続を旨とする，フェアディール政策を実施しようとした。完全雇用の確保，マイノリティの雇用促進，人頭税廃止，貧困層向け住宅建設，公立学校への連邦政府援助，TVA方式の開発プログラムの他の河川への適用などを主内容としていたが，共和党保守派と南部民主党との連合によって，その多くの立法化を阻まれた。46年の再選後には，全体のプログラムから見ると部分的であるものの，最低賃金の引き上げ，全米科学財団の創設，社会保障制度の拡大などが実現された。

インフレーションの進行に対しては，金融政策が使えないので，諸価格を規制し統制する方向で対策を講じようとしたが，議会に拒否されたり，実効が上がらなかったりであった。最終的には，51年に朝鮮戦争下のインフレーションが高進しようとするなかで連邦準備制度と財務省との間にアコードが成立し，連邦準備制度は国債価格維持の責務から解放され，利子率を調節するノーマルな金融政策運営を実施できるようになった。51年のインフレ率はほぼ8％だったが，価格統制の実施とあわさった効果で翌年には約2％にまで低下し，53年から54年にはほぼ1％と安定した。

(6) 国際協調主義と冷戦

アメリカの伝統からすれば，第二次世界大戦の終了により軍は動員解除となり，アメリカ社会は平常に復帰するはずであった。しかし，バンデンバーグ上院議員らを中心とする超党派の国際協調主義勢力が，アメリカが中心となって戦後国際秩序を形成していくことを提唱した。アメリカは圧倒的な経済力を土台に，ブレトンウッズ体制と称される国際通貨基金（IMF），国際復興開発銀行（世界銀行）を柱とする国際経済秩序を形成し，マーシャルプランによって西ヨーロッパの復興を促進した。政治的には国際連合を創設し，核兵器の国際管理をもめざしたが，ソ連との冷戦の開始によって国連による平和と安全の保障は形骸化していく。

平時に移行する間もなく米ソ間の冷戦が激化したことで，アメリカ社会は恒常的に「戦時下」におかれることになる。こうした社会の優先度や国民の心理のありようは，安全保障国家と呼ばれる。1947年に国家安全保障法が制定され，

表7-2　一人あたりGDPの国際比較

(1970年米ドル，購買力平価)

	1950年	対米比（％）	1979年	対米比（％）
日　本	585	18	4,419	73
イタリア	1,085	34	3,577	59
オーストリア	1,140	36	4,255	70
ドイツ	1,374	43	4,946	82
フィンランド	1,469	46	4,287	71
フランス	1,693	53	4,981	82
オランダ	1,773	55	4,396	73
ノルウェー	1,868	58	4,760	79
ベルギー	1,874	58	4,986	82
デンマーク	1,922	60	4,483	74
イギリス	2,094	65	3,981	66
スウェーデン	2,219	69	4,908	81
スイス	2,262	70	4,491	74
オーストラリア	2,368	74	4,466	74
カナダ	2,401	75	5,361	89
アメリカ	3,211	100	6,055	100
平　均	1,834	57	4,647	77

出所：Angus Maddison(1982), *Phases of Capitalist Development*, Oxford University Press, Table1.4より筆者作成。

ホワイトハウス内に国家安全保障会議が設置され，軍部を統合した国防総省や中央情報局など，安全保障国家の骨格がつくられていった。ヨーロッパではドイツの再興を防ぎつつソ連との軍事的バランスをとるために，49年に北大西洋条約機構（NATO）が創設された。アジアでは，冷戦のなかの熱戦として，朝鮮戦争が勃発した。

4　コンセンサスの時代——1950年代

(1)　高い生活水準とアイゼンハワーの経済政策

　1950年代に入るころは，アメリカ経済の黄金期であったといえよう。アメリカの生活水準の高さは，その一人あたりGDPを他の先進諸国と比較すると明瞭である。**表7-2**に見られるように，50年においては，アメリカに次ぐカナダやオーストラリアでさえその4分の3でしかなく，日本は2割でしかない。しかし，30年後の79年になると，カナダはアメリカのほぼ9割にまでなり，日本も7割にまで追いついている。70年代のアメリカ経済の低迷については，第

8章で見ることにしよう。50年代は，アメリカ企業の国際競争力も依然として高く，財・サービスの純輸出は一貫して黒字であり，平均してGNPの0.9％を占めていた。財政も，戦時および景気後退時に赤字になった以外は黒字で，平均するとほぼバランスしていた。

52年の選挙の結果，ドワイト・アイゼンハワーが大統領となった。20年ぶりの共和党政権であったが，その間の諸改革を逆転しないことを選挙中に表明していた。しかし，政府の経済や市民生活への介入を小さくしようとする志向はもっており，閣僚にも民間企業の出身者を多用した。インフレ対策としては価格統制よりも金融引き締めを使い，労使交渉への政府介入も減らして例外的なものとし，農産物価格の支持制度も柔軟なものへ改革しようとしていた。TVAへの予算割当てを削減し，大恐慌から第二次世界大戦にかけて巨大化していた復興金融公社（RFC）を廃止して，その一部機能を継承する中小企業庁（SBA）を設立した。また，54年の改革によって租税負担の公平化を図るとともに，減価償却制度を柔軟化して設備投資を促進しようとした。他方で，社会保障制度の適用範囲拡大と給付増額も実現した。ただし，こうした国内政策の実現はゆっくりとしたものであり，消極的だとの批判を被ることともなった。

（2） 冷戦外交の展開と軍事産業

アイゼンハワー大統領は，選挙公約のとおり朝鮮戦争の休戦を実現したが，休戦ラインに沿って冷戦状況は継続した。また，フランスが第一次インドシナ戦争を終結させインドシナから撤退すると，アメリカが南ベトナムの後ろ盾として直接責任を負うことになった。各地での共産主義を封じ込める仕組みとして，東南アジア条約機構（SEATO）やバクダード条約機構を設立した。ラテンアメリカの経済発展のために，米州開発銀行も設立した。

冷戦によりアメリカの軍事産業の規模は縮小されるどころか，恒常的に拡大していった。アイゼンハワー大統領が告別演説において「軍産複合体」という名称を使って警告を行うほど，軍事的利害がアメリカ社会において優先されていたのである。しかも，コストを押し上げずに高い軍事力を保持しようとする「ニュールック」政策は，核兵器を中心とした軍事技術の絶え間ない進歩を必要とし，そうした研究開発を行う大学も加えた軍産学複合体が形成されていった。地元に軍施設や軍事産業をもつ連邦議員は，従来から管轄の軍事委員会や

歳出委員会軍事小委員会などに所属して，地元へ利益を誘導することで選挙基盤を固めていた。冷戦が軍事予算の規模を拡大するに伴い，軍と軍事産業はアメリカ政治における非常に有力な「利益団体」として軍産学複合体を支えていったのである。

(3) コンセンサスの時代

1950年代は古き良きアメリカへの回帰が見られ，全体として保守的な価値観に社会全体が合意をなす，コンセンサスの時代だと呼ばれる。女性は家庭に戻り，兵役を終えた若者は「GIビル」という退役兵のための奨学金制度を利用して高等教育を受けることで社会に吸収され，大衆は大量生産，大量消費のシステムのなかに組み込まれていった。しかし，こうした平穏に見える50年代は実は次に来る大きな改革の嵐の前の静けさとでもいえ，社会のなかのさまざまな矛盾が蓄積された時期でもあった。

また，この時代は正確には「冷戦コンセンサス」の時代であり，ソ連が核兵器をもったことで，共産主義に対するアメリカ社会の危機感はさらに増した。これまでも危機にあっては理念に反する行動すらとってきたアメリカ社会は，国内の，しかも政治の中枢である国務省に共産主義者が浸透しているという，ジョセフ・マッカーシー上院議員の訴えに敏感に反応した。マッカーシズムは本来ならば一番に守られるべきアメリカの市民的自由が，共産主義との戦いのためには犠牲にされて構わないという，民主主義からの大きな逸脱を引き起こした。

アメリカの民主主義は，もっと巧妙な方法でも踏みにじられていた。ある日突然核攻撃がおこった場合に，いかに国民の犠牲を少なくするかは，国民のためというよりも国家のために重要なことであり，そのための市民防衛が盛んに進められた。しかし，核兵器の本当の脅威を国民に知らせてしまえば，アメリカが核兵器をもつこと自体に世論の反発を招く恐れがあるため，「物陰に隠れれば核攻撃をも生き延びられる」という誤った情報が国民には提供された。国家の利益が国民の利益に優先されるという，戦時の論理が働いていた時代である。

冷戦の影響は，軍事産業との関係を超え大学のさまざまな分野にも見られた。世界各地で共産主義と戦うために，アメリカは地域の言葉や文化がわかる専門

家を必要としたが，そうした専門家は国防総省の予算を受けて開設された地域研究のプログラムで養成されていった。無意識のうちに，国家安全保障を最優先する国家体制がアメリカ社会の隅々に浸透していたといえる。

（4） ブラウン判決と人種間問題

1960年代に起きるアメリカ社会の変化の前兆は，公民権運動にうかがえる。54年に最高裁判所は，人種によって教育が隔離されていることは本質的に不平等であるという画期的な判決を下した。「ブラウン判決」と称されるこの判決は，19世紀末に最高裁判所判決が打ち立てた「分離すれども平等」の原則を根底から否定するものであった。

これに勢いを得て，人種による公共施設の隔離に抵抗するバスのボイコット，フリーダムライダー，レストランなどでの座り込みなどの実力行使が60年代に向けて拡大していった。同時に，こうした実力行使は人種差別主義者から暴力的な反動を招き，南部各地で流血事件が生じることになった。しかし，アイゼンハワー政権は人種間問題に対して関心を示そうとはしなかった。

5　激動の時代——1960年代

（1） 民主党政権の積極的な経済政策運営

1960年の大統領選挙はきわめて僅差であったが，ジョン・F・ケネディがリチャード・ニクソンに勝って，民主党政権が誕生した。彼自身はきわめて富裕であったものの，過去に差別を経験してきたアイルランド系カトリック教徒としてはじめての大統領が生まれたのである。しかし，ケネディが実施しようとした政策の多くは，議会において共和党と民主党南部議員という保守派の連合によって阻まれた。ケネディが暗殺された後に副大統領から昇格したリンドン・ジョンソン大統領は，議会指導者も務めた南部政治家で，その経験を生かした議会工作も手伝って，これらの政策が実現されることとなる。

大統領選挙において，ケネディは失業率が高まってきていること，豊かな社会のなかに貧困が存在しつづけていることなどを指摘し，連邦政府が経済成長を高めるような政策を打つ必要を訴えた。当時，ソ連は順調な経済成長をつづけており，アメリカを代表とする西側諸国との間で成長競争が起きていたし，

宇宙開発の競争ともなっていた。また，環境汚染など，自由市場では解決できない問題（市場の失敗）に対して，公共政策によって改善を図るべきであるとも主張した。この最後の論点を裏付けたのはジョン・ガルブレイスの思想であった。

1960年代は，アメリカにおける「大きな政府」へ傾向のピークとなった。ケネディは，学界出身者を多く登用して政策立案に利用した。経済政策においては，ウォルター・ヘラー，ジェームズ・トービンやロバート・ソローなどケインズ学派の学者がCEAに集まり，同学派の考え方を適用して景気安定化政策を実施しようとした。彼らの考え方はニュー・エコノミクスと称され，その典型的内容は金融・財政政策の機動的な運用によって積極的に景気平準化をめざすもので，ファイン・チューニングと呼ばれた。減税によって財政赤字が生じても，完全雇用状態で収支が黒字化する税体系であれば，長期的な財政均衡ももたらすと論じられた。現在では，こうした政策運営の有効性には懐疑的な見方が強い。

ケネディが景気後退への対策として提案していた減税案も，64年に実施された。最高限界税率の引き下げ（91％から70％へ）を含む全面的な個人所得税率引き下げや法人税引き下げなどで，完全に実施されるとGNPの2％にも達する大規模なものであった。金融緩和も相まって，景気は拡大した。60年代当時は，この減税はファイン・チューニングの大成功例として知られるようになる。しかし，この減税策が62年に発案されたのにもかかわらず，実際の立法・実施は2年後になってしまったということで，政策ラグの好例でもあった。不景気対策というよりは，むしろ好景気を後押ししたのだという評価もある。

ケネディの暗殺後，ジョンソン大統領のもとでさまざまな福祉立法が実現されていった。とくに，64年の選挙でジョンソンが再選され，民主党が圧倒的な勝利を収めると，「貧困への戦い」を中核として「偉大な社会」をつくろうというプログラムが推進されていった。教育を改善し，平等を促進し，環境を守り，都市を再生させようというのである。高齢者向けの公的医療保険（メディケア），貧困層向けの公的医療扶助（メディケイド）や，学校への連邦補助，アパラチアのような貧困地域と大都市スラムの再開発への連邦補助などが，次々と立法化された。貧困層への扶助形態として，食料切符（フード・スタンプ）や貧困層の幼児への就学前教育（ヘッド・スタート）も導入された。連邦政府に住

(100万ドル)

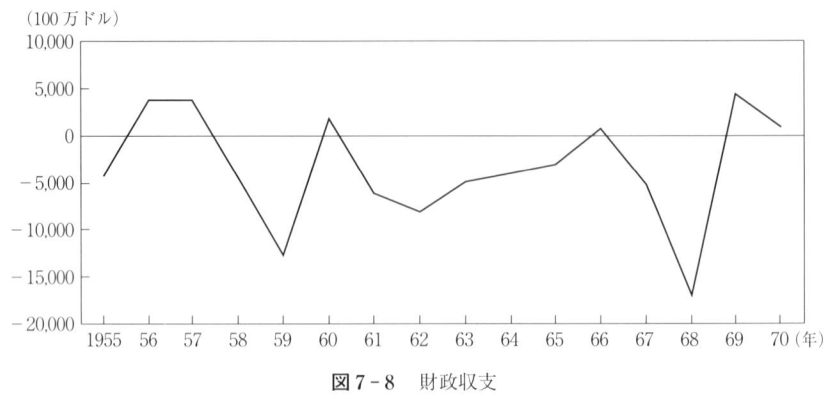

図7-8 財政収支

出所：*Historical Statistics of the United States of America*, Millenial Edition, vol.5, Cambridge University Press, pp.10, 11.

宅都市開発省や運輸省も設立され，公共放送公社も創設された。

　国内で偉大な社会をめざし，財政支出を拡大していたジョンソン政権は，同時に外交でベトナム戦争の拡大をも経験していた。財政保守の立場からすれば，限られた財源のなかで政策の選択を求められるはずの政府が，「大砲もバターも」と称される大幅な財政支出の道を選んだため，連邦政府の財政赤字を招いた（図7-8）。50年代には圧倒的に見えた国際経済におけるアメリカの地位も，こうした財政赤字とインフレの加熱，さらにドルの海外流出で国際収支が悪化して金保有高が激減したことで低下し，70年代の多極化の時代を招くことになる。

（2）　公民権運動とアファーマティブ・アクション

　ケネディ大統領は，保守的なアメリカに大きな変化を約束する理想を示した。国外においては，貧しさが共産主義につながるという論理から，対外援助を拡大するだけでなく，アメリカ人が現地で貢献することで自由社会のよさをアピールしようと，平和部隊が開始された。また，国内においても肌の色による差別のない社会を訴えかけた。

　こうしたリベラルな政治は公民権運動を促進した。南部政治が頑強に人種差別を貫こうとするのに対して，連邦政府は軍を投入しても差別撤回の態度を示した。1963年8月に行われたワシントン行進には25万人が参加し，マーティ

ン・ルーサー・キング牧師による「わたしには夢がある」という演説は，差別のないアメリカ社会の未来像を提示した。しかし，リベラルなケネディ大統領に対しては南部政治家からの抵抗が強く，人種差別撤廃の立法化は進まなかった。

　ジョンソン副大統領が昇任したことで，ケネディ政権で実現しなかった公民権法（64年），投票権法（65年）が相次いで立法化され，人種差別が実効力をもって禁止されることになる。しかし，法的な差別禁止が人々の心のなかに浸透するまでには時間がかかり，実質的に待遇が改善されないことに不満をもったアフリカ系のなかには，暴力によって状況を変えようとするブラック・パンサーのような過激な動きも生じた。64年から68年まで毎年のように夏になると都市暴動が生じ，人種問題はかえって悪化したかのように見え，アメリカ人の間にも悲観的な立場が広まった。

　法的に人種差別を禁止するだけでは，長年の差別によって蓄積された「負の遺産」を解消することができず，公正な競争もありえないという立場から，マイノリティの優遇措置や割り当て枠の設置などにより，積極的に平等な状況をつくりだそうとしたのがアファーマティブ・アクションであった。第二次世界大戦中にローズベルト大統領がマイノリティ企業から政府調達をはじめたことに端を発するこの考え方は，65年のジョンソン大統領の行政命令12246号によって本格化した。ジョンソン大統領は，アメリカ社会におけるアフリカ系のおかれた立場を，走者の一人が足枷をして短距離走に加わっている状態にたとえ，途中で足枷が外されても，それまでに生じた差が解消されなければ，対等に競争する状態にないことを訴えた。同じような負の遺産の是正は，女性の社会進出においても適用されることになる。

　アファーマティブ・アクションは蓄積された差別が解消されるまでの暫定的な措置と見なされたものの，それを実施するなかで個人単位での「機会の平等」を伝統としてきた自由競争社会アメリカが，マイノリティという帰属集団単位での「結果の平等」という論理を暫定的にでも受け入れたことは，非常に大きな転換であったといえる。それだけに，アファーマティブ・アクションに対しては違憲立法の審査が繰り返されるなど，抵抗が絶えることがなかった。

(3) 賃金均等法

女性の労働市場進出が進んだことで，1963年に男女の賃金格差を解消しようとする賃金均等法が実施され，「その遂行のために同一の技能，努力および責任を要し，かつ同様の労働条件のもとで行われる職務」における同一労働に対して，労働者間で性別による賃金差別を行ってはならない，と定められた。

64年の公民権法は，その制定過程で性による差別の禁止が追加されたが，これは人種差別には反対だが男女同権には同調しない人々を動員することで，同法案を廃案にしようとする否定的な意図によるものだった。結果として同法案が可決されたため，女性の社会進出が公民権法によっても後押しされるかたちとなった。

しかし，職種間の賃金格差は温存されたため，性別によって従事する職種が大きく異なる労働形態のもとでは構造的な男女差別は解消されなかった。とくに女性が集中していた補助的事務職は「ピンクカラー」の職種とも呼ばれ，男性が集中する「ブルーカラー」職よりも相対的に低く賃金体系が定められていたことなどから，女性の平均賃金は男性の70％程度にとどまった。

(4) 非営利団体の拡大

「偉大な社会」計画の実施により社会福祉が充実されたことに伴い，実際にサービスを提供する部門の充実も必要となった。政府が直接サービス提供まで責任をもつと，福祉予算の増額に加えて人件費まで拡大し，政府にとって二重の負担となった。そこで政府が活用したのが非営利団体 (not-for-profit) であった。政府から委託されたサービス提供業務を行うことで，非営利団体は自らの活動趣旨に沿ったかたちで組織の基盤を維持することができる一方，政府は人件費を拡大することなくサービス提供を実施することができるという，双方にとって有利な方法であった。こうしたかたちで，1960年代に非営利団体が急速に増大した。

しかし，本来政府から自律的に活動することでアメリカの市民社会の基盤をなしてきた非営利団体が，その活動の多くを政府委託事業に依存するかたちとなったことで，政策の変更が直接的に非営利団体の活動に影響を及ぼしかねない状況が生まれた。実際，80年代に政府の福祉予算が削減されていくと，サービス提供型の非営利団体の存在そのものが大きな打撃を受ける結果となった。

第7章　大きな政府へ

（5）　創造的連邦主義

大きな政府の出現は，連邦と州との関係をさらに変化させていった。19世紀末から生じていた経済活動における連邦の規制・監視の役割拡大に加えて，20世紀には社会的な側面でも連邦政府が州の管轄分野へと乗り出していった。そもそも連邦制度においては，住民の安全や公正さに関して先進的な政策を採る州もあれば，手当ての遅れ気味の州もあるのだが，そうした州間格差を連邦政府の介入で解消し，全国的な基準に引き上げようとする動きが見られた。たとえば1965年の高速道路美化法は，高速道路助成金の条件として州に道路沿いの広告掲示板の規制を要求し，直接関係しない政策へと横断的な介入を行った。また，67年の健全食肉法は，連邦基準に満たない状態が3年つづいた場合に，問題が生じる前に連邦が介入し，州から規制権限を取り上げるものであった。こうした連邦政府の州に対する積極的な権限拡大の意図は，連邦補助金の流れによる間接的な影響力とは質的に異なり，「創造的連邦主義」と称された。

（6）　インフレーションと金融政策

インフレ対策としてケネディ政権が最初に利用したのは，価格の自主規制システムであり，その中核にはガイドポストという「合理的価格・賃金」の指標が設けられていた。企業や労組にガイドポストを遵守させるために，先に述べた減税が有効であったともいわれている。その結果，1963年と64年のインフレ率は1.5％前後に収まった。

当時の金融政策運営は，国際収支対策にあてられていた。貿易収支は黒字であったものの，海外投資と公的移転によって総合収支は赤字になっており，ドル相場の維持が困難となることが予想されていた。景気拡大のための金融緩和は，海外への資本流出を促進して問題を悪化させてしまう。それを回避するために短期利子率を高めに誘導する一方で，国内の設備・住宅投資に関連する長期利子率は低めに保つという，奇術のような政策運営を実施したのである。そのために，短期国債を売りかつ長期国債を買うというふたつの市場操作を実施することとなった。これはオペレーション・ツイストと呼ばれるもので，ケネディのブレーンらによる工夫であったが，連邦準備側は消極的に協力しただけであったともいわれている。長短金融市場間の資金移動が活発であれば，こうしたオペレーションの効果が大きくないことは自明であろう。

━■□コラム□■━

ケネディ一族とアメリカの経済・社会

　ジョン・F・ケネディ大統領は，曾祖父であるパトリック・ケネディが1849年に渡ってきた，アイルランド系アメリカ人である。19世紀半ばのアイルランドは飢饉が続き，百万人が死に百万人が国を出たという。カトリック教徒の多いアイルランド移民は，アメリカに先に定着していたWASPから差別された。パトリックは若死したが，息子のパトリック・ジョゼフが，19世紀後半の高度経済成長のもと，スコッチウィスキーの輸入業者として成功した。彼はボストンのアイルランド人社会の有力者となり，州議会議員にもなった。

　3代目のジョゼフ・パトリックは，ハーバード大学を出て金融関係の仕事に就いた。アイルランド系の有力一族フィッツジェラルド家の娘と結婚し，9人の子供をもうけた。1920年代の禁酒法時代には酒の密売で，禁酒法が廃止されると人気銘柄酒の輸入独占販売権を獲得して，大儲けした。不動産や株式のブーム時にはそれらの売買で儲けて，29年には市場崩壊前に株式投資を手仕舞いして損失を回避した。ローズベルト大統領へ選挙資金を支援して，初代証券取引委員会（SEC）委員長に任命された。怪しげな取引にも精通している点が期待されたのである。その後第二次世界大戦初期にかけてイギリス大使を務めた。

　4代目のジョンは，第二次世界大戦に参加した後，ボストンのアイルランド人社会の後援を受けて連邦下院議員となった。その後，上院議員となり大統領にも選ばれた。弟のロバートも司法長官として兄の政権を支えた後，上院議員となり大統領を目指したが暗殺された。末弟のエドワードも上院議員となり，オバマ政権初期に病死するまで永くリベラル派の重鎮として活躍した。ケネディ家からは，次世代にも下院議員などが出ている。

　1965年以降はインフレが加速し，67年には3％前後にまで上昇した。連邦準備は，ウィリアム・マーティン議長のもと，65年12月に公定歩合の引き上げによって金融引き締めに踏み切った。中央銀行の独立性を発揮したわけだが，行政府サイドは不満を表明して，両者の間に対立が生じた。その後，両者の間で緊密な連絡がとられるようになって，金融引き締めは進行していった。しかし，ベトナム戦争の支出と福祉支出が景気を拡大させつづけて，66年に失業率は（当時の完全雇用水準と見なされた）4％を割り込み，それは69年までつづいた。

行政府はガイドポスト政策の執行を強化しようとしたが，(違反への制裁が明確でなかった) 賃金交渉への影響力は次第に失われていった。政権のエコノミストたちも増税を検討しはじめたが，ジョンソンは増税回避をつづけた。ようやく67年になって，増税（所得税率の10％上乗せ）を提案したが，連邦議会での可決は68年となってしまった。この増税見込みに対応して，連邦準備は金融引き締めを一時的に緩めたが，増税の影響が小さかったので，68年末には再び金融引締めに転換した。しかし，68年以降は5％を超えるインフレがほぼ15年間にわたって継続していくことになる。

■　■　■

●参考文献

秋元英一（1995）『アメリカ経済の歴史　1492-1993』東京大学出版会。
秋元英一・菅英輝（2003）『アメリカ20世紀史』東京大学出版会。
河村哲二（2003）『現代アメリカ経済』有斐閣。
ハーバート・スタイン（1985）『大統領の経済学——ルーズベルトからレーガンまで』土志田征一訳，日本経済新聞社。
砂田一郎（1994）『現代アメリカの政治変動——リベラル政治のらせん状発展』勁草書房。
根井雅弘（1995）『ガルブレイス——制度的真実への挑戦』丸善。
デイヴィッド・ハルバースタム（1999）『ベスト＆ブライテスト』浅野輔訳，朝日新聞社。
エリック・フォーナー（2008）『アメリカ　自由の物語——植民地時代から現代まで（上・下）』横山良・竹田有・常松洋・肥後本芳男訳，岩波書店。
宮本邦男（1997）『現代アメリカ経済入門』日本経済新聞社。

（地主敏樹・大津留〔北川〕智恵子）

第8章
小さな政府を経て新たな政府の役割へ

　ニューディール以来の基調であった「大きな政府」への流れは，1970年代の経済停滞によって停止した。インフレ率上昇と失業率増大が並存するスタグフレーションが発生し，経済政策全体が再検討された。80年代のレーガン共和党政権下では「小さな政府」への回帰が明瞭となり，減税と規制緩和が実施されたものの，軍備増強をはじめ支出は削減されず財政赤字が巨大化し，貿易赤字も膨らんだ。90年代のクリントン民主党政権は，「新しいリベラリズム」を標榜し「大きな政府」の復活をめざさなかった。生産性が伸び，好景気がつづき，株式価格も高騰した90年代半ばには，財政収支も黒字化した。しかし，G・W・ブッシュ政権では減税とふたつの戦争の経費による財政赤字が進んだ。グローバル化のなかでの競争力を生んだ規制緩和は金融部門中心の経済拡大を実現したが，資産価格バブルの崩壊とともに，世界中が経済危機に陥った。オバマ政権は，アフガニスタン戦争を拡大する一方で，経済立て直しと医療保険改革を実施し，そのために増大した財政赤字をめぐる党派対立はさらに激化した。

1　ベトナムとインフレで病む経済社会——1970年代

(1)　エンタイトルメントとミドル・アメリカの不満
　ベトナム戦争の泥沼化がリンドン・ジョンソン大統領に出馬を断念させた裏返しのように，リチャード・ニクソンが大統領選挙で掲げた争点は，外交においてはベトナム戦争をベトナム化することによりアメリカが撤退するシナリオであった。同時に，毎年のように繰り返される人種的対立による都市暴動や，大学キャンパスでの反戦運動などが，社会不安を引き起こしていることを問題とし，「法と秩序」を取り戻すことを国内政治の争点とした。ニクソンは，声高に政府を批判し，暴力的手段に訴えても権利を主張する人々は少数派であり，

アメリカ人のほとんどは保守的な価値を支持する「声なき多数派」を形成しているると主張した。

1960年代の偉大なる社会が拡充した社会福祉は，受給資格を満たしている限りにおいて，景気や財政状況に受給者数が影響されることなく保障されていることから「エンタイトルメント（権原，義務的経費）」と呼ばれ，物価と支給額が連動する仕組みとなっていた。受給が権利として保障されることは受給者にとって安定をもたらしたが，財政的に見ると税収が減少しても同等の支出が強制されるため，財政赤字の原因になり，その解消のために増税を必要とした。とくに60年代はベトナム戦争が財政を逼迫させていたことで，エンタイトルメントの影響が強く感じられた。

社会福祉の受給基準の境界線上にある場合，社会福祉を受けられれば医療扶助も受けることができるが，収入が少しでも基準を上回って社会福祉が受けられなくなると，医療費も自己負担となり苦しい生活を強いられるという逆転状況が生じた。保守的政治家の間では，こうした状況が道義的落とし穴をつくっており，低所得者の間で少しでも収入を上げて貧困から脱したいという志向を弱めていると指摘されていた。

こうした保守派の批判は，下層の中産階級，すなわち社会・経済的に「中間的アメリカ（ミドル・アメリカ）」を形成する人々にも共有され，権利としてのエンタイトルメントが自助の国アメリカにおける不公平を象徴するものとして，小さな政府への潜在的な支持を広げていった。

（2） ニクソンの経済政策

ニクソンは保守主義者であり，自由市場システムを信頼し政府の介入に対しては懐疑的であったが，後のロナルド・レーガンとは異なり，経済政策における保守主義革命を起こそうとしてはいなかったと評されている。彼は外交面での活躍を期しており，経済面はさほど重要視していなかったという。ただし，経済政策のある程度の方針転換は期待されていた。①インフレ抑制の重視・実行，②マネタリストの主張を取り入れた安定的金融政策運営，③微調整でなくルールに即した財政政策，④政府規制の縮小などである。こうした方向への試みはあったし，後の転換の準備がはじめられたりもしたが，ニクソン政権下では，ほとんど実現されず，最終的にはむしろ逆行したような結果となった。

ニクソンはベトナム戦争からアメリカを撤退させようとしていたので，その戦争費用が不要になって，国内向けの諸プログラムに転用できるのではないかという「ベトナムの配当」が期待されもした。しかし，政権初期の予算案作成過程において，エンタイトルメントなどの自動増加部分によって，ベトナムの配当のほとんどが費消されてしまう予定であることが，判明した。

彼の大統領就任時，マクロ経済面において失業率は3.3％と低かったし，ミクロ経済面で生産性上昇率の低下が明確になるのは70年代半ば以降であった。経済面で問題があるとすれば，5％に達していたインフレであった。そこで，金融政策を引き締めて，インフレを抑制する方針が採用された。景気はやや過熱しており，失業率が4％余に上昇するまで抑制すれば，インフレは収まるだろうと考えたのである。それまでの政権が採用したような賃金・価格の統制や自主規制（所得政策）を採用すれば，景気を下げるというコストを払わずにインフレを下げられるのではないかという政策提案に対しては，否定的であった。財政政策面では，完全雇用が成立した場合の財政均衡が前面に押し出されて，60年代の微調整をやめて，安定的な運営をめざした。

（3） インフレ抑制の誤算

しかし，予測した景気抑制レベルでインフレが低下しはじめず，さらに目標を1段進めて景気抑制を継続することが，1969年後半から71年前半を通して繰り返された。70年2月に景気循環の研究者でありニクソンのブレーンであったアーサー・バーンズが連邦準備制度の議長に就任していたが，こうした状況下で需要を抑制してもインフレを下げられないのではないかと主張するようになった。インフレ期待を低める必要があると考えるようになって，賃金や物価を公的に管理する所得政策への賛成派へ転向していたのである。ビジネス界も，労働組合の賃上げ要求を抑制するために，所得政策の導入に賛成の傾向であったという。

インフレの明瞭な低下傾向が現れないままに，71年半ばに失業率は6％に達していた。後の評価では，ふたつの点で間違いがあったのだろうと考えられている。第1は，人口構造の変化の影響を過小に評価した点である。第二次世界大戦後のベビーブーム世代が働きはじめたので，労働人口は若年層の比率が高まりつつあった。若年層はひとつの職に定着していないので，他の年齢層に比

べて高い失業率をもつ傾向がある。したがって，全体としての労働市場を均衡させる失業率は，高まってしまう。進行しつつあった女性の社会進出も，初期段階にあったので，同じ影響をもったと考えられている。政策立案者たちは，こうした傾向を理解していたが，その大きさの評価に失敗したのである。71年段階で4.5％程度への自然失業率上昇を見込んでいたが，実際はもっと高かったと考えられている。

第2は，ジョンソン政権下で低失業と低インフレが一時的に両立した状況を基準として，経済パフォーマンスが評価された点も誤りであったと考えられている。それは，50年代から60年代前半にかけての低インフレの経験によって，人々や企業のインフレ期待が低くとどまっていたために生じた，過渡期の現象でしかなかったというのである。この「低インフレと低失業との共存は一時的にしか可能ではない」という考え方は，経済学者の間では当時すでに受け入れられはじめていた考え方であったが，一般には普及しておらず，政治的には受け入れられなかった。

なお，完全雇用時の財政均衡をめざした財政政策運営も，インフレ下では，支出抑制効果が小さいことが判明した。インフレの進行につれて人々の名目所得額が上昇すると，累進所得税制のもとでは，より高い税率を適用される人々が増えて，税収が自動的に増加したからである。

(4) 1971年の政策パッケージ（新経済政策）

はかばかしい成果が得られないままに1972年の大統領選挙が近づいたので，政権は方針転換を決定した。71年8月半ばの週末に，政権首脳はキャンプデービッドの山荘に集合して，新たな経済政策パッケージを策定した。①90日間の物価賃金の凍結，②金ドル交換の停止，③輸入課徴金の賦課，④投資税額控除の導入などであった。この政策の決定当初においてこれらの政策はかなり不完全であり，凍結の次に何をするのか，あるいは，ドル価値は変動制にするのかどうかなどは決定されていなかった。この政策パッケージは高い支持を受けた。株価は上昇し，ドル価値は下落した。日本にとっては円高の発生であり，輸出産業の競争力低下が懸念されて，ニクソンショックと呼ばれた。

物価賃金凍結後の第2局面は，5.5％を上限とする賃上げを認め，それから生産性上昇分を差し引いただけの物価上昇も認めるというものとなった。こう

してインフレ率が低く保たれた一方で、失業率は6％にとどまっていたので、72年の前半に財政支出を増加させることを決定した。同時期に、金融政策も緩和されて、景気回復がはじまった。こうしたマクロ経済状勢に加えて、世界的な穀物・石油価格の上昇が生じたので、73年に入るとインフレ率は再上昇をはじめ、石油輸出国機構（OPEC）の石油禁輸以後には急上昇に転じた。国際商品市況に抗して国内価格を抑制するとアメリカ国内で供給不足が生じることが予想されたので、統制の継続は困難となり、74年の完全解除へとつながっていった。その途中、73年6月に再度の凍結が試みられたが、物不足が発生して、わずか1カ月後から部分解除がはじまるという大失敗に終わった。国内（既存油井産）石油価格の統制は例外的に維持されたので、自由価格の輸入石油（および国内新設油井産油）との二重価格となり、政府による配給制度が導入されて、ガソリンスタンドに行列ができることとなった。この規制は、レーガンによって81年に撤廃された。

このように、ニクソン政権のインフレ対策は、3つの局面を経験した。第1の時期には、財政金融政策の引き締めによって失業率のわずかな上昇でインフレを抑制できると考えた。第2の時期は、物価賃金の凍結・統制によってインフレ期待を変化させようとした。これらに失敗した後の第3局面は、苦痛を覚悟した財政金融政策の引き締めへと転じることとなった。

2　模索と改革

（1）　新連邦主義（税収分配）と予算過程改革

完全雇用時の財政均衡というルールもうまく機能せず、失業対策として微調整的な運営になってしまった財政政策であるが、重要な改革も導入された。

1960年代までの「大きな政府」が、連邦制度においても州の権限に食い込んでいったことに対し、ニクソン政権では連邦と州の関係に距離をおこうとした。これは70年代に州のレベルで権限を取り戻そうとする州権運動が拡大したことに対応した動きである。

20世紀初頭から連邦の権限が拡大するのを可能にしていたのが、所得税がいったん連邦政府に入り、それが使途を限定した補助金として政策的意味を伴って州に戻される制度であった。その代わりに、連邦が徴収する税金を根元

第8章　小さな政府を経て新たな政府の役割へ

において州に分配してしまえば，連邦の過剰な介入なく州政府の財政的な必要も満たすことができるというのが，税収分配（レベニュー・シェアリング）の考え方であった。

　財政的依存関係を改善することで連邦政府の州に対する権限を弱めようとした考え方は「新連邦主義」と称される。この後，共和党政権ではさまざまな方法により，何度も新連邦主義が試みられていく。

　予算作成過程の改革は，連邦政府の赤字拡大を抑制しようとする意図をもっていた。赤字拡大の要因は，実際はエンタイトルのみではなかったのである。先に挙げた軍関係の予算をはじめ，地元の公共事業，特殊利益団体など，多様な方面から連邦議会は予算の枠を求められており，個々の議員は自らの選挙をにらんだ利害関係から，予算を削減するという選択はほとんど考えられないものであった。こうした予算獲得が連邦予算赤字の拡大につながるもうひとつの原因は，連邦政府の予算作成過程という構造的なものであった。

　連邦予算は，歳出委員会の13の小委員会が個々に作成してそれを積み上げるかたちでつくられており，議会全体として歳入と歳出が釣り合うための調整機関に欠けていた。そうした議会が予算作成過程に，機関として責任のある調整機関を盛り込もうとしたのが，74年の予算法であった。この改革に伴って大統領は予算教書で行政府としての希望を示すが，議会のほうでは新たにつくられた予算委員会が予算決議において予算の枠組みを提示し，歳出委員会の13小委員会はそれぞれの予算案を予算決議の範囲内でつくるという流れとなった。

　しかし，議会に裁量権のある予算項目は全体の3分の1ほどで，残りは先に述べたエンタイトルメントのような義務的予算である。義務的予算の額を変更するためには，それぞれの政策を管轄する委員会において歳出権限法の改正によって行わなくてはならない。

　加えて，73年の戦争権限法が対外関係における議会と大統領の力関係の改善をめざしたのと同じく，74年という時期にできた予算法は国内政治における大統領と議会との力関係を改善するものでもあった。議会が財政赤字に責任をもたないことを口実に，ニクソン大統領は好ましく思わない政策に対して予算を執行せず，実質的に政策をつぶしてしまう「予算不執行」という手段を多用した。これは不可避の理由で予算が執行できなかったという例外を，意図的に利用することで予算を決定する立法府の権限を損なうものであり，憲法に反する

141

権限の侵害であった。議会は自らの財政均衡のための改善を片手に、大統領に対して予算の不執行を認めないという立法を行った。

70年代の議会は、戦争権限法、予算法改正に加え、76・77年の情報委員会（上・下院）設立や情報予算の明確化など、大統領と議会の関係において議会の復権を次々と進めていった時期であった。しかし、こうした議会の復権は70年代末からの新たな冷戦のもとに、再び譲歩をはじめた。また、予算決定過程を改善しても、議員が積極的に予算均衡をめざさない限り、財政赤字を防ぐことができないことが明らかになっていった。

（2） 女性の権利拡大

19世紀の奴隷解放運動が、その延長として女性の参政権運動へとつながったように、1960年代に頂点に達した公民権運動は、70年代に女性の権利獲得につながっていった。63年にベティー・フリーダンが『フェミニン・ミスティーク』を刊行し、社会における女性の自己達成感の低さを表現した。女性解放と称される動きは、伝統的な男性支配の枠組みのなかに女性の空間を求めたものとしてはじまった。しかし、60年代末のベトナム反戦・学生運動が、既存の価値に抵抗するなかにも女性差別を内在していたため、より過激な女性の解放を求めた動きを含め、多くの運動が展開された。

法的な側面で女性の権利拡大を象徴したのが、中絶の権利を女性個人が自分の体に対して所有するプライバシーの権利として認めた73年のロー対ウェイド判決であった。中絶の権利が認められたことは、これまで水面下で命の危険を伴って行われてきた中絶を公の場に引き出すことになったが、宗教的、道徳的な立場から中絶に反対する人々は、それが中絶の増加を伴ったと解釈し、中絶の規制を求める運動が展開することになる。南部のキリスト教保守の間に支持を広めた反中絶運動は、より肯定的なイメージを与えるために、「プロライフ（胎児の命を守る）」運動と称されていく。

（3） 環境保護運動・エネルギー政策

1970年代はアメリカ社会の価値観に異なる側面でも変化を生んだ。工業化や自動車の増大はアメリカの都市を中心として公害をもたらした。また62年レイチェル・カールソンの『沈黙の春』が、殺虫剤の危険性をリアルに伝えたように、

化学薬品や化学肥料に依存してきた農業生産への疑問など、環境問題への関心も高まった。こうした関心は70年4月に行われた「アースデー」としても現れた。

70年には議会が環境政策法をつくり、環境保護庁（EPA）が創立された。73年の第四次中東戦争に伴い石油価格が高騰し、無限に資源を保有していると思われていたアメリカにおいてもエネルギー危機が実感された。消費者の間で燃費のよい日本車に対する関心が高まるなど、エネルギー節約が課題となった。連邦政府にはエネルギー省がつくられ、化石燃料に代替するエネルギー源の開発も政策課題となった。エネルギー省は、先述のエネルギー価格統制も担当した。とくに79年にスリーマイル島で原子力発電所の放射能漏れ事故が起きると、エネルギーの問題は環境問題の一環としても取り組まれるようになった。

アメリカ社会で環境問題への関心が高まったことを反映し、シエラクラブをはじめとする環境NGOの活動が活発化した。こうした団体は大気浄化法の強化や森林などの天然資源保護に関して、企業利害と対立する勢力として議会や政権に積極的に働きかけを行った。

（4） フォード、カーター政権の経済政策

ウォーターゲート事件によってニクソンが辞任した後、1974年夏にジェラルド・フォードが大統領に昇進した。フォード政権は、上昇しつつある失業率をリアルタイムでは認識しないままに、インフレ抑制政策を実施した。職業訓練など失業増加への対応も含んだものだったが、74年の引き締めは強くて年の後半には景気は急速に悪化し、失業率は翌年に9％にまで上昇した。しかし、消費者物価指数の上昇率は74年の11％から75年の9％、76年には6％にまで下落した。インフレの鎮静化には、ひとまず成功したのである。

75年には金融・財政両政策が限定的ながら拡張気味に変更されて、76年には景気回復がはじまった。ファイン・チューニングの成功例ともいえるが、政権が交替してしまったので継続はされなかった。後に連邦準備制度議長として活躍するアラン・グリーンスパンが、この時期のCEA委員長として、マクロ経済政策立案に携わった。

ジミー・カーターはジョージア州の知事をしていたので、ウォーターゲート事件に象徴されるようなワシントンの政界とは無関係の人材として期待を集めて、77年に大統領に就任した。就任時の失業率7.4％を高すぎると考えており、

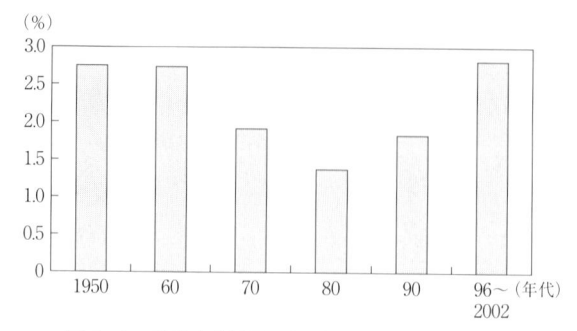

図 8-1　労働生産性伸び率（非農業ビジネス部門）
出所：米国連邦労働省労働統計局。

失業率低下をめざした政策を実施した。政策エコノミストたちは自然失業率を4.9％ほどと推定していた。

　78年には完全雇用法（ハンフリー・ホーキンス法）が制定された。雇用・生産・物価に関する目標値を指定し，大統領にそれらの実現に向けた5年間の途中経路を設定することを要求する内容であった。失業率の目標は4％であった。同法は，連邦準備制度に対しても，経済見通しやマネーサプライ（貨幣集計量）目標値の公表と年2回の議会への報告を義務付けた。77年から財政・金融両政策の緩和が開始された。79年には再びインフレ率が2桁になってしまった。さらに，73年以後，労働生産性の伸び率が低下したままであることも，ようやくに明らかとなった（図8-1）。景気循環による低下にしては，持続しすぎていたからである。

　79年には，第二次石油危機が発生し，経済政策方針の再転換が図られるようになった。10月に，金融政策面では，連邦準備制度のポール・ボルカー議長によって，インフレ抑制のためにマネーサプライを管理して抑制する政策の採用が発表された。それまでの金利コントロールを放棄して，金利の急上昇を放置することにしたのである。財政支出の伸びの抑制と82年度の財政均衡をめざすこと，物価賃金の自主規制（所得政策）なども，80年初の予算案で提案されたが，金融市場には歓迎されなかった。

　新たな政策も打ち出されはじめた。規制緩和の方向では，78年に航空会社の規制撤廃が立法化された。フォード政権下で検討されはじめたものが，実現されたのである。飛行路線や価格および新規参入の自由化が織り込まれた画期的

な内容であった。

（5） 新冷戦のはじまり

米ソデタントの崩壊はフォード政権期から明らかであったが，1970年代末にソ連がアフリカの角と呼ばれるソマリアやエチオピアに勢力を拡大すると，人権外交を柱に当初は軍縮を提唱していたカーター政権も再び軍事増強へと転換した。ソ連がアフガニスタンに侵攻するや，米ソ関係は「新冷戦」の様相を呈した。パナマ運河返還条約の批准に成功し，キャンプデービッドで中東和平を達成したカーターであったが，イラン革命後の駐イラン・アメリカ大使館の人質事件では人質解放に手間どり，アメリカの国際的な威信は低下した。79年に国交を正常化した中国に対して，人権と関税優遇をリンクさせたジャクソン＝ヴァニック修正の規制を曲げても最恵国待遇を与えたことは，アメリカの人権外交の二面性を浮き彫りにした。

3　保守化の時代——1980年代

（1） レーガンの経済政策

内政・外交両面ではかばかしい成果を挙げられないカーターに対して，レーガンは「小さな政府」路線を明瞭に打ち出して，大統領選に勝利した。保守主義革命とも称された政策方針で，減税と支出削減を通じた財政規模縮小と均衡財政，諸規制の緩和・撤廃（deregulation）が，その直接的な内容であった。総供給ショックによって生じたスタグフレーションには，総需要をコントロールする伝統的なマクロ経済政策での対応は困難であった。そこから，サプライサイドに働きかける政策を打つべきだと考えられたのである。

サプライサイド経済学は，減税によって労働インセンティブが高まる効果を大きく見積もった。一部では税率の引き下げが総税収の増加をもたらすという極端な主張（ラッファー曲線）まで現れた（図8-2）。さらに，個人所得税の減税は，消費ではなく貯蓄を増大させるので，利子率を低下させて投資を増やし，生産性の伸びを復活させて国際競争力も高めるとも主張された。また，高いインフレ率のもとでは，税制がさまざまな歪みをもたらすことも重視された。累進所得税なので，インフレによって名目所得が増えると，実質所得は増えてい

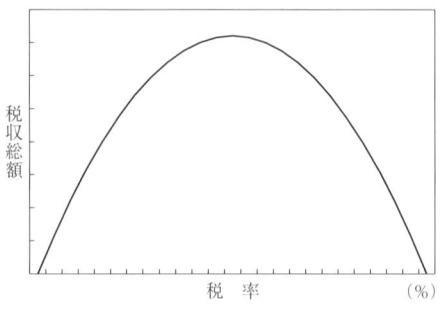

図8-2　ラッファー曲線
出所：筆者作成。

なくても，より高い税率が適用されることがある。また，企業の設備の減耗分を費用として計上する減価償却の制度も，インフレによって設備の価格が上昇しているのに対応していなかった。1981年には最高70％だった所得税が50％に，さらに84年には28％へと引き下げられた。法人税も46％から34％に引き下げられ，減価償却制度の問題を軽減する投資減税も実施された。

　規制緩和を正当化した「経済活動は政府からの介入がないほど効率が上がる」という考え方は，共和党の伝統的な自由主義のイデオロギーと合致するものだった。自由主義的なエコノミストは，新保守主義の勢力にも支持を得て，レーガンが大統領選挙で示す経済政策の背景でブレーンとして動いていた。自由主義イデオロギーは，社会的・経済的な公正さを念頭に政府がこれまで行ってきた規制に対しても適用された。政府による公的な保護を，個人の責任と市場競争に帰することで，経済がより活性化されるという考え方であった。

　カーター政権が最後にたどりついたインフレ鎮静化政策も，継承されることとなった。こちらでは，新しい古典派という学派が出現していた。伝統的なケインジアンのマクロ経済学に対して，そのミクロ的基礎付けの欠落を批判し，合理的期待を導入した。彼らの考え方では，予想されたインフレーションや金融政策は，人々の行動（賃金・価格設定）に織り込まれてしまうので，生産や雇用には影響しない。予想されなかったインフレーションや金融政策だけが，実体経済に影響すると主張した。ここから，強烈なインフレ抑制政策でも，その実行と継続が信用されれば人々が行動を調整するので，景気後退と失業という対価をほとんど払わずに，インフレを低下させるという含意が導き出された。

レーガンは，「税率引き下げによって財政収支が改善でき，失業を増やさずにインフレを沈静化させることができる」うえに，「減税と規制緩和とによって経済が活性化されて，その効果は直接的なメリットを受ける富裕層・企業家層だけではなく，低所得層へも流れ落ちるので，すべての国民がメリットを受ける」というバラ色のシナリオを描いてみせたのである。共和党内で大統領候補の指名を争ったブッシュが，これを「ブードゥー（呪術）経済学」と呼んで批判したことはよく知られている。

（2）　双子の赤字と財政均衡法

　レーガン政権ではこのように確かに減税が行われ，国内政策の多くの分野で財政支出の削減が試みられた。しかし，1970年代末から激化した新冷戦はMXミサイルやトライデント潜水艦などの配備を促して軍事予算を押し上げた。減税する一方で軍事費を増大させるという組み合わせは，ケインジアンの需要拡大政策と同じではないかという批判を浴びることとなった。インフレ抑制には成功したものの，強い金融引き締めが81年後半から82年にかけて深刻な景気後退をもたらしていたので，その回復に貢献するかたちとなったのである。

　財政収支については，税率引き下げが総税収を増やすことはなく，アメリカ史上で平時最大の財政赤字をもたらすこととなった。また，減税分が貯蓄に回されるという想定も実現されなかった。そのために，財政赤字のファイナンスは金融市場において高金利を発生させ，海外からの資金流入が起きてドル相場が上昇して，結果として貿易収支の赤字拡大を引き起こした。規制緩和が実施された業界では大きな変革が起きていたが，国際競争力を高めると期待された生産性の伸び回復は，いまだ実現していなかったのである。

　この財政赤字と貿易赤字との共存を「双子の赤字」と呼ぶ。際限なく拡大する赤字は，アメリカの国民と政治の双方が自制心に欠けるために生じると考えられた。なお，85年夏には，ドルの対外価値が高すぎるとして，先進7カ国（G7）の蔵相と中央銀行総裁をニューヨークに集めて，アメリカが秘密会議を開催した。ここで米ドルの対外価値の修正が合意されて，G7による外国為替市場へのドル売り協調介入が実施された。会議場所であったホテルの名前をとってプラザ合意と呼ばれるものであり，ドル相場の顕著な低下に成功した。米ドルの日本円に対する相場は，ピークの1ドル≒250円から急速に低下して，

同年末にはほぼ200円になり，翌86年末には160円，87年末には120円となった。この間，日本では円高不況対策として大幅な金融緩和が実施されて，その後のバブル経済へとつながっていった。

政治的自制心を取り戻そうとしたのが，議会における財政均等法への動きであった。エンタイトルメントのみでなく，議員は支持母体の有権者に不利になるような予算削減に対しては腰が重かった。

85年に可決されたグラム＝ラドマン＝ホリングス法（GRH法）と呼ばれる財政収支均等法は，歳出予算の赤字許容幅を漸進的に縮小する数値目標として設定し，91年に財政が均衡することを目標とした。各年の数値目標が実現されない場合には，自動的にすべての予算を必要な割合だけ削減するという，聖域のない均衡手段であった。どうしても削減したくなければ予算間で妥協をすればよいという論理であるが，こうした調整は容易ではなく，自動的削減はあまりにも過激であった。87年には早くも予算均衡の目標年度が93年に先送りされることとなり，次のG・H・W・ブッシュ政権では新しい法が制定されることになる。

（3） レーガン・デモクラットと南部の相対的優位

レーガン大統領は，その話術によって巧みに自らの陣営に人々を引き入れた。伝統的に民主党を支持してきた労働者階級の白人層もそのひとつである。大きな政府の福祉政策が，働く者よりも働かない者を重視していると攻撃し，「福祉を受ける貧しい女性が政府からもらったフードスタンプでウォッカを買っている」などの逸話によって，反福祉感情を掻き立てることに成功した。こうして共和党に引き付けられた民主党支持層のことを「レーガン・デモクラット」と称し，多くは南部の非都市部に居住していた。

働く者が損をするという福祉への反感に乗じて，レーガン政権下において「ワークフェア（働くことによって得られる福祉）」という発想が支持を得て，福祉受給の境界線上の人々は，働くことによってより収入が増すような仕組みに変更された。1988年の家族援助法では，シングルマザー家庭への扶助であるAFDCの受給者が，子どもを増やすことで福祉に恒久的に依存しないよう，職業訓練を受けて働く意志を示すことが受給条件として求められるようになった。

南北戦争の記憶が薄れ，70年代から進んでいた南部の共和党化は，レーガン・デモクラットの出現で一層顕著になるが，アメリカ全体の人口が東北部か

ら南部へと移動し、人口のヘソと呼ばれる中点がミシシッピ川を越えミズーリー州にいたると、その政治的意味はさらに増大することになる。

アメリカでは10年ごとに行われる国勢調査の結果に基づいて、州ごとの議席数が修正されるが、テキサス州、ジョージア州、フロリダ州が議席数を伸ばすのに対し、ニューヨーク州、イリノイ州など従来民主党の強い州は議席数が減少した。南部の保守的民主党議員は、社会的争点においては保守連合を形成していたものの、経済的争点においては共和党議員と必ずしも一致していなかった。したがって、保守派であっても民主党議員が減少し、党籍が共和党に変わることは、議会内の力関係に大きな変化をもたらすことになる。というのも、議会の委員長は多数派党が占めるほか、委員数でも多数派党に有利に配分されているためである。

南部の変化にもうひとつ拍車をかけたのが、70年代から伸びてきたキリスト教保守派勢力である。南部はバイブルベルトとも呼ばれ、従来からキリスト教信仰の強い地域ではあったが、中絶問題がこうした熱心なキリスト教徒を政治的に動員し、さらに72年に議会を通過した男女平等憲法修正（ERA）が州の批准にかけられると、これも宗教的価値をめぐる争点となって保守的キリスト教徒の政治化が増した。反ERA運動が保守的な州を押さえたため、議会が批准期限を延長したにもかかわらず、ERAは可決に必要な38州に3州足らないまま82年に廃案になってしまった。レーガン大統領が当選できたひとつの大きな要因は、こうしたキリスト教保守派の支持であり、それがレーガン政権における社会的に保守的な議題を設定していくことになった。

（4） 規制緩和された業界

1970年代に低下した生産性上昇率を引き上げて、アメリカ製品の国際競争力を高め、経済を活性化しようという政策は、先述のようにカーター政権下で試みはじめられていたが、レーガン政権では、より大規模かつ急速に実施されることとなった。それまで規制の強かった業界が主対象となった。通信・航空・銀行の3業界を見てみよう。

電話サービスについては、アメリカもAT&Tが独占的に提供していたので、日本や他の各国と同様であった。これに対してMCIという会社が長距離サービスの部分から競争をはじめていた。AT&Tの長距離料金が供給費用に比べて

高すぎるので，大都市間に新しい電話線をひいて料金競争を挑み，AT&Tの市内電話線網への接続を求めて，裁判で争ったのである。

70年代にMCIの主張を認める判決がつづいた後に，AT&Tの独占状況に対して連邦法務省が介入した。82年にAT&Tが裁判所による和解案を受け入れて，AT&Tは分割されることとなった。84年に，全国を7地域に分けて各地域内の通話サービスを提供する会社7つと，長距離通話や研究を継続すると共に新分野（コンピューターや付加価値通信など）にも進出するAT&Tに，分割された。電話機もAT&Tからのレンタル方式から消費者の買い取り方式へと転換され，長距離の会社の選択に関してはAT&Tのみが有利にならない方式がとられた。長距離料金は大幅に低下したし，市内料金も（基本的には上がったが）多様な割引料金や市内エリアの選択制などが導入された。競争が促進されて，需要側のさまざまなニーズに応じたサービスが提供されるようになったことは評価されるべきであろう。さらに，後のIT（情報技術）革命へとつながっていく自由化であったともいえるかもしれない。なお，7つの地域会社については，その後の技術革新などの影響もあり，再編が生じている。

航空産業では，カーター政権下で自由化がはじまった。価格（運賃），営業路線，新規参入が規制されていたのである。これらが自由化された結果，第1段階では，新規参入が進み，価格低下が進んだ。安売り競争をしかける新会社が少数の路線のみで営業を開始したので，既存会社は競合路線のみで低運賃を呈示するといったことも起きた。競争会社が経営不振で退出すると，運賃を引上げるといったケースもあり，不当な競争行為として裁判になったものもある。

しかし，第2段階は，予想外の方向に進展した。進歩しつつあったIT技術を利用して巧妙な価格体系が開発されたことが，大きな影響を及ぼしたと考えられている。いまや，日本でも，同じ飛行機の乗客が払う運賃はさまざまである。これは，安い料金を提示することで前もって予約する客を獲得し，出張などで選択の余地の少ない客には高い正規料金を提示することで儲けるというシステムである。こうしたシステムの開発に成功した会社が生き残り，安売りのみで勝負していた会社は競争に敗北して破綻するようになり，業界の再編が起きて寡占化が進むこととなった。

また，競争の進展に伴うコストカットの一環として，飛行経路も変化した（第5章参照）。規制下では，各路線のコストを賄うように運賃が設定されてい

たのだが，それがなくなったことで，各都市を直接に結ぶ飛行経路は減少した。生き残った大会社ごとに，拠点とする空港（ハブ）ができて，他の都市からハブへの路線を提供するようになったのである。ハブ以外の都市に行くには，一度，ハブまで飛んで，ハブで乗り換えるという形態である。自転車の車輪にちなんで，ハブ＆スポーク型と呼ぶ。これによって路線数を減少させることができるし，メンテナンス設備もハブに集中できるので，コストカットが実現された。なお，自由化以後は，技術革新などの環境変化によって，絶えず変化が起きており，地域によっては安売り会社の参入が再び生じているし，大会社のローカル子会社も設立されて小型機の利用も進んでいる。

銀行や証券・保険会社などの金融産業も，政府の規制が多い部門であった。価格（金利・手数料・保険料など），営業分野（銀行・証券・保険の相互進出規制），営業地域（出店規制など）といった諸点で，規制が実施されていたのである。この規制の自由化の全体像は第10章で述べるので，ここではレーガン政権が実施した金利規制の自由化とその影響を簡単に見ておこう。

日本でも以前は同様であったが，アメリカでも80年代初頭においては，ほとんどの預金金利が規制されており，規制当局の許可を得ないと変更できなかったし，どの銀行に行っても同じ金利であった。しかし，70年代にインフレ率が高まりかつ変動も大きくなると，規制された金利の変更が，金融市場における自由取引で決まっている国債・社債の金利の変化に遅れてしまうようになった。市場金利が高まると預金金利が低目になってしまうので，銀行預金が流出してしまう。証券会社はこのチャンスを利用して，MMF（短期金融市場で運用するので元本割れが生じにくく，現金化も容易な投資信託）という金融商品を開発して，資金を獲得した。

対策として，金利規制が廃止されることになった。この自由化はカーター政権のもとで80年に決定されたのだが，6年間で漸進的に自由化を進めるという内容であった。しかし，レーガンは大統領に就任すると，自由化プロセスを加速させて，83年にほぼ完了させたのである。経済状況に応じた当然の自由化ではあったが，大きな副作用を発生させてしまった。急激な変化に順応するのは困難だったのである。たとえば，S&Lというタイプの金融機関では，預金という満期の短い資金を取り入れているのに，固定金利の住宅ローンのような長期の資金運用をしていたので，預金金利の方が住宅ローン金利よりも高くなっ

て，収益を生まなくなった。そうした金融機関の大量破綻を避けようとして政策は迷走した。最終的には，80年代末から90年代初頭にかけて破綻続発を避けられなくなり，多額の公的資金を投入して処理することとなった。

　以上で見てきたように，規制緩和は，少なくとも実施直後には意図したとおりの結果である価格低下（預金金利上昇）と供給量の増大を生んだ。利用者にとってプラスとなったと評価できよう。しかし，金融業界のように，大きな副作用を生じたケースもあった。さらに，自由化された業界は，さまざまな革新が起きるようになり，その後も変化が継続し，業界の様子も自由化当初に予想されたのとは大きく異なってしまっている場合も多い。価格や商品などを通じた競争を制限していた規制が撤去された後も，競争のルールが遵守されていることの監視は必要であり，相当な資源が投入されているのである。

（5）　非合法滞在者と移民法改正

　1965年の移民法改正以来，西半球からの合法移民が拡大していたが，それにも増してメキシコ国境を越えて非合法に入国する人々の数も増していた。こうした非合法滞在者の数を正確に把握することは不可能であるが，その存在がアメリカ人や合法移民の労働市場に及ぼす影響はもちろん，犯罪に巻き込まれるなど非合法滞在者自身の人権にかかわる問題も増大して，何らかの措置をとらざるをえなくなった。

　86年に可決されたのが，非合法滞在者を一定の条件で合法移民と認めるアムネスティと，その裏返しとしてさらなる非合法入国者とその雇用者を厳しく取り締まるものであった。この移民法改正採択の裏側では，アメリカ労働者を保護したい労働組合と移民増大に反対する社会的保守，多文化アメリカを求めるリベラル派と安い労働力を求めるビジネスというように，政治的にはかけ離れた勢力同士がお互いの利害のために結託するという動きも見られた。

　しかしながら，65年移民法改正以降の移民枠の多くは，人道的な配慮からなされている家族の再統合で，いったん合法的な身分が約束された移民は，自らに経済力がなくてもアメリカへと家族を呼び寄せ，家族全体が福祉に依存するという状態が目立つようになる。合法移民であればアメリカ国籍をもつものと同様に社会福祉が認められているという点が，このような副次的効果を生んでいると指摘されるようになった。

（6） ブッシュの経済政策

　G・H・W・ブッシュは，基本的にはレーガンの政策継承を掲げて大統領選挙に勝利したが，経済面での課題は財政赤字の解消であった。そのために，「増税しない（Read my lips, no new tax!）」という選挙公約を破ることとなった。1989年には経済成長に伴う自然増収によって増税なしに，GRH法の目標である93年の財政均衡を達成できるという（事後的に見ると非現実的な）予算がつくられた。しかし，翌年には財政赤字額がまったく減少しておらず，GRH法の数値目標から大きく乖離していることが明瞭となった。

　そこで，90年に新たな包括予算調整法（OBRA）が立法された。所得税に新たに税率31％の段階を追加し高所得層への増税を行うと同時に，贅沢品への物品税導入，ガソリン・タバコ・酒の税金引き上げなどで，税収増加を図った。支出面では，裁量的経費を国内・国防・国際の3分野に分けてそれぞれに上限額を設定した。各分野内では減額されるプログラムも増額されるプログラムもありうるという点で，「柔軟な凍結」制度になっている。ただし，上限額が破られそうになると，自動的に全体の支出が削減されて上限は守られる。また，エンタイトルメントのような義務的プログラムの導入は，経費削減か増税で賄わねばならないというペイ・アズ・ユー・ゴー（PAYGO）原則も適用されることなった。6年後の財政均衡が想定されたが，GRH法とは異なり，途中段階の数値目標を経済状況に応じて調整できるという，柔軟なメカニズムが組み込まれた。景気後退とS&L対策費用によって当面の財政赤字が減少しなかったので，OBRAは当時においては酷評されたが，後には財政均衡への大きな前進であったと評価されるようになった。

　ブッシュ政権のときに，ソビエト連邦が崩壊し東欧諸国も含めて，それまでの計画経済体制から市場経済体制への移行がはじまった。冷戦が終了したのである。軍備費の削減が見込まれて，財政収支の好転に寄与することと，内政面への支出が可能になることが期待された。しかし，湾岸戦争が発生し，地域紛争が継続することが確認された。また，レーガン政権が開始したカナダとの自由貿易協定を拡張して，メキシコを含めて北米自由貿易協定（NAFTA）を形成するための交渉も開始された。3カ国で自由貿易圏を形成し，域内で生産したと認められる品物に対しては，関税を撤廃するものである。域外製品に対して関税を引上げるものではないが，域外生産者が相対的に不利になることは明

瞭であろう。先述したように，金融自由化のプロセスで破綻した多くの金融機関，とくにS&Lの処理も実施された。

4　新しいリベラリズム——1990年代

(1)　クリントンの経済政策

　政府が税金ですべてに責任をもつという「大きな政府」の魅力は低下したものの，すべてを個人の責任に任せる「小さな政府」では，弱者が切り捨てられて公正さが失われるという危機感から生じたのが，民主党の第三の道である。アーカンソー州知事であったビル・クリントンが議長を務めた民主党指導協議会（DLC）は，イギリスの労働党の中道への転換と同じ波長の動きであったが，議会民主党の主流とは対立する点が多かった。

　そのひとつが，クリントン大統領が「これまでのような福祉は終わりにする」と公約したエンタイトルメントの見直しで，最終的には共和党多数派による福祉法改正の功績をクリントン政権と共和党で争うという展開となる。民主党が長年支持してきたアファーマティブ・アクション（積極的差別是正措置）に関しても，単にマイノリティであるということだけでなく，経済的な困窮も配慮の対象とすることによって，白人貧困層の救済も組み入れることになり，マイノリティ側からは，アファーマティブ・アクションの補償措置としての性格が薄められるという懸念がもたれた。

　クリントンは，経済問題に焦点をあてて大統領選挙に勝利した。G・H・W・ブッシュ政権下の景気低迷による失業増大を批判し，共和党政権下で進んだ所得分配の不平等化を問題視し，中間層のための経済再生を訴えたのである。富裕層への増税によって中間層への減税を賄うこと，将来へ向けて社会インフラや教育への投資を行うこと，医療制度を改革して国民皆保険を達成すること，などを訴えたのである。

　しかし，大統領就任へ向けた準備段階で，財政赤字削減の重要性に焦点があてられるようになり，中間層減税は放棄された。財政再建のために，富裕層税率引き上げ（36％と39.6％の追加設定）とガソリン税増税による税収増加，軍事費・医療費削減と公務員削減による支出カットが図られることとなった。ブッシュ政権で導入された，裁量的経費への上限設定とエンタイトルメントへの

PAYGO原則も継続された（1993年包括予算調整法）。将来へ向けた投資プランも小さな規模に限定されることとなった。ただし，貧困な勤労世帯に対して，勤労所得税控除を導入して，公定の貧困基準を超えられるように図った。なお，財政再建の景気へのマイナス効果を相殺するための短期的な景気対策も，議会審議で通らなかった。

　こうした，財政赤字削減を主とした経済政策は，議会では多くの抵抗に会い，ぎりぎりの票差で立法されていった。しかし，金融市場は，この政策の信頼性を評価して，将来にわたる赤字減少とインフレ低下を見込むこととなり，長期金利が低下した。93年ごろは，アメリカ企業がリストラを継続していたために，雇用の増加は鈍かった。しかし，この長期金利の低下が，90年代半ばからのIT価格低下と相まって，IT投資の増大に寄与したと考えられている。住宅ローン金利の低下ももたらして，消費の増大にも貢献した。

　医療制度改革プランも作成されたが，国民皆保険を実現してなおかつ公的な医療支出全額を抑制できるという点が信用を得られず，保険会社や医療業界の反対もあって，議会での立法には失敗した。ただし，そこで検討されたさまざまなアイディアは，医療費増大を抑制する手段として広く利用されていった。過剰診療・過剰投薬を生みやすい出来高払い制をやめて，病気ごとに支払額を前もって決めておくことや，診療を受けられる病院を制限することなどである。こうした費用抑制の工夫が，公的医療制度であるメディケア（高齢者・障害者対象）・メディケイド（低所得者対象）や民間レベルで広く導入されたことで，それまで急速だった医療費の増大が抑制された。

（2）　冷戦の終結と新しいリベラリズム

　議会民主党とクリントンとの距離は他の問題においても生じていた。大統領選挙の間から生じていた対立が，NAFTAに対する立場であった。民主党の伝統的な支持基盤である労働組合と，リベラル派が多く民主党を支持する傾向の強い環境団体は，いずれもNAFTAに反対の立場をとっていた。

　労働組合は，NAFTAが雇用をアメリカから単価の低いメキシコへと流出することを促すことを懸念し，またメキシコにおいても低賃金労働が強いられて労働者の権利が奪われることに反対した。環境団体は，環境基準を弱くすることで企業を誘致するという国内でも生じている問題が，NAFTAによってメキ

シコにまで拡大し，地球環境がさらに悪化することを懸念した。

しかし，クリントンはブッシュ政権から引き継いだNAFTAの可決により，アメリカが自由貿易の勢いにのることを重視し，共和党議員の賛成を得てNAFTA批准に成功した。

1990年代のアメリカ経済に大きな影響を及ぼしたもののひとつが，冷戦の終結であった。第二次世界大戦後，アメリカが最優先してきた予算項目が国家安全保障であった。ベトナム戦争後に相対的に減少したことはあっても，1970年代末からの新冷戦期には再度軍事予算が拡大した。レーガン期は「小さな政府」をめざしながらも，軍事予算においては増大をつづけていた。

冷戦の終結は，歳出に占める軍事費の削減を可能とし，それによって生じた余剰は「平和の配当」とも呼ばれた。同時にクリントン政権下で景気が拡大し税収が伸びたため，議会は財政均衡を念頭において国内政策への歳出を制限する必要なく，伝統的な民主党の政策である教育や訓練など，社会的弱者に対する政策は拡大していった。

しかし冷戦終結により，アメリカ社会が国際的な脅威を感じなくなったことで，こうした国内政策への支出の伸びに比べて外交予算は伸び悩んだ。特に後述する共和党多数派議会になると，国連拠出金や対外援助など，アメリカが伝統的に大切にしてきた多国間協調政策に対して批判的な声が増大し，アメリカ一国主義的な響きが強まってくる。

（3） ギングリッチ革命

1994年の中間選挙は，共和党が上下両院で多数派を形成し，民主党と共和党が行政府と立法府を分割して統治するという状況を生み出した。圧勝した大統領の党が2年後の選挙で議席数を失うことはジンクスとされてきたが，これは大統領の人気が議会選挙で同じ党の候補に有利に働くという，コートテール現象の裏返しである。94年の議会選挙は，こうしたジンクスの範囲を超える大きな議席数の変化で，「ギングリッチ革命」と称される。

これまでの分割政府は，ニューディール以来全国的な多数党を形成した民主党が議会を制しつづけるなかで，大統領としては共和党が善戦するという組み合わせで生じていた。今回は，民主党のクリントン大統領が就任直後の医療保険改革の失敗や銃規制で反感を買い，逆にニュート・ギングリッチが10年来，

多数派の逆転をねらって戦略を練ってきた成果が表れる時期と重なった。ギングリッチは，政治家が政策結果に責任をとらないという従来のあり方を批判し，財政均衡や個人の責任などの10項目を「アメリカとの契約」という公約として国民に示し，それを100日以内に実践するというかたちで新しい議会のあり方を示した。

　同時に政治家が政治を職業とすることで倫理と効率が低下するという論理から，任期制が主張された。連邦政府においては，任期制の制度化が憲法違反になるため議員が自発的に任期を定めるにとどまったが，州レベルでは任期制が法制化され，90年代の後半から議員の交代がより頻繁に見られるようになった。

（4）　福祉法改正・移民法改正

　従来のような福祉には別れを告げる，という公約で当選したクリントンであるが，実際の福祉法改正は多数派をにぎった共和党によって行われることになった。1996年の福祉法改正は個人の責任と雇用機会を掲げるもので，失業者を優先的に採用する企業に奨励金を出すなど，福祉依存の恒久化を打開することをめざしていた。なかでも子どもをもつ女性世帯主を労働市場に引き出す手段として，ニューディール以来つづいてきたAFDCを廃止し，州への一括助成金として貧困家庭一時扶助（TANF）に代替するなど，抜本的な改革に着手した。福祉法改正によって福祉依存人口が減少したことで，議会もクリントン政権も自らの業績として主張しあっているものの，同時期の景気の拡大効果の後押しがあったことは確かであろう。

　福祉法の改正と連動していたのが移民の問題であった。アメリカでは60年代の偉大な社会以来のリベラルな政策によって，市民権がなくても福祉受給の資格が与えられるようになっていた。アメリカに入国する移民のなかには，英語能力の問題や本国との関係から，アメリカ市民権をとらないまま，合法移民として暮らしている人々が多数いた。こうした人々は，「デニズン（denizen）」（citizenとなろうとしない人々）とも称されている。アメリカ人に対する福祉の見直しが行われると同時に，アメリカ人として政治的にコミットしない合法移民が，市民と同等の福祉を受けることに疑問が投げかけられた。そのため，現金支給である生活保護手当て（SSI）を受給するためには市民権の獲得が必要とされるようになり，96年には多数の合法移民が市民権をとる手続きを行った。

さらに潜在的な福祉受給者が移民として入国することを防ぐために，96年移民法改正において，家族呼び寄せを合法移民が申請する場合には，貧困線を2割上回る収入があることが条件として加えられた。

（5）　一括補助金と予算を伴わない責任の移譲

　1970年代にはじまった税収分割が80年代の財政難で中止されたものの，レーガン政権においても「新連邦主義」の名のもとに，連邦から州・地方への権限委譲が進められた。90年代，特に共和党議会のもとではこの方向が進められたが，その手法として目立つのが一括補助金の多用である。先に挙げた福祉法改正においても，従来エンタイトルメントとして連邦から直接支給されてきた扶助を，一括して州に支給し，その配分額や条件に関しては州の裁量に任せられた。州の権限が強まったように見える一括補助金制度であるが，裏返せば一定の金額を超えての責任を連邦政府が放棄した制度でもある。たとえば，深刻な不況で州が独自に積み立てた余剰金を超えて福祉予算が必要になっても，連邦政府からの追加の補助はない。そこで，州はできるだけ補助金の分配を制限して，万一に備えての余剰金を増すという，本末転倒の対処がなされることになった。

　また，連邦政府が多用するようになる政策に，連邦政府による予算措置は伴わないが，州・地方に政策実施の責任だけ与えるという，予算を伴わない責任の委譲（unfunded mandate）がある。連邦政府の財政赤字が背景にある政策手段であるが，責任の委譲が連邦から州へ，州から地方へと行われることで，しわ寄せをくった地方政体が破産するという異常な事態も生じることになった。

　こうした政府の限界のなかで主張されるようになるのが，市民社会の再活性化であった。税金で賄えない部分を，草の根の市民の自発的な奉仕によって賄っていくという考え方は，一方で人々のエンパワメントを通して民主主義を再確認する側面をもっているが，他方で政府が責任をもつべき範囲を再定義することで，マイナスのイメージを与えないかたちで政府が責任を転嫁する方策ともなっていた。

（6）　ニュー・エコノミーと財政の黒字化

　1990年代の半ばから，アメリカの生産性の成長が回復して，高い水準にとど

まるようになった。ここで，発達と普及の著しいIT（情報技術）に基づいた一種の「産業革命」を経験しつつあるのだとして，アメリカ経済がニュー・エコノミーに転換しつつあるということが，指摘されはじめた。日本企業からジャスト・イン・タイム生産方式などの効率的なシステムを学ぶとともに，ITの活用によって自らも効率性を高めはじめたというのである。過去において新技術発明から経済全体としての生産効率上昇までには長い時間がかかった事実も，想起された。ITを活用できるように生産設備や企業組織が変化しなければならなかったというのである。

　販売データがほとんどリアルタイムで集計されることで生産調整の遅れが小さくなり，過去の変動の進んだ分析も可能となったことで販売予測の精度も高まり，在庫管理の効率が著しく高まったという指摘もある。この点を強調するあまり，景気循環が消滅するのではないかとまで，主張する者も現れた。初頭の景気後退を除くと，90年代は経済成長が長期間にわたって継続していたので，こうした主張も出現したわけだが，2001年からの景気後退で否定されることとなった。

　こうした生産性上昇は，生産物1単位あたりの生産費用を低下させるので，インフレの低位安定に貢献した。90年代初頭のリストラの経験から雇用不安が根強かったり，労働組合の弱体化なども生じたりしていたので，賃上げ要求も低かったと考えられている。90年代半ば以後，好景気がつづくなかで，インフレ率は2％前後にとどまりつづけた。歴史的にも例外的な好パフォーマンスであった。

　金融政策の運営は，この例外的な状況への対応を迫られることとなった。通常であれば，失業率低下が将来のインフレ上昇をもたらすので，予防的な金融引締めが実施されるべきなのである。しかし，生産性上昇率が高いこととインフレ圧力が低いこと，また構造転換を抑制するべきではないということで，大幅な引締めは見送られた。失業率は低下しつづけて，2000年には4％を切るほどになった。

　企業収益の増大と低い金利水準とは，IT投資を活発化させるとともに，株価を押し上げた。IT関連の「ドットコム」企業が続々と設立されて，それらの株式が新規公開されると高価格がつくのが常となった。後に「ITバブル」と呼ばれることになる現象である。一般消費者も，年金基金などを通じて株価

上昇のメリットを享受して，消費を増加させた。アメリカ企業の国際競争力への信認が高まったので，国際収支の赤字は問題視されなくなった。「ドルの対外価値を下げる意図はない」という政策当局者の発言もあって（いわゆる「ドル高政策」），海外からの資金が流入して，このブームを支えた。

　1993年の包括的財政調整法とそれにつづく堅実な財政運営，長期的な好景気と高資産価格，および低い金利費用に助けられて，連邦政府の財政収支は黒字を実現することとなった。また，財政収支の改善に対応して，クリントン政権初期に断念された公共投資プロジェクトや教育関連の施策も，部分的に復活して実施された。なお，情報スーパーハイウェイ構想は，公的資金を投入して全米に情報ネットワークを構築しようとするものであったが，民間サイドが政府の干渉を嫌ったし，ケーブルテレビの普及などにより，公的資金に頼らずに，民間の力で実現された。

　97年には均衡財政法が立法されて，PAYGO原則と裁量的支出への上限設定などの枠組みを維持しつつ，さらなる支出削減と増収を組み込んで，2002年に財政均衡を目標とした。しかし，実際には早くも翌98年に黒字化が実現したのである。当面は黒字が継続すると予想されたので，国債が発行されなくなり，金融市場における価格付けや金融政策の運営に問題が生じるのではないかと懸念されたりした。

5　バブルと戦争——2000年代

（1）　減税とITバブル崩壊への対策

　ジョージ・W・ブッシュは，メキシコ系の多いテキサス州知事として，多言語教育や移民問題をうまくこなし，州議会ともよい関係をもつ共和党中道派として信頼を得ていた。大統領選に出馬した際も，市場主義一辺倒ではない「思いやりのある」保守主義を唱え，基本的には個人の責任を核としながらも，教育や福祉において政府が一定の役割を果たす方向性を示した。しかし，実際の統治は，小さな政府，規制緩和，減税という面において，レーガン政権よりも極端な保守派政権と性格付けられる。また票田としてキリスト教保守派に依存していたこともあり，中絶反対や家族の価値など社会的保守性も強く示された。

　経済政策ではクリントン政権から受け継いだ財政黒字の扱いが問題となり，

共和党は減税を行うべきであると主張した。限界税率を引き下げることで，企業活動やリスク負担を促進しようというのである。大規模減税がブッシュ政権の国内経済政策の中核となり，2003年に立法化された。個人所得税に関しては，5段階の限界税率が上から39.6％→35％，36％→33％，31％→28％，28％→25％と06年にかけて引き下げられ，最低の15％は分割されて新たに10％の階層が設けられた。01年に400億ドル強，02年に500億ドル強の減税が想定された。年金や貯蓄の非課税限度も引き上げられるし，遺産税の最高税率も引き下げられて10年に廃止することになった。育児や教育に関連した減税も実施された。

景気はクリントン政権末期の2000年夏から下降しはじめていたが，株価の下落（ITバブルの崩壊）やテロ攻撃の影響もあって，景気後退が明確になった。減税はこの景気後退への対策ともなった。ブッシュ政権の政策が本格的に現れた02年度には，テロとの戦いや景気後退と株価下落の影響もあって，連邦政府の財政収支は前年の顕著な黒字（GDPの約1.3％）から顕著な赤字（GDPの約1.5％）へと大きく転換することとなった。

ITバブルの崩壊に伴う株価総額の低下は7兆ドルに及ぶもので，家計や企業に深刻な影響を及ぼした。この事態に対応して，金融政策は急速で大幅な金利引下げを実施した。日本における資産価格暴落の後の経済停滞とデフレーションの発生はよく知られており，研究されてもきた。そこで，アメリカ金融政策は，01年の1年間に11回の利下げで，4.75％も金利水準を低下させた。デフレーションを回避しようとしたのである。02年になると金利引下げは一段落し，日本が採用したものをならって，「当分の間，現在の低金利を維持する」という約束（コミットメント）を公表するようになった。

コーポレート・ガバナンスの改善策も導入された。IT関連企業を中心に多数の会計報告書類の修正が実施されたり，エンロン社のような会計偽装事件も発生したりしたためである。アメリカの企業システムや資本市場への信頼が揺らいだのである。02年3月に大統領は演説を行って，情報の正確性とアクセス，経営者のアカウンタビリティ（説明責任），監査役の独立性の3点を強化することの必要性を訴えた。民間企業や投資家も個々に再検討を行ったし，ニューヨーク証券取引所（NYSE）やナスダック（NASDAQ）のような自己規制組織も改善案を提示した。そうした動きを受けて，同年7月に連邦レベルでの立法と

して，サーベンズ・オックスリー法が成立した。企業役員らの自社株取引の開示期日を早めたり罰則を強化したり，経営者や役員の責任明確化と罰則強化，会計事務所を監督する公開企業会計監視委員会の新設などが，その内容である。

（2） テロ攻撃対策と選挙資金改革

　2000年の大統領選挙で，ブッシュは一般投票でアル・ゴアの得票を下回ったのみでなく，無効投票の数え直しをめぐる混乱に最高裁判所が最終的な判断を下すまでに1カ月以上もかかった。「大統領職を盗んだ」という表現がなされるほどに正統性の弱い大統領として就任したブッシュの立場が急転回するのが，01年9月11日のテロ攻撃である。大統領支持率は急上昇し，国全体が危機にある場合は大統領を支持するという，「星条旗のもとへの集結」現象が起こった。ブッシュ大統領自身もこうした危機感を政治的にうまく利用し，戦時体制に似た形で政府の権限を拡大していった。

　ホワイトハウス内に国土安全保障局を設けて対テロ対策を整備するとともに，法の執行も強化された。時限立法ではあるものの，テロに対処するという理由であれば市民的自由を蹂躙しかねない権限すら政府に与えた「パトリオット法」（PL 107-56）も制定された。実際，非アメリカ市民に対する拘束や，非合法滞在者への取り締まりの強化が人権侵害の恐れを生じさせた。国土安全保障局は，議会の立法により03年1月から入国管理や緊急対策庁などを傘下におく，総員18万人の国土安全保障省へ格上げされた。この組織の巨大化が，05年のハリケーン・カトリーナへの対応を遅らせた一因ともされる。ブッシュ政権は，テロの危険性が残る限り政府権限の拡大は正当だとしたが，リベラルな全米市民的自由連合（ACLU）と保守派のリバタリアンの双方が，政府による個人の自由への侵害に反対の立場を示した。

　02年には，人々の民主主義への信頼を取り戻すために，選挙資金改革も実施された。1974年に行われた前回の選挙法改正は，政治に利権が入り込むことを防ぎ，選挙献金の上限と透明性を法的に確保しようという試みであった。ところが，選挙がテレビ広告を中心に展開されるようになると費用が膨大となり，さまざまな抜け穴が工夫された。そのひとつが，選挙資金規正法の対象とならない形で，すなわち候補にではなく政党に対する献金する「ソフトマネー」であった。また，候補と無関係に流す広告も規制されなかったので，中傷広告

（ネガティブアド）が氾濫することになった。候補によっては，ソフトマネーが規制対象となる政治献金（ハードマネー）を上回ることもあり，選挙資金規正法の改革が必要だと考えられた。

　議員達自身の次の選挙の資金繰りにかかわるために何年にもわたって審議が難航したが，マッケイン＝ファインゴールド法の可決によって選挙献金が大幅に制限されることになった。ところが，2004年選挙では税法上は「選挙運動を行わない政治団体」と区分されている527団体が，従来の選挙資金団体に代わって増大した。表向きは候補とは無関係という立場を取りつつも，実質的には選挙を左右する巨額の資金が投入される結果となった。また，選挙資金の規制は憲法の保障する表現の自由を損なうものだとする訴訟も繰り返された。2010年に連邦最高裁判所が「シティズンス・ユナイテッド」判決で企業の政治献金の上限を事実上撤廃したことで，選挙資金は再び高騰している。

（3）　ふたつの戦争

　ブッシュ政権は，アフガニスタンとイラクで同時にふたつの戦争を遂行した。いずれにおいても早期に戦争終結が表明されたものの，その後の軍事活動で多くの死傷者が出て，出口のない戦いとなった。アフガニスタンへの攻撃は，9.11事件の首謀者とされるビン・ラディンをタリバーン政権が匿(かくま)ったという理由で行われ，NATOがはじめて集団的自衛権を行使するかたちでアメリカの戦いを支援した。しかし，2002年の年頭教書で悪の枢軸国としてイラク，イラン，朝鮮民主主義人民共和国（北朝鮮）を名指ししたブッシュ政権は，その9月の国連総会演説では大量破壊兵器の開発を根拠としてイラク侵攻の正当化を試みた。イラク侵攻への合意形成が国連安保理で難航するなか，2003年3月，アメリカは旧来の同盟関係に基づくのではなく，日本を含めた「有志連合」でもってイラク侵攻を強行するにいたった。

　フセイン政権の打倒は，湾岸戦争以来アメリカの世論が支持しつづけた案件ではあったが，政権打倒後のイラクの政治的・社会的な混乱と，占領者アメリカに対するイラクの人々の反感により，アメリカ人兵士の犠牲者の数が増し，それに伴ってアメリカの世論の支持も低下した。ベトナム戦争に準えられる泥沼状態のなか，06年末には超党派の「イラク研究グループ」による撤退を勧める報告書が提出されたが，それに背くかたちでブッシュ大統領はイラクへの兵

(10億ドル)

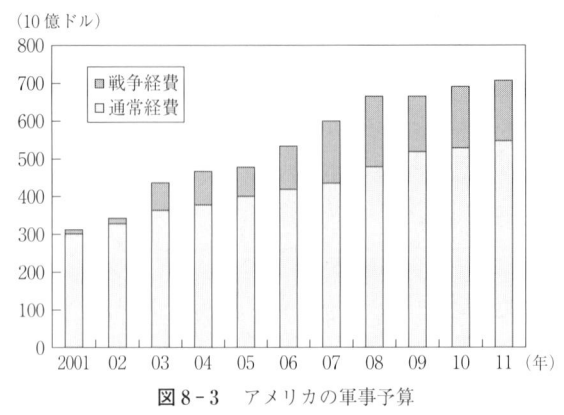

図8-3 アメリカの軍事予算
出所：国防総省歳出法（2001～10年度），大統領予算資料（2011年度）。

力増派（サージ）を行った。増派と前後してイラク国内の反米勢力との和解もあったため，07年末にはアメリカ軍の犠牲者は減少したものの，イラク戦争はブッシュ大統領およびアメリカにとってコストの大きな戦いであった。

イラク戦争の間忘れられていたアフガニスタンでは，再びタリバーンが勢力を盛り返すなど情勢の悪化が見られた。アメリカ軍はイラクでの戦闘で手いっぱいで，アフガニスタンに送るべき兵士数を確保するためにも，イラクからの早期撤兵を強いられる状況にあった。

イラク戦争の人的コストを補完するかたちで，民間軍事会社が進出したこともイラク戦争の特色であった。アメリカの戦争で民間会社が業務を委託されることは従来から行われていたが，イラクではその業務内容が武器の使用を含め，軍隊と近似するところまで拡大された。治安悪化のなかで活動する国務省の職員の安全を民間軍事会社の社員が守り，軍の指揮系統の外側でイラク民間人を殺傷する事態も生じ，アメリカ政府がどのように責任をとるかが問われた。

もっとも，11年度までの戦争経費のうち国防総省の年次予算として計上されたものは3割強にすぎず，それ以外は補正予算や他の予算項目のもとで支出されたため，ふたつの戦争のコストは財政赤字として認識されにくかった。しかし，こうして累積された財政赤字は，後に大きなコストとしてアメリカの力を削ぐことになる。さらには，戦争経費の増大に伴い軍事費全体も増大したことで歳出を拡大した。保守派が求める「小さな政府」という議論において軍事費

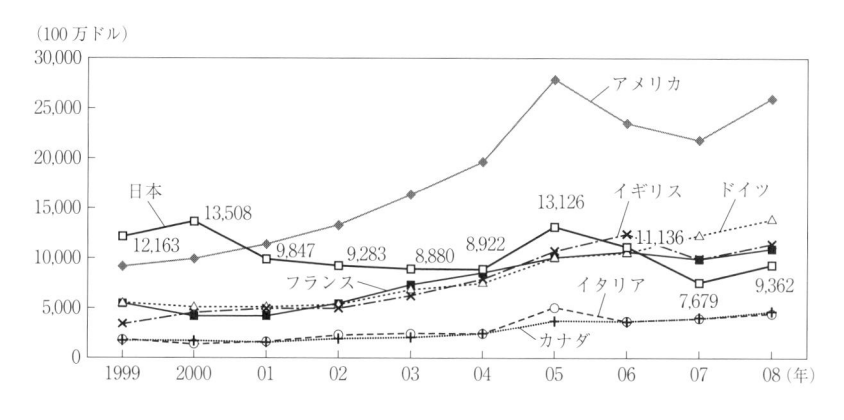

図8-4 主要援助国のODA実績の推移（支出純額ベース）
注：東欧および卒業国向け実績を除く。2008年は暫定額。
出所：外務省OECD-DAC。

は聖域化されており，こうした二重基準は1980年代のレーガン政権期の軍事力増強と同じ現象だといえる（図8-3）。

国連が設定したミレニアム開発目標の達成が遅れるなかで，ブッシュ政権も2004年にミレニアム・チャレンジ・アカウント（MCA）政策により最貧国援助に乗り出した。2000年代のアメリカは，ODAの支出額では日本を抜いて最大の援助国となったものの（図8-4），MCAは基本的にはテロの温床を撲滅するために途上国の統治機能の改善を念頭においたものであった。

（4） 弱者に冷たい国内政策

「思いやりのある保守」というキャッチフレーズは，こうした軍事費の増大のもとでは，非軍事部門へのしわ寄せとなった。その結果，民間へのアウトソーシングも含めて，限られた予算が効率的に使われることが求められていった。

ブッシュが行った国内政策のひとつは，公教育政策の変革であった。「落ちこぼれ防止法（NCLB法）」（子どもが誰一人置き去りにならない）では，学力向上の目標を設定し，教育の質を測定して改善するという課題に取り組んだ。連邦と州の伝統的な分業を乗り越えて全国統一テストを実施し，各校ごとに毎年行う学力テスト結果を公表し，連続して目標が達成できなかった学校にはペナル

ティが課されることとなった。インセンティブと競争を活用しようとしたのである。教育における連邦政府の権限が拡大される一方で，予算的な措置は十分にとられず，州の持ち出し部分が生まれた。また，社会経済的な条件の悪い学校が，目標を達成できないことで，さらに支援を打ち切られるという悪循環も生まれた。

　NCLB政策は，公表された学校の実績に応じて，親が学校を選択できる制度も伴っていた。私立のみではなく公立学校においても，子どもの学校を自ら選択するのは高学歴の親に多く，そうした親は学校行事への参加度が居住地の公立学校に通う子どもの親よりも高い傾向がある。つまり，競争原理のもとでの教育改革は，家庭環境にかかわらずすべての子どもの教育の質を高めるのではなく，質の高い教育を選択する自己責任を求めるものともいえる。

　ブッシュ政権で解決されなかった内政課題のひとつが，非合法滞在者の問題であった。メキシコのフォックス大統領が非合法滞在者のアムネスティを求めた直後に9.11が生じ，アメリカの国境管理は経済や文化の問題から，国家安全保障上の問題へと性格を変え，非合法滞在者がより排除されやすい環境をつくった。2004年には非合法滞在者に期限付きで労働ビザを与える案も出されたが，議会共和党が移民に対して強硬な姿勢をとったため，包括的な移民法改正は行えないままであった。そうしたなかで，建設現場や養鶏場など，非合法滞在者が多く従事している職場が入国管理局により抜き打ち調査され，親が国外退去の措置を受けることで家族が離れ離れになるなど，人権問題が生じることとなった。

　アメリカの労働組合は，非合法滞在者により労働環境が低下することに懸念をもっているが，同時に，多くのヒスパニック労働者は同胞への待遇改善に関心があった。全米運輸労働組合（チームスターズ），国際サービス従業員労働組合（SEIU），国際食品-商業労働組合（UFCW）など，弱い立場の非正規労働者を多く抱える労働組合が，正規労働者の利害に重点をおくAFL-CIOから05年に脱退し，Change to Winという連合をつくった。

　アメリカ政府の政策そのものが，アメリカ社会に弱者を生み出す場合もある。アフガニスタンやイラクでの軍事行動が長引いたことで，多くの帰還兵が生まれた。ベトナム戦争の帰還兵が味わったような社会の冷たい対応をすべきではないとの反省から，帰国時には英雄として迎えられた。しかし，体や心に傷を

図8-5 アメリカの住宅価格

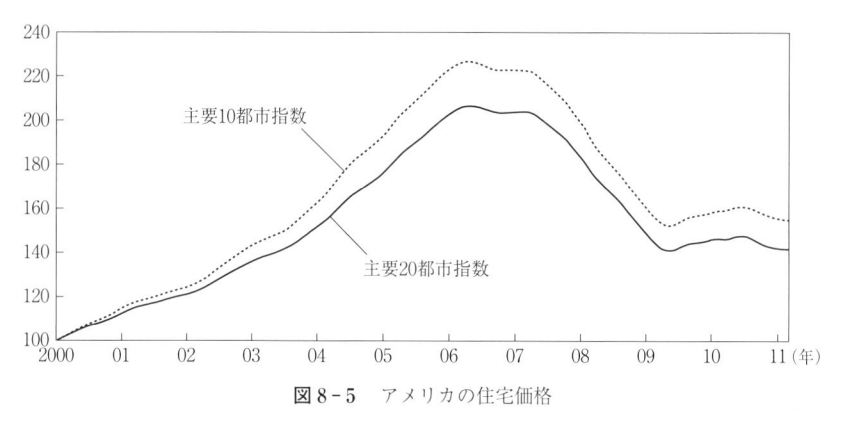

出所:スタンダード&プアーズ。

負った帰還兵へのケアは，逆にベトナム帰還兵よりも縮小されたものであった。十分なリハビリを受けられないまま社会に放り出された帰還兵の自殺率は高く，兵士が使い捨てになっているという批判が生じた。

　03年に，共和党多数派が投票時間を深夜まで延長して強引に可決したメディケア処方箋医薬品給付改革法は，06年から実施された。高齢者の医薬品への給付に上限が設けられたことで，医療負担の増大が懸念され，それへの対応として追加的に私的保険に加入することでギャップを埋める必要も生じた。多数派を取り戻した民主党は，高齢者の負担が減少するよう試みたが，下院のみでしか合意が得られなかった。多数派となった民主党は，1997年に成立し失効を前にした低所得層の子どもの医療保険制度（CHIP）の延長も試みた。無保険者の増大のなかで，広く支持を得られるはずの案件であったが，対象者の拡大による財政負担，非合法滞在者の子どもの扱いや，周産期の母親までもが含まれることへの反対から，ブッシュ政権下では延長が認められなかった。これはオバマ政権になってすぐに延長され，本格的な医療制度改革を前どりするものとなった。

（5） 金融危機から世界不況へ

　ITバブル崩壊後の景気回復過程においては，デフレ懸念への対策として低金利政策が継続されたこともあって，資産価格の上昇がはじまった（**図8-5**）。上昇率が金利よりも高まると，リスクはあるものの，借金して資産を購入して

後に売却すれば、キャピタルゲインが見込めることとなる。人々は借金をして資産購入を進めるようになった。さらに、クリントン・ブッシュ両政権はともに、規制緩和を通して、低所得層の持ち家促進政策を推進した。民主党にとっては弱者救済であり、共和党にとっては市場機能の発揮であって、各党の方針に合致したのである。その結果、通常の借り手向けの住宅ローンの契約対象とはならない人々も、借入可能となった。これがサブプライム住宅ローンであり、借金して、資産を購入する人口が顕著に増えたのである。

　貸出を増加させる変化は、供給サイドである金融機関にも生じていた。住宅ローンを貸し出す主力は、日本とは異なって（厳しい規制や監督の対象である）銀行ではなく住宅金融会社となっていたし、そうした金融会社へ貸出原資となる資金を供給するメカニズムが大きく発達していた。投資銀行を中核とするシャドーバンキングである。世界の資金がアメリカに流れ込んで、金融会社にまで到達するようになっていた。こうした構造変化は、クリントン政権下の諸金融自由化をベースとしたものであった。しかし、金融産業への監督体制は、伝統的な連邦制の影響で連邦と州の間でバラバラであり、弱体なままであった。

　公的規制や監督にとって制限されないままに、貸出（信用）は膨張し、資産価格、特に住宅価格は上昇していたが、2006年夏にピークを迎えて、緩やかな低下がはじまった。サブプライム住宅ローンは基本的に地価上昇を想定した契約だったので、返済不能が増加していった。それが、シャドーバンキングの機能不全を引き起こしていく。そうした変調は07年夏ごろから目立つようになっていたが、08年春には大手投資銀行ベアスターンズが破綻して公的救済によって、シティグループに吸収された。そして、08年秋に、政府系の大手住宅金融機関2行が行き詰まり、大手投資銀行リーマンブラザーズも破綻して、金融市場はパニックに陥った。大手保険会社AIGも破綻して公的救済を受け、他の大手投資銀行（メリルリンチ、モルガンスタンレー、ゴールドマンサックス）も借入不能となって、内外からの資本注入を仰いだ。大手金融グループであるシティグループやバンカメも巨大な損失を被っており、金融システムは信用を失ってしまった。戦後最大の金融危機を迎えたのである。ブッシュ政権と連邦準備は、懸命に金融システムの安定化策を講じた。

　この金融危機は世界に伝播して、世界不況を引き起こすこととなった。アメリカの金融会社に流れ込んでいた資金の返済は困難となり、アメリカの資産価

格も暴落した。それだけでなかった。この危機発生までの世界経済は，低インフレと経済成長が持続したグレートモデレーションと呼ばれた状況であり，将来への楽観視と低金利にも支えられて，世界中で信用が膨張し資産価格が上昇していたのである。しかし，アメリカの金融危機を受けて，将来期待は急速に悪化して，投資家は資金回収を進めた。世界中で信用が収縮して資産価格が低下し，極端に信用拡大をしていた金融機関は次々と窮地に陥った。イギリスやアイルランド，スペインなどのヨーロッパ諸国への打撃が顕著であり，アイスランドなどは国家財政の破綻同然となってしまった。また，日本のように金融機関の損失が大きくなかった国でも，輸出が急減して景気は悪化した。

6　オバマ政権のアメリカ

（1）　チェンジの実現

　イラク戦争によってアメリカに対する世界の世論を低下させたブッシュ政権は，アメリカ国内においてもその退場が待ち望まれたため，2008年の大統領選挙では民主党への期待が高まった。とくに有望な民主党候補の2人が，はじめての女性大統領かアフリカ系大統領かという，アメリカの歴史を切り開く選択を提供したことで，人々の選挙への関心が高まった。

　民主党候補として勝ち残ったバラク・オバマは，政治家としての経歴は浅いものの，自らが多文化なアメリカの体現であることも手伝い，これまでのアメリカを変えていく（チェンジ）ことを公約に，ジョン・マッケイン候補に対して勝利を収めた。しかし，ふたつの戦争がつづいていることに加え，選挙戦の終盤にはアメリカが深刻な金融危機に陥ったため，公約の優先順位を大きく変更することを強いられた。期待感で高揚していたアメリカの人々の落胆は，急速に低下する支持率として現れ，とくに無党派層でのオバマ離れが目立った。

　オバマ政権が公約のなかでもっとも力を注いだのは医療保険改革であったが，反対意見も強かった。下院民主党は会期早々にCHIPの延長を認め，抜本的な医療保険改革をめざした法案づくりをめざしたが，上院民主党の足並みはそろわなかった。そのため，下院と上院を通過した法案の違いを調整する必要があった。上院では反対派が審議妨害として利用するフィリバスターを打ち切るために60票が必要であったが，2010年1月マサチューセッツ州での補欠選挙で

民主党が敗北して議席数が減ったため、上院で法案修正を行うことが現実的ではなくなった。そこで、不十分な医療保険改革ならば行わないほうがましであるという下院リベラル派を説得し、下院が上院案を受け入れることで、かろうじて医療保険改革は成立した。もっとも、議会が個人が保険を購入するかどうかの判断に罰則を設けて圧力をかけることなど、いくつかの点で憲法違反であるという訴訟が行われた。ドナルド・トランプ大統領はオバマケア撤廃を公約として当選しており、何らかの政策変更が生じる可能性がある。

2009年12月のコペンハーゲンで、オバマ大統領は20年までにCO_2排出量を05年から17％削減することを世界に約束したものの、国内ではその財源として期待した国内排出権取引制度への風当たりは強かった。下院では09年6月に僅差で法案が可決されたものの、上院での可決はめどが立たないまま中間選挙を迎えた。炭鉱地域を抱えた選挙区では、国内排出権取引制度に賛成した民主党議員が苦戦を強いられるなど、コストのかかるチェンジに広く支持を集めることは容易でないことが露呈された。また、11年に生じた東京電力福島第一原発の事故は、原子力発電に積極的なオバマ政権には逆風となった。

オバマ大統領を選挙戦において決定的に有利にしたのが、イラク戦争に一貫して反対していたという立場であった。選挙公約を果たすために、10年8月末をもってイラクから攻撃的兵力を、11年12月をもって全兵力を撤兵したものの、その後のイラク情勢の不安定化などもあり、再度アメリカ軍が投入された。

（2）不況対策と金融制度改革

ブッシュ政権は金融システムの安定化策として、不良債権となった住宅ローン関連の金融商品を金融機関から買い取ることとして、議会を説得して10億ドルを使うこととする不良資産救済プログラム（TARP）を緊急立法した。しかし、この買い取りはうまく進まず、準備した資金を金融機関への資本注入に転用することとなった。大きな損失を被って、その処理に資本金を使った穴埋めを図ったのである。日本の金融危機後の経験も教訓となったのかもしれない。大手行首脳を説得して受け入れさせることからはじまって、他の諸行へと注入は続いた。その後、この資金は、大手自動車メーカーであるGMとクライスラーの救済にも転用された。

オバマは大統領に選出されると、早期実施へ向けて不況対策プランを練らせ

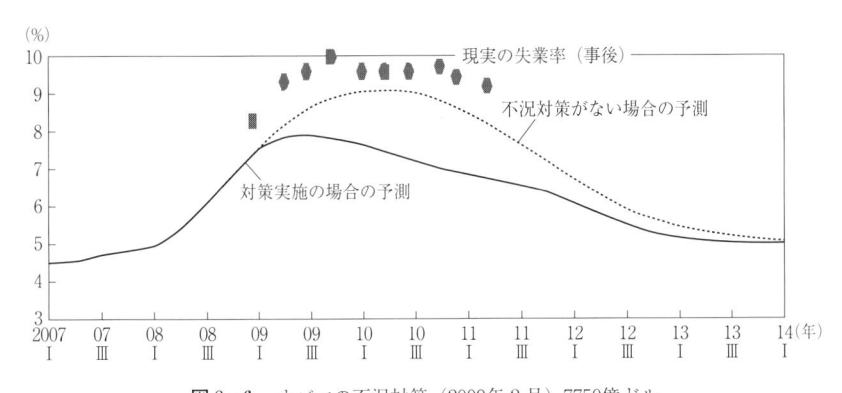

図8-6 オバマの不況対策（2009年2月）7750億ドル

注：四半期データ．Iは第1四半期，Ⅲは第3四半期．
出所：Christina Romer and Jared Bernstein (2009), "The Job Impact of the American Recovery and Reinvestment Plan," Jannuaryより筆者作成．

て，就任前に発表した（図8-6）。就任即実施とはならなかったものの，（送電網の高度化や都市路面電車の整備など）環境政策を絡めたグリーン・ニューディールとも呼ばれた部分が注目を集めた。税収減少に直面した州地方政府が（均衡財政原則に縛られているので）人員を削減するのを防ぐための，政府間資金援助の効果も期待された。こうした不況対策は景気を下支えしたと評価できるが，雇用の改善は意図したようには進まずに，失望を招いて中間選挙の敗北にもつながった。また，ブッシュ政権で導入された減税も期限延長した。

オバマ政権は，金融制度改革（ドッド=フランク法）の立法も実現した。金融システム全体の脆弱性を監視する金融サービス監督委員会（FSOC）を設置し，大規模かつ複雑化した金融機関の行動を制限するとともにその破綻処理制度を整備し，連邦と州とでバラバラな金融監督体制を少し改善し，デリバティブやヘッジファンドや格付け機関などに関しても安全性を高める方向の内容が盛り込まれた。しかし，大枠は決まったものの細則は規制監督当局と業界団体との間での交渉がつづいており，金融業界の巻き返しもあるので，どこまで有効なものとなるのかへの懸念も表明されている。消費者金融保護局（CFPB）が設置されたことと，業態に関係なく大手金融機関がほぼ一律に連邦準備の監督下におかれたことの2点は，改善と評価できるのではないだろうか。

(3) チェンジを阻む動き

　金融危機とふたつの戦争だけがオバマのチェンジを阻む障害ではなかった。クリントン政権が伝統的な民主党路線を離れて以来，民主党にとっても「大きな政府」を正面から掲げることはタブーであるだけでなく，オバマ大統領自身はリベラルな語り口とは異なり，実際には中道的な政治家であった。

　それにもかかわらず，オバマが公約していたような超党派の合意をつくりだせなかったことが，上述したように中道派を幻滅させただけではなく，共和党の対決姿勢を正当化する口実も与えた。オバマ大統領自身のリーダーシップの問題もあるものの，オバマが法案成立において依存する議会民主党も大きな要因であった。フィリバスターが行われる上院では，意見が分かれる議案では時間を節約するために60票を採否ラインと決めて議事進行を行っており，過半数を占めているだけでは法案を可決できないことが多い。下院においては，共和党議員が選出されていた選挙区を勝ち抜いた，ブルードッグと称される保守的な議員のおかげで民主党が多数派の地位を奪還したため，党内での保守派の声を無視するわけにはいかなかった。そうした民主党議員のおかれた状況に加え，共和党は多数派奪還のために大統領に妥協することよりも対決を求めていったため，期待に反して非常に党派的な環境が生まれてしまった。

　医療保険改革を優先したオバマ大統領は，同じく公約していた移民法改正には手を付けることなく中間選挙を迎えた。移民政策が大きな関心事であるヒスパニックは，2008年の選挙でオバマに67％の支持を与えたが，2010年の選挙での民主党支持は60％にとどまった。外交でも，正しい戦争であるとして取り組んできたアフガニスタンでは，イラクにならって兵力増派を行ったものの，状況改善が見られないため撤兵が急がれたが，イスラム国の勢力拡大を受け，駐留が継続された。また，ノーベル平和賞受賞につながった「核のない世界」の提唱も，ロシアとの新START条約は成立したものの，包括的核実験禁止条約（CTBT）の批准は実現できなかった。しかも，核兵器の未臨界実験を実施したり，核兵器をもつ国に対してはアメリカによる核攻撃の可能性を否定しないなど，実際の政策は理想的な発言とは異なる次元で展開された。

　2010年の中間選挙で下院の多数派を奪還した共和党は，主流派と対立するリバタリアン的なティー・パーティー勢力を内に抱え，オバマ大統領が残された公約を実現することは，さらに難しくなった。9.11から10年目を迎える直前に，

■□コラム□■

オバマとレーガン

　2011年2月7日号の『タイム』誌の表紙を飾ったのは，オバマ大統領と故レーガン大統領だった。政党も，政府の役割に関する立場もまったく異なる2人が，なぜ仲良く並んでいたのか。それは，オバマがレーガンを自分のロールモデルとし，彼のような統治をしたいと考えているからであった。

　オバマのレーガンへの傾倒は，08年の大統領選挙前にさかのぼる。民主党予備選挙で，オバマは小さな政府への革命をもたらしたレーガンを，偉大な政治家として称えた。これは民主党リベラル派から痛烈な批判を招いたが，自らも「チェンジ」をめざしたオバマは，レーガンが社会を変革したことを称えつづけた。

　大統領となったオバマは，経済的な苦境のなかで，中間選挙で大きな敗北を喫するなど，レーガンと共通点を増していった。しかし，同『タイム』誌によると，レーガン生誕100周年行事の準備にホワイトハウスを訪れたナンシー・レーガン夫人は，レーガンにならいたいというオバマに対して，「でも，あなたは左（左利き）でしょ」と，冗談めかして釘を刺したという。

　もっとも，オバマがレーガンと決定的に異なるのは，右か左かではなく，何を信条とするのかが不明瞭な点であろう。レーガンは，アメリカが小さな政府へと大きく方向転換をする必要性を，アメリカの人々に直接語りかけて説得した。しかし，オバマの言葉巧みな演説に高揚感を覚える人々ですら，結局オバマが何を譲れないものとして信じているのかを，その演説から読み取ることは容易ではない。

　分極化したアメリカで，対立を回避するオバマのスタイルはスマートに映る。しかし，右からも左からも，オバマに信じるところを裏切られたという印象をもたれるのは皮肉である。

パキスタンにおいてオサマ・ビン・ラディンを殺害し，パレスチナとの和平に向けてイスラエルに圧力をかける素振りを示すなど，12年の大統領選挙に向けてのパフォーマンスが目立った。逆に，世界金融に影響を及ぼす債務不履行の危険性をもいとわず，財政赤字をめぐってオバマ大統領と最後まで対決しようとした共和党は，世論の批判を招いた。大統領選挙でのアメリカの有権者の票は，これまで経済状況にもっとも大きく影響されてきた。支持率4割程度で低迷したオバマ政権は，それでも2期8年間の任期を全うしたものの，続くトラ

ンプ政権はその政策の多くを廃止・修正する姿勢を示している。

■　■　■

●参考文献──────────

伊藤隆俊（1992）『消費者重視の経済学──規制緩和はなぜ必要か』日本経済新聞社。
ボブ・ウッドワード（1994）『大統領執務室』山岡洋一・仁平和夫訳，文芸春秋。
ボブ・ウッドワード／カール・バーンスタイン（2005）『大統領の陰謀──ニクソンを追い詰めた300日』常盤新平訳，文芸春秋社。
河音琢郎・藤木剛康編（2008）『G・W・ブッシュ政権の経済政策──アメリカ保守主義の理念と現実』ミネルヴァ書房。
河村哲二（2003）『現代アメリカ経済』有斐閣。
ポール・クルグマン（1995）『経済政策を売り歩く人々』伊藤隆俊監訳／北村行伸・妹尾美起訳，日本経済新聞社。
ポール・クルグマン（1998）『クルグマン教授の経済入門』山形浩生訳，主婦の友社。
ハーバート・スタイン（1985）『大統領の経済学──ルーズベルトからレーガンまで』土志田征一訳，日本経済新聞社（原著 *Presidential Economics*, American Economic Instituteはその後も改訂されて出版されている）。
デイヴィッド・A・ストックマン（1987）『レーガノミックスの崩壊──レーガン大統領を支えた元高官の証言』阿部司・根本政信訳，サンケイ出版。
アンドリュー・ロス・ソーキン（2010）『リーマンショック・コンフィデンシャル』加賀山卓朗訳，早川書房。
ロナルド・ドーア（2011）『金融が乗っ取る世界経済──21世紀の憂鬱』中公新書。
グローバー・ノーキスト（1996）『「保守革命」がアメリカを変える』久保文明・吉原欽一訳，中央公論社。
『米国経済白書』毎日新聞社（Committee of the Economic Advisors, *Economic Report of the president*, Government Printing Officeの邦訳），各年版。
待鳥聡史（2003）『財政再建と民主主義──アメリカ連邦議会の予算編成改革分析』有斐閣。
宮本邦男（1997）『現代アメリカ経済入門』日本経済新聞社。
村山裕三（2001）『テクノシステム転換の戦略』NHK出版。

（地主敏樹・大津留〔北川〕智恵子）

第Ⅲ部
マクロ・対外政策の考え方と展開

第9章
財政システム

　財政とは政府が国民の社会的な欲求を満たし，公共の利益を実現するために行う歳出と財源調達の活動のことをいう。政府は公共サービスを供給し，そのために必要な財源を租税や公債等により調達するが，その形態は国によって異なる。アメリカでは，政府部門は連邦と州，地方公共団体からなり，財政活動はこれらの3段階の政府によって営まれている。1776年に13の植民地が連合してイギリスからの独立を宣言し，合衆国が誕生したことから，連邦と州は上位と下位の政府というよりも，むしろ対等に近い関係にある。

　本章ではまず，連邦と州の行財政の機能分担と政府間関係，州や地方の財政制度などについて概観する。そして，次に，財政部門の規模と構造などについて見たうえで，財政赤字の問題について論ずる。1980年代に発生した連邦の巨額の財政赤字は，経常収支とともに「双子の赤字」として国内外の経済に大きな影響を及ぼした。90年代にはいったん財政健全化に成功したものの，2000年後半には財政赤字問題がさらに深刻なかたちで再燃している。そこには，予算制度に内包された問題があり，経済再生と財政規律の回復という同時に解決することの難しい，しかし，相互に関連している難題の解決はまだ途上にある。

1　アメリカの公共部門——連邦政府と州・地方政府

（1）行財政システムとしての連邦制度

　アメリカは連邦制国家（Federal State）であり，財政も財政連邦主義（Fiscal Federalism）のかたちをとる。連邦とは独立した権限を有する複数の政府の集合であり，国家はそれぞれが主権をもつ構成体である政府と，統一的な政治，行政の必要性，対外的（国際的）な共通の利益の実現などのために，それらから外交や国防，通貨発行などの権限を委任された連邦政府により構成される。連邦政府に委任されたもの以外の権限は構成体たる個々の政府に留保される。

アメリカの他にはドイツやカナダ，オーストラリアなども連邦制を採用している。これに対し，日本やイギリス，フランスなどは単一制の国家形態をとり，国が主権を有し，集権的な意思決定と行政の執行を行い，地方公共団体は国の統制のもとで行政を行う。連邦制では中央政府である連邦と州政府は対等の関係にあるが，単一制では国と地方がいわば上位と下位の関係にある。

連邦国家アメリカでは，政府部門は連邦と連邦を構成する50州およびコロンビア特別区，州の統制下にある地方公共団体からなる。もともと独立国に近い存在であった13の植民地（州）がイギリスからの独立のために連合したのがアメリカ合衆国のはじまりであることから，個々の州は現在にいたるまで強い独立性と政治・行財政権限を有する。

連邦制では構成体である個々の政府，すなわち州が主権を有し，統一的な利益の実現のために，その一部を連邦政府に委任する。合衆国憲法は第1条第8節において，州政府が連邦議会に委任する権限として，国債の支払いや共同の防衛，一般の福祉のために租税，関税，輸入税，消費税を賦課徴収すること，借り入れ，通商，帰化と破産に関する法律制定，貨幣鋳造と度量衡の制定，証券・通貨偽造に対する罰則の制定，郵便，知的所有権の確保と科学技術の発展，裁判所の組織，戦争の宣言，軍隊の維持，民兵の召集などを列挙している。合衆国憲法制定後，修正第14条（正当な法の手続きと法律の平等な保護）や修正第15条（投票の平等）など，連邦権を拡大する修正条項が追加された。

主権を有する州が権限の一部を委任して連邦をつくったことから，連邦と州の関係は，対等な関係にあるが，他方で連邦国家としての完全性，安定性を確保するためには，連邦の州に対する優位が保障されねばならない。そこで，憲法第6章第2項は連邦と州の法令に矛盾がある場合には連邦の法令が優越的な位置にあることを明記している。

実際面では最高裁の憲法解釈が緩やかに行われてきた結果，連邦政府の権限は次第に拡大されてきた。財政面でも，もともと広範な課税権が付与されていることに加えて，憲法修正第16条（1913年確定）によって所得税の課税権も与えられたことで，全政府の歳出に占める連邦支出の割合は，南北戦争の頃の2割程度から20世紀はじめには3割強となり，1930年代のニューディール期には5割を超えた。その後，連邦の歳出割合は平時ではおおよそ6割前後，連邦から州・地方への財政移転を連邦側に含めれば7割弱で推移してきている。

（2） 連邦制下の州と地方公共団体

　合衆国憲法は連邦に付与する権限と州に対する禁止事項をそれぞれ限定列挙したうえで，修正第10条は「本憲法によって合衆国に委任されず，また，州に対して禁止されなかった権限は，各州それぞれにまたは人民に留保される」として，連邦に委任されたもの以外の残余権限はすべて留保権限として州に帰属することを明記する。したがって，州は，合衆国憲法第1条第10節が州に対する禁止事項として，条約・同盟・連合の締結，貨幣の鋳造など列挙されているもの以外の，広範な権限を有している。

　州に留保された権限の基本的なものとしては，州憲法の制定，警察，教育，福祉，交通，通商や企業活動にかかわる規制，自然資源保護，伝染病予防，地方公共団体の設立などがある。ただし，もともと別個の植民地で，それぞれの歴史や自然，社会，経済などの環境も違うことから，州によって政治や行財政システムも異なる。

　連邦と対等の位置関係にある州に対して，地方公共団体は州の「被造物」として位置づけられる。地方公共団体には地方自治体である市町村（地方自治体：Municipalities），準地方自治体としてのカウンティ（County），タウンシップおよびタウン（Township and Town），学校区（School district），特別区（Special district）などがある。合衆国憲法にはこうした地方政府に関する規定はなく，1868年にアイオワ州最高裁判所でジョン・ディロン判事が示した「地方団体は州の被造物であり，州政府から明確に付与された権限，あるいはそれに関係しているとみなされる権限のみ行使できる」という判示がディロン原則として，地方団体の法的性格，位置づけを表す一般的な基準となっている。

　地方自治体としての市町村は基本的には住民の意思に基づき，州政府の授権によって創設される。州の憲法や法律のもとで憲章（Charter）により自治体に権限が付与されることから，原則的には地方自治は限定されたものとなる。ただし，実際には多くの州では州からの法的授権なしに自治体が施策を実施できるホーム・ルール憲章が適用され，地方自治体に組織や事務，課税，起債など広範囲の自治権，裁量権が（一定の制限のもとに）認められている。他方，準地方自治体のカウンティなどは，基本的に本来，州が行うべき機能を，行政上の便宜などの視点から，その下部機関，補助機関として代行させるために創設され，限られた裁量権しか与えられていない。

2007年時点で地方公共団体の総数は8万9476団体で，その内訳は一般的な行政サービスを提供する基礎的自治体の市町村が1万9492，州から委任されて徴税や道路，治安，病院，福祉などの広範な行政を行うカウンティが3033，北中部やニューイングランド地方の州で治安や図書館などを担当するタウンシップおよびタウンが1万6519，学校区が1万3051，上下水道や都市交通，消防，都市開発などの特定・単一のサービスを供給するために設けられる特別区が3万7381である。これらの団体の行政区域は重なる一方で，いずれの市町村やカウンティにも所属しない地域やカウンティがない地域もあり，全人口の約4割は市町村がない地域に，約1割はカウンティがない地域に居住している。市町村がない地域ではカウンティなどの準地方自治体が市町村の機能を部分的に代行する。

2　アメリカ財政の概要

（1）　財政の規模

　国民経済計算（SNA）における，連邦と州・地方をあわせたアメリカの政府部門全体（一般政府；中央政府と地方政府，社会保障基金）の財政規模（一般政府総支出）を見ると，2010年度で6兆1339億ドルで，対国内総生産（GDP）比は41.8％である。2009年度の日本やヨーロッパの主な先進諸国の一般政府総支出の対GDP比は，日本42.3％，イギリス51.7％，ドイツ47.5％，フランス55.2％，イタリア51.6％，スウェーデン55.2％であった。このように，アメリカ経済における財政部門の位置は，日本とともに，ヨーロッパの主要先進諸国のそれよりは小さい。

　しかし，一般政府総支出の対GDP比は2000年度には34.2％であったから，09年度までの十年弱の間に8ポイントも上昇したことになる。この財政規模拡大の原因の半分は年金や失業給付など社会保障給付の増大によるものである。今後，高齢化が進行するなかで，アメリカの財政規模もヨーロッパの水準に近づいていくものと予想される。

　ところで，アメリカにおける財政規模は最初から現在のように大きかったわけではない。政府支出の対GDP比は，1920年代の平均は約10％であった。しかし，29年に大恐慌期が起こると，社会保障制度の導入やニューディール政策

の大規模な公共事業など経済社会の安定のために政府の果たす役割が高まり，対GDP比は一挙に20％を超える。さらに第二次世界大戦中には膨大な軍事費の影響で経済のおよそ半分を公共部門が占めた。戦後はいったん戦前に近い水準に戻るが，60年代後半，リンドン・ジョンソン大統領の「偉大な社会」構想に基づいて社会保障の拡充など貧困解消のための政策がとられたこともあって，「大きな政府」化が進んだ。80年代に双子の赤字としての連邦財政赤字が深刻化すると，財政の健全化のために歳出規模の抑制が取り組まれることになったが，最近は国防費や社会保障関係費の影響で再び財政規模の拡大が生じている。

（2） 財政収支

1980年代はじめのロナルド・レーガン政権期に，アメリカでは「双子の赤字」として貿易収支とともに巨額の財政赤字が大きな問題となった。レーガン政権は「小さな政府」を標榜するものの実際には積極的な減税を行う一方で，歳出削減はなされなかったために財政赤字が拡大し，金利の上昇とドル高を生じさせ，民間投資を圧迫し，貿易赤字をさらに増やすなどの深刻な影響を及ぼした。

表9-1に示すように，アメリカでは財政赤字は恒常化していたが，それは実質的には連邦の財政赤字である。州・地方政府の財政収支は，2000年代に入ってからは悪化が目立つが，それ以前は，連邦財政赤字が深刻化した1980年代も含めて，ほとんどの年度で黒字であった。これは，バーモント州を除く全州で州憲法や州法によって財政均衡が義務づけられ，赤字公債による財源調達が禁じられていること（社会資本整備のための建設公債の起債は認められている），また州の「被造物」である地方政府にも必然的に財政の健全性が求められることによる。しかし，均衡財政主義を維持してきた州・地方財政も，2008年度以降はリーマンショックによる景気後退で税収が落ち込み，逼迫した状態にある。

経済協力開発機構（OECD）の*Economic Outlook* で政府部門の財政状況を他の主要国と比較すると，2011年の一般政府財政収支の対GDP比（見込み）は，アメリカが10.0％の赤字で，フランス5.7％，ドイツ1.2％，イタリア3.6％，日本8.9％，イギリス9.4％，欧州連合（EU）19カ国平均4.0％，OECD加盟32カ国平均6.6％のそれぞれ赤字となっている。OECD加盟国のなかで財政収支が黒字なのはノルウェイやスウェーデンなど数カ国のみで，それ以外の国はす

第Ⅲ部 マクロ・対外政策の考え方と展開

表9-1 連邦，州・地方政府の歳出・収支の対GDP比の推移

(%)

年度	全政府 歳出	全政府 収支	連邦 歳出	連邦 収支	州・地方 歳出	州・地方 収支	年度	全政府 歳出	全政府 収支	連邦 歳出	連邦 収支	州・地方 歳出	州・地方 収支
1962	24.4	1.3	17.3	0.4	8.0	0.9	1986	32.8	-3.9	22.7	-4.4	12.1	0.5
1963	24.5	1.8	17.2	0.9	8.1	0.9	1987	32.5	-2.9	22.1	-3.2	12.2	0.3
1964	24.0	1.1	16.7	0.1	8.3	1.0	1988	31.8	-2.4	21.5	-2.7	12.1	0.3
1965	23.7	1.4	16.4	0.4	8.3	0.9	1989	31.8	-2.1	21.4	-2.4	12.2	0.4
1966	24.5	1.3	17.2	0.3	8.5	1.0	1990	32.4	-2.9	21.7	-3.0	12.6	0.1
1967	26.4	-0.3	18.8	-1.1	9.1	0.8	1991	33.1	-3.7	22.0	-3.6	13.3	-0.1
1968	27.1	0.6	19.1	-0.3	9.5	0.8	1992	33.9	-4.8	22.9	-4.8	13.4	0.0
1969	27.1	1.7	18.7	0.9	9.9	0.8	1993	33.4	-4.2	22.6	-4.2	13.3	0.0
1970	28.4	-0.8	19.4	-1.5	10.9	0.7	1994	32.5	-3.0	21.8	-3.1	13.2	0.1
1971	28.9	-2.0	19.6	-2.5	11.4	0.6	1995	32.5	-2.7	21.8	-2.8	13.3	0.1
1972	28.8	-0.8	19.8	-2.0	11.5	1.3	1996	32.0	-1.6	21.4	-1.9	13.0	0.3
1973	28.0	0.3	19.0	-0.9	11.5	1.1	1997	31.0	-0.3	20.6	-0.7	12.8	0.4
1974	29.1	-0.3	19.6	-1.0	11.9	0.6	1998	30.1	0.9	19.8	0.4	12.7	0.5
1975	31.2	-4.2	21.3	-4.3	12.6	0.2	1999	29.5	1.5	19.2	1.1	12.8	0.4
1976	30.3	-2.5	20.6	-2.9	12.4	0.4	2000	29.2	2.3	18.8	1.9	12.9	0.4
1977	29.6	-1.6	20.2	-2.3	12.2	0.6	2001	30.1	0.2	19.2	0.4	13.5	-0.2
1978	28.6	-0.4	19.7	-1.3	11.7	0.8	2002	30.8	-2.9	19.8	-2.4	13.8	-0.3
1979	28.5	0.0	19.5	-0.5	11.5	0.5	2003	31.0	-3.7	20.3	-3.4	13.8	-0.3
1980	30.4	-1.7	21.1	-2.0	11.8	0.3	2004	30.8	-3.3	20.2	-3.2	13.6	-0.1
1981	30.9	-1.6	21.6	-1.8	11.6	0.2	2005	31.0	-2.0	20.4	-2.2	13.5	0.2
1982	33.1	-4.2	23.1	-4.2	12.1	-0.1	2006	31.0	-1.1	20.4	-1.5	13.3	0.4
1983	33.1	-4.8	23.2	-5.0	12.0	0.1	2007	31.5	-1.7	20.6	-1.7	13.6	0.1
1984	32.1	-3.8	22.4	-4.4	11.6	0.6	2008	33.0	-4.6	21.7	-4.3	14.0	-0.3
1985	32.5	-3.7	22.6	-4.2	11.8	0.5	2009	35.4	-9.0	24.5	-8.9	14.3	-0.1

注：収支は経常収入と経常支出の差額で，マイナス値は赤字を示す。
　　全政府の歳出額は連邦と州・地方政府間の移転支出を調整した純計額。
出所：*Economic Report of the President 2011*, p.290, Table B-82より筆者作成。

べて一般政府の財政収支は赤字であるが，そのなかでも，アメリカの財政赤字の規模は日本やイギリスとともに大きい。ただし，アメリカの一般政府の財政収支は1990年代末から2000年度にかけて黒字であったし，07年度までは赤字ではあったものの対GDP比は2～3％で推移していた。しかし，08年度に財政赤字対GDP比は6.6％に上昇し，09年度からは10％を超える水準がつづいており，財政収支の悪化がここ数年で急速に進んだことを示している。

　収支バランスが崩れ財政赤字がつづくと，当然，政府の債務残高も累積していく。2011年末時点におけるアメリカの政府部門全体（一般政府）の債務残高の対GDP比は97.6％である。すなわち，GDPとほぼ同じだけの累積債務を抱えていることになる。GDPの211.7％もの政府債務残高を抱える日本や，財政

破綻によって世界的な金融危機の火種となっているギリシャの165.1%，イタリアの127.7%などは別として，フランスの98.6%，ドイツの86.9%，イギリスの90.0%，EU19カ国平均の95.6%，OECD平均の101.6%と比較してアメリカの債務残高が著しく大きいわけではない。しかし，今後，人口高齢化が進むなか，財政収支の構造的な不均衡が放置されるならば，政府債務残高は増えつづけ，国内経済はもとより世界経済にも深刻な影響を及ぼすことになる。

3　財政システムと歳出・歳入構造

(1)　連邦政府の予算制度

　政府の施策や事務・事業は，国民の意思を反映し，計画的かつ費用対効果で最も優れた方法で行われねばならない。そこで，一定の期間，会計年度（アメリカの場合，毎年10月1日～翌年9月31日）における，政府のすべての歳出と歳入の見積もりが「予算」として，会計年度が始まる前に，国民の代表である議会により承認され，それに基づいた財政活動が行われることになる。予算は財政システムの基礎部分であり，ここでは連邦予算制度について概観する。

　合衆国憲法は，予算について，すべての立法権が議会に属すること（第1条第1節），下院に予算を含めて先議権があること（同第7節第1項），国庫からの支出は，法律で定める歳出予算（Appropriations）によってなされ，その決算が公表されるべきこと（同第9節第7項）と定めている。このように，連邦予算とは歳出予算のみのことを指す。歳入については，税制改正など歳入関連の措置が必要な場合に歳入法が制定されるものの，議会での議決の対象とはならず，それらは議会審議の資料として用いられるにすぎない。しかも，歳入には公債収入が含まれず，歳入不足は国庫の資金繰りの問題として単純に処理される。

　連邦政府の予算は，連邦基金（Federal Fund）の予算と，信託基金（Trust Fund）のそれに分けられる。連邦基金は政府の一般的な行政にかかわる経費を管理する基金であり，信託基金は政府の機関，事業であるが，特定の行政領域について連邦政府に信託される資金を管理する基金である。信託基金には年金や医療保険，郵政事業，ハイウェイ，空港などの基金がある。

　次に，歳出予算には裁量的経費にかかわる予算と，義務的（Mandatory）経費にかかわる予算がある。裁量的経費は経常予算権限に基づいて，毎年度，商

務省や国防省など省別の13本の歳出予算法でその支出の内容や支出額などが定められる。国防や教育，福祉，運輸，貧困家庭一時扶助（TANF）などの一部の福祉プログラムなどがこれに該当する。

　他方，義務的経費にかかわる予算は恒久予算権限に基づくものであり，いったん授権法（Authorizing Legislation）によって定められれば，支出額が歳出予算法ではなく，受給要件や給付額などを定めた個々の実体法によって自動的に決められ，予算の統制機能から外れることになる。公債の利払費や，エンタイトルメント・プログラムと呼ばれる，公的年金（OASDI），メディケア（高齢者医療保険）やメディケイド（低所得者医療給付制度）といった医療給付，高齢者・障害者等所得保障（SSI），補足的栄養支援（SNAP，従来のFood Stamp制度），その他社会福祉プログラム，失業保険などがこれに該当する。2010年度の歳出予算3兆4562億ドルのうち，義務的経費は1兆9129億ドルで歳出全体の約6割にも及んでいる。義務的経費の多くは社会保障関係のものであるため，今後，高齢者人口の増大や経済の低迷による貧困層の拡大によって，その動向が歳出予算全体に大きな影響を及ぼすことになる。

　次に，連邦予算にはオン・バジェット（予算内予算）とオフ・バジェット（予算外予算）があり，それらを合計したものが統合予算（Unified Budget）である。オン・バジェットは通常の政府機関の予算で，前述の連邦基金と信託基金とからなる。オフ・バジェットは連邦政府の機関，事業であるが，法律上一般の予算と区別されている郵政事業と公的年金の信託基金の予算のことをいう。2010年度におけるオン・バジェットの歳出は2兆9015億ドル，オフ・バジェットは5547億ドルで，統合予算の歳出総額（3兆4562億ドル）の8割強がオン・バジェットである。

　予算編成プロセスと，それに関与する組織などは次のとおりである。

　予算編成は予算開始の約1年半前の，大統領の予算教書作成にかかわる作業からはじまる。予算編成の中心的な役割を担うのは行政管理予算局（OMB）で，各省庁・機関から提出された予算要求を大統領の計画を軸に調整して予算見積もりを作成する。大統領は経済諮問委員会（CEA）や財務省が作成した経済見通しや歳入見積もりを参考にしながら，予算編成方針を定め，各省庁・機関の計画目標・歳出限度額を設定する。そして，夏頃には，この大統領の予算編成方針などに基づき，各省庁・機関が第2次の予算要求を行う。秋から冬にかけ

て，OMBは各省庁・機関と予算折衝を行い，CEAや財務省と経済見通し，財政政策について再検討し，予算教書原案を起草する。あわせて各種予算関係資料も作成される。

　年明けの議会開会後15日以内（1月第1月曜日～2月第2月曜日。通常は2月の第1月曜日）に，大統領予算教書が予算年度を含む10年度分の財政見通しを付して議会に提出され，ここから予算編成作業の舞台が議会側に移る。2月15日までには，行政府や議会から独立した立場で経済の見通しや予算分析を行い，その情報を議会に提供するために設置されている議会予算局（CBO）から，財政と経済見通しのレポートが議会に提出される。

　予算教書提出後6週間以内に，上下両院の常任委員会は各委員会所管の施策についての予算を両院の予算委員会に報告する。歳出法案は，上下両院の歳出委員会に設けられた分野ごとの小委員会で原案が策定される。予算委員会は予算決議案（当該年度を含む5年間の歳入・歳出総額，機能別歳出の目標額など）を4月1日までに本会議に報告し，4月1日から15日までの間に本会議で予算決議を採択する。

　そして，4月15日から6月末日までの間に下院先議の憲法規定に基づき，下院歳出委員会の小委員会で歳出予算法案を作成・審議した後，本会議で審議し，すべての歳出予算が可決される。歳入関連措置が必要な場合，下院歳入委員会で歳入法案を作成・審議する。その後，歳出予算法案が上院に送付され，9月末日までに下院と同様のプロセスで審議・可決がなされる。上院，下院が異なった法案を可決した場合，両院協議会で調整を行う。議会は歳出法案，歳入法案を大統領に送付し，大統領が10日以内に法案に署名して予算が成立する。なお，大統領が予算案に対して拒否権を行使した場合，議会の3分の2以上の賛成により再可決すれば予算が成立することになる。

　10月1日に予算の執行が開始される。新年度開始までに予算が成立していない場合には，暫定予算が組まれる。また，年度途中で追加的支出の必要が生じた際には補正予算が編成・執行される。

　こうした予算の編成から執行にいたる過程において，アメリカの予算制度の特徴は，まず，日本やイギリス，フランス，ドイツなどでは予算編成権が内閣に専属するのに対し，アメリカでは予算の編成と審議，決定の権限は，すべての立法権が議会に属するという憲法の定めに基づき，編成権を含めてすべて議

会に与えられていることである。大統領は予算教書を作成し，議会に提出するが，それは議会で審議される予算案ではなく，大統領が行おうとする政策を議会が立法化することへの勧告であり，また，議会の予算作成作業の参考資料にすぎない。議会は大統領の予算教書に制約されることなく，予算を編成，決定することができる。ただし，実際には議会の予算審議は予算教書をもとに審議され，その意味で大統領の予算教書は予算のベースとして重要な役割を果たしている。

　第2の特徴は，大統領の予算編成方針決定という最初の段階で，日本やイギリス，ドイツ，フランスなどでは財務省が歳出と歳入の予算編成を一括して行うのに対し，アメリカでは歳出（行政管理予算局）と歳入（財務省）で担当する組織が異なっていることである。その結果，歳入予算が議会の審議対象とはならないとはいえ，歳出と歳入全体を通じた一元的な予算コントロール，歳入を考慮した歳出のあり方，その逆の歳出を考慮した歳入のあり方に十分な配慮がなされないおそれがある。

　なお，特徴というよりも制度の問題であるが，議会での審議においては，本来，議会によって統制が機能するはずの裁量的経費の歳出予算についても，それが13の別々の歳出法案として個別の委員会で審議・議決される。個々の委員会では全体の歳出規模や赤字額に注意が払われないことから，大局的な視点を欠いたまま予算が決められる可能性がある。

（2）　連邦の歳出・歳入構造

　表9-2は2010年度の連邦政府予算における歳出・歳入構造を示したものである。歳出では，国防費が歳出全体の2割を占め，公的年金とともに最大の歳出項目となっている。その割合は戦時や冷戦期に高く，冷戦終了後はいったん低下したものの，近年ではイラク戦争やアフガニスタン紛争などの影響では再び高まる傾向にある。

　公的年金（予算では社会保障〔Social Security〕とされているが，老齢・遺族・障害年金のことであるので，広義の社会保障との混同をさけるためここでは公的年金と記す）や所得保障（失業給付，公務員退職給付など），メディケア，保健など広義の社会保障分野での歳出が全体の7割近くにも及んでいる。この分野の歳出に占める割合は1960年度には3割弱であったが，その後，一貫して上昇してきた。

第9章 財政システム

表9-2 連邦政府の歳出・歳入 (2010年度予算)

(10億ドル, %)

歳　入			歳　出		
個人所得税	898,549	41.5	国　防	693,586	20.1
法人所得税	191,437	8.9	教育・雇用・社会サービス	127,710	3.7
社会保障税	864,814	40.0	保　健	369,054	10.7
間接税など	66,909	3.1	メディケア	451,636	13.1
遺産・贈与税	23,482	1.1	所得保障	621,210	18.0
関税など	22,453	1.0	公的年金	706,737	20.4
その他	52,117	2.4	復員軍人	108,384	3.1
総　額	2,162,724	100.0	エネルギー	11,613	0.3
			天然資源・環境	43,662	1.3
財政収支	-1,293,489		商業・住宅金融	-82,298	-2.4
			運輸関係	91,972	2.7
			社会・地域開発	23,804	0.7
			公債利払い	196,194	5.7
			国際関係	45,195	1.3
			科学・宇宙・技術開発	31,047	0.9
			農　業	21,356	0.6
			司　法	53,436	1.5
			一般行政	23,031	0.7
			調整など	-82,110	-2.4
			総　額	3,456,213	100.0

注：歳出の公的年金は予算で社会保障（Social Security）であるが，広義の社会保障と区別するために，ここでは公的年金と記す。
出所：Office of Management and Budget, *Budget of the U. S. Government, Historical Tables, FY2012*, Table 2.1, Table2.5, Table3.1より筆者作成。

予算のところでも述べたように，これらの大半は予算統制の及ばない義務的経費であり，高齢化の進行による年金や医療給付の増加，経済低迷による貧困層の増大などによって，今後も歳出の拡大圧力を強めることになろう。

また，公債費は現在，6％程度であるが，巨額の累積赤字を反映して，今後，高まっていくのは確実で，OMBは2015年度には10年度の倍の約12％になると推計している。義務的な社会保障分野の歳出と公債費をあわせると，10年度予算では85％にも達しており，連邦財政はかなり硬直化していることになる。

連邦政府の歳入の大半は租税収入であるが，そのうち個人所得税と社会保障税の2税で税収全体の約8割を占める。社会保障税は公的年金の特定財源で所得が課税ベースであるので，法人所得税の1割弱もあわせて，連邦レベルの課税は所得にかなり偏った構造となっている。これは日本やEU諸国などと異なり，連邦税（国税）として大型の間接税である付加価値税が課税されていない

表9-3　州・地方政府の歳出・歳入（2009年度予算）

(10億ドル，％)

歳　入	州		地　方		歳　出	州		地　方	
一般歳入	1,495,730	100.0	1,408,132	100.0	政府間支出	491,322	—	15,403	—
政府間収入	495,624	33.1	531,515	37.7	直接支出	1,335,804	100.0	1,625,990	100.0
自主財源	1,000,107	66.9	876,517	62.2	一般支出	1,064,596	79.7	1,410,479	86.7
租税	715,496	47.8	555,860	39.5	社会福祉	379,211	28.4	51,886	3.2
財産税	12,964	0.9	411,050	29.2	病　院	55,774	4.2	80,687	5.0
個人所得税	245,881	16.4	24,637	1.7	保　健	41,326	3.1	40,613	2.5
法人所得税	39,278	2.6	6,702	0.5	ハイウェイ	90,623	6.8	61,443	3.8
売上税など	344,567	23.0	88,988	6.3	空　港	1,651	0.1	23,918	1.5
自動車・免許税	19,627	1.3	1,670	0.1	治　安	12,186	0.9	80,814	5.0
その他の税	53,179	3.6	22,813	1.6	消　防	—		40,312	2.5
料金収入	284,610	19.0	320,657	22.8	矯　正	47,840	3.6	26,663	1.6
その他の収入	123,372	8.2	93,130	6.6	天然資源	20,225	1.5	10,337	0.6
公益事業収入	16,471	—	127332	—	公園・レクリエーション	5,277	0.4	35,301	2.2
酒販事業収入	6,377	—	1,080	—	住宅・コミュニティ開発	8,431	0.6	39,058	2.4
保険基金収入	−395,352	—	−102,626	—	下水道	1,188	0.1	46,430	2.9
					廃棄物処理	2,639	0.2	21,751	1.3
					一般行政	51,929	3.9	75,494	4.6
					公　債	24,530	1.8	159,196	9.8
					その他	41,809	3.1	90,122	5.5
					公益事業	26,539	—	178,578	—
					酒販事業	5,175	—	948	—
					保険基金	239,494	—	35,985	—
総　額	1,123,226	—	1,433,918	—	総　額	1,827,126	—	1,641,392	—

注：一般支出の支出項目は主要なもののみを記載しているので，合計しても直接支出総額とは一致しない。
出所：U.S. Department of Commerce, Economic and Statistics Administration, U.S. Census Bureau (http//www2.census.gov/govs/estimate/) より筆者作成。

ことによる。

　なお，前述のように，アメリカでは政府予算の歳入に公債収入は計上されないが，財政収支の赤字は国債により財源調達されることになる。

（3）　州・地方の歳出・歳入構造

　次に，表9-3で州・地方の歳出構造を見てみよう。州においてはその歳出の約3割は政府間支出，すなわち地方公共団体に対する補助金などであり，地方への補助が州の重要な役割であること，州と地方との財政関係の強さを示す。残りの7割の州の直接支出のなかでは社会福祉（歳出全体の約2割）や教育（1割強）が比較的大きな支出項目で，州政府がこれらの分野でとりわけ重要な役割を担っていることを示す。

　社会福祉では貧困家庭一時扶助（TANF：就労を要件とした，未成年児童のいる，

あるいは妊娠中の貧困家庭対象の期限付き扶助）や補足的栄養支援（SNAP）などのプログラムを州が実施している。TANFは州が運営し，財源は連邦と州が分担する。定額のTANF包括補助金を州に拠出する連邦と州の負担割合はおよそ6：4である。運用は州政府が行うため，州によって制度の内容が異なる。貧困世帯対象の食料費補助のSNAPも州が制度を運営し，州の歳出として計上されるが，財源は連邦が全額を負担している。

また，全国民対象の公的医療保険制度がなく，民間医療保険に加入できない国民も多いアメリカでは，貧困者を対象としたメディケイドという医療制度があり，州が制度を運営している。その財源は連邦と州がほぼ同額を分担するが，国民医療費の急増により連邦，州ともにメディケイドの財政負担が重くのしかかってきた。しかし，2010年3月，ビル・クリントン政権時代から民主党が進めてきた医療保険制度改革法案が下院で可決され，内容的には課題が多いものの国民皆保険制度が整備されることなり，今後，メディケイド制度の統廃合も行われることになる。

州の歳入構造は，租税収入を中心とした自主財源が歳入全体の約8割，連邦政府から州，地方への，あるいは州から地方への移転収入が約2割となっている。主要な州税は売上税と個人所得税でそれぞれ歳入全体の2割弱（税収の5割弱），1割強（同4割弱）を占める。

売上税は小売り段階で広く財・サービスに課税される消費税で，日本やEU諸国のように連邦（国）レベルでの付加価値税が課税されていないことの理由のひとつとなっている。連邦の構成員である州が課税する消費に連邦の課税が及ぶことが連邦制における政府間関係から問題となるためである。

次に，地方歳出のなかで最も大きな割合を占めるのは教育であるが（歳出総額の約4割），義務教育は学校区によって提供される。市やカウンティは警察や消防，矯正（刑務所），下水道，公園，ハイウェイ，住宅，社会福祉，病院，保健など，国民にとって身近な行政サービスを幅広く提供している。

地方の歳入では，州や連邦からの補助金など移転収入が歳入全体の3割を占め，残りの7割が自主財源である。自主財源の中心は日本の固定資産税に相当する財産税で，税収の約7割，歳入全体の3割を占めている。

なお，州・地方財政は過去において全体として財政が安定していたため，公債費の割合は連邦のそれほどには大きくない。しかし，近年は金融不安を起因

とする景気の低迷で税収が伸び悩み，州，地方ともに財政収支は悪化している。また，ここでは州・地方の歳入歳出構造を全体的な姿でとらえたが，実際の税財政制度や施策は州，地方によって異なることに留意しておく必要がある。

4 財政赤字と予算・税財政改革——経済と財政の再生のために

(1) 双子の赤字問題

連邦財政はもともと慢性的に赤字の状態にあったが，1970年代になるとその規模が大きく膨らみ，インフレと失業率の上昇（スタグフレーション），国際収支の悪化とともにアメリカ経済の深刻な問題となっていた。ロナルド・レーガン政権（1981～88年）は，経済再生の糸口が「小さな政府」による民間活力の活性化にあるという，サプライサイド経済学をベースとしたレーガノミックスに基づいて，所得税，法人税の減税による民間貯蓄と投資の拡大，歳出削減，規制緩和，安定的な金融政策の「経済再建計画」を打ち出した。財政面では81年経済再建租税法が制定され，所得税と法人税の課税ベースを縮小し，税率を引き下げるという減税が行われた。

しかし，これらの減税によって景気の回復は見られたものの，国民の旺盛な消費意欲は過剰消費による経常収支の悪化と，貯蓄率の低下を生じさせた。さらに，民主党が多数派を占める議会の反対によって歳出削減が進まなかったため，財政赤字はさらに拡大し，経常収支赤字とともに，「双子の赤字」と呼ばれるようになる。そして，それは金利の上昇やドル高などを引き起こして経済を混乱させた。

こうして経済全体に及ぼす影響がますます重大となっていく財政赤字を縮小するために，85年12月に，提案議員名からグラム＝ラドマン＝ホリングス法と呼ばれる均衡財政・緊急赤字抑制法（GRH法）が制定される。同法は連邦予算案の赤字額に上限を設定し，上限を超えた場合には大統領が一律歳出削減命令を出すことを認めたもので，91年度に財政赤字をなくすこと（収支均衡達成）を目標としたものであった。この法律は，議会の個別の予算委員会が予算の全体像を見ずに個別分野の歳出を決めることに対して，大統領のコントロールを機能させようというものであったが，そのことについての最高裁の違憲判決や議会の抵抗による赤字上限の形骸化などがあり，結局，財政赤字の削減は進む

ことはなかった。

　他方，租税政策では，1986年には81年の税制改革を修正し，今度は歳入の純減をもたらさないかたちで，所得税の簡素化や法人税の課税ベース拡大と税率の引き下げなどの改正を行った。所得税については税率構造のフラット化により累進税の勤労意欲，労働生産性への阻害効果の緩和が，また，法人税ではかつてのアメリカ経済を牽引した旧型産業の設備投資に対する引当金などが整理され，ハイテク，IT（情報技術）産業など新たな成長エンジンとなる産業への投資拡大が図られている。

（2）　財政赤字問題と予算制度改革

　G・H・W・ブッシュ政権（1989～92年）は財政健全化のために，1990年5月から政府と議会超党派による予算サミットを開催し，その成果として11月に包括予算調整法（OBRA90）が成立する。その主な内容は，①裁量的経費分野で，全体の歳出額に上限を定め，それを超えた場合に（GRH法では対象外とされた補正予算を含めて）大統領が予算執行開始後に削減命令を発するCap制の導入，②義務的経費において，歳出（歳入）を増やす（減らす）新たな施策を実施する場合，他の経費の削減（増税）を行って，義務的経費の枠での赤字を生じさせないというペイ・アズ・ユー・ゴー（PAYGO）原則の導入，③これらふたつのルールを適用してなお赤字が生ずる場合，大統領命令による歳出の一律削減，である。OBRA90は，GRH法の失敗を教訓に，赤字上限設定と一律削減という結果目標設定ではなく，予算策定のプロセス，ルールそのものの変更に踏み込んだものとして画期的な財政収支均衡化策であった。

　クリントン政権（1993～2001年）も財政再建路線をとり，93年8月，期限切れとなるOBRA90をOBRA93として一部改正・継続した。OBRA93では，義務的経費についてPAYGO原則に加えて，裁量的経費と同じくCap制を適用し（公債費を除く），メディケアやメディケイドなどの社会保障関連経費も削減するなど，さらなる歳出抑制が行われた。他方，税制面では高所得層への所得税の増税，法人税の最高税率の引き上げ，輸送燃料税の導入など増税が行われる一方で，研究開発投資減税の延長や中小企業向けの投資減税など，経済活性化のための改正も実施されている。

　OBRA90，OBRA93により，90年代半ばから財政赤字は縮小傾向に転ずる。

97年8月に成立した財政収支均衡法（BBA97）では裁量的経費のCap制の延長・拡充や，メディケアやメディケイドなど社会保障関連経費の抑制，納税者負担軽減法（1997TRA）では所得税減税（17歳未満の子供のいる世帯への子女税額控除，教育減税，キャピタルゲイン減税）などが実施され，景気の回復もあって，98年度には69年度以来，約30年ぶりに財政収支の黒字化が実現する。

（3） 赤字問題の再燃・深刻化

G・H・W・ブッシュ，クリントンの両政権の財政健全化への予算制度改革により，ようやく赤字財政からの脱却ができたのであるが，ジョージ・W・ブッシュ政権（2001～08年）はその黒字を国民への還元，景気対策としての減税に用いた。2001年6月に成立した経済成長のための減税調整法（EGTRRA2001）では，所得税率の引き下げや子女税額控除の引き上げの段階的実施，配当と長期キャピタルゲインに対する減税が行われ，法人税の特別償却制度の拡充，遺産税の段階的廃止などを内容とする，いわゆる2001年ブッシュ減税が実施される。

減税に加えて，2001年9月の同時多発テロ以降，総額400億ドルの緊急財政支出や，翌02年3月の雇用創出および勤労者支援法（JCWAA2002）による設備投資減税と失業給付の拡充など，景気下支え施策が続けられる。ブッシュ大統領はさらなる大型減税（10年間で総額6700億ドル）を実施しようとしたが，上下両院とも与党共和党が多数を占めていたにもかかわらず，その議会共和党が財政赤字を不安視して反対し，5月に規模を半減させた雇用および成長のための減税調整法（JGTRRA2003）が成立した。この減税法は，所得税減税の前倒し，子女税額控除の拡大，株式配当とキャピタルゲインの減税，設備投資減税などを内容としている。

こうした積極的な減税による減収と，景気の悪化による税収減が加わって歳入が大きく落ち込み，また，イラク戦争の戦費やイラク，アフガニスタン復興費用によって02年度の財政収支は再び赤字となった。さらに，03年11月には医療保険改革法が可決されてメディケアの拡充が決まり，04年10月の勤労家族減税法（WFTRA2004）で01年，03年減税の延長が行われると，財政赤字は過去最大の水準にまで増える。その後，景気の回復によって税収が増え，財政赤字はいったん縮小するが，リーマンショック後の景気悪化に，08年2月成立の経

済刺激法（ESA2008）の影響で税収が落ち込んだことや，国防費と貧困層への給付の拡大などが加わり，財政赤字はさらに拡大した。

　こうして財政赤字が深刻化するなか，09年に発足したオバマ政権はブッシュ前政権の負の遺産ともいえる財政赤字を1期目の任期末の13年度までに半減するという目標を立て，2月に，公債収入と公債費負担を除いた場合の財政収支が黒字か赤字かを示す基礎的財政収支（プライマリーバランス：公債収入を除く収入─公債費を除く支出）を2015年度までに均衡させるための超党派の委員会を設置する。その一方で，同月，米国再生・再投資法（ARRA2009）が成立している。これは約5000億ドルの歳出拡大（財政状況の悪化している州・地方への財政支援や，インフラ整備，科学技術部門への投資，失業保険，住宅助成など）と，所得税など約3000億ドルの減税とからなる総額約8000億ドルの経済対策で，オバマ政権が財政の立て直しとともに，金融危機以降の経済の再生という困難な課題を背負ってスタートしたことを示すものである。さらに9月には，中小企業支援法（SBJA2009）による中小企業を対象とした減税，2010年10月にも減税延長・失業保険特別延長・雇用創出法（TRUIRJCA2010）と，経済対策が追加された。

　こうした景気対策としての財政措置の結果，財政赤字は急激に悪化し，09年度には赤字額が前年度の4000億ドル強から約1兆4000億ドル，対GDP比で10％を超え，10年度も約1兆3000億ドル，対GDP比約9％という過去にない水準に達する。これに対し，歳出削減と増税からなる赤字の縮小を主張する大統領と，増税は行わず歳出の大幅削減のみによる財政健全化を主張する共和党の対立は，11年度予算編成をめぐる赤字上限設定の対立に波及し，予算が会計年度が始まっても成立せず，債務不履行（デフォルト）の可能性が生じた。追加的な財政健全化策が講じられることで両者の合意が整い，債務の不履行は回避されたものの，財政健全化をめぐる政治的な混乱と合意案が財政の中期的な安定には不十分とする市場の評価は，アメリカ国債の格付けの引き下げという事態をもたらしている。

　11年秋には，財政赤字の削減をめぐって，民主党と共和党の超党派の委員会での1.2兆ドルの赤字策に関する協議が行われた。しかし，富裕対象の所得税増税など1兆ドル規模の増税を中心とした財政健全化を主張する民主党と，年金や医療保険関係の歳出の大幅削減を中心とした赤字削減を図る共和党の対立がつづき，結局，11月に与野党の協議が決裂し，連邦予算の一律歳出命令削減

第Ⅲ部　マクロ・対外政策の考え方と展開

■□コラム□■

地方税に見るアメリカ流の地方自治

　アメリカの地方公共団体の基幹税は地方財産税（Local Property Tax）である。地方財産税は日本の固定資産税と同じく，土地や家屋，償却資産などを対象に，その評価額を課税ベースに課される税である。ただし，日本の固定資産税のように国が定めた標準税率を基本に課税されるのではなく，税率の基本的な決め方は，地方財産税で賄うべき公共サービスの必要額をその地域全体の不動産評価額で除して求める。つまり，住民がより多くのサービスを望むのであれば税率（税負担）は高くなるし，歳出の削減を望めば税率（税負担）は低くなる。また，住民に送付される納税通知書には地方財産税がどのような公共サービスに用いられたかが記載されている。住民は提供されるサービスに対して税率を重いと感じるか，軽いと感じるかで，公共サービスのあり方を見直すための情報を与えられ投票を通じて望ましい歳出規模と内容を選択するのである。高齢者などへの特別措置も講じられるが，受益にはそれなりの負担を要することを自覚したうえで「選択」と「負担」を行うという，自治財政の基本的な姿をそこに見ることができる。

（トリガー）条項により，13年1月から国防費と裁量的経費が9年間にわたって強制的に一律削減されることになった（義務的経費は除く）。なお，条項発動は議会の過半数の賛成があれば回避できるが，大統領はそれに対して拒否権を発動することを表明した。

　他方，10年3月，医療保険改革法が成立し，およそ100年前にセオドア・ルーズベルトが最初に提案して以来，長年にわたって国論を二分して議論されてきた国民皆保険制度が，完全なかたちではないにせよ，整備されることになった。これにより約3000万人の医療無保険者が解消することになるが，医療費の高騰と高齢化を抱えたアメリカにとって財政への影響は非常に大きい。

　財政規律の回復と経済の低迷というふたつの深刻な問題を抱えたアメリカであるが，財政赤字が解消せずに拡大していくならば，国内経済はもとより世界経済にも深刻な影響を及ぼすことになる。連邦予算の強制削減によって財政赤字拡大への一定の制約が課せられたとはいえ，13年度の大統領予算教書（12年2月議会提出）は高水準の財政赤字がつづく見通しを示している。ヨーロッパ

の債務危機による世界経済の不安定がつづくなか,中期的な財政再建戦略をいかに早く構築できるかが今後の鍵となろう。

■ ■ ■

●**参考文献**

秋山義則・前田高志・渋谷博史編（2007）『アメリカの州・地方債』日本経済評論社。
河音琢郎（2006）『アメリカの財政再建と予算過程』日本経済評論社。
渋谷博史・前田高志編（2006）『アメリカの州・地方財政』日本経済評論社。
渋谷博史・渡瀬義男編（2006）『アメリカの連邦財政』日本経済評論社。
林正寿（2011）『アメリカの税財政政策』税務経理協会。
本圧資（2011）『アメリカの租税政策』税務経理協会。

（前田 高志）

第10章
金融システム

 アメリカは,金融に関しても世界の中心地である。ニューヨーク証券取引所やNASDAQに代表される株式市場,国債や社債などの債券市場,諸金融機関の間での資金融通の短期金融市場などのさまざまな金融市場がそろっており,情報開示や取引制度などが整備されているので,海外からも資金が集まってくる。国際的な基軸通貨であるドルがアメリカの通貨であることも,その一要因である。また,IMFと世界銀行という国際金融において大きな役割を果たしている機関も,アメリカの首都であるワシントンに本部をおいている。
 本章では,最初にアメリカの金融システムの特徴と考えられる点を順に説明する。市場型取引が中心であること,金融革新が盛んであること,連邦制の影響があること,金融機関数が膨大であることの,4点である。次いで,一般的にあまり知られていない業態を中心に,さまざまな金融機関について述べる。それから,大恐慌以後に生じた諸金融危機と対応する規制改革を説明する。その次に,中央銀行である連邦準備制度について,その組織や金融政策運営について述べる。最後に,21世紀に入って生じた諸問題について概説する。

1 アメリカ金融システムの特徴

(1) 市場型取引が基本型

 日本の金融システムと対比したときの特徴としては,資金の借り手がオープンな金融市場を通じて資金を調達する比率の高いことが,よく指摘される。株式や債券などを発行するのである。アメリカの非金融法人企業部門の資金調達を(出資以外の残高で)見ると,2010年末においてさまざまな債券発行総額は諸金融機関からの借り入れ総額の2倍を超えている。日本では,銀行を中心とした金融機関との相対取引に基づいた貸出(ローン)による資金調達が中心であ

る。「市場型取引」が基本型のアメリカと，「相対型取引」が基本型の日本という対比になる。

　関連した把握の仕方として，資金を保有している主体＝家計側から見ても，家計の保有金融資産総額に占める，各資産のシェアが大きく異なっている。最近（2010年度末）のデータで確認してみよう（日本銀行調査統計局〔2011〕『資金循環の日米欧比較』6月21日）。アメリカの家計の資産構成は，現預金14％，投資信託12.8％，保険・年金資産30.1％，債券8.2％，株式・出資金30.1％などとなっている。逆に借金の内訳では，住宅ローン75.1％と消費者ローン18.2％とが圧倒的である。対照的に，日本の家計の資産構成は，現預金が55.3％と圧倒的で，保険・年金も28.4％あるのに対し，株式・出資金は6.1％，債券2.6％，投資信託3.6％にすぎない。最終的な貯蓄主体である家計から直接に借り手が資金調達しているという意味で，アメリカは「直接金融」の比率が高く，逆に日本は金融仲介機関を経由する「間接金融」の比率が高いというのである。

　市場型取引にしても直接金融にしても，借り手の正確な情報が（一般の人々を含めて）広範に入手可能であることが重要である。逆に，相対型取引と間接金融とが組み合わさると，（専門家集団である）金融仲介機関が借り手の情報を集めて保有すればいいことになる。

（2）　盛んな金融革新

　アメリカの金融市場は，さまざまな金融革新（イノベーション）が盛んなことも，よく知られている。ルールが「原則自由型」であったり，イギリスの「慣習法」の制度が残ったりしているので，新たな金融商品やサービスの導入を試みやすいのであろう。原則自由型のルールでは，禁止事項が明示されているので，それ以外の実施は基本的にOKとなる。慣習法の場合，現実が先行するのに対応して判例が蓄積されて法律となっていくので，新しいことをまず試しに実施して，規制・監督当局とは裁判所で対決するというかたちがありうる。

　以前の日本はこれと対照的であった。金融革新の導入には，最初に規制監督当局の了承を得なければならなかったし，当局は安定性重視なので抜け駆け的な新商品導入を抑制していた。他の金融機関の準備が整うまで，新商品の認可が延ばされたりしたという。創業者利得というインセンティブが，極小化されていたのである。また，訴訟に頼ろうにも，裁判所の独立性も疑問視されるほ

どに，行政訴訟では政府側が勝っていた。金融革新が進まなかったのは当然であろう。

また，大恐慌期の改革（1933年グラス・スティーガル法）で国際的に見ても厳しく規制された業界となったことも，盛んなイノベーションの一因であったであろう。20年代の地価・株価バブルの後に大恐慌が発生したので，金融システムの諸側面が問題視されることとなり，金利規制や業際規制が導入されて，アメリカの金融業界は国際的に比較しても束縛の多い業界となっていたのである。諸規制のなかには，その必要性が疑問視されるものも，そのデザインが問題なものも存在した。アメリカの金融機関は，こうした諸規制を乗り越えるような業態（シャドーバンキングなど）や商品（証券会社のMMFなど）を開発し，（後述する）証券化などで環境の変化に対応してきたのである。

（3） 連邦制の影響

連邦制度の影響も，アメリカの金融システムの特徴として，挙げておくべきだろう。建国時の設定では，金融に関するほぼ全面的な権限が州政府の手中にあり，連邦政府の管轄はドル硬貨の鋳造・管理のみであった。もちろん，各州によって法律の内容も違ったのである。さらに，設立要件を満たせば銀行免許が与えられるという「自由銀行」制度が1830年代末から実施されていたので，規制監督の不備な州の人里離れた土地に銀行を設立したことにして，銀行券の発行だけして逃げてしまう「山猫銀行」などという，詐欺行為も発生した。こうした状況に対応して，1860年代半ばに，民間銀行による紙幣（銀行券）の発行を制限する方向での改革がなされ，連邦政府の免許による銀行設立が導入された。州法よりも厳しい内容の設立要件を課すものだったが，その後の制度間の競争は要件を緩和する方向で作用したと考えられている。

現在も，保険業は州政府が規制監督を担当している。銀行業については，連邦免許の（国法）銀行と州免許の（州法）銀行とが並存（二元銀行制度）しており，それぞれに連邦政府財務省通貨監督局（OCC）と州政府銀行局とが免許交付機関であって監督も行う。さらに，連邦預金保険公社（FDIC）が保険加盟行の，中央銀行である連邦準備（FRB）が銀行持株会社の，規制・監督に参加している。証券業のみは，大恐慌期の改革で，連邦政府の担当に変更され，その実施機関として証券取引委員会（SEC）が設置された。投資家を保護するため

の，情報公開の促進や違法取引のチェックが，その主業務となっている。

この規制・監督権限の分業体制は，多分に歴史的な産物である。隣国のカナダも連邦制であり，類似の分業体制があるが，その内容は異なっている。銀行は連邦政府，証券は州政府がそれぞれに担当しており，保険はアメリカの銀行に似た二元制度となっている。いずれにせよ，このようにバラバラな規制監督体制は，民間金融機関が規制監督の緩い業態を選択しながら，業態間の壁のグレーゾーンを活用して儲けるという，「規制アービトラージ（裁定）」行為の温床となった。しかし，諸規制監督機関の統合は，それらの縄張り争いのみでなく，連邦制の枠組みによっても阻まれてきたのである。

（4） 膨大な金融機関数と合併の波

アメリカの金融機関数が膨大であることも指摘しておかねばならない。2009年段階で，商業銀行7000強，スリフト（後述するが，基本的には庶民向けの銀行類似機関）1200弱，信用組合7500強，生命保険1000社弱などである。

この金融機関数には，上記の連邦制も影響してきたと考えられる。州法に基づいて設立された金融機関は，免許を受けた州内での営業が原則だったからである。アメリカ史においては，（東部中心の）金融資本と中・西部の農民との対立が顕著であり，地元の預金からなる資金が金融中心地に吸い上げられることへの抵抗があった。こうした考え方は州内にも及び，過去には銀行の支店開設に対して州内でもさまざまな規制が実施されていた。ユニット・バンキング制と呼ばれる支店開設の全面禁止（本店のみ）まで実施されていたこともある。

いまでは，こうした支店規制はほとんど消滅し，州境を越えることもほぼ自由化された（1994年リーグル＝ニール法）。この改革は，先行していた各州レベルでの相互進出協定のような自由化を追認して，連邦レベルに拡張したものだった。対応した合併が多数発生することとなり，金融機関数は急激に減少してきた（**表10-1**）。州内外の近隣銀行との合併を繰り返して大規模化する地方銀行（スーパー・リジョナルズ）が形成されたし，地域内でのスーパー・リジョナルズ同士の合併によって当該地域における大きなシェアを握る銀行も現れた。さらには，アメリカ全土への支店展開も実現されるようになり，南東部を拠点としたネーションズバンクが西部や北東部のスーパー・リジョナルズを併合して形成した，バンクオブアメリカがその代表である。

表10-1 金融機関数

年	商業銀行	スリフト	信用組合	投資信託	生命保険
1985	14,417	3,626	15,045	1,528	2,261
1990	12,347	2,815	12,860	3,079	2,195
1995	9,942	2,030	11,687	5,725	1,650
2000	8,316	1,589	10,316	8,155	1,269
2005	7,526	1,307	8,695	7,975	1,119
2006	7,401	1,279	8,362	8,117	1,072
2007	7,283	1,251	8,101	8,026	1,009
2008	7,086	1,219	7,806	8,022	976
2009	6,839	1,173	7,554	7,691	—

出所：*Statistical Abstract of the United States*, 2011.

　金融機関数を増やしてきたもうひとつの要因に，業際規制の存在も挙げられよう。大恐慌期の改革で，銀行と証券，銀行と（保険を含む）一般ビジネス，という業態間に厳格な分離が制定されたからである。しかし，IT技術の進展に応じて，諸金融サービスを総合的に提供することのコストは顕著に低下してきた。また，EUにおいて金融機関規制に相互認証主義が採用された結果，多くの加盟国がドイツ型の（諸金融ビジネスを兼業できる）ユニバーサル・バンクを許容することなり，欧米間の制度の競争も発生した。こうした流れを受けて，アメリカでも業際規制の撤廃（1998年グラム＝リーチ＝ブライリー法）が制定された。シティコープ（シティバンクの持株会社）は，この立法を見越して，その前年に保険業を中核とするトラベラーズと合併していた。

　銀行との競争上，他業態においても多くの合併が実施されてきたので，各業界において上位数社のシェア＝寡占度が高まった。さらに，21世紀に入っての住宅価格バブル崩壊とつづく金融危機のなか，生き残りのために大手金融機関が合併し，相当数の中小金融機関が倒産したために，寡占度はさらに高まった。ただし，まだ多数の中小銀行も生き残っており，大手とは顧客に関して住み分けが成立しているのであろう。

2　さまざまな金融機関

　通常の銀行・保険・証券といった業態以外に掲げておかねばならないのは，金融会社や，年金基金，投資信託，投資銀行，スリフト，ベンチャー・キャピ

表10-2 各金融機関の資産残高

(10億ドル,各年末)

年	商業銀行	スリフト	信用組合	生命保険	損害保険	民間年金基金	政府系年金基金
1995	4,494	1,013	311	2,064	740	2,899	1,868
2000	6,469	1,218	441	3,136	862	4,468	3,090
2005	9,844	1,789	686	4,351	1,246	5,302	3,793
2009	14,138	1,254	885	4,819	1,360	5,457	3,998

年	証券会社	MMF	投資信託	金融会社	連邦政府系金融機関	連邦政府系モーゲージプール	ABS発行体
1995	568	741	0	705	897	1,571	663
2000	1,221	1,812	0	1,213	1,965	2,493	1,497
2005	2,127	2,007	0	1,857	2,819	3,542	3,388
2009	2,080	3,259	0	1,691	3,029	5,383	3,394

出所:*Statistical Abstract of the United States*, 2011.

タル,モーゲージ・カンパニーなどであろう。ただし,業際の壁が次第に低くなってきているし,大手の金融グループでは持株会社傘下に種々の業態子会社が設けられている。代表的な業態の規模については,**表10-2**を見てほしい。

(1) 融資にかかわる金融機関

　スリフト(貯蓄金融機関)は,元来地域密着型の銀行であり,地域住民が倹約(スリフトの元義)によって貯めた資金を預金として受け入れて,安全性の高い債券投資で運用したり(貯蓄銀行),地域住民向けの住宅ローンを提供(S&L)してきた。1980年代には経営不振となって,多数が破綻したり,商業銀行どに買収されたりした。危機をくぐり抜けたスリフトは,フルラインの金融サービスを富裕顧客向けに提供しようとする大手行とは異なる路線をとり,小口客向けの基本的な金融サービスの提供を行っている。なかには,合併を繰り返して,全米規模のサービスを展開するものも出現した。

　金融会社は貸付業務に特化した業態であり,主に債券発行によって市場から資金調達をしている。銀行と違い預金を受け入れていないので,規制監督が緩やかな業態でもあり,後述するシャドーバンキングの一翼を担うこととなった。電化製品の信用販売会社として成長したGEキャピタル社や,自動車の信用販売会社であるフォード・モーター・クレジット社やGMAC社が知られている。金融機関の持株会社の傘下にあるものや,ハウスホールド社のような独立系の業者もある。住宅ローン(モーゲージ)の発行に特化したモーゲージ・カンパ

ニーもあり，カントリーワイド社のように大規模化したものもあったが，21世紀に入っての住宅価格バブル崩壊で経営困難に陥った。

（2） 資産管理業

　年金基金や投資信託などの資産管理業は，小口の資金を集めた結果としての大きな資産額を金融市場で運用している。年金基金のなかには，企業の大株主となって経営に注文を付けるものも出現しており，カルパース（カリフォルニア州公務員の年金ファンド）がよく知られている。401Kと呼ばれる年金が普及しているが，確定拠出型で将来の受取額は運用成績次第であり，運用方針は提示されたオプション（安全志向とか成長志向とか）のなかで拠出者が選択できるようになっている。これを通じても，家計は多くの株式を保有している。

　投資信託には，最大手のフィデリティやバンガードなどのように電話を通じて顧客に直接販売する業者や，キャピタル・リサーチやモルガンスタンレーのように証券会社や銀行を通じて間接的に販売している業者もあるし，チャールズ・シュワブのように他の運用会社の投資信託を数多く並べて販売する業者もある。特殊な形態として，短期市場の債券のみに投資するMMFもある。安全性が高いので銀行預金の代替物として利用されており，後述するシャドーバンキングの資金受け入れ部門となった。

　ヘッジファンドも投資信託の一種であるが，大口顧客のみを対象としている点と，運用手法や内容に関する情報開示を行っていない点が，特徴である。一般投資家を顧客としていないので，標準的な情報開示義務から免れているのである。その収益には，元本に比して大きな借入を行って（高レバレッジ）資産運用に回していることと，デリバティブを利用したリスク管理の巧みさが，貢献しているといわれている。

（3） 出資にかかわる金融機関

　投資銀行は，企業の株式・社債の発行にかかわる業務や，M&A（企業買収・合併）にかかわる業務などを，主として行っていた。証券会社の業務の内で，ホールセール部分を中心にしているのである。しかし，業際自由化の結果としてJPモルガン＝チェースなどの銀行とも競合するようになった。主要4行は，すべてパートナーシップ制から株式会社に変化し，資本を強化して自己勘定で

の取引で大きく儲けるようになった。預金を受け入れていないので、金融市場で資金を調達して、運用に回したのである。金融に関して儲かる事業なら何でも取り組む業態でもあり、後述する証券化でも大きな役割を果たすようになって、シャドーバンキングの中核となった。21世紀に入っての住宅価格バブル崩壊で、すべてが大きな打撃を被り、主要4行中、リーマン証券が破綻し、ベアスターンズはシティグループに救済合併された。

　ベンチャー・キャピタルは、新興企業（ベンチャー）向けの出資に特化した会社である。ベンチャーの事業プランを専門家を利用して審査し、有望と判断すれば出資する。出資した会社の事業がうまくいかないと出資金は返ってこないが、成功すると株価上昇によって大きなキャピタルゲインが得られるので、成功例が比較的に少数であっても全体としての高収益が期待できる。資金は、富裕層からの出資や、一般向けファンドの形式で調達されている。しかし、21世紀初頭のITバブル崩壊ではあまりに多くの出資先企業が破綻したので、多数のベンチャー・キャピタルが運営を停止することとなった。

（4）　公的金融機関と証券化

　アメリカにも公的金融機関は存在している。その代表が、住宅金融市場にかかわるファニーメーやフレディーマックである。元来は住宅ローンを貸し付けていたが、民間金融機関との競合が問題化して、一定の要件を満たす優良住宅ローンの保証や、証券化支援を主業務とするように転換し、1980年代に民営化された。ただし、連邦政府の支援があるものと考えられており、その発行する債券の利子率は低いので、割安に保証を提供できてきた。なお、民営化後には収益を拡大しようとして、住宅ローンやMBS（住宅抵当証券）を自社保有するようにもなった。低い資金調達コストと住宅ローン金利との利鞘（りざや）が収入となったのである。しかし、住宅価格バブル崩壊後には、経営困難に陥り、再国有化されることとなった。

　ここで、住宅ローンの証券化を見ておこう。典型的には、まず、モーゲージ・カンパニーなどが発行した住宅ローン債権を、別の金融機関が多数買い取って、一まとめにしてモーゲージ・プールを作成する。次に、そのモーゲージ・プールの収入（含まれている住宅ローンの元利払いの合計）に基づいて元利払いを行う債券、つまりMBSを発行するのである。個々の住宅ローンの返済に

はリスクが付き物だが，モーゲージ・プールは多くの住宅ローンを集めているのでリスク分散が効いて，その収入は安定化する。だから，MBSの購入者は，個々の住宅ローンのリスクを詳細に検討せずに購入することができるのである。ファニーメーやフレディーマックの保証が付いた住宅ローンを集めれば，なおさら安全なMBSを作成することができた。

　住宅ローンを発行した金融機関は発行手数料を得ているし，貸借対照表の資産サイドから住宅ローンを外す（オフバランス化）ことができるので，自己資本比率を低めずに収益を得たり，信用リスクを負担することも免れたりという，利点を享受できる。投資銀行などMBSを発行する金融機関も，その発行手数料を獲得している。MBSにさまざまな工夫を凝らして，投資家の需要に沿った仕組み債となると，投資銀行の利益は莫大なものとなった。

　なお，こうした業務は，住宅ローンに限らず，自動車ローンやクレジットカード・ローンなどにも適用されており，総称して証券化と呼ばれている。また，そうしたさまざまな債権などの資産を裏付けとして発行される債券を，一般に資産担保証券（ABS）と呼ぶ。元々の債務者からの元利返済を受け取る業務を行う会社（サービサー）も現れており，やはり手数料を受けとっている。

（5）　シャドーバンキング

　商業銀行は伝統的な金融機関であり，その存在は当然視されているが，意外にもそのビジネスモデルは不安定である。商業銀行の資産の中核は貸出であるが，その返済は長期間にわたる場合もありリスクも伴う。他方で，負債の中核は預金であるが，それは預金者にとって元本保証の安全資産であり，いつでも引き出せる短期性資産でもある。つまり，商業銀行の資産と負債とは，リスクに関しても，満期に関しても，釣り合っていないのである。したがって，銀行の健全性に疑問が生じて預金者が引き下ろしに殺到すると，銀行は倒産した。こうした銀行取付が繰り返されたので，政府が銀行経営に介入することとなった。預金保険を提供することで銀行取付が起こりにくくする一方で，銀行が野放図に規模拡大して儲けることを自己資本比率規制で止めたのである。銀行経営は安定化したが，大儲けはできない業態となってしまった。

　そこで，規制を受けないかたちで商業銀行と実質的に同じ業務をすれば，もっと収益を高めることができるとして構成されたのが，シャドーバンキング

である。シャドーバンキングでは，単独の商業銀行が行っていた業務を複数の金融機関に分割することで，商業銀行への規制を回避した。「預金」受け入れは，MMFが担当した。預金保険はないし元本保証もされていないが，投資対象を短期性の安全な債券に限定することで，一般投資家＝預金者に対して元本割れのリスクを極小化し，いつでも現金化できるようにしたのである。「貸出」を担当したのは，金融会社であった。金融会社は，それぞれに借り手の審査を行って，長期性で危険な貸出を実行した。

シャドーバンキングの中核を構成したのは，投資銀行と投資ファンドであった。投資銀行は，金融会社から貸出債権を買い取って，証券化してリスク転換を行った。その発行するABSは，リスク分散によって安全性が高まったが，まだ長期性の資産であった。次いで，投資ファンドが，短期金融市場で社債を発行して資金を調達し，投資銀行からABSを購入することで，満期転換を行った。長期性だが安全なABSを購入するための社債は，短期性で安全な金融商品であり，MMFの投資対象となった。こうして，金融会社からMMFまで4種類の金融機関がつながり，単独の商業銀行と同じ業務を同じ規制を受けないかたちで実施したのである。

3　金融危機と金融規制

アメリカもいくつもの金融危機を経験してきた。20世紀初頭までは，不況が金融危機を引き起こしてしまう恐慌が繰り返された。その最後が1929年からはじまった大恐慌であった。大恐慌時には銀行取付が頻発し，多数の銀行が破綻した。フランクリン・ローズベルト大統領は就任直後に，（州レベルで実施されはじめていた）銀行モラトリアムを全国レベルで発動して全銀行を強制的に休業させ，1カ月間にわたる検査の後に健全銀行のみを業務再開させた。その後，金融システムの安定性を高めるために，グラス・スティーガル法を中心とする大規模な改革を実施した。（当座預金への付利禁止を含む）金利上限規制，銀証分離，預金保険公社やSECの創設などが，具体的な内容である。以後，50年間にわたってアメリカの金融システムを規定することとなった。

(1) S&L危機と改革

　その次の大規模な危機は、1980年代に発生した、S&L危機を代表とするものである。70年代にインフレ率が高まりかつ不安定になるにつれて、金利規制の維持・運用が難しくなった。そこで、金利規制の撤廃が段階的に進行していった。そこにボルカーFRB議長がインフレ沈静化をめざして高金利政策を実施したので、S&Lの経営は大幅な逆鞘になってしまった。資産サイドの中核である住宅ローンは長期固定金利であったのに、負債サイドの預金金利は上昇してしまったからである。次第に多くのS&Lが債務超過に陥った。しかし、この段階で、S&Lを多数破綻させることは、政治的判断によって回避された。その代わりに、この第一次危機への政府の対応は、S&Lの業務内容を拡大して、収益を高めさせて逆鞘を埋めさせようというものであった。基本的には、ハイリスク・ハイリターンの資金運用を許したのである。

　この改革によってS&L業界の収益は回復し、外部からの参入も盛んとなって、業界は成長した。しかし、1980年代後半に入って諸資産価格の低下が発生すると、ハイリスク・ハイリターンの資金運用が裏目に出ることとなり、リスク管理が不十分だったこともあって、破綻するS&Lが続出した。預金保険制度のデザインの拙劣さも指摘されている。各金融機関の運用リスクに無関係な一律の保険料だった点が、問題であった。保険がついているので、わずかに高い金利を付ければブローカー経由で全国的に預金を集めることができた。資産運用サイドの高リスクに見合わない低コストで資金を調達できたのである。経営の危ういS&Lほど、こうした手段を利用して成長したうえで破綻した。結果として、S&Lの預金保険を提供していた公社（FSLIC）も破綻してしまった。

　S&Lの規制監督は、連邦レベルでは、業界に近過ぎた独立機関（FHLBB）から財務省の一部（OTS）に変更されたし、預金保険もFDICのなかに商業銀行向け（BIF）とは別勘定（SAIF）として含められた。新たな規制は、自己資本比率を中核とすることとなった。預金保険料も一律ではなく自己資本比率に連動するかたちとなり、自己資本比率の低いS&Lが資産を増やすことも制限されるようになった。また、ハイリスク・ハイリターンの低格付け債への投資も禁止された。破綻したS&Lの資産は、整理信託公社（RTC）が、さまざまに工夫をこらして売却して資金を回収した。S&L破綻が多く地価低下の激しかったテキサス州などでも、売却が終わると地価は底を打って反転したと報告され

ている。

（2） 銀行危機と改革

　1980年代末から90年代初頭にかけては，S&L以外の銀行破綻も増大した。そのかなりは，地域経済の低迷を反映したものとなった。ニュー・イングランドやカリフォルニア州では，軍事費削減の影響もあって景気が落ち込み，地価も下落して銀行破綻が生じた。アイオワ州などの農業州においても，農産物価格下落に伴って，農家向け融資が焦げ付いて，多くの銀行が破綻した。

　マネーセンターに位置する大手銀行も，途上国向け貸出し（LDC-Debt）の焦げ付きによって財務状態が悪化した。不動産向け融資（Land）や借入資金による企業買収（レバレッジド・バイアウト：LBO）関連のジャンク債投資でも，大幅な焦げ付きが生じて，シティバンクなども債務超過状態に陥っていたといわれる。大手行は，赤字決算を伴う不良債権の売却，大量の人員カット（リストラ）の実施による経費削減，91年から94年にわたる低金利（実質ゼロ金利）政策による利鞘の拡大，預金口座や投信取扱いなどにかかわる手数料収入増大などによって，財務体質の改善に成功した。また，数十年に一度と想定される最大損失を算出するバリュー・アット・リスクのような，リスク管理の手法開発や適用も推進した。リスク管理を精緻化することで，よりリスクの高い資産運用が可能となり，収益を高めることに貢献したのである。ただし，90年代初頭にはニューヨークやニュー・イングランドで貸し渋りの発生も指摘された。

　こうした銀行の経営悪化を受けて，銀行監督・規制も再検討された。91年に預金保険の改革が制定された（FDICIA）。預金保険料は，自己資本比率と資産内容に基づいて，リスクに応じて高くなる可変料率に変更された。また，自己資本比率が低下すると，債務超過になる前の段階で当局が介入するという早期是正措置も導入された。それまで実施されがちだった，問題行を生かそうとする猶予（forbearance）政策は採用できなくなったのである。金融市場全体へ大きな影響が及ぶというシステミック・リスクの存在する場合を例外として，それまでの「大銀行は潰せない」という慣行（too-big-to-fail原則）や，「地域経済にとって貴重だから潰せない」という慣行（essentiality原則）の放棄も謳われた。また，規制当局の裁量によるものであるが，自己資本比率の高い銀行に対して，業際規制を部分的に緩和することも実施されるようになった。

（3） ヘッジファンド危機と対応

1998年には，最大手の一角であったLTCMの破綻に代表されるように，かなりのヘッジファンドが大きな損失を被った。ロシアの経済危機によって同国への投資が失敗となり，世界的なリスク回避傾向の高まりが発生したことで，大手のヘッジファンドが採用していた投資戦略が裏目に出てしまったのである。日本でも下落しつつあった円が，急激に反転上昇したことはよく記憶されている。ヘッジファンドなどが，円資金を借り入れて海外で運用していたものが，返済目的などで大量に逆流して流入してきた結果であるといわれている。このヘッジファンド危機において，アメリカを中心として多くの金融機関も大きな損失を被った。ヘッジファンドに融資していたのみならず，ヘッジファンドの投資戦略を真似ていた結果であると分析されている。

LTCMに対しては，関係していた金融機関をニューヨーク連銀が集めて，追加資金を提供させた。その破綻が広範な影響を及ぼすことを防ぐためであったと説明されている。ただし，公的資金は投入されていない。その後の連邦準備制度による迅速な金融緩和によって市場は落ち着き，アメリカ・ハイテク株の価格上昇などによって，かなりのヘッジファンドは業績を回復することとなった。ただし，このときの価格上昇が後の「ITバブル」へとつながっていくのである。このヘッジファンド危機直後には，ヘッジファンドへの規制・監視の強化も検討されたが，ほとんどがオフショアに本拠地をおいていることによる実施の困難さとか，自由な国際資本移動を妨げるといった理由から見送られることとなった。ただし，アメリカをはじめとして，各国金融機関のリスク管理の向上が勧告された。

（4） ITバブル崩壊と改革

20世紀末のアメリカの好景気を支えたIT化に関連する企業の株式がきわめて高くなった「ITバブル」が崩壊した後，金融市場に関連するさまざまな問題が表面化した。その第1は，エネルギー産業のエンロン，通信産業のワールド・コムなどと，大手企業の粉飾会計問題である。エンロン事件に関連して，大手会計事務所のアンダーセンも廃業に追い込まれた。会計事務所が経営コンサルティングを兼業することへも批判が高まって，業界の再編につながった。コンサルティング業務の顧客に対して会計監査が甘くなる傾向があり，会計士

と一般投資家との間の利益相反問題が発生していたというのである。

　次に，投資銀行のアナリストの中立性が問題となった。証券アナリストは，株式や債券を発行する企業の経営を分析し，その収益性を評価する。ファンドマネージャーも一般投資家も，アナリストの分析レポートを参照して，投資の意思決定を行っている。しかし，「ITバブル」期に次々と株式を新規公開（IPO）したドットコム企業に対するアナリスト・レポートが収益見通しを過大評価する傾向があったのではないかと，疑問視されるようになった。アナリストが勤務している投資銀行は，当該企業のIPOに関与しており，高値で発行できるほど儲かる仕組みになっていた。そこで，投資銀行内部で，アナリストに対して，楽観的なレポートを書くように圧力がかかったのではないかというのである。一般投資家とアナリストとの間の利益相反問題である。

　企業システムや資本市場への信頼が揺らいだことを受けて，コーポレートガバナンス（企業統治）と監査制度を大きく改革するために，サーベンス・オックスリー（SOX）法が2002年7月に成立した。会計事務所を監督する公開企業会計監視委員会を新設したり，会計事務所と顧客企業との間に長期的関係ができることを防いだり，企業経営者や役員に財務諸表に虚偽がないことの宣誓書を提出させて責任を明確化し，罰則も強化したりした。証券アナリストへの規制や企業の内部統制の義務化なども含まれている。信頼回復には有用なものの，企業にとって同法遵守のための費用が高過ぎるという批判も強い。

4　連邦準備制度と金融政策

　アメリカの中央銀行は連邦準備制度（Federal Reserve System）である。繰り返して発生していた金融恐慌を防止するために，1917年に設立された。先進国のなかでは遅い設立で，諸外国の制度を研究したうえで制度が設計された。かなり独立性が高いことと，アメリカの連邦制度を反映した組織形態が特徴である。

（1）　組織形態

　連邦準備制度は特殊な組織形態をとっており，首都ワシントンDCに理事会をおく一方で，全米を12地区に分けて各地区に連邦準備銀行（Federal Reserve

Bank)をおいている。連邦準備制度の創設当初は，ワシントンに強大な権限をもった中央銀行ができて東部金融資本の利益を図るのではないかとの懸念が強かったので，地区連銀をおいて個別の公定歩合決定など一定の権限を与えたのである。

その後，大恐慌期に組織が変更されて，ワシントンの理事会の権限を強めて，より機動的な金融政策が実施できる体制となった。金融政策の意思決定は，地区連銀総裁がワシントンに集まって理事会と合体して，連邦公開市場委員会（FOMC）を開催して行うのだが，投票権をもつのは7名の理事と6名の地区連銀総裁（ニューヨーク連銀以外は輪番制）である。現在では，地区連銀の機能は小切手交換と独自の調査・研究と地域経済調査と地域金融機関の監督などである。ただし，中心的な金融市場にあるニューヨーク連銀は，金融政策のオペレーション実施を担当しており，その総裁はFOMCの副議長役も勤めている。

（2） 中央銀行の独立性

連邦準備の独立性は，それが行政府のどの機関からも命令を受けないことに端的に現れている。FOMCの決定は最終決定なのである。理事会メンバーは，大統領が任命するが連邦上院の承認が必要であり，その任期は7年と大統領の任期よりも長い。また，理事会議長は，理事会メンバーのなかから，大統領任命＋上院承認という手続きで選任される。

しかし，第二次世界大戦中には戦費調達への協力のために独立性が失われたし，その後の独立性回復（1951年のアコード）には，エックルズのような理事会メンバーが懸命に努力しなければならなかった。なお，独立性と表裏一体をなすアカウンタビリティは，連邦準備を設立した連邦議会に対して行われている。年に2回，FRBは連邦議会に対して報告書を提出し，議長も証言を行う。連邦議会は，連邦準備制度の根拠法を変更することができるし，インフレ目標導入や情報公開促進など，さまざまな提案がなされてきた。かなりの場合，理事会は旗幟を鮮明にして，論陣を張っている。独立性の維持には努力が必要なのである。

（3） 歴代の理事会議長

大恐慌期に就任して活躍したエックルズ，1950～60年代の安定した経済を支

えたマーティン，70年代の高インフレーションを終息させたポール・ボルカー，そして最近のアラン・グリーンスパンが，理事会議長としての業績を高く評価されている。グリーンスパンは，就任直後87年の株価暴落への機動的対処で市場の信認を獲得し，90年代初頭には不安定な経済回復や金融機関を助ける低金利政策を実施し，90年代半ば以降の生産性成長率の上方シフトを一早く認知して長期好況を支えた。彼の金融政策運営の特徴は，状勢判断の的確さと，予測しやすい小刻みな金利調節であろう。FOMCの決定内容を会合直後に発表するように変更するなど，金融政策に関する情報開示も推進してきた。ただし，ITバブル崩壊後の低金利継続やデリバティブ取引の規制強化への反対などは，後の住宅価格バブル形成と崩壊につながったと批判されている。

5 アメリカ金融システムのゆくえ

（1） 住宅価格バブルと世界金融危機

　今回のバブル崩壊は，2007年夏ごろの「サブプライム・ローン」の大量焦げ付きからはじまった。このローンの貸し出し対象は，低所得層など返済不能リスクの高い人々である。その契約内容は，最初の2～3年間の返済額を低く抑える代わりに，以後の返済額が高まるものであった。リスクの高い借り手なのでローン利子率も高くなるから，こうした特殊形態のローンでないと借入当初から返済が困難となったであろう。ただし，バブル期には地価が毎年2桁の率で上昇していたので，初期段階が終了した後に返済不能となっても住宅を売却するとか，低利の優良ローンでの借り換えが期待できた。こうした住宅ローンを提供した住宅金融会社は，審査が甘くなりがちだったという批判も強い。

　返済不能の発生が当然視されるような欠陥金融商品であるが，リベラル派の民主党と保守派の共和党，双方に受け入れられた。社会的弱者に住宅ローンを提供して住宅の保有者となる夢（アメリカン・ドリームのひとつ）を叶えるとともに，その提供を可能としたのが規制自由化だったからである。ビル・クリントン政権とジョージ・W・ブッシュ政権とが，政策的に後押しして広まった。さらに，金融政策の失敗が犯され，住宅価格の高騰＝バブル化が発生して，サブプライム・ローンは急成長することとなった。ITバブル崩壊後の03年にデフレ懸念が高まったので，金融当局は利下げを進めて超低金利を持続させてし

まった。これが，後から見ると不要な金融緩和であった。豊富な資金が低利で利用可能な状況が持続することで，住宅市場にも資金が流入したのである。

サブプライム・ローンが大量発行できたのは，「仕組み債」という新たな証券化商品に加工して売り捌くことができたからでもあった。仕組み債は，危険性の高いサブプライム・ローンの証券化にあたって，投資銀行が安全性を高める工夫を，通常のMBSに追加した債券である。シャドーバンキングがフル稼働し，安全性が高いとされる高格付けの仕組み債が量産されて，世界中に販売された。しかし，住宅価格の上昇が止まると，サブプライム・ローンの返済は一斉に滞りはじめた。証券化の基礎にはリスク分散があるが，多くのローンが同時に返済不能となることは想定外であり，仕組み債の安全装置も吹き飛んでしまった。

仕組み債を保有していた金融機関は売却しようとしたが，構造が複雑すぎて再評価が難しいので買い手が見つからず，債券価格は大幅に値下がりしてしまった。どの金融機関がどれだけ損失を被っているのか不明なので，金融機関同士でも疑心暗鬼となり，相互の資金融通もストップした。投資銀行をはじめとしてシャドーバンキングを構成していた諸金融機関は，資金を入手できなくなったのである。大手投資銀行のひとつであるリーマン証券が破綻すると，金融危機は急速に進行し，アメリカの金融システムはおろか世界中を巻き込んでしまった。

（2） 継続していく改革

アメリカの金融システムの中核には市場型取引があり，企業の資金調達をさまざまな形で支えてきた。資金の使途に基づいたリスクを伴う多様な金融商品が提供され，活発に取引されている。その取引を支えているのは，情報公開と機会均等の原則であり，その維持・監視のためには多大な資源が投入されている。

1930年代の大恐慌への対応として，金融システムの安定性を高めることを目的とするさまざまな規制が導入されて，半世紀余りの間は維持されてきた。しかし，その後の環境変化が，そうした規制を維持することの費用と便益を変えてしまった。70年代の高インフレが金利規制を崩し業際の壁を揺るがせ，ITの発展が業際と州際の壁を崩したのである。アメリカの金融システムも，規制

■□コラム□■

アメリカで銀行を使う

　旅行者としてアメリカを訪れた場合，銀行を使う機会はそれほど多くない。現金の両替目的で窓口を利用することもあるだろうが，クレジットカードで買い物できるので多額の現金が必要なことはあまりない。日本の銀行のキャッシュカードで国際的に通用するものを使って，現地の銀行のATMで少額の現金をおろすことぐらいはあるかもしれない。

　しかし，アメリカで暮らすということになると，現地の銀行口座が必要である。口座を開設しようとすると求められるのが身分証明書であり，社会保障番号である。日本人にとって後者は馴染みが薄いが，アメリカ生活では必需品である。アメリカ人は誰でも社会保障番号をもっており，国民背番号制が実現されている。留学して，キャンパス内のアルバイトをしようとしても，社会保障番号がないと働けない。法律で，社会保障番号のない人には給料は支払えないように決まっているのである。窮屈なようだが，こうすると，日本で起きたような公的年金の加入記録の問題などは生じにくい。

　小切手やデビットカードが普及していることも，日本との相違点であろう。日本での小切手の使用はビジネス上の支払いにほぼ限定されているが，アメリカでは一般の人が日常の支払いに小切手を使ってきた。スーパーのレジでも使っていたが，公共料金の支払いや遠方へのおカネの送付には，小切手を封筒に入れて普通郵便で送れるので便利であった。指定された受取人以外は現金化できないので，書留にする必要がないのである。デビットカードも日本では普及していないが，アメリカでは日常生活における小切手の替わりとして普及した。ATMカードにデビットカード機能の付いていることが多い。なお，ATMカードに有効期限が設定されている点も日本とは違っている。理由を考えてみてほしい。

監督体制を除くと，世界標準と呼ぶべき形態に到達しつつあった。そこで，発生したのが，住宅価格バブルの生成と崩壊および金融危機であった。2010年7月に金融制度改革（ドッド＝フランク法）の立法がなされて，以前の金利・業際・州際の規制を復活させることなく，金融機関の金融システム全体の安全性を高めるような方向を模索しつつある。

　金融システムは，今日の貯蓄を将来へと残すに際して，誰にどのようなかたちで利用させるのかを決定している。適切な使途に振り向けることができれば，

社会の将来を豊かなものにできる。しかし，代替的な使途が将来においてどのような成果をもたらすかには，不確実性が避けられない。そこで，リスクをうまく管理することが必要となる。この難しい課題を果たすための究極のシステムはいまだに実現できていないので，これからも試行錯誤はつづかざるをえない。アメリカは，市場型取引を中核とする方向で可能性に挑戦しているのである。

●参考文献
井村進哉（2001）「アメリカの金融再編と金融秩序」渋谷博史・井村進哉・花崎正晴編『アメリカ型経済社会の二面性——市場論理と社会的枠組』東京大学出版会。
ボブ・ウッドワード（2001）『グリーンスパン——アメリカ経済ブームとFRB議長』山岡洋一・高遠裕子訳，日本経済新聞社。
高木仁（2001）『アメリカ——金融制度改革の長期的展望』原書房。
西川純子・松井和夫（1989）『アメリカ金融史——建国から1980年代まで』有斐閣。
沼田優子（2002）『図解　米国金融ビジネス——金融先進国に学ぶ事業再編のヒント』東洋経済新報社。
淵田康之・大崎貞和（2003）『検証　アメリカの資本市場改革』日本経済新聞社。
宮島秀直（1999）『ヘッジファンドの興亡』東洋経済新報社。
湯野勉（1996）『金融リスク管理と銀行監督政策』有斐閣。
ガーバー＝ワイズブロック（1994）『最新　アメリカ金融入門』吉野直行・真殿達・渡邊博史監訳，日本評論社。

（地主敏樹）

第11章
産業構造と貿易

　本章では，アメリカの産業構造と貿易の変化を考察し，財の貿易赤字の拡大やサービス貿易の進展が産業構造の変化と深くかかわっていることを明らかにする。まず第1節で，アメリカの産業発展と構造変化の過程をたどり，サービス産業の急速な発展，農業と製造業の相対的な縮小の過程，および製造業内部における構造変化の状況を概観する。第2節では，貿易を財とサービスのふたつに大別し，それぞれの業種別，品目別，相手国別の貿易構造をやや長期にわたって観察し，その特色と現状を明らかにする。この過程で，アメリカ経済の対外依存度の上昇，産業内貿易の活発化，ヨーロッパから東アジアへの貿易シフト，サービス貿易の順調な成長といった特色を見る。第3節では，自由貿易協定（FTA）の広がりと協定を利用した貿易の状況，さらにオバマ政権の通商政策のふたつの柱である輸出促進と通商法制の執行強化について検討する。

1　産業発展と産業構造の変化

（1）　サービス経済化の進展

　アメリカでは南北戦争前後から工業発展が本格化した。付加価値額で見ると1880年代の中ごろには製造業が農業を超え，さらに製造業の発展とともに第三次産業が発達し，1986年以降，金融業（金融・保険・不動産・賃貸）が製造業を恒常的に上回るようになった。

　戦後の産業構造の変化を名目国内総生産（GDP）構成から見ると（**表11-1**），農林水産，鉱業，建設および製造業からなる民間の財生産部門は1948年に全産業の41.6％を占めてピークを記録したが，その後54年には40％，82年には30％，2002年には20％の大台を割り，10年は18.1％に低下した。これに対して，民間のサービス生産部門は1951年の46.9％を底に上昇をつづけ，58年には50％，86

第Ⅲ部　マクロ・対外政策の考え方と展開

表11-1　国内総生産の産業部門別構成

(%)

年	1947	1957	1967	1977	1987	1997	2007	2010
国内総生産（名目）	100.0	100.0	100.0	100.0	100.0	100.0	100.0	100.0
民間財生産部門	39.7	38.0	33.9	30.9	25.0	21.9	19.6	18.1
農林水産	8.2	4.0	2.7	2.5	1.7	1.3	1.0	1.1
鉱業	2.4	2.4	1.4	2.2	1.5	1.1	1.8	1.9
建設	3.6	4.6	4.6	4.6	4.4	4.2	4.7	3.4
製造	25.6	27.0	25.2	21.6	17.4	15.3	12.1	11.7
民間サービス生産部門	47.8	49.4	51.8	54.8	61.1	65.3	67.9	68.5
公益	1.4	2.0	2.1	2.3	2.7	2.0	1.8	1.9
卸売	6.4	6.2	6.5	6.6	6.0	6.3	5.8	5.5
小売	9.5	7.9	7.8	7.8	7.3	7.1	6.3	5.9
輸送・倉庫	5.8	5.0	4.0	3.8	3.2	3.1	2.9	2.8
情報	2.8	3.1	3.4	3.7	4.2	4.2	4.5	4.6
金融・保険・不動産・賃貸	10.5	13.2	14.3	15.0	18.0	19.3	20.6	21.1
専門・ビジネスサービス	3.3	4.1	4.9	5.6	8.1	10.1	12.1	12.1
教育・医療・社会支援	1.9	2.4	3.3	4.5	5.9	6.9	7.7	8.7
芸術・娯楽・余暇・宿泊・飲食	3.3	2.8	2.8	2.9	3.2	3.6	3.9	3.6
その他	3.1	2.9	2.8	2.3	2.6	2.7	2.5	2.3
政府部門	12.5	12.6	14.2	14.4	13.9	12.7	12.5	13.4
連邦政府	8.3	7.1	6.8	5.7	5.4	4.2	3.9	4.3
州・地方政府	4.1	5.5	7.4	8.6	8.5	8.6	8.6	9.0

注：名目値，付加価値ベース。民間サービス生産部門の「その他」の内訳は本文参照。産業分類は97年までが97NAICS, 98年以降は02NAICS。2010年は推定値。四捨五入により小項目の合計が大項目に一致しない場合がある。
出所：Gross Domestic Product by Industry Data, U.S. Dept. of Commerce, Bureau of Economic Analysis（http://www.bea.gov/industry/gdpbyind_data.htm, 2011年7月17日アクセス）より筆者作成。

年には60%を超え2010年には68.5%に達した。連邦・州・地方からなる政府部門は15～12%台で推移している（10年は13.4%）。

アメリカの産業構造はペティ＝クラークの法則が示すように，経済発展とともに産業の比重が第一次産業（農林水産業）から第二次産業（鉱工業，建設業），さらに第三次産業（商業，運輸・通信業，金融業，サービス業）へと移行したが，第三次産業への移行の速度はどの国よりも早く，1960年代にはサービス経済化を実現したといわれる。サービス経済化の過程で注目されるのは，狭義のサービス業の急速な発展である。それにあわせて，アメリカの産業分類は97年に従来の標準産業分類（SIC）に代わって北米産業分類システム（NAICS, North American Industry Classification System：北米自由貿易協定〔NAFTA〕加盟3カ国

〔アメリカ，カナダ，メキシコ〕が共同開発）が導入された。NAICSでは，SICでひとくくりにされていた狭義のサービス業が，①専門・ビジネスサービス（法務，コンピュータシステムデザイン，企業経営・管理・支援，廃棄物の管理・浄化），②教育・医療・社会支援，③芸術・娯楽・余暇・宿泊・飲食，④その他（自動車・機械機器の修理，理容・美容・クリーニング・葬祭などの人的サービス，宗教・政治・労働等の団体など）の4部門に細分化された。さらに，SICで輸送・公益に含まれていた「通信」が独立して「情報」と名称を替え，①出版（ソフトウェアを含む），②映画・録音・録画，③放送・通信，④情報・データ処理サービスの4業種に細分された。なお，アメリカの産業分類では，電気・ガス・上下水道で構成される公益は，民間のサービス生産部門に区分されている。

　サービス業のうち急激にシェアを伸ばしているのが，専門・ビジネスサービスと教育・医療・社会支援の2業種で，1977〜2010年の間にシェアは前者が5.6%から12.1%へ，後者が4.5%から8.7%へそれぞれ2倍となり，両業種をあわせると金融業（金融・保険・不動産・賃貸）とほぼ同規模になった。これに対し，公益，卸売，小売，輸送・倉庫の在来型4業種はいずれもシェアが低下し，4業種全体のシェアは1977年の20.5%から2010年には16.1%に縮小している。

（2）　農業と製造業部門の顕著な縮小

　戦後の民間の財生産部門では，鉱業が低下，建設は横ばい傾向だが，急激にGDPに占めるシェアを低下させたのが農林水産業と製造業である。1870年代にGDPの2割，就業者総数の5割を占めていた農林水産業は，GDPに占めるシェアが47年の8.2%から57年には4.0%に半減し，さらに87年に1.7%，2010年には1.1%（付加価値額1541億ドル）となった。09年の生産従事者は全産業の1.4%，189万人にすぎない。しかし，アメリカの農業は世界最大の耕地面積，大量の農業用機械，化学肥料，農業技術を駆使して高い労働生産性を維持し，世界の穀倉として機能している。世界の総生産量（09年）に占めるアメリカの比率は，とうもろこし40.8%，大豆41.1%といずれも世界第1位，穀類16.9%は中国に次いで第2位，綿花9.9%は中国，インドに次いで第3位である。また自給率（07年）は穀類150%（日本は25%），豆類147%（35%），肉類109%（54%）と輸出余力はきわめて大きい（総務省『世界の統計2011』）。

表11-2　製造業の業種別構成

(％，億ドル)

年	1977	1990	1997	2000	2005	2009	付加価値額 09年	05年比増減
製造業	100.0	100.0	100.0	100.0	100.0	100.0	15,848	1.1
耐久財	60.9	57.7	58.6	59.3	56.0	54.7	8,672	-1.2
木材製品	2.4	2.0	2.1	2.0	2.1	1.3	209	-36.8
非金属鉱物製品	3.4	2.7	3.1	3.0	2.9	2.4	382	-15.8
一次金属	7.3	4.1	3.7	3.3	3.4	2.7	434	-19.1
金属製品	8.7	8.1	8.6	8.5	7.7	7.7	1,219	1.2
一般機械	10.9	8.8	7.9	7.8	7.0	7.1	1,127	2.9
コンピュータ・電子機器	6.2	10.4	12.2	12.2	11.7	13.0	2,064	12.6
電気機械	4.1	4.1	3.6	3.1	2.5	3.3	517	29.6
自動車	9.2	5.6	7.5	8.3	7.2	4.9	782	-30.6
その他の輸送機械	4.5	6.5	4.2	4.6	4.8	5.7	907	19.3
家　具	1.8	1.9	2.2	2.4	2.2	1.5	242	-29.4
その他耐久財	2.5	3.5	3.6	4.1	4.4	5.0	790	13.5
非耐久財	39.1	42.3	41.4	40.7	44.0	45.3	7,176	3.9
食品・飲料・タバコ	11.1	11.3	10.5	11.6	11.0	13.0	2,061	19.8
紡織用繊維・織物	3.0	2.4	2.1	2.0	1.5	1.1	176	-24.8
衣類・皮革製品	3.6	2.6	1.9	1.5	1.0	0.7	117	-27.2
紙製品	4.2	4.8	4.2	4.4	3.4	3.5	561	4.3
印刷物	2.4	3.2	2.9	2.8	2.4	2.1	328	-12.5
石油・石炭	2.0	3.3	3.4	3.1	8.9	7.6	1,200	-13.8
化　学	9.1	10.8	11.8	10.8	11.6	13.7	2,165	18.5
プラスチック・ゴム	3.7	3.9	4.5	4.6	4.2	3.6	567	-13.5

注：GDP名目付加価値ベース。その他耐久財は医療機器，装身具，運動用品，玩具，筆記具，楽器など。機械類の各業種は部品を含む。産業分類は表11-1と同じ。

出所：Gross Domestic Product by Industry Data, U.S. Dept. of Commerce, Bureau of Economic Analysis（http://www.bea.gov/industry/gdpbyind_data.htm，2011年7月17日アクセス）より筆者作成。

　農林水産業と同様に製造業も戦後急速にシェアが縮小し，10年にはGDPの11.7％（付加価値額1兆7175億ドル），09年の生産従事者は全産業の9.0％（1185万人）となった。77年のそれぞれ21.6％，20.7％と比べると，この約30年間でシェアは半減した。アメリカの製造業は1890年代の第二次産業革命を経て鉄鋼，機械など重化学工業に重心を移し，全国的な鉄道と通信網の建設による広大で統一した国内市場の形成によって発展をつづけた。同年代末にアメリカは世界の工業生産の30％を占め，イギリスに代わって世界最大の工業国となった。20世紀に入ると自動車，家電，半導体，コンピュータなどの電気・電子機器，航空宇宙機器，石油化学などが発展したが，1970年から徐々にシェアの低下が顕

著になった。とりわけ70年代の2回の石油危機，その後の国際競争力の低下，ヨーロッパや日本などの追い上げ，レーガン政権のドル高政策，国内生産の海外移転などによって製造業のシェアはさらに低下し，90年代のIT（情報技術）革命，IT関連産業の発展にもかかわらず，シェアが回復することはなかった。

こうした推移を77年以降について見ると（**表11-2**），耐久財が77年の60.9%から2009年に54.7%にシェアを低下させたのに対して，非耐久財は39.1%から45.3%にシェアを高めた。耐久財のシェアの低下は，近年ITなどハイテク業種が急成長した半面，一次金属（鉄鋼，アルミなどの非鉄金属製品），一般機械（農業・建設などの産業機械，光学機器，工作機械，産業用トラックなど），電気機械（家電，発電機，電池など），自動車，木材製品など，従来型業種が急速に後退したことによる。ハイテク業種では，コンピュータ・電子機器（コンピュータおよび周辺機器，通信機，音響・映像機器，半導体，測定・制御・分析機器など）が6.2%から13.0%にシェアが倍増し，耐久財では最大の生産部門となった。また，その他の輸送機械（航空機・宇宙機器，ミサイル，鉄道，船舶など）およびその他耐久財（医療機器など）も生産を拡大させ，これら2業種にコンピュータ・電子機器を加えた3業種のシェアは合計13.2%から23.7%に上昇した。

一方，非耐久財では化学が1977年の9.1%から2009年には13.7%に，石油・石炭が2.0%から7.6%に拡大し，両部門が非耐久財のシェア拡大に大きく寄与している。また，食品・飲料・タバコは横ばいに推移したが，紡織用繊維・織物および衣類・皮革製品の退潮ぶりが際立っている。

2　貿易依存度と貿易構造の変化

（1）　上昇する貿易依存度

産業構造の変化は貿易構造に反映される。輸出入品目を原材料，天然食料品，加工食料品（飲料を含む），製造業製品（半製品と完成品）の4品目に分類した貿易統計（合衆国商務省編『アメリカ歴史統計』）によると，輸出では1897年以降，製造業製品が原材料を超え，1904年からは天然・加工食料品を上回って最大の輸出品目となった。製造業製品の輸出は50年代半ばから急伸し，70年には全輸出額の78.2%を占めた。一方，輸入は第一次，第二次世界大戦中の一時期を除いて製造業製品が原材料を抜いて最大の品目となっている（全輸入額に占める

図11-1 アメリカの貿易依存度

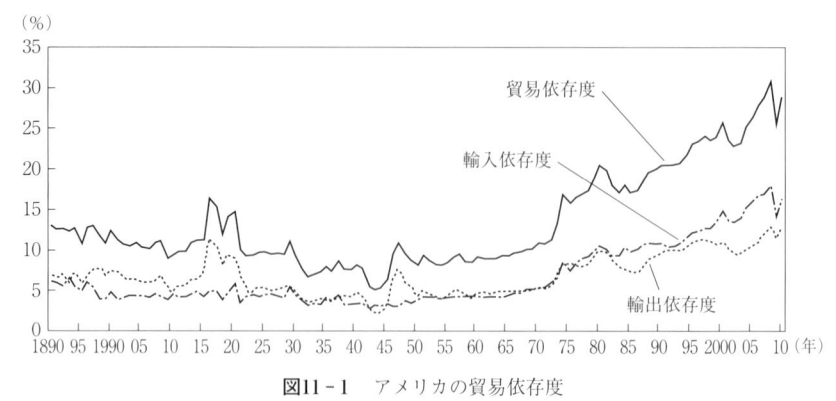

注：輸出入依存度および貿易依存度はGNP（1890～1928年）またはGDP（1929年以降）に対する輸出，輸入，輸出＋輸入の比率。貿易は1928年以前は財のみ，29年以降は財とサービスの合計。いずれも名目値。
出所：1928年以前は合衆国商務省編（1999）『アメリカ歴史統計，植民地時代～1970年』第Ⅰ巻，第Ⅱ巻，29年以降はNational Economic Accounts, U. S. Dept. of Commerce, Bureau of Economic Analysis (http://www.bea.gov/iTable/iTable.cfm?ReqID=98step=1, 2011年7月20日アクセス) より筆者作成。

シェアは70年74.4％）。品目分類が異なるが，1980～2010年について見ると，製造業製品（資本財・自動車・消費財・その他の合計）のシェアは，輸出が54.1％から60.9％に，輸入は40.7％から63.7％に増えている。

貿易の拡大とともにアメリカ経済が貿易に依存する割合も上昇した。図11-1は，1890～2010年における貿易依存度の推移を示している。図から，豊富な資源と工業生産に支えられ，アメリカの輸入依存度は60年代まで5％以下で，輸出依存度を下回っていたことがわかる。輸出依存度が大きく上昇したのは1910年代と40年代のいずれも後半で，前者は第一次世界大戦中，後者は第二次世界大戦後，圧倒的な工業力を背景に欧州向けを中心に輸出が急拡大した。

しかし，70年代に入ると一転して輸出入ともに依存度が上昇し，80年にはともに10％に達した。輸入の急増は第一次石油危機による原油価格の急騰を主因とし，輸出は旧ソ連の不作による農産物の大幅な需要増および機械，化学製品の輸出増によるものであった。80年代前半には，競争力の低下によって輸出依存度が急減したが，輸入依存度はほぼ横ばいで推移し，90年代初頭からさらに上昇して08年には史上最高の17.9％を記録した。輸出依存度も同年に過去最高の12.9％となった。なお，1929年以降の輸出入にはサービスが含まれるが，

2008年の財のみの依存度は輸出が9.1%（過去最高は1916年の11.4%），輸入は15.0%である。

このようにアメリカは60年代まで海外への依存度が低く，自立性の強い経済であったが，70年代以降，輸出入依存度が上昇して世界経済の影響を受ける度合いが大きくなった。2000年の『大統領経済報告』によると，「今日，アメリカ経済は歴史上どの時点よりも密接に世界経済に統合されている」。

（2） 財の貿易

輸出入依存度の乖離は貿易収支の不均衡に現れる。アメリカの貿易収支は1848年から75年までの28年間はほぼ一貫して入超（貿易赤字）であったが（例外は1858，62，74年），1876年から1970年までの95年間は出超（貿易黒字）がつづき（同1888，89，93年），71年からは出超（73，75年）と入超（71，72，74年）が交互した。その後76年から実に100年ぶりに入超に転じ，慢性的な赤字と赤字幅の拡大がつづいている。

貿易赤字額（通関ベース）は76年の78億ドルから84年には1067億ドルとはじめて1000億ドルの大台を超えた。その後，98年2298億ドル，99年3288億ドル，2000年4361億ドルと急上昇をつづけ，ついに06年には史上最高の8280億ドル（GDPの6.2%）を記録した。その後07，08年は8000億ドル台にとどまったが，サブプライム危機に端を発した大不況と世界経済の低迷によって，09年の輸出は1982年（前年比9.3%減）以来の8.0%減，輸入は戦後最大の20.3%減を記録し，貿易赤字額は5036億ドルと前年比38.3%も減少した。しかし，2010年は輸出入ともに前年比2割増となり，赤字額は6349億ドル（前年比26.1増）に再上昇した。アメリカの輸入の所得弾性値は輸出のそれよりもかなり高く，景気拡大期には貿易赤字が大きく拡大し，景気縮小期には拡大期ほどの率ではないが貿易赤字は減少する。09年にこれほど大幅に貿易赤字が減少したのは，前年比22.1%減を記録した1988年以来のことである。

貿易構造から見ると，貿易赤字増大の主因は主要品目である機械，化学，食料・飲料の輸出が顕著に伸びず，これら品目の輸入増に加えて，鉱物性燃料および繊維製品，自動車などの輸入が急増したことにある。表11-3は，1990～2010年における品目別の貿易動向を国際統一関税品目分類（HS：ハーモナイズド・システム）の2桁分類で示したものだが，これによると，2010年に出

表11-3 品目別の貿易構造

(10億ドル, %)

	1990年					2000年					2010年				
	輸出		輸入		収支	輸出		輸入		収支	輸出		輸入		収支
	金額	%	金額	%		金額	%	金額	%		金額	%	金額	%	
食料・飲料	42.9	11.5	28.2	5.7	14.7	54.3	7.6	50.3	4.2	4.0	112.3	10.0	96.2	5.1	16.1
鉱物性生産品	14.7	3.9	67.1	13.7	-52.4	15.9	2.2	125.9	10.4	-110.0	87.7	7.8	343.7	18.1	-256.0
化学品	46.3	12.4	33.3	6.8	13.0	98.1	13.8	99.5	8.3	-1.4	204.9	18.3	221.7	11.7	-16.8
皮革・木材・紙	21.6	5.8	23.7	4.8	-2.1	29.6	4.2	46.8	3.9	-17.2	40.1	3.6	46.5	2.4	-6.4
繊維・同製品	11.3	3.0	40.2	8.2	-28.9	21.9	3.1	92.1	7.6	-70.2	22.4	2.0	119.5	6.3	-97.1
土石・ガラス	7.8	2.1	16.5	3.4	-8.7	16.7	2.3	41.8	3.5	-25.1	45.0	4.0	68.0	3.6	-23.0
鉄鋼・卑金属製品	17.1	4.6	27.0	5.5	-9.9	30.1	4.2	56.7	4.7	-26.6	63.2	5.6	94.4	5.0	-31.2
機械4品目計	191.5	51.1	221.2	45.0	-29.7	409.8	57.5	591.3	49.1	-181.5	485.3	43.2	772.9	40.7	-287.6
一般機械	70.6	18.9	64.5	13.1	6.1	143.2	20.1	179.4	14.9	-36.2	149.2	13.3	248.3	13.1	-99.1
電気機械	40.8	10.9	56.7	11.5	-15.9	122.3	17.2	185.0	15.3	-62.7	101.3	9.0	256.3	13.5	-155.0
輸送機械	62.9	16.8	84.6	17.2	-21.7	101.0	14.2	186.0	15.4	-85.0	170.5	15.2	205.0	10.8	-34.5
自動車	31.1	8.3	77.2	15.7	-46.1	58.7	8.2	164.8	13.7	-106.1	91.6	8.2	182.9	9.6	-91.3
航空宇宙機械	30.1	8.0	6.4	1.3	23.7	39.9	5.6	18.2	1.5	21.7	74.0	6.6	18.9	1.0	55.1
精密・医療機器	17.2	4.6	15.4	3.1	1.8	43.3	6.1	40.9	3.4	2.4	64.3	5.7	63.4	3.3	0.9
その他	21.4	5.7	34.2	7.0	-12.8	36.0	5.1	101.1	8.4	-65.1	61.1	5.4	135.6	7.1	-74.5
総額	374.5	100.0	491.3	100.0	-116.8	712.3	100.0	1,205.3	100.0	-493.0	1,122.1	100.0	1,898.6	100.0	-776.5

注:輸出はDomestic Exports、輸入はImports for Consumption、このため本文中の数値と一致しない場合がある。「その他」には武器、家具、玩具、美術品等が含まれる。機械4品目には完成品のほか部品が含まれる。各品目のHS番号は次のとおり。食料・飲料01-24、鉱物性生産品25-27、化学品28-40、皮革・木材・紙41-49、繊維・同製品50-67、土石・ガラス68-71、鉄鋼・卑金属製品72-83、機械4品目計84-92、一般機械84、電気機械85、輸送機械86-89、自動車87、航空宇宙機械88、精密・医療機器90-92、その他93-99。

出所:アメリカ国際貿易委員会貿易データベースUSITC Interactive Tariff and Trade Data Web(http://www.dataweb.usitc.gov/scripts/REPORT.asp、2011年8月8日アクセス)より筆者作成。

超となったのは航空宇宙機械(黒字額551億ドル)、食料・飲料(161億ドル)、精密・医療機器(9億ドル)の3品目だけで、他はすべて入超である。最大の入超品目は鉱物性生産品(2560億ドル)、次に電気機械(1550億ドル)、一般機械(991億ドル)、繊維・繊維製品(971億ドル)、自動車(913億ドル)、鉄鋼・卑金属製品(312億ドル)とつづき、これらで貿易赤字の94.0%を占める。一般機械が大幅な赤字となったほか、比較優位をもつ化学品(168億ドル)もついに赤字に転じた。このようにアメリカの貿易赤字の拡大は、鉱物性燃料に加え、繊維、鉄鋼など比較劣位品目の赤字が増大するとともに、機械、化学など高付加価値製品や食料の黒字が減少あるいは赤字化して、全体の貿易赤字を拡大させている。

 HS分類とは別にアメリカ商務省センサス局は高度技術製品についても毎月

貿易統計を発表している。これによると，バイオテクノロジー，生命科学，情報通信，武器，光エレクトロニクスなど高度技術製品10品目の貿易は02年にはじめて赤字に転じ，以後赤字は一貫して増大し，10年には809億ドルと過去最高を記録した（09年は562億ドル）。

なお，機械4品目それぞれの主要な輸出入品目（HS4桁分類）は，一般機械では自動データ処理機（10年の一般機械輸出の8.3％，輸入の28.3％）および半導体製造装置（7.4％，0％），電気機械では集積回路（輸出23.6％，輸入8.5％）および携帯を含む電話器・電話受発信装置（10.8％，27.6％），自動車では乗用車（輸出39.5％，輸入64.4％），自動車部品（32.6％，21.7％）およびトラック（13.9％，6.4％）となっている。

表11－3から，同一産業内で輸出額と輸入額が相互に接近し，産業内貿易が活発に行われている様子もうかがわれる。高度技術製品貿易についても，また次に見るサービス貿易でも同様の状況が見られるが，こうした貿易パターンはアメリカの貿易のもうひとつの大きな特色である。2010年について，産業内貿易の活発度を示すグルーベル＝ロイド（GL）指数（1－|輸出額－輸入額|/（輸出額＋輸入額））を算出すると（GL指数は1に近づくほど産業内貿易が活発に行われていることを示す），食料・飲料0.92，化学品0.96，鉄鋼・卑金属製品0.80，輸送機械0.91など，産業内貿易が活発に行われていることがわかる。2010年の『大統領経済報告』は，アメリカ製造業のGL指数は1980年代の0.65から01年にはほぼ0.75に達したと報告している。

視点を変えて，世界市場におけるアメリカの貿易状況を見ると，アメリカは1948年に世界の財輸出の21.7％を占めていたが，徐々にシェアを低下させ85年には11.2％と48年に比べ半減した。アメリカは85年まで財輸出国第1位の座を保ち，その後2006年までドイツとの首位争いがつづいたが，中国の台頭によって09年から中国が首位となった。

2010年の世界の財輸出に占めるシェアは中国10.4％，アメリカ8.4％，ドイツ8.3％，日本5.1％の順である。財の内訳を見ると，アメリカは工業製品で02年まで第1位にあったが，03年以降ドイツに抜かれ，08年には中国に追い越されて第3位となった。08年の世界の工業製品輸出に占める比率は中国12.7％，ドイツ12.0％，アメリカ9.2％，日本6.6％の順である。工業製品の3割を占める機械・輸送機械でもアメリカは後退し，08年はドイツ13.3％，中国12.6％，

表11-4 貿易相手国上位10カ国および主要地域別貿易

(10億ドル,%)

国・地域	1990年			2000年			2010年		
	輸出	輸入	収支	輸出	輸入	収支	輸出	輸入	収支
世界	393.8	494.8	-101.0	781.9	1,218.0	-436.1	1,278.3	1,913.2	-634.9
カナダ	83.7	91.4	-7.7	178.9	230.8	-51.9	249.1	277.6	-28.5
メキシコ	28.3	30.2	-1.9	111.3	135.9	-24.6	163.5	229.9	-66.4
中国	4.8	15.2	-10.4	16.2	100.0	-83.8	91.9	364.9	-273.0
日本	48.6	89.7	-41.1	64.9	146.5	-81.6	60.5	120.5	-60.0
イギリス	23.5	20.2	3.3	41.6	43.3	-1.7	48.4	49.8	-1.4
ドイツ	18.8	28.2	-9.4	29.4	58.5	-29.1	48.2	82.4	-34.2
韓国	14.4	18.5	-4.1	27.8	40.3	-12.5	38.8	48.9	-10.1
ブラジル	5.0	7.9	-2.9	15.3	13.9	1.4	35.4	24.0	11.4
オランダ	13.0	5.0	8.0	21.8	9.7	12.1	34.9	19.1	15.8
シンガポール	8.0	9.8	-1.8	17.8	19.2	-1.4	29.0	17.4	11.6
10カ国計	248.1	316.1	-68.0	525.0	798.1	-273.1	799.7	1,234.5	-434.8
対世界比	63.0	63.9	67.3	67.1	65.5	62.6	62.6	64.5	68.5
東アジア	114.8	188.4	-73.6	209.8	434.7	-224.9	338.9	693.7	-354.8
カナダ+メキシコ	112.0	121.6	-9.6	290.2	366.7	-76.5	412.6	507.5	-94.9
中南米	23.5	33.2	-9.7	59.3	73.3	-14.0	138.6	130.9	7.7
ヨーロッパ	117.2	111.0	6.2	187.4	256.8	-69.4	285.6	381.8	-96.2

注:10カ国の順位は2010年の輸出を基準。東アジアは日本,中国,韓国,台湾,香港,オーストラリア,ニュージーランド,ASEAN10の合計。中南米はメキシコを除きカリブ海諸国を含む全域。ヨーロッパはトルコ,旧ソ連邦諸国を含む全域。

出所:1990年の東アジアとヨーロッパはWorld Trade Atlas, その他はFT 900, U.S. Dept. of Commerce, Census Bureau (http://www.census.gov/foreign-trade/balance/index.html#C, 2011年8月8日アクセス)より筆者作成。

アメリカ10.2%,日本9.1%の順となった。また,アメリカが現在も世界最大の輸出国である農産物でも,世界市場に占めるアメリカのシェアは1980年の17.0%から2008年には10.4%に低下している。一方,アメリカは戦後一貫して世界最大の財輸入国である。10年の世界輸入に占めるアメリカのシェアは12.8%,中国9.1%,ドイツ6.9%,日本4.5%,フランス3.9%の順となっている(いずれも世界貿易機関〔WTO〕統計による)。

最後に貿易相手国および地域について見てみよう。**表11-4**は2010年の輸出相手国上位10カ国を基準にして1990年以降の変化を示している。これら10カ国は輸出入総額の約6割,貿易赤字額の約7割を占める。

10カ国中,劇的に拡大したのが中国との貿易である。対中輸出は90年の48億ドル(シェア1.2%)から2010年には919億ドル(7.2%)に,輸入はそれぞれ152億(シェア3.1%)から3649億ドル(19.1%)に急増した。この結果,中国は09

年にこれまで最大の輸入相手国であった隣国カナダを抜いて第1位に，輸出では07年に日本を抜いて第3位となった。対中輸入の急増は対中貿易赤字を飛躍的に増やし，赤字額は90年の104億ドル（赤字総額の10.3%）から2010年には2730億ドル（43.0%）となった。対中輸入が急激に増えた背景には，中国経済の発展がある。対中輸入に占める機械4品目の割合は一般機械および電気機械の急増によって1990年の18.4%から2008年には57.4%となり，繊維および衣類の輸入は37.4%から14.4%に6割も減少した。機械4品目の割合は日本（80.8%）のほうが高いが，中国の対米貿易構造は次第に日本のそれに類似するようになってきた。

　対中貿易の隆盛によって，NAFTA（カナダ，メキシコ）との貿易も影響を受けた。アメリカの両国との貿易シェアは，2000～10年に輸出が37.0%から32.3%に，輸入は30.1%から26.5%に低下した。対日貿易も激変した。対日輸出のシェアは1990年の12.3%，対日輸入のシェアは86年の22.4%をそれぞれピークにして下降に転じ，2010年のシェアは輸出4.7%，輸入6.3%と大きく低下した。日本から見ても状況は変わった。明治以降，太平洋戦争期（輸出は1934～45年，輸入は1941～45年）およびそれ以前の若干年を除いて，アメリカは開国以来常に日本の最大の貿易相手国であったが，遂に輸入は2002年から，輸出は09年から中国がアメリカに代わって日本の最大の貿易相手国となっている。

　元来，アメリカの貿易はヨーロッパとの取引を中心にはじまった。その後，輸入は1910年代半ばから，輸出は40年代末から南北アメリカ（表11-4ではカナダ，メキシコ，中南米の合計）との貿易がヨーロッパとの貿易を超え，80年代半ばからは東アジアからの輸入が南北アメリカからの輸入を上回るようになった。東アジアへの輸出はまだ南北アメリカへの輸出よりも小さいが，アメリカは貿易の重点を世界の富の移動にあわせて，ヨーロッパから南北アメリカ，そして太平洋を越えて東アジアへと，西に移動させている。2010年には，ASEAN10カ国に日本，中国，韓国，台湾，香港，オーストラリア，ニュージーランドを加えた東アジアは，アメリカの総輸入額の36.3%を占め，南北アメリカの33.4%（うちNAFTA26.5%），旧ソ連を含むヨーロッパの20.0%（EU27は16.7%）を引き離している（2010年のアメリカの総輸出額に占める割合は，東アジア26.5%，南北アメリカ43.1%〔うちNAFTA32.3%〕，ヨーロッパ22.3%〔EU27は18.7%〕）。1990年のアメリカの貿易に占めるヨーロッパのシェアは輸出で29.8%，輸入で

22.4％であったから，90年からの20年間にアメリカの対ヨーロッパ輸出が大幅に縮小していることがわかる。

アメリカが東アジアとの貿易関係を深化させた背景には，80年代に拡大したアメリカ多国籍企業の東アジアにおける生産拠点からの逆輸入，東アジア諸国に進出した日本やアジアNIES企業の対米輸出の拡大などによるところが大きい。まさにアメリカは東アジアから製品を吸収し，東アジアの経済成長を支える「アブソーバー」としての役割を果たしてきた。同時に，アメリカの2009年における東アジアからの品目別輸入シェアが，ニット衣類58.3％，織物衣類74.7％，はきもの90.3％，一般機械54.6％（対NAFTA輸入18.7％），電気機械63.4％（25.5％），光学・医療機械28.7％（19.2％），半導体73.1％（5.9％），自動車部品37.7％（46.6％）となっているように，東アジアはNAFTA以上にアメリカ市場に対する重要なサプライヤーとしての役割を担っている。

（3） サービスの貿易

財は国境に設けられた税関を通って取引され，貿易の動向は通関統計によって把握される。これに対して旅行や法務，特許権の使用など国境を越えるサービスの取引は代金の受け渡しだけで取引に関税はかからない。サービス貿易については，米商務省は財の貿易ほど豊富なデータを提供していないが，国際収支表のサービス貿易と関連する統計から，サービス経済化の進展とともにアメリカのサービス貿易が順調に拡大していることがわかる。

サービス（政府取引を含む）の輸出は1960年の63億ドルから2010年には5489億ドルに，輸入は77億ドルから4030億ドルに増え，輸出は過去最高，輸入は08年の4034億ドルに次ぐ規模となった。1960～2010年間におけるサービス貿易の増加率は，輸出が財の65.6倍に対して87.3倍，輸入は財の131.1倍に対して52.5倍で，サービス輸出の成長率は財輸出よりもはるかに高く，輸入の伸びは財に比べて低位にとどまった（財の貿易も国際収支ベースで算出）。このため，1960年から70年までつづいたサービス貿易の赤字は，71年からは恒常的に黒字となり，黒字額は2010年に過去最高の1458億ドル（09年1246億ドル）を記録し，経常収支赤字の改善に大きく寄与している。

アメリカがWTOの多国間交渉でサービス貿易の自由化に熱心である理由はここにある。WTO統計によると，2010年の世界のサービス輸出に占めるアメ

第11章　産業構造と貿易

表11-5　民間サービスの貿易

(10億ドル)

年	輸出			輸入			収支		
	1992	2000	2009	1992	2000	2009	1990	2000	2009
旅　行	54.7	82.4	94.0	38.6	64.7	73.2	16.1	17.7	20.8
旅客運賃	16.6	20.7	26.4	10.6	24.3	26.0	6.0	-3.6	0.4
その他運輸	21.5	25.3	35.4	23.8	36.7	41.6	-2.3	-11.4	-6.2
ロイヤルティ・ライセンス使用料	20.8	43.2	89.8	5.2	16.5	25.2	15.6	26.7	64.6
その他民間サービス	50.3	107.9	238.3	25.4	61.2	168.9	24.9	46.7	69.4
教　育	6.1	10.3	19.9	0.8	2.0	5.6	5.3	8.3	14.3
金融サービス	na	22.1	55.4	na	10.9	16.5	na	11.2	38.9
保険サービス	1.0	3.6	14.7	4.2	11.3	55.2	-3.2	-7.7	-40.5
通　信	2.9	3.9	9.3	6.1	5.4	7.0	-3.2	-1.5	2.3
専門ビジネス技術サービス	na	52.0	116.6	na	30.9	82.0	na	21.1	34.6
その他のサービス	8.3	15.9	22.4	0.5	0.6	2.6	7.8	15.3	19.8
合　計	164.0	279.5	483.9	103.5	203.4	331.9	60.5	76.1	149.0

注：軍事契約取引など政府のサービス取引は除き，民間のサービス取引のみを対象。専門ビジネス技術
　　サービスはコンピュータ・データサービス，コンサルティング・広報，研究開発・試験，据付・修理，
　　法務，建築・エンジニアリングなど。その他のサービスは映画，テレビのテープレンタルなど。
出所：米商務省，Bureau of Economic Analysis, US International Services (http://www.bea.gov/international_services.htm#detailedstatisticsfor, 2011年7月27日アクセス) より筆者作成。

リカのシェアは14.1％，輸入は10.2％で輸出入ともに圧倒的な1位を保持している。輸出は2位ドイツ（シェア6.3％），3位イギリス（6.2％），4位中国（4.6％），5位フランス（3.8％），第6位日本（3.8％）の順，輸入は2位ドイツ（7.3％），3位中国（5.5％），4位イギリス（4.5％），5位日本（4.4％）の順である（中国の数値は暫定値）。

　政府取引を除いた民間サービスの貿易動向を見ると（表11-5），貿易額が大きいのは教育，金融などからなるその他民間サービス，旅行およびロイヤルティ・ライセンス使用料などで，これらは大幅な黒字を計上している。慢性的な赤字がつづいているのは，貨物輸送と港湾サービスからなるその他運輸と保険サービスの2業種だけである。主な貿易相手国はイギリス（09年のシェアは輸出10.5％，輸入11.4％），カナダ（8.7％，6.6％），日本（8.4％，6.2％），ドイツ（5.0％，6.8％），メキシコ（4.5％，4.0％）で，アメリカはこれらすべての国に対して黒字を計上している。以下，09年におけるサービス貿易の状況を見てみよう（国名の後の数字はすべて単位が億ドル）。

　まず「旅行」および「旅客運賃」のアメリカの受取額を相手国別に見ると，カナダ161，日本130，イギリス114，メキシコ80，ドイツ56，フランス41の順

に多く，アメリカの支払先はメキシコ96，イギリス78，カナダ62，日本48，ドイツ46，フランス36の順に多い。つまり，アメリカはカナダ，日本，イギリスなどから多くの旅行客を受け入れ，メキシコ，イギリス，カナダの順に多くのアメリカ人旅行客を送り込んでいることがわかる。「その他運輸」の受け取り先はイギリス32，日本32，カナダ27，支払先は日本44，カナダ37，ドイツ31，イギリス26の順に多い。

「ロイヤルティ・ライセンス使用料」では，アメリカはアイルランド144，スイス81，日本80，ドイツ62，カナダ57，イギリス57の順にロイヤルティ・ライセンスを輸出して使用料を受け取り，日本57，フランス35，ドイツ33，イギリス26，アイルランド23の順にロイヤルティ・ライセンスを輸入して使用料を支払っている。

「その他民間サービス」を見ると，まず「教育」はアジア・太平洋地域からの受取額がもっとも多い。とりわけインド32，中国30，韓国22が群を抜き，これに日本9，カナダ9，台湾8がつづく。支払先ではヨーロッパがもっとも多く，イギリス10，イタリア6，フランス3，メキシコ3，オーストラリア2の順である。つまり，インド，中国，韓国はアメリカに多くの留学生を送り込み，アメリカはイギリス，イタリア，フランスなどに留学生を出していることがわかる。「金融サービス」はイギリスが受取先，支払先として他を圧倒している。また，「保険サービス」の主な受取先は，カナダ26，バミューダ26，イギリス15，日本15，支払先はスイス97，イギリス48，アイルランド42，ドイツ41である。

「専門ビジネス技術サービス」は受取先がイギリス131，日本98，アイルランド79，カナダ76，支払先はイギリス129，インド89，カナダ88，ドイツ63，日本42の順だが，インドに対する多額の支払いが注目される。インドはトーマス・フリードマンが『フラット化する世界』で紹介したように，レントゲン写真の読み取り，財務分析，編集作業など多様な専門サービスをアメリカから請け負っている。これはコンピュータと通信技術の発展によって，アメリカが労働集約的なサービス生産を国外に委託するオフショア・アウトソーシングを行っている結果である。プリンストン大学のアラン・ブラインダー教授は，何も手を打たなければ，将来3000万～4000万人のサービス雇用がアメリカからインドなどにオフショアされる可能性があると警鐘を鳴らし，アメリカ国内で職

表11-6 アメリカのFTAと貿易額・FTA適用率（2010年）

(10億ドル, %)

FTA締結国	協定発効日	輸出額	前年比増加率	輸入額	前年比増加率	FTA輸入額	FTA適用率
イスラエル	1985.9.1	6.5	4.8	21.0	12.3	2.7	13.0
NAFTA	1994.1.1	337.6	21.7	504.4	25.8	286.1	56.7
カナダ	1994.1.1	206.0	20.0	275.5	22.7	145.4	52.8
メキシコ	1994.1.1	131.6	24.5	228.8	29.8	140.7	61.5
ヨルダン	2001.10.1	1.1	-8.3	1.0	11.1	0.6	62.2
シンガポール	2004.1.1	26.3	32.2	17.3	10.9	1.2	6.7
チリ	2004.1.1	9.9	13.8	7.1	18.3	4.4	62.7
オーストラリア	2005.1.1	20.3	11.5	8.6	7.5	2.8	31.9
モロッコ	2006.1.1	1.9	18.8	0.7	40.0	0.2	23.8
バーレーン	2006.8.1	1.2	100.0	0.4	-20.0	0.3	65.3
CAFTA-DR	2006-09	22.7	20.1	23.7	26.1	10.5	44.4
エルサルバドル	2006.3.1	2.4	20.0	2.2	22.2	1.7	78.6
ホンジュラス	2006.4.1	4.6	35.3	3.9	18.2	2.9	73.9
ニカラグア	2006.4.1	1.0	42.9	2.0	25.0	0.9	46.5
グアテマラ	2006.7.1	4.5	15.4	3.2	3.2	1.6	48.4
ドミニカ共和国	2007.3.1	6.6	24.5	3.7	12.1	2.1	57.2
コスタリカ	2009.1.1	5.2	10.6	8.7	55.4	1.3	15.0
オマーン	2009.1.1	1.1	0.0	0.8	-11.1	0.4	45.3
ペルー	2009.2.1	6.1	52.5	5.2	36.8	2.2	43.0
FTA締結国計		434.7	21.5	590.1	24.3	311.3	52.8
総輸出入額に対する比率（%）		38.7	(19.8)	31.1	(22.6)	16.4	

注：CAFTA-DRの内訳は統計が異なるため全体と一致しない。FTA輸入額はFTA規定を適用した輸入額。FTA適用率はFTA輸入額/輸入総額の％。前年比増加率欄の最下段の（ ）内は対世界輸出入の前年比増加率。

出所：U.S. International Trade Commission, The Year in Trade 2010 Operation of the Trade Agreements Program, July 2011およびFT900より筆者作成。

業教育などの対策を進めるべきだと主張している。

3　通商政策の動向

（1）　自由貿易協定の広がり

アメリカは2011年12月末現在，17カ国との間に11件のFTAを実施している（表11-6）。FTA交渉はレーガン政権から開始され，同政権下でイスラエルおよびカナダとのFTAが発効した。次のG・H・W・ブッシュ政権はNAFTA締結交渉を進め，決着したが，クリントン政権は労働と環境に関する新たな補完協定を締結してこれに加え，NAFTAを発効させた（先に実施されていたカナダ

とのFTAはNAFTAに吸収)。さらに同政権はキューバを除く西半球全域34カ国を対象とする米州自由貿易圏協定 (FTAA), ヨルダン, シンガポールおよびチリとのFTA交渉を開始した。G・W・ブッシュ政権はクリントン政権から交渉を引き継いだヨルダン, シンガポール, チリとのFTAを批准し, さらにオーストラリア, モロッコ, 中米5カ国とドミニカ共和国 (CAFTA-DR), 南アフリカ共和国など5カ国からなる南部アフリカ関税同盟 (SACU), バーレーン, パナマ, ペルー, コロンビア, タイ, アラブ首長国連邦 (UAE), オマーン, マレーシアおよび韓国の実に59カ国と交渉を展開した。

　G・W・ブッシュ政権が多くのFTA交渉を進めたのは, 通商代表部 (USTR) 代表に任命したゼーリック大使 (現世界銀行総裁) が「競争的自由化」戦略を掲げて精力的に交渉を推進したことによる。しかし, 同政権下で締結されたコロンビア, パナマ, 韓国との3件のFTAについては, オバマ政権成立後, 民主党の要求によってコロンビアおよびパナマとのFTAでは労働, 税制など補完的な協定が結ばれ, 韓国とのFTAについては追加交渉によって自動車関税撤廃時期の先送りと韓国車に対する特別セーフガードの導入などが合意され協定が修正された。その後, 党派間の対立で議会審議が遅れたが, 2011年10月12日上下両院は3件のFTA実施法案を可決し, 10月21日オバマ大統領が同法案に署名した。これによって3件のFTAは, 協定締結から5年あまりを経てようやく批准手続きが完了した (2012年10月末までにすべて発効)。なお, FTAAは中南米における政治情勢の変化により交渉は05年に中断され, SACU, UAE, タイおよびマレーシアとの交渉も06～08年に中止された (このうちマレーシアとの交渉は後述のようにTPPによって再開)。

　アメリカのFTAはアメリカの輸出を促進する目的よりも, 外交・安全保障および経済支援政策としての役割が強く, 中南米, 中東・北アフリカ, ASEANなどを対象にした地域全体の貿易自由化を推進する地域貿易イニシアティブ政策と連携して進められてきた。また, 締結されたFTAには単に関税撤廃, 数量制限の禁止など市場アクセスの改善だけではなく, 投資, サービス貿易の促進, 厳しい原産地規則, さらにWTO協定並みあるいはそれ以上の知的財産権保護, 労働・環境の規定などが盛り込まれている。

　アメリカのFTA相手国との貿易は2010年に総輸出の38.7%, 総輸入の31.1%を占めているが, 小国とのFTAが多いため, NAFTAを除くと, その

比率はそれぞれわずか8.7％, 4.5％にすぎない。このため, 経済的利益だけで考えれば, FTAを結ぶ意味は大きいとはいいがたい。しかし, FTAを締結した国から見ると, アメリカとのFTAはアメリカという巨大市場への参入が容易になるだけに, 輸出国にかなり大きな経済効果を生む。表11-6のFTA適用率は, FTA締結国からの輸入にどの程度FTAが適用されているかを示している。アメリカの輸入関税がゼロとなっていない品目がFTA規定を満たし無税ないし軽減税率でアメリカに輸入された場合をFTA協定が適用されたとし, その輸入額の合計が当該国からの総輸入額に占める比率をFTA適用率とすると, 次のような結果となる。つまり, 2010年のFTA適用率はFTA締結国全体で52.8％（09年は50.6％）とFTA締結国からの輸入の半分がFTAの適用を受けている。国別に見ると, FTA適用率はエルサルバドル, ホンジュラスが70％以上, メキシコ, ヨルダン, チリ, バーレーンは60％以上だが, コスタリカ, イスラエル, シンガポールは15％以下にとどまっている。なお, FTAが適用された2010年の輸入額は3113億ドルでアメリカの総輸入額の16.4％（09年は2403億ドル, 15.5％）にすぎない。

（2） オバマ政権の通商政策

オバマ政権は雇用対策としての輸出拡大と通商法制の執行強化を通商政策の最重要課題としている。輸出拡大については, 10年1月の一般教書演説で2015年までの5年間に輸出を倍増して雇用機会を拡大すると公約し, 3月にはその実現に向け行政命令「国家輸出戦略（NEI: National Export Initiative）」を発動した。半年後の9月中旬, 行政命令で提出を命じた国家輸出戦略報告書が「輸出促進内閣」を通して大統領に提出され, 大統領輸出評議会（産業界, 労働界の代表で構成）が開催された。ここで大統領は国家輸出戦略が大統領と閣僚が一丸となって取り組むアメリカ初の輸出促進政策であると強調している。

国家輸出戦略によって, 貿易ミッションの派遣, 輸出信用の拡充, 輸出先国における輸入障壁削減交渉などが開始されているが, これとは別に政府は軍事転用が可能な製品および技術に関する輸出規制の緩和に着手した。輸出促進政策は, クリントン政権の2期目にも採用されたが, 当時はBEMs (Big Emerging Markets) と名付けられたブラジル, 中国, インド, インドネシア, 南アフリカ共和国, 韓国, トルコなど台頭する10の巨大市場に照準をあわせた政策が

中心であった。

　今回の戦略はより広範な政策によって輸出倍増目標を達成しようとしている。5年間で輸出を倍増するには年率14.9％の伸びが必要だが，国際収支ベースで見た財の輸出は10年に前年比20.5％増，サービスの輸出は8.6％増，11年1〜10月はそれぞれ前年同期比17.6％増，10.6％増となっており，滑り出しは順調である。なお，政府は10億ドルの財の輸出で6000人，10億ドルのサービスの輸出で4500人の雇用が創出されるとしている。

　輸出促進政策との関連で，環太平洋パートナーシップ協定（TPP：Trans-Pacific Partnership）のゆくえが注目される。TPPは，G・W・ブッシュ政権が08年9月に交渉入りを発表し，翌年12月オバマ政権が議会に対して交渉開始の意図を表明した。TPPは01年にニュージーランドとシンガポールの間で発効した経済緊密化協定にブルネイとチリが05年に参加し，アメリカの参加表明を受けて08年にオーストラリア，ペルー，ベトナムの3カ国が加わり，10年3月から8カ国によるTPP協定交渉が開始された。さらに同年10月にはマレーシアが交渉に参加し，11年11月のAPECホノルル首脳会議で9カ国は協定の大枠に合意した。2012年中に最終合意が予定されている。

　アメリカは，TPPを「高度な21世紀の貿易協定」とし，同時にアジア太平洋自由貿易地域（FTAAP）創設の第1段階，将来的にはTPPを足がかりにAPEC全域をカバーする協定とすることをめざしている。東アジアとの貿易が拡大しているにもかかわらず，オバマ以前の政権が東アジア諸国と締結したFTAはシンガポールと韓国だけにすぎない。こうした状態を打開する突破口にするとの期待がTPPに込められている。なお，アメリカではFTAなど通商交渉を行う場合には，大統領は議会から通商交渉権限の委譲を受ける必要があるが，大統領に権限の委譲を認めた02年超党派貿易促進権限法は07年7月1日で失効したままである。しかし，オバマ政権は新たな交渉権限を議会に求める動きをまだ行っていない（その後15年6月，15年貿易促進権限法が成立）。

　一方，通商法の執行強化では，09年9月中国製タイヤに対して特別セーフガードを発動して追加関税（1年目に35％，2年目30％，3年目に25％）を課しているほか，アンチダンピング（AD）や相殺関税（CVD）など貿易救済措置でも発動件数が増えている。10年にはAD調査が完了した19件のうち5カ国の11品目に17件のAD税が課された（09年は3カ国の11品目に13件のAD課税）。国別に見

■□コラム□■

保護貿易主義に屈したレーガン政権

　貿易赤字が急拡大した1980年代はじめ，アメリカの産業界，労働界は通商法を駆使して輸入品の排除に躍起となった。しかし，自由貿易主義を標榜するレーガン政権は国際貿易委員会（ITC）の勧告を拒否し，鉄鋼，自動車，工作機械などの輸出自主規制協定を日本などと結ぶ一方，議会が可決した輸入規制法案に拒否権を行使した。84年に貿易赤字が史上初の1000億ドルを超えると，議会は300件あまりの保護主義法案を提出し，その成立に全力を傾けた。

　政権2期目に入ると，さすがのレーガン政権も議会の圧力に抗しきれず，通商政策の重点を自由貿易から公正貿易に移し，74年通商法301条の積極的な発動と一方主義を使った外国政府の不公正貿易慣行の是正，二国間交渉の強化，さらにFTAの推進を表明した。レーガン政権下ではじまったFTAは，その後NAFTAなどの締結に道を開いたが，議会の怒りは収まらず，ついに1988年包括通商競争力法を成立させた。88年法によってスーパー301条が新設され，301条の決定に対する大統領の裁量権も取り消されて報復措置の発動が義務化された。88年法はスムート・ホーレー関税法以来の保護主義的立法といわれる。「レーガン政権はフーバー以降のどの政権よりも多くの貿易制限を新設した」といわれているが，長期のドル高政策，高止まりの失業率，財政赤字の拡大はいずれもレーガノミックスの帰結であり，高揚した議会の保護主義はレーガン政権が自らまいた種から生まれたものでもあった。

ると，中国がもっとも多くコート紙など10品目，インドネシア2品目，メキシコ2品目，台湾2品目，ベトナム1品目が対象になった。またCVDは10年に3カ国，9品目に10件の相殺関税が課された（09年は2カ国の6製品に6件の課税）。内訳は中国8品目，インドネシア1品目，ベトナム1品目で，CVDでも中国製品に対する課税件数が群を抜いて多い。また，11年10月には輸入が急増している中国製太陽光発電パネルについてADおよびCVD調査が開始された。ADやCVDのほかに，1930年関税法337条による特許権侵害でも07年から再び提訴件数が増え，提訴者の主張が認められるケースが増加している。

　こうしたアメリカの措置に対して，中国はアメリカの中国産鶏肉の輸入制限措置をWTOの紛争解決機関に提訴し，11年12月には報復措置としてアメリカ車に対するAD税とCVDの課税を開始した。人民元の切り上げと知的財産権の

第Ⅲ部　マクロ・対外政策の考え方と展開

保護問題が米中間の最大の懸案事項だが，米中間の貿易摩擦の拡大は1980年代の日米貿易摩擦を想起させる。対応に失敗して，議会の保護主義勢力に火を付けたレーガン政権の事例（コラム参照）も記憶によみがえる。

■　■　■

●参考文献

秋元英一（1995）『アメリカ経済の歴史　1492-1993』東京大学出版会。
合衆国商務省編（1999）『アメリカ歴史統計　植民地時代〜1970年（新装版）』第Ⅰ，Ⅱ巻（U. S. Department of Commerce, *Historical Statistics of the United States* の邦訳版）。
佐々木隆雄（1997）『アメリカの通商政策』岩波書店。
滝井光夫（2006）「14　自由貿易体制の動揺」アメリカ学会編『原典アメリカ史　第8巻　衰退論の登場』岩波書店。
トーマス・フリードマン（2006）『フラット化する世界——経済の大転換と人間の未来』上下，伏見威蕃訳，日本経済新聞社。
『米国経済白書』毎日新聞社，各年版（Council of Economic Advisers, *Economic Report of the President*, U. S. Government Printing Office の邦訳版，本章では『大統領経済報告』とした）。
Blinder, Alan S. (2006), "Offshoring : The Next Industrial Revolution?" *Foreign Affairs*, March/April.
Garten, Jeffrey E. (1997), *The Big Ten : The Gig Emerging Markets and How They Will Change Our Lives*, New York : Basic Books.

（滝井光夫）

第IV部
現代の重要課題

第12章
移民政策

　モノ・カネ・サービスのグローバル化が進行するなか，ヒトの移動もますます盛んになっている。国境を越えるヒトの移動というのは，はるか昔から見られた現象であるが，現代のそれはかつてないほどの規模で進んでおり，過去に比べて移民は質量ともに大きく変化した。以前から大勢の移民を受け入れてきた「移民の国」アメリカにも，近年ますます多くの人々が押し寄せている。移民はアメリカの経済だけでなく，社会・文化的側面にも大きく貢献してきたが，近年の移民の増加に伴い，アメリカでは移民をめぐるさまざまな議論がもちあがっている。その背景には，合法移民だけでなく不法移民が増加したこと，ヒスパニック系やアジア系の移民が増加したことによるアメリカの人口構成の変化などの要因がある。本章では，近年のアメリカへの移民の流れを，経済社会構造と移民政策の観点から概観し，現代アメリカが抱える問題について言及する。

1　アメリカへの移民の流れ

(1)　移民出身国のシフト——旧移民から新移民へ

　アメリカは植民地時代から現在にいたるまで，移民を数多く受け入れてきたが，つねに同じ国から移民を受け入れたり，絶えず大量の移民を受け入れたりしてきたわけでもない。経済・社会的諸要因やアメリカの移民受け入れ政策の変更により，時とともに移民の出身国は変化し，またその数も大きく変動してきた。

　18世紀の間に，アメリカへ移住した者は約45万人で，それらは主にイギリス，次いでアイルランド，ドイツなどの国からであった。本格的なアメリカへの人の流入は次の100年間に起こった。19世紀は大量移民の時代であり，その多くがアメリカへと移住した。19世紀に外国へ移住した者は全世界で4300万人で

第Ⅳ部　現代の重要課題

図12-1　アメリカへの移民

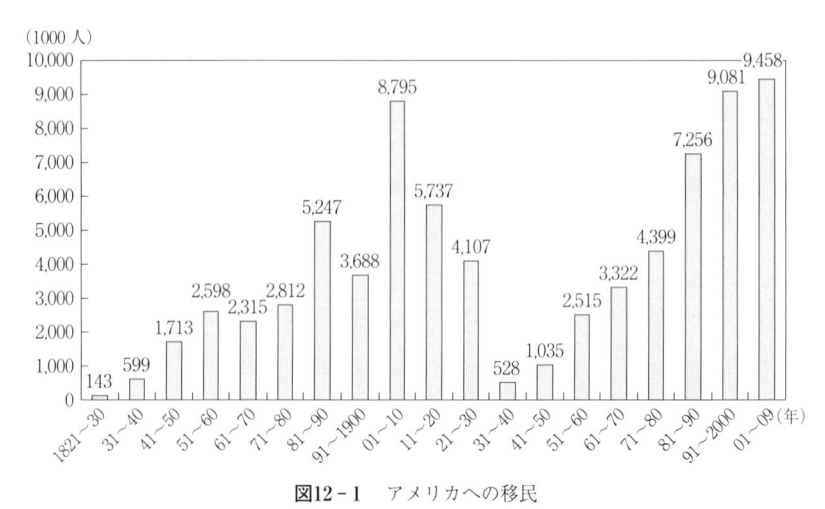

出所：U. S. Census Bureau, *The Statistical Abstracts of the U. S., 1878-2008*, Department of Homeland Security(2009), *Yearbook of Immigration Statistics*より筆者作成。

あったが，このうち1500万人以上が1820〜90年にアメリカへ向かった。さらに1890〜1920年には1820万人がアメリカへ移住し，1901〜10年にその数は頂点に達した（**図12-1**）。

　19世紀末までにアメリカにやってきた移民の大部分は北・西ヨーロッパからであった。1890年代頃までに主にイギリス，ドイツ，アイルランド，北ヨーロッパ（ノルウェー，スウェーデン，デンマーク）などの国からアメリカにやってきた移民は「旧移民」と呼ばれている。アイルランド人を除けば，これらの移民の多くは農夫または熟練労働者であり，家族とともに中西部に赴き開拓農民となるか，または熟練技術者として活躍した。また彼らの大部分はプロテスタントであった。アイルランドからの移民はカトリック教徒で，その大半は非熟練労働者として東海岸あるいは中西部の都市で産業労働者となった。

　19世紀末に移民の流れに変化が生じ，北・西ヨーロッパからの移民に代わって南・東ヨーロッパからの移民が急増した。これらの地域から新規にやってきた移民は旧移民に対して「新移民」と呼ばれているが，1890年代に新移民が旧移民を数のうえで上回った。イタリア人，ユダヤ人，ポーランド人が新移民の多勢を占めていたが，旧移民に比べると新移民は民族的・文化的にさまざまであり，大部分は英語も話せなかった。宗教的にもカトリック，ユダヤ教，ギリ

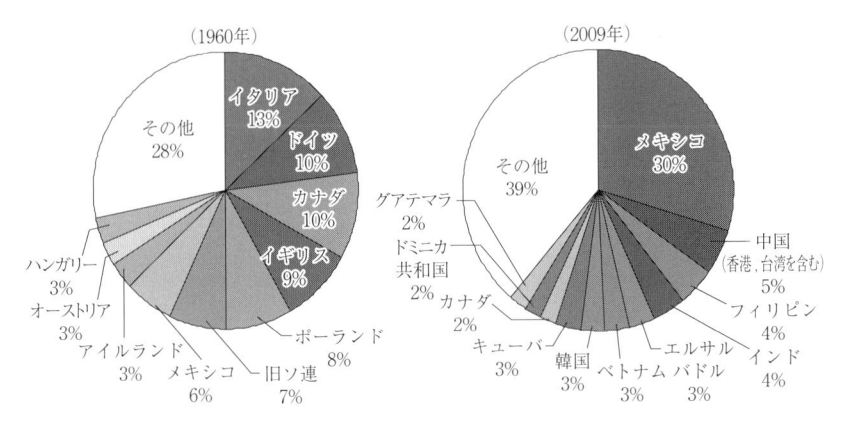

図12-2 外国生まれ人口の出身国トップ10

出所：U. S. Census Bureau (2009), *American Community Survey, Historical Census Statistics on the Foreign-born Population of the United States：1850-1990*より筆者作成。

シア正教と多様であった。新移民の多くは単身渡米し，都市部で工場や建設などの非熟練労働に従事した。また，相対的に少数ではあるが，19世紀後半にアメリカに渡った中国人や日本人も新移民に分類される。

ところが，後述するように，1920年代に制定された一連の移民法と30年代の大恐慌，そして第二次世界大戦の影響を大きく受けて，新移民の波は突如途絶えることになった。それらの法律が成立した背景には，移民労働者の流入による雇用機会の喪失や賃金抑制などに対し，アメリカ人労働者の懸念が高まったことに加えて，人種差別も絡んでいた。新移民たちは，宗教，文化，言語，風俗が異なるがゆえに異質であるとされたうえに，アジア人だけでなく，当時は白人だとは見なされなかった南・東ヨーロッパからの新移民も旧移民に比べて知性的に劣勢であるとされ，アメリカ社会から排除すべき対象とされた。

(2) アジア系とヒスパニック系の増加──社会経済構造の再編

1920年代に成立した排他的な移民法と30年代の大恐慌，そして第二次世界大戦の影響により，その後の数十年間はアメリカへ渡る移民は減少していたが，60年代以降再び大きく増加した。そして近年，アメリカへの移民の出身国は伝統的なヨーロッパ諸国からラテンアメリカやアジア諸国へとシフトした（図12-2）。

なぜ近年移民の出身国にこのような変化が生じたのか。後述のとおり，これら地域からの移民を容易にした65年の移民法改正の影響が大きかったが，世界的な経済社会構造の変化も大きく影響している。従来，国際的な人の移動は「プッシュ・プル」論（発展途上国における貧困，失業，人口過剰，政治的混乱などが送り出し要因となり，先進国の労働需要・よりよい賃金・生活，政治的な安定などが引き寄せ要因になる，というもの）に基づき説明されたが，この論には限界があり，世界的な社会経済システムの構造的な変化が重要要因と見なされるようになった。

　世界経済社会構造は，20世紀半ばまでは資本主義の先進国が工業生産，発展途上国は第一次産品の生産を行うという古典的国際分業体制であったが，70年代以降は新国際分業体制へと転向していった。この新国際分業体制下では，先進国企業の工場が発展途上国に移転され，発展途上国は第一次産品だけでなく先進国向けに安価な商品を送り出す場となった。一方，この新国際分業体制は，グローバルな資本による直接投資と生産の国際化を受け入れた発展途上国における伝統的な自給自足経済体制を解体し，質的に変容させ，大きな労働力のプールを生み出すことになった。そして，これらの労働力は輸出向け製造業の賃金労働者として動員されることになり，この過程で生じた余剰労働力が他国へ押し出されることになった。また，女性も賃金労働者として動員されたため，余剰労働力となった女性も大勢国境を越えるようになった。

　アメリカの多国籍企業もこの時期に発展途上国・地域において生産立地条件のよい場所を求め，生産と投資の規模を拡張していった。社会学者サスキア・サッセンによると，アメリカの海外投資は1965年から80年にかけて加速度的に増加したが，その多くは東南アジア，カリブ海域，ラテンアメリカのいくつかの国に向けられていた。言い換えると，70年代・80年代にアメリカに移民を多く送り出すことになった国（たとえばフィリピン，中国，メキシコ，エルサルバドルなど）は，輸出志向型の多額の外国投資を受け入れたのであった。アメリカが積極的に海外進出を図ることにより，進出先の途上諸国においては伝統的経済社会構造が解体し，労働力のプールが生み出され，余剰労働力がアメリカに向かうことになった。

　しかしながら，このような農民層解体に起因する人の移動は必ずしも現代に特有な現象ではない。とくに19世紀資本主義の発展と近代化のプロセスにおい

て，当時人口が爆発的に増加していたヨーロッパではそれまで祖先から相続してきた土地や職業をやむなく追われた人々が農村から都市へ，さらには国境を越えて移動した。このような人の移動は，19世紀初頭から半ばにかけて資本主義の中心部であった北・西ヨーロッパからはじまり，都市の工業が吸収できなかった労働力の多くは余剰労働力として，当時はまだ工業化が進んでいなかった農業国アメリカへ向かった。さらに19世紀末には，近代化が遅れた南・東ヨーロッパから，工業化が進展していたアメリカへ大勢の移民労働力が移動した。ゆえに，先述のように渡米後は北・西ヨーロッパから来た旧移民は主に自営農民となり，南・東ヨーロッパからの新移民は主に都市で産業労働者となったのである。

しかしながら，農村社会解体によって自国から押し出された過去の移民と現代の移民を比べると質的に異なっている点に留意しなくてはならない。近年の移民の多くは，ポスト産業経済社会におけるサービス部門の職に従事しており，その多くが農民や産業労働者になった過去の移民とは質的に異なっている。新国際分業体制のもとでは，発展途上国において農村社会の解体により輸出向け製造業の賃労働者が増加し，さらにはその余剰労働力のプールができることはすでに述べたが，一方で先進国の都市部には多国籍企業の中枢指令機能が集中し，それを支えるサービス労働の需要が高まったのであった。

アメリカは第二次世界大戦後のポスト産業経済社会において，寡占的な産業部門に牽引されて発展していった。このような大企業は安価な労働力を求めて生産拠点を外国へ移転させたため，国内の産業は空洞化し，雇用の構造変化が起きた。つまり，ニューヨークやロサンゼルスのようなアメリカ国内の中枢都市には外国での生産部門を管理し，経営を統括させるためのサービス機能部門と世界金融とが集中するようになった。このような構造では，高賃金の高度な専門職（たとえば金融，保険，法律，経営，医療など）とそれらを支える低賃金のサービス業（たとえばビル清掃業，飲食・宿泊業，子守・家事・介護関連業務など）の両者が生み出される。実際アメリカでは国内経済の約7割をサービス部門が占めており，近年アメリカへやって来る移民の労働力を吸収しているのはこのような分極化したサービス部門である。とくに低賃金のサービス労働に従事する者の割合が高く，2009年には全移民労働者の24.7％を占めていた。これはアメリカ生まれの労働者が占める割合（16.3％）よりも高かった。一方で，全移

民労働者のうち経営・専門職に従事する者は28.9%（アメリカ生まれの全労働者では38.9%）を占めており，移民の間にも分極化が進んでいる。

　ちなみに，アメリカ労働市場に占める移民労働者の割合は1990～2007年の17年間に9.3%から15.7%に増加した。全移民労働者のうちヒスパニックが50.1%，アジア人が22.3%を占めており，アジア人の約半数が経営・専門職に従事している一方で，ヒスパニックは低賃金サービス労働に従事する割合が高い。

2　アメリカの移民政策

（1）　自由移民の時代──1870年代～1917年

　もちろん，移民の労働力を吸収しうるアメリカの社会経済構造だけが移民をアメリカに引き寄せる要因ではない。アメリカが世界最大の「移民の国」たるゆえんはその自由主義的で寛容な移民政策にある。とはいえ，アメリカは建国以来移民に対してつねに大きく門戸を開放してきたわけではない。確かに，アメリカ連邦政府が州政府に取って代わり移民の管理統制に大きく関与するようになる19世紀末までは，若干の例外を除いては，ほとんど規制なく移民を受け入れてきた。しかしながら，それ以降はアメリカの移民政策は紆余曲折を経てきた。

　アメリカの移民史家ジョン・ハイアムによれば，19世紀末以降のアメリカの移民政策は3つの段階に分けられるという（ハイアム　1994）。第1段階は1870年代～1917年であり，初期の移民制限の時代である。この時期には特定の例外的なカテゴリーに属する移民，たとえば犯罪人，売春婦，精神異常者，一夫多妻者，その他公共の負担になりうる者が選択的に入国を拒否された。アメリカ史上はじめて特定の移民集団として中国人移民労働者が締め出されたのもこの時期である。主に金の採掘や大陸横断鉄道の敷設に従事した中国人労働者は，低賃金で過酷な長時間労働に耐えたため，アメリカ人労働者は自分たちの仕事を奪われてしまうのではないかと懸念したのであった。また，中国人は非白人，非キリスト教徒であり，英語を解さないため，文化的に異質で人種的に劣っているとされた。しかしながら，このような例を除けば門戸開放と自由入国の伝統が守られていた時期であった。

（2） 大規模な移民抑制の時代──1917年〜第二次世界大戦終結

　第2段階は1917年から第二次世界大戦終結までの時期である。この時期にアメリカ史上もっとも大規模に移民の受け入れ総数が抑制され，選別という一般的原則が樹立された。中国人に向けられた反移民感情が，世紀転換期に急増していた新移民にも向けられるようになり，新移民を締め出すための一連の法律が制定された。当時，北・西ヨーロッパ出身の旧移民からすれば，南・東ヨーロッパ出身の新移民は文化的にも言語的にも異質で，自分たちよりも劣っており，ゆえにアメリカ社会に同化できない者たちと考えられた。このような新移民を締め出すために，まず1917年に「識字テスト法」が成立し，読み書きのできない者の入国が禁止された。1921年には「移民割当法」の制定により，移民の出身国別に移民の年間受け入れ枠が設定されることになった。その算出法は，1910年の国勢調査の時点においてアメリカ国内に居住する各民族集団の人数の3％にあたる数を今後のその国からの年間移民受け入れ許可数とした。さらに，1924年の「改正移民法」により，その基準数値は1890年の国勢調査に基づくものに変更され，その比率も3％から2％へと減らされた。この改正はいうまでもなく，新移民の入国をさらに制限することを意図としていた。1890年には新移民の本格的な流入はまだはじまっていなかったのである。また1924年法には「帰化不能外国人の入国を禁ずる」との条項があったが，「帰化不能外国人」（当時帰化が可能なのは，自由な白人および黒人とその子孫であった）に該当する当時唯一の外国人である日本人が永久的に締め出されることになった。この24年法が別名「排日移民法」と呼ばれるのはこのためである。1924年の移民法による新移民への影響は大きく，1930年代・40年代には移民の数は著しく減少した（前掲図12-1）。

（3） 移民の時代の再来──第二次世界大戦終結後〜現在

　第3段階は第二次世界大戦終結から現在にいたるまでで，アメリカがすべての移民に公平であろうと努めてきた時期である。ハイアムによれば，アメリカ人はこの時期に「国民的伝統のコスモポリタンな幅をもう一度とりもどした」（ハイアム 1994）。アメリカは戦後の冷戦進行に伴い増加した難民を，世界各地から特別措置により個別に受け入れてきたが，1924年の移民法の差別的な国別割当法は，戦後の自由主義陣営のリーダーとしてのアメリカの国際的な立

第Ⅳ部　現代の重要課題

表12-1　移民の受け入れ優先順位

〈1965年移民法〉

第1優先	アメリカ市民の21歳以上の未婚の子ども
第2優先	永住者の配偶者・子ども・21歳以上の未婚の子ども
第3優先	特殊な技能をもつ専門家，科学者，芸術家
第4優先	アメリカ市民の既婚の子ども
第5優先	21歳以上のアメリカ市民の兄弟姉妹
第6優先	労働者不足が生じている職種の熟練・非熟練労働者
第7優先	難民（主に共産圏から）
優先枠外	アメリカ市民の配偶者・21歳未満の子ども，21歳以上のアメリカ市民の親

〈1990年移民法〉

家族に基づく受け入れ	
第1優先	アメリカ市民の21歳以上の未婚の子ども
第2優先	永住者の配偶者・子ども・21歳以上の未婚の子ども
第3優先	アメリカ市民の既婚の子どもおよびその配偶者と子ども
第4優先	21歳以上のアメリカ市民の兄弟姉妹およびその配偶者と子ども
優先枠外	アメリカ市民の配偶者・21歳未満の子ども，21歳以上のアメリカ市民の親
雇用に基づく受け入れ	
第1優先	科学，芸術，教育，ビジネス，スポーツの分野において卓越した能力を有する者・研究者・多国籍企業の役員およびその配偶者と子ども
第2優先	修士以上の学位をもつ専門職従事者・優れた能力をもつ外国人およびその配偶者と子ども
第3優先	2年以上の経験を必要とする熟練労働者・学士以上の学位をもつ専門職従事者・必要とされる非熟練労働者およびその配偶者と子ども
第4優先	宗教関係者・政府・国際機関関係者などの特別な者およびその配偶者と子ども
第5優先	アメリカへの投資により雇用を創出する投資家およびその配偶者と子ども
多様化プログラムに基づく受け入れ（抽選）	

出所：筆者作成。

場と相入れないものであった。この矛盾を解決しようと，徐々に移民受け入れ緩和の方向へと向かっていった。

　こういったコスモポリタリズムの回復をもっとも鮮明に体現化し，体制化したものが1965年の移民法である。65年法は，24年の移民法が定めた出身国別による受け入れ枠割り当て制度を撤廃し，新しく西半球（アジア，ヨーロッパ，アフリカ，オセアニア）から17万人，東半球（南北アメリカ）から12万人という大きな単位の上限のみを設定した。この半球制は後に廃止され，全世界から計29万人という上限がおかれることになる。また，この法は移民の受け入れに際して新しく優先順位を設定した。すなわち，「家族再結合」の原理に基づくアメリ

カ市民および合法移民の血縁者の枠と，特定の職能をもつ人を採用する雇用枠という二大優先カテゴリーを定め，受け入れ優先順位を設けた（表12-1）。人道主義的観点から離散家族の再結合に高い優先順位が設定される一方で，産業界の労働力需要に応えるために職能カテゴリーが設けられたのであった。同法によりアメリカは門戸を再度大きく開放することになった。

1965年法の成立は，人種差別撤廃をめざした64年の公民権法などの全国的な解放運動の成果のひとつであったといえよう。さらに，90年の移民法により，移民の年間受け入れ数の上限が引き上げられ，67万5000人とされた。この法は現行の移民法となっており，現在も移民の受け入れは「家族再結合」の原理と職能に基づいて行われている。

3　1965年移民法以降の変化

（1）　移民の増加とヒスパニック，アジア

1965年の移民法の制定は3つの大きな変化をもたらすことになった。すなわち，合法移民の増加，不法移民の増加，そしてそれらに付随する人口の民族的構成の変化である。合法移民の増加に関しては，先述したように，65年法が再び門戸を開放し，移民受け入れ数を大幅に増加させたことが主因であるが，「家族再結合」の原理に基づく受け入れでは，「直系親族（配偶者，親，子ども）」は優先枠外で入国が許可されたため，全体の受け入れ数の上限を上回る移民がアメリカに入国することになった（表12-1）。この優先枠を利用し，大幅に増加したのがアジアやラテンアメリカからの移民であった。それに伴い，前掲の図12-2に見られるように，60年には外国生まれの全人口のうち，ヨーロッパ出身者は75％を占めていたが，2009年には13％にまで減少した。代わってヒスパニック系が53％，アジア系が28％を占めるようになった。

不法移民の増加については，当初設定された半球制によりそれまで上限のなかった受け入れ数に西半球全体としてはじめて上限が設けられたため，その枠から外れる者が大量の不法移民となった。その後1978年に半球制は廃止されたが，一国からの移民の年間受け入れ上限は2万人と設定されたため，メキシコのように多勢の移民の送り出し国は大きな打撃を受けることになった。メキシコは移民法の改正だけでなく，アメリカ政府とメキシコ政府の間で締結されて

いた契約労働者導入のための「ブラセロ計画」が64年に廃止されたことによっても大きな影響を受けていた。不法移民の数は80年半ばには推定200万〜400万人とされていたが，現在では1100万人ほどにのぼるといわれている。不法移民の多くはメキシコ人である。

　全体的な移民の増加に伴い，アメリカの人口構成は大きく変化することになった。1950年には，アメリカの人口のうち白人が占める割合は89％，黒人は10％であり，ヒスパニック系やアジア系は非常に少なかった。しかしながら，その後の移民の流入によりアメリカの人口構成は大きく変化した。2000年の国勢調査の結果を見ると，その構成は白人75.1％，ヒスパニック系12.5％，黒人12.3％，アジア人3.6％となっており，わずかながらはじめてヒスパニックが黒人を上回り，全米最大のマイノリティ集団となった（2000年の国勢調査では，「白人」「黒人」「先住民」「アジア系」「太平洋諸島系」「その他」という6つの人種の選択肢が設けられ，はじめて人種の複数回答を可とした。「ヒスパニック／ラティーノ」は人種を問う項目とは別に設けられたものである）。

（2） 1980年代の寛容な移民政策

　合法・不法移民の増加とそれに伴う人口構成の変化により，1970年代後半には早くも門戸開放政策に対する疑問の声が上がるようになった。とくに問題視されたのは不法移民であり，急増する不法移民に対してアメリカ市民は懸念を示し，大きな政治問題となった。それでも80年代の移民政策は寛容なものであったといえよう。その理由としては，冷戦が激化するなかでアメリカは「民主主義の国・自由の国」であるということを世界にアピールする必要があったということ，レーガン政権に率いられて景気は好調であったことなどの社会的な要因があったことに加えて，不法移民全体に対しては反対の立場を示しながらも個々の不法移民に対しては温情的な態度を示すアメリカ市民が多かったことなどが挙げられる。そのような背景のもと80年代に制定された移民関連法は，80年の「難民法」と86年の「移民改革・管理法」，そして80年代後半に議論され90年に成立した「移民法」であった。

　80年の難民法は，以前よりも難民の受け入れ数を大幅に増やし，難民の入国に関して出身国，イデオロギー，人種，宗教を問わないと定めた。86年の移民改革・管理法は，80年代の議論の中心であった不法移民を対象としたもので，

アメリカ史上はじめて不法移民の削減を目的とした法律となった。その法の三本柱になったのは，国境警備を強化すること，不法移民労働者の雇用主に罰則を与えること，そして一定期間アメリカに不法に滞在していた者に対して合法的な滞在許可を与えることという3つの条項であった。この法の成立によって，来たるべき不法移民を阻止することを明確にする一方，長期にわたって不法に滞在する移民の存在を認知することになった。加えて，約300万人の不法移民が合法的な滞在資格を得ることになった。

90年の移民法では，先に触れたように，65年の移民法で定められた「家族再結合」と雇用に基づく受け入れの原則を踏襲しつつ，それぞれ別個のカテゴリーを定め，全体的な年間の移民受け入れ数が引き上げられた（前掲表12-1）。とくに雇用に基づく受け入れ枠が大幅に増加されたことは，必要な労働力を迅速に供給するという目的の表れであった。また，多様化プログラムが新設され，これまで相対的に少なかった国からの移民に抽選でグリーンカードを発給することになった。これは，移住後数世代を経たアイルランド系のように，「家族再結合」の原則では同胞を呼び寄せることができない民族集団を考慮したものであった。

（3） 1990年代の移民政策と反移民感情の高まり

1990年代に入ると，移民に対する風当たりは強くなり，保守的中間層を中心に「反移民」感情が高まった。冷戦終結後，国内問題を重視し，アメリカ人の利益追求を優先する風潮が高まったのである。

86年に「移民改革・管理法」が制定されたにもかかわらず不法移民が減ることはなかったので，90年代の移民をめぐる議論も引きつづき不法移民が中心となったが，不法のみならず合法移民に対する反発も高まっていった。80年代の移民規制への動きは議員や連邦政府の機関などが主体であったが，90年代は草の根の反移民団体が担い手となり，それに保守的な政治家たちが反応するというパターンとなった。その背景には，冷戦終結後の軍事費削減による国防関連産業の衰退と技術革新によるリストラやダウンサイジングによって失業率が上昇し，また富裕層に富が集中する傾向が強まり所得格差が広がっていったという事実がある。一方で90年代は移民の数が著しく増加し，それに伴い人口の民族的構成が変化したことによって，前にもまして移民，とくに急増するヒスパ

ニック系の存在が可視的なものになり，「褐色化するアメリカ」にアメリカ市民は懸念を抱くようになった。また，92年に勃発したロサンゼルスの暴動により人種間の抗争が浮き彫りになり，少数派民族集団は多文化主義を声高に唱えるようになった。

　そのような動きに対するアメリカ市民の危機感の表れは，英語の公用語化運動の高まりや，カリフォルニア州で94年11月に可決された住民提案187号（別名「わが州を救え」提案）に見られた。前者はヒスパニック系の増加に伴い，英語を習得しない移民が増えたため，憲法を修正して英語を公用語化する，すなわち唯一の言語として英語に公共性を与えることによって，それ以外の言語を排除しようという動きである。後者は，もっとも多くの移民を受け入れているカリフォルニア州で，州が提供するほとんどの公的サービスから不法移民を締め出すことを決定した提案であった（しかし，連邦裁判所により違憲判決を受けたため，執行は停止された）。この住民提案は不法移民を標的としたものであったが，アメリカ市民ではない「他者」への医療費や教育費などの公的サービスにかかるコストの増加により，アメリカ市民の負担が増えて国益が失われるおそれがある。そのため，公的サービスを受給している合法移民でさえもアメリカにとって望ましくない存在となる。実際，移民は職を求めてではなく，このような公的サービスや福祉に魅かれてアメリカにやってくるのだと強く主張されるようになった。

　このような流れを受けて，移民に大きな衝撃を与えるふたつの法律が96年に成立した。ひとつは「福祉改革法」で，いまひとつは「不法移民改革および移民責任法」である。前者は合法移民の福祉受給を滞在期間と就業形態によって差を付けることを定めた。後者はいまだ増えつづける不法移民を削減するための法であり，1986年法と同様に国境警備の強化，雇用者処罰が盛り込まれ，不法滞在者の国外追放手続きの簡素・迅速化や，偽造身分証明書を雇用者が電子的にチェックできるシステムの試験的な運用の開始などが盛り込まれた。しかしながら，前法に規定されたような不法移民の合法化条項は含まれなかった。さらに同法は，義務教育以外の社会的サービスを不法移民に給付することを禁じた。このようにふたつの法が連動して移民への福祉受給を制限することになったが，言い換えれば自己（すなわちアメリカ市民）と他者（すなわち移民）を暗に区別しようとするものであったといえよう。

4　9.11同時多発テロ事件以降の動向

（1）ブッシュ政権下の移民政策

　2001年9月11日の同時多発テロ事件以降，移民はアメリカの安全保障とより強く関連付けられるようになった。同事件の実行犯の多くが，不法滞在者，難民庇護制度や留学生ビザを悪用してアメリカに入国していた者であったからである。02年の「国土安全保障法」に基づき，03年に新たに国土安全保障省が創設された。国土安全保障省創設の目的は，同時多発テロ事件以前には分立していた安全保障関連の情報機関を統合することであったが，この再編のなかで移民の管理統制機関もこの国土安全保障省下におかれることになった。それ以前は移民・帰化サービス，国境警備，移民取り締まりなど複数の業務を一手に担ってきた司法省傘下の移民帰化局が解体され，それらの業務をそれぞれ特化して担当する機関が新たに国土安全保障省下に設立されることになった。同テロ事件を受けて01年10月に制定された「愛国者法」も移民に大きな影響を与えることになった。同法により予防的な検挙が可能になり，ムスリム系，中東系の移民が主な対象とされ，実際にテロ捜査として1000人以上が身柄を拘束，その半数が国外追放された。

　一方で，1990年代に引きつづき不法移民をめぐって激しい論争が続いていた。96年法制定後も不法移民の流入は抑制できなかった。ジョージ・W・ブッシュ大統領は，国境警備の強化，不法移民や雇用主の取り締まり強化，アメリカにいる不法労働者に期限を区切って就労を認める一時的労働許可制度の三本柱からなる包括的なアプローチを提案した。実は，同時多発テロ事件発生前，ブッシュ大統領は不法移民に永住権を与える恩赦プログラムも検討していたが，テロ事件後は不法移民問題がテロ対策上でも重要視されるようになったため，それまでの方向転換が余儀なくされ，恩赦プログラムの提案は政策から葬られることになったのである。それを受けて連邦議会では移民法改革へ向けての議論がはじまるが，ブッシュ大統領の構想に近く比較的寛容であった上院案に比べて，下院で可決された移民法改正案は非常に厳しいものであった。とくに，下院案では，現在は民事法違反とされている不法滞在を，下院案では重罪の刑事法違反とし厳罰を科す，としたことが大きな反発を招き，ヒスパニック系住民

が全米でデモを起こした。

　最大規模となったのは2006年5月1日のデモで，全米で計110万人ものヒスパニック系を中心とした人々が参加した。デモ主催者が「移民のいない日」と名付けた同日，「就業拒否，通学拒否，購買拒否」など幅広いボイコットが行われた。注目すべきはこのデモの参加者には多くの不法移民も含まれており，不法移民自らが自分たちのアメリカへの貢献度を訴え，市民権を求めて抗議したということである。このようなデモにより，ヒスパニック系が多い工場や商店が閉鎖され，アメリカの経済活動を麻痺させた。結局，下院案と上院案の調整は決裂し，ブッシュ政権下での移民改革法は実現しなかったのである。

（2）　オバマ大統領と移民政策

　2008年11月の大統領選挙でバラク・オバマが勝利を収め，移民，とくに不法移民問題解決のカギを握る指導者のバトンは新大統領に渡されることになった。時は不況の真っただなかであり，経済立て直しや医療保険制度改革が優先され，移民政策改革は後回しになっていたが，2010年4月にアリゾナ州で新たに制定された不法移民取り締まり法をめぐり，全米で大きな議論が巻き起こった。

　不法移民の摘発強化を掲げたこの州法は，移民または外国人に合法滞在の証明書携帯を義務付け，不法滞在の疑いがあれば警察官が職務質問し，証明書の提示がなければ身柄を拘束することができるというものであった。アメリカには現在推定約1100万人の不法移民がいるとされるが，そのうち約50万人がアリゾナ州に居住しているとされる。その数は，アリゾナ州の人口約660万人の7％に相当する。アリゾナ州はメキシコと国境を接していて，不法移民と麻薬がアメリカへ流入する主要なルートとなっており，麻薬密売に絡む凶悪事件が多発している。このような厳しい州法が制定されたのは，不法移民が大きな問題になっているにもかかわらず，連邦政府と議会は不法移民対策を何も講じてこなかったことに対してアリゾナ州民が業を煮やした結果である，とアリゾナ州ジャン・ブリュワー知事は連邦政府を批判した。

　この動きはオバマ大統領にとって大きな圧力となり，2010年7月1日に不法移民対策に関するはじめての演説を行った。この演説のなかで，オバマ大統領はアリゾナ州の不法移民取り締まり法を激しく批判する一方，現行の移民政策は破綻しているため，包括的な移民制度改革に乗り出す方針を表明した。オバ

> ■□コラム□■
>
> ## 変化しつつある人口構成
>
> 　2000年の国勢調査の結果によれば，アメリカの総人口は約2億8000万人で，その構成は白人が75.1％，ヒスパニック系12.5％，黒人12.3％，アジア人3.6％であった。09年12月にアメリカの国勢調査局が出した最新の推計によると，10年8月現在3億1000万人のアメリカ総人口は，50年には3億9900万人に増加するとされている。そのうち白人が占める割合は49.9％へと減少し，逆にヒスパニック系は27.7％へと上昇すると予測されている。一方，アジア系も5.9％に上昇し，黒人は12.2％とほぼ横ばいとされている。
>
> 　しかしながら，このような人口予測は注意すべきだという見方がある。たとえば，ピュー・ヒスパニック・センターの人口統計学者ジェフリー・パッセルは，このような予測には正確ではないデータが仮定条件として使用されており，実際の予測は不可能であると指摘している。すなわち，実際には将来移民がどれくらい入ってくるのかを知ることは不可能であり，また諸移民集団の出生率がどう変化するのかを予測することはできないというのだ。実際，上記の国勢調査局による最新の推計も以前に出されたものを下方修正したものとなっている。不況のため，アメリカにやってくる移民が予測に反して減少したためである。
>
> 　さらに，国勢調査局の推計では今日の人種の分類が将来も同じであると仮定している点に問題があるとパッセルは指摘する。100年前には白人とは見なされなかった東・南ヨーロッパからの新移民たちが現在では当然ながら白人とされているように，将来的には人種の分類はより幅広くなり，たとえばヒスパニック系と白人を区別しなくなるかもしれない。さらに，異人種間結婚が進み，人種の分類はより不鮮明になっていくであろう。パッセルはこのような不鮮明さが進めば，新しい移民たちがアメリカ社会に同化しやすくなるであろうと指摘しているが，はたしてアメリカの国勢調査の人種分類の項目はどうなっていくのであろうか。今後の動向を見守りたい。

マ大統領は，低賃金労働に就きながらも納税している不法移民は少なくないことを強調し，アメリカへの移民は若い労働力として経済成長の担い手となっている，と述べたうえで，英語の習得，住民登録，納税などの一定の条件を満たす不法移民に滞在資格を与える制度改革を示唆した。

　このようなオバマ大統領の言動は，2010年11月に行われた中間選挙を見据え

てのこともあったが，実際不法移民をめぐる議論はますます過熱している。結局，先述のアリゾナ州の不法移民取り締まり法は，その後の連邦地裁の判決で違憲であるとして施行を差し止められることになったが，ある調査によるとアメリカ市民の約60％がこれを支持するとしていた。08年末から長引く不況のために不法移民の数は減少していると推定されているものの，彼らへの不満は全米で高まっており，アリゾナ州に追随する動きが他州にも出ている。また，両親の人種，国籍，移民状態を問わず，アメリカで生まれたすべての子どもにアメリカの市民権を与えるというアメリカ合衆国憲法修正第14条を修正すべきだとの声が上がっている。すなわち，両親が不法移民であっても，その間に生まれた子どもは，自動的にアメリカ市民になることが疑問視されはじめたのである。

　不法移民問題をめぐる見解は，「不法移民は本来アメリカで働くことができないという原則に立ち返り，不法移民への規制を強化するべきである」とするものと，「不法とはいえ，アメリカの経済の一端を担う彼らに合法的地位を与えるべきである」とに大きく二分される。確かに，不法に滞在するということは法に反する行為であるが，一方で「移民のいない日」が証明したように，合法移民だけでなく不法移民もいまやアメリカ経済を支える無視できない存在となっていることも事実である。不法移民の流入をせき止めるためには，不法移民に合法な滞在資格を与えたり，逮捕し強制送還したりするだけでは解決策にはならない。国家間の経済格差や雇用機会の不均等にいかに取り組むべきかなど，世界の社会経済構造の観点から根本的な解決策を見出していく必要があろう。

●参考文献
明石紀雄・飯野正子（1997）『エスニック・アメリカ（新版）』有斐閣。
伊豫谷登士翁（2001）『グローバル化と移民』有信社。
スティーブン・カースルズ／マーク・ミラー（1996）『国際移民の時代』関根政美・関根薫訳，名古屋大学出版会。
川島正樹編（2005）『アメリカニズムと「人種」』名古屋大学出版会。

ナンシー・グリーン（1997）『他民族の国アメリカ――移民たちの歴史』明石紀雄監修，創元社。
駒井洋監修・小井戸彰宏編（2003）『移民政策の国際比較』明石書店。
サスキア・サッセン（1992）『労働と資本の国際移動――世界都市と移民』森田桐郎ほか訳，岩波書店。
ジョン・ハイアム（1994）『自由の女神のもとへ――移民とエスニシティ』斎藤眞・阿部齊・古矢旬訳，平凡社。
Waters, Mary. C. and Reed Ueda (eds.) (2007), *The New Americans : A Guide to Immigration Since 1965*, Harvard University Press.
Pew Hispanic Center（http://pewhispanic.org/）.
U.S. Census Bureau（http://www.census.gov/）.

（藤重仁子）

第13章
医療保険

　アメリカでは,国民全般を対象とする公的医療保険(社会保険)は存在しない。非高齢者の多くは民間医療保険(主に雇用主提供医療保険)に加入し,貧困者は医療扶助を受けている。しかし,低所得であっても貧困ではないために医療扶助の受給資格を取得できず,また保険料の負担が大きいために民間医療保険にも加入できない無保険者が多数存在している。

　州政府と連邦政府は1990年代以降,無保険者問題に対処するために公的医療保険と民間医療保険の改革を行った。州政府による中小企業・個人向け医療保険の改革および連邦政府による児童医療保険プログラムの創設や新しいタイプの医療保険(消費者主導型の医療保険)の創設などである。

　非高齢者の雇用主提供医療保険の加入率は1980年代後半から90年代半ばにかけて低下していたが,90年代後半に上昇した。しかし,2000年代には再び低下し,それに対応して非高齢者の無保険率が上昇している。オバマ政権が医療保険改革を国内政策の重要課題のひとつに掲げた背景には,このような事態がある。

1　医療保険制度の概要と特徴

(1)　医療保険制度の概要

　アメリカの医療保険制度は,公的医療保険と民間医療保険からなっている。公的医療保険には,高齢者(65歳以上)全般・障害者・末期腎不全者を対象とするメディケア,低所得世帯の児童を対象とする児童医療保険プログラム(CHIP)がある。しかし,非高齢者全般を対象とする公的医療保険は存在しない。そのために,非高齢者の多くは民間医療保険に加入している。

　他方,上記の公的医療保険のほかに,公費(租税)を主な財源とする公的医療サービスがある。それには,貧困者を対象とする医療扶助のメディケイド,

現役・退役軍人とその扶養家族を対象とする軍人医療制度（MHS），アメリカ先住民を対象とする先住民医療サービス（IHS）がある。

民間医療保険には，団体医療保険と個人医療保険がある。加入者数で見た場合，民間医療保険の多くは団体医療保険であり，しかもその大部分は雇用主提供医療保険である。雇用主は，従業員とその扶養家族を被保険者とする団体医療保険を保険会社から購入するか，自家保険を採用している。自家保険は，主に大企業が採用している。

（2） 医療保険制度の特徴

アメリカの医療保険制度の特徴は，以下の3つの点にある。第1に，国民全般を対象とする公的医療保険（社会保険）は存在しないことである。

第2に，国民の多くは民間医療保険に加入していることである。アメリカでは，民間医療保険が主流である。非高齢者は，被用者の場合，勤務先を通じて雇用主提供医療保険に加入している。自営業者の場合は，個人医療保険に加入している。また，高齢者の多くも，メディケアの給付は十分ではない（医療費の自己負担が大きい）ために民間医療保険に加入している。メディケアにおける医療費自己負担の一部をカバーする民間医療保険は，メディギャップ保険と呼ばれている。

第3に，多数の無保険者が存在していることである。無保険者の大半は，低所得であっても貧困ではないために医療扶助（メディケイド）の受給資格を取得できず，また保険料の負担が大きいために民間医療保険にも加入できない。高齢者のほとんどはメディケアに加入しているので，無保険者のほとんどは非高齢者である。

2　公的医療保険と医療扶助

（1） メディケア

メディケアはパートA～パートDの4つの保険からなっており，連邦政府が運営している。パートAとパートBは1965年社会保障修正法によって創設され，66年から実施された。

パートAは強制加入であり，財源は社会保障税である。現役期に社会保障

表13-1 メディケア

保 険	加 入	財 源	保険給付
パートA	強制	社会保障税	入院ケアサービス，在宅ケアサービス，ホスピスケアサービス
パートB	任意	保険料と公費	医師サービス，臨床検査サービス，外来サービス，在宅ケアサービス，予防サービスなど
パートC	パートAとパートBの受給資格者はパートCを選択できる	社会保障税と保険料と公費（パートAとパートBと同じ財源）	パートAとパートBと同じ（付加給付もありうる）
パートD	任意	保険料と公費	外来処方薬

出所：筆者作成。

税（労使折半）を10年間納付すると，パートAの受給資格を取得できる。高齢者のほとんどは受給資格を有している。受給資格を有していない高齢者は，パートAの保険料を支払うとパートAに加入できる。ただし，パートBにも加入しなければならない。

パートAは，入院ケア，在宅ケア，ホスピスケア（余命6カ月以内の終末期の人々に対するケア）のサービスをカバーしている。たとえば入院ケアでは，病室代，食事代，看護代，薬剤費，病院機器の使用料などに対して給付が行われる（表13-1）。

パートBは任意加入であり，財源は保険料と公費である。パートAの加入者は，パートBの保険料を支払うとパートBに加入できる。保険料は2006年まで定額であったが，07年から所得に応じて設定されている。パートAの加入者のほとんどはパートBに加入している。パートBは，医師サービス，臨床検査サービス，外来サービス，在宅ケアサービス，予防サービスなど，パートAがカバーしていないサービスを主にカバーしている。

パートAとパートBには医療費の自己負担があり，在院日数が多くなるとかなり大きくなる。そのために，加入者の多くはメディギャップ保険に加入している。

パートCとパートDは比較的新しい保険である。パートCは1997年均衡予算法によって創設され，99年から実施された。パートAとパートBはオリジナル・メディケア，パートCはメディケア・アドバンテージ・プランと呼ばれている。

①オリジナル・メディケア

オリジナル・メディケア		+	パートD	+	メディギャップ保険（民間保険）
パートA	パートB				

②メディケア・アドバンテージ・プラン

パートC		
パートAの給付	パートBの給付	パートD

パートC		+	パートD
パートAの給付	パートBの給付		

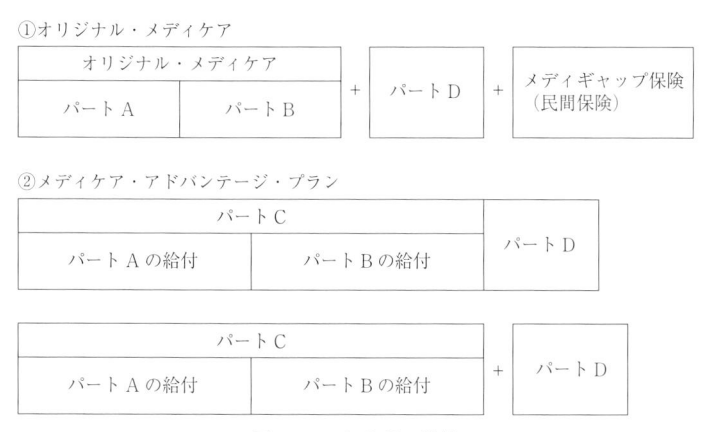

図13-1　加入者の選択

出所：筆者作成。

　パートCは，民間保険会社が提供している保険（プラン）である。それには，HMOプラン，PPOプラン，出来高払いプランなどがある。すべてのプランは，オリジナル・メディケアがカバーしているサービスと同じサービスをカバーしている。また，HMOプランとPPOプランの大部分は，付加給付（眼鏡，補聴器，入れ歯などに対する給付）も行っている（出来高払いプランは少ない）。さらに，大部分のプランはパートDの外来処方薬もカバーしている。

　オリジナル・メディケア（パートAとパートBの双方）の受給資格者は，それに代えてパートCのプランに加入できる。加入するプランが付加給付とパートDの外来処方薬給付を行う場合，加入者はパートB・付加給付・パートDの保険料をまとめて支払う。多くのプランの医療費自己負担は，オリジナル・メディケアとメディギャップ保険の双方に加入している場合よりも少ない。そのために，パートCの加入者はメディギャップ保険に加入できない（**図13-1**）。

　しかし他方で，HMOプランまたはPPOプランに加入する場合，加入者は医療提供者（医師と医療機関）の選択に制約を受ける。HMOプランでは，加入者はプランが指定した医療提供者から医療サービスを受けなければならない。また，ゲートキーパーと呼ばれるプライマリケア医（医療相談や初期診療を行い，また必要に応じて専門医を紹介する医師）を選択しなければならない。PPOプランでは，プランが指定していない医療提供者から医療サービスを受けることもで

きる（しかし，医療費自己負担は大きくなる）。また，プライマリケア医を選択する必要はない。

　パートDは2003年メディケア処方薬・改善・現代化法によって創設され，04年から実施された。パートDは任意加入であり，外来処方薬をカバーしている。財源は保険料と公費である。オリジナル・メディケアは外来処方薬の大部分をカバーしていない。また，パートCのプランのなかには，外来処方薬をカバーしていないものがある。

　オリジナル・メディケアの加入者および外来処方薬をカバーしていないパートCのプランの加入者は，パートDの保険料を支払うとパートDに加入できる。

　パートDも，民間保険会社が提供している保険（プラン）である。プランがカバーする外来処方薬はプランによって異なっている。プランがカバーする外来処方薬は，フォーミュラリーと呼ばれる薬剤リストに掲載されている。多くのプランのフォーミュラリーは，薬剤がジェネリック医薬品か新薬かによっていくつかのカテゴリーに区分されており，カテゴリーによって保険料と医療費自己負担が異なっている。メディギャップ保険は，パートDの医療費自己負担はカバーしていない。

（2）　メディケイド

　メディケアと同様，メディケイドも1965年社会保障修正法によって創設された。メディケイドは貧困者（高齢者，障害者，扶養児童のいる世帯など）を対象とする医療扶助であり，州政府が運営している。州政府がメディケイドを実施するかどうかは州政府の裁量であるが，すべての州とコロンビア特別区は実施している。

　メディケイドの財源のほとんどは，連邦政府の補助金と州政府の自主財源である。メディケイドを実施する場合，州政府が連邦補助金を受け取ることができるためには，連邦政府が定めたガイドラインに従わなければならない。

　州政府は，連邦ガイドラインに従って受給資格者，所得・資産要件，保険料（加入料），保険給付，医療費の自己負担，医療提供者に支払う医療費（診療報酬）などについて自州のプランを設計しなければならない。しかし，州政府は連邦ガイドラインの範囲内で自州のプランを柔軟に設計できる。そのために，

受給資格者や保険給付などは州ごとに異なっている。

　たとえば受給資格者では，社会保障法は州政府がメディケイドの受給資格を「与えなければならない」人々と「与えてもよい」人々について定めている。前者の人々には，以前の要扶養児童世帯扶助（扶養児童のいる貧困世帯に最低限の所得を保障する現金扶助）の所得・資産要件を満たす貧困世帯，世帯所得が連邦貧困水準の133％以下の妊婦と6歳未満の児童などがいる。後者の人々には，世帯所得が連邦貧困水準の133％超185％以下の妊婦と1歳未満の乳児などがいる。州政府が後者の人々にメディケイドの受給資格を与えるかどうかは州政府の裁量である。また，前者の人々でも，州政府は社会保障法第1902条(r)項(2)の規定に従って，所得・資産基準を柔軟に設定できる。州政府は，どのような種目を所得または資産とするか，所得は粗所得とするか純所得とするか，資産の価値をいくらにするかを決定する。

　なお，連邦貧困水準は，食料スタンププログラム，全米学校給食プログラム，児童医療保険プログラムなど多くの公的プログラムで受給資格を決定するために利用されている貧困基準である。48州・コロンビア特別区用の連邦貧困水準とアラスカ州・ハワイ州用の連邦貧困水準があり，毎年改定されている。

　さらに，州政府はメディケイドのウェーバープログラムを活用してメディケイドを柔軟に運営できる。ウェーバープログラムとは，社会保障法が定めるメディケイドのいくつかの要件が解除され，それをふまえて設計・実施される各州政府独自のプログラムである。

　ウェーバープログラムには，①社会保障法第1115条の規定に基づいて，試験的・実験的なプロジェクトを実施するリサーチ・デモンストレーションプロジェクト，②社会保障法第1915条(b)項の規定に基づいて，マネジドケアを導入する1915条(b)ウェーバープログラム，③社会保障法第1915条(c)項の規定に基づいて，自宅または地域社会で社会サービスを提供する1915条(c)ウェーバープログラム，④社会保障法第1915条の(b)項と(c)項の双方の規定に基づいて実施する1915条(b)(c)ウェーバープログラム，がある。

　保険給付にも，州政府がメディケイドで「行わなければならない」給付と「行ってもよい」給付がある。前者の給付には，入院サービス，医師サービス，外来サービスなどがある。後者の給付には，処方薬，歯科サービス，検眼サービスなどがある。前者の給付でも，たとえば州政府は入院サービスの年間給付

日数を何日と制限してもよいし，制限しなくてもよい。

メディケイドの財源のほとんどは，連邦政府の補助金と州政府の自主財源である。メディケイドの受給資格者が医療サービスを受けた場合，医療提供者に支払う医療費（医療費の自己負担がある場合，それを除いた金額）は，連邦政府と州政府が分担する。医療提供者に支払う医療費のうち，連邦政府が分担する割合は連邦医療補助率と呼ばれている。各州の連邦医療補助率は，各州の一人あたり個人所得に基づいて50〜83％の範囲内に設定される。連邦医療補助率が60％の場合，医療費の60％を連邦政府が支払い，40％を州政府が支払う。

連邦補助金は事後的に（四半期ごとに）州政府に交付される。州政府は，医療費（医療費の自己負担がある場合，それを除いた金額）の全額を支払い，四半期ごとに連邦政府に支出報告書を提出して連邦補助金を申請する。連邦政府は，医療費に連邦医療補助率をかけた金額の連邦補助金を州政府に交付する。

（3） 児童医療保険プログラム

児童医療保険プログラム（CHIP）は1997年均衡予算法によって創設された。同法が定めたCHIPの実施期間は98年度から2007年度まで（1997年10月1日〜2007年9月30日）の10年間であった。その後，連邦議会は数件の連邦法（時限法）を制定し，2013年度までCHIPを延長している。

CHIPは州政府が運営している。州政府がCHIPを実施するかどうかは州政府の裁量であるが，すべての州とコロンビア特別区は実施している。CHIPは「保険」の名称が付けられているが，財源のほとんどは連邦政府の補助金と州政府の自主財源であり，保険料はわずかである。州政府が連邦政府の補助金を受け取ることができるためには，連邦ガイドラインに従って自州のプランを設計しなければならない。しかし，連邦ガイドラインの範囲内で自州のプランを柔軟に設計できる。

CHIPの加入資格を有するのは，メディケイドの受給資格を有していない低所得世帯の無保険の児童（19歳未満）である。つまり，メディケイドの受給資格を有するほどの貧困世帯の児童ではなく，医療保険（公的医療保険または民間医療保険）に加入していない低所得世帯の児童である。

州政府がCHIPを実施し，連邦政府の補助金を受け取る場合，州政府は州児童医療プラン，メディケイド拡大，組み合わせプログラムのいずれかのプログ

ラムを選択しなければならない。

　州児童医療プランは，メディケイドとは別のプログラムを創設して児童に医療保険を提供するプログラムである。メディケイドはエンタイトルメント・プログラムである。エンタイトルメント・プログラムとは，受給資格要件を満たす人々は給付を受ける権利（受給権）を与えられるプログラムである。州児童医療プランはエンタイトルメント・プログラムではない。したがって，州政府は加入者数の上限を設定する措置および連邦補助金を使い切った場合に，加入を停止する措置などを講じることができる。

　メディケイド拡大は，CHIPの加入者をメディケイドの受給資格者と一体化して運営するプログラムである。したがって，メディケイド拡大はエンタイトルメント・プログラムであり，給付内容はメディケイドと同じである。

　組み合わせプログラムは，州児童医療プランとメディケイド拡大を組み合わせたプログラムである。両者の使い分けは州によって異なっている。たとえば，世帯所得が比較的少ない児童はメディケイド拡大に加入し，比較的多い児童は州児童医療プランに加入している州がある。また，年齢が比較的低い児童はメディケイド拡大に加入し，比較的高い児童は州児童医療プランに加入している州もある。

　CHIPの財源のほとんどは，連邦政府の補助金と州政府の自主財源である。メディケイドと同様，CHIPの加入者が医療サービスを受けた場合，医療提供者に支払う医療費（医療費の自己負担がある場合，それを除いた金額）は連邦政府と州政府が分担する。州政府がCHIPを実施するように仕向けるために，連邦政府はCHIPの連邦医療補助率をメディケイドよりも高く設定している。CHIPの連邦医療補助率は，100％とメディケイドの連邦医療補助率との差額の30％がメディケイドの連邦医療補助率に加算される。たとえば，メディケイドの連邦医療補助率が60％の場合，CHIPの連邦医療補助率は60+(100−60)×0.3=72％になる。ただし，85％の上限がある。CHIPの連邦医療補助率が72％の場合，医療費の72％を連邦政府が支払い，28％を州政府が支払う。

3　民間医療保険

（1）　保険提供の裁量性

　公的医療保険のメディケアは高齢者全般を対象としており，高齢者のほとんどは加入している。しかし，メディケアの医療費自己負担は大きいために，高齢者の多くは民間医療保険のメディギャップ保険にも加入している。また，メディケアの受給資格を有する退職者とその扶養家族に，メディケアの医療費自己負担をカバーする医療保険を提供している雇用主もいる。

　他方，非高齢者全般を対象とする公的医療保険はないために，非高齢者の多くは民間医療保険に加入している。民間医療保険には，団体医療保険と個人医療保険がある。民間医療保険の多くは団体医療保険であり，その大部分は雇用主提供医療保険である。

　雇用主が従業員とその扶養家族に医療保険を提供するかどうかは法律で強制されておらず，雇用主の裁量である。収益が少ないなどのために医療保険を提供していない雇用主もいる。また，雇用主が医療保険を提供していても，パートであるために医療保険の加入資格を有していない従業員もいる。さらに，雇用主が医療保険を提供し，従業員は医療保険の加入資格を有していても，保険料負担が大きいために医療保険に加入できない従業員もいる。

（2）　単身・家族保険と保険料負担

　雇用主提供医療保険には，従業員（本人）のみが加入する単身保険と，従業員とその扶養家族が加入する家族保険がある。単身保険を提供している雇用主のほとんどは家族保険も提供している。したがって子どもは，親の勤務先が医療保険を提供している場合，家族保険に加入できることが多い。

　また，雇用主提供医療保険には，雇用主が保険料を全額拠出する（従業員は拠出しない）保険と，従業員も保険料を拠出する保険がある。前者を非拠出プラン，後者を拠出プランという。

　保険料は，単身保険よりも家族保険のほうが高い。また，従業員の保険料の拠出割合は，単身保険も家族保険も企業によって大きく異なるが，同じ企業では一般に家族保険のほうが高い。そのために，扶養家族のいる従業員が家族保

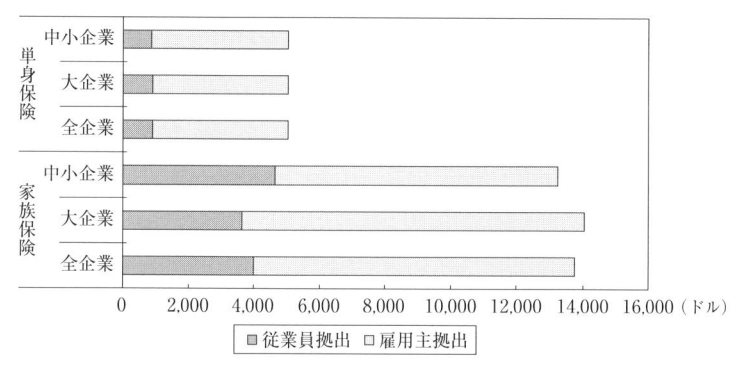

図13-2　年平均保険料の拠出額（2010年）

出所：Kaiser Family and HRET（2010：74-75, 80-81）.

険を選択すると，従業員の保険料負担は大きくなる。

図13-2は，単身保険と家族保険の年平均保険料および雇用主と従業員の拠出額を示したものである。単身保険の年平均保険料は，中小企業（従業員3～199人）5046ドル，大企業（従業員200人以上）5050ドルである。家族保険の年平均保険料は，中小企業1万3250ドル，大企業1万4038ドルである。家族保険の年平均保険料は，大企業のほうが中小企業よりも多い。

従業員の保険料拠出額（拠出割合）を見ると，単身保険では，中小企業865ドル（17.1％），大企業917ドル（18.2％）であり，大企業のほうが多い。しかし家族保険では，中小企業4665ドル（35.2％），大企業3652ドル（26.0％）であり，中小企業のほうがかなり多い。つまり家族保険では，年平均保険料は中小企業のほうが少ないにもかかわらず，従業員の保険料拠出額は中小企業のほうがかなり多くなっている。

48州とコロンビア特別区用の2010年連邦貧困水準は，3人家族の場合1万8310ドル，4人家族の場合2万2050ドルである。したがって，家族保険における中小企業の従業員拠出額4665ドルは，3人家族の連邦貧困水準の25.5％，4人家族の連邦貧困水準の21.2％に相当する。家族保険の保険料率は，家族構成にかかわらず同じである保険もあれば，家族構成よって異なる保険もある。後者の保険には，家族構成が「本人（従業員）＋配偶者」と「本人＋配偶者＋子ども」に区分されている保険，「配偶者」「子ども」「配偶者＋子ども」に区分されている保険などがある。後者の保険の場合，家族構成がどのように区分さ

第Ⅳ部　現代の重要課題

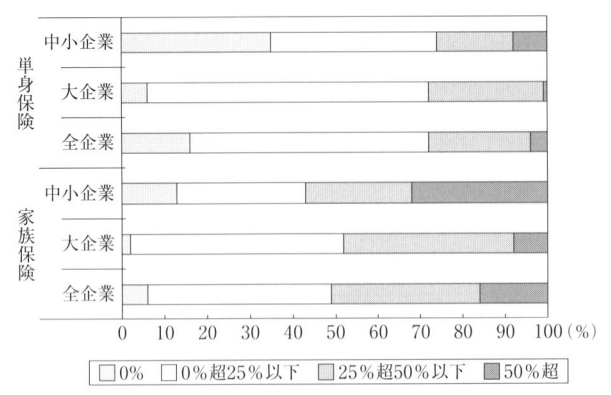

図13-3　従業員の保険料拠出割合別の従業員の構成割合（2010年）
出所：Kaiser Family and HRET（2010：86-88）．

れているかは企業によって異なる。

　雇用主と従業員の保険料の拠出割合は企業によって大きく異なっており，従業員が保険料をまったく拠出していない企業もあれば，従業員が保険料の大部分を拠出している企業もある。**図13-3**は，従業員の保険料拠出割合別の従業員の構成割合を示したものである。従業員が保険料をまったく拠出していない従業員の割合は，単身保険で中小企業35％，大企業6％であり，家族保険で中小企業13％，大企業1％である。つまり，単身保険も家族保険も中小企業のほうがかなり大きい。他方，従業員が保険料の50％超を拠出している従業員の割合は，単身保険で中小企業8％，大企業1％であり，家族保険で中小企業32％，大企業8％である。つまり，家族保険では中小企業のほうがかなり大きい。

（3）　加入割合とマネジドケア・プラン

　図13-4は，保険種類別の従業員の加入割合を示したものである。それによると，1980年代から90年代にかけて伝統的な出来高払いプランの割合が大幅に減少し，HMOプランやPPOプランなどのマネジドケア・プランが増加している。2010年の割合は，出来高払いプラン1％，HMOプラン19％，PPOプラン58％，POSプラン8％，HDHPプラン13％である。医療保険のほとんどすべてはマネジドケア・プランであり，PPOプランがもっとも大きな割合を占めている。また，HDHPプラン（保険給付が適用される前に加入者が負担しなければな

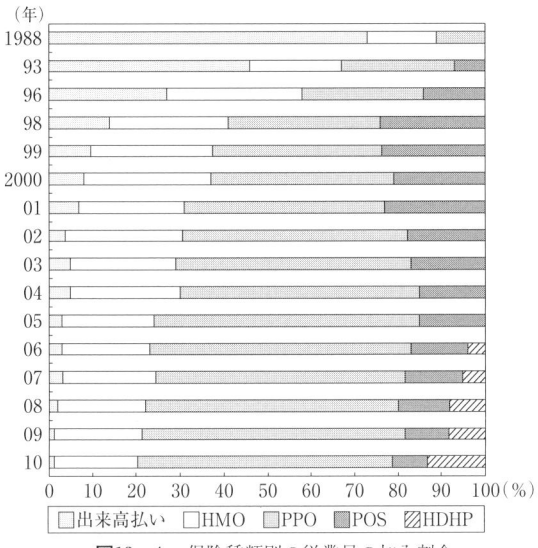

図13-4 保険種類別の従業員の加入割合

出所：Kaiser Family and HRET（2010：66）．

らない定額控除〔医療費自己負担〕が高く設定されている保険）の割合が近年，徐々に増加している。

マネジドケア（管理された医療）は，保険者（保険を引き受ける者）が保険金（医療費）の支払いだけでなく，医療提供者と医療サービスも管理するものである。マネジドケア・プランは，マネジドケア組織（マネジドケアの手法を用いて医療サービスを提供する組織であり，HMOやPPOなどがある）を通じて加入者に医療サービスを提供し，医療提供者に保険金（医療費）を支払う医療保険である。

民間医療保険は1930年代以降，普及していった。70年代まで，保険会社とブルークロス・ブルーシールドが出来高払いプランを引き受けていた。ブルークロス・ブルーシールドは，各州で医療保険を引き受けている非営利組織または営利組織である。多くの州では，1社が州内全域で営業している。数社が存在する州では，各社は州内の所定の地域で営業している。出来高払いプランは，加入者は医療提供者を自由に選択でき，保険者は医療提供者に出来高払い方式で保険金（医療費）を支払う医療保険である。

HMOは80年代以降に成長した比較的新しい保険者であり，非営利組織と営利組織がある。HMOが引き受けている医療保険がHMOプランである。HMO

の特徴は以下の点にある。

　第1に，HMOは，医療サービスの提供と医療費の支払いについて契約を締結した医療提供者を通じて加入者に医療サービスを提供し，医療提供者に保険金（医療費）を支払っていることである。つまり，HMOは保険者でもある。第2に，加入者は，保険者が指定した医療提供者のなかから医療サービスを受けたい医療提供者を選択しなければならないことである。第3に，プライマリケア医が配置され，加入者は最初にプライマリケア医から診察を受けなければならないことである。第4に，医療費（診療報酬）は定額払い・包括払い方式または出来高払い方式で支払われることである。

　PPOは，保険者（生命保険会社が多い）と契約を締結し，従来の診療価格を割り引いた医療費で加入者に医療サービスを提供する医療提供者のグループである。つまり，PPOは保険者ではない。保険者は，医療提供者に対して一定数の加入者を確保し，出来高払い方式で医療費を支払う。医療提供者は，割り引いた医療費（割引率は一般に10～20％）で加入者に医療サービスを提供する。PPOを通じて加入者に医療サービスを提供する医療保険がPPOプランである。PPOは，以下の点でHMOと異なっている。

　第1に，加入者は，保険者が指定した医療提供者を選択する必要はないことである。しかし，保険者が指定していない医療提供者を選択した場合，医療費の自己負担は大きくなる。それは，保険者が指定した医療提供者を選択するインセンティブを加入者に与えるためである。第2に，プライマリケア医は配置されていないことである。第3に，医療費（診療報酬）は一般に出来高払い方式で支払われることである。

4　保険加入者と無保険者

（1）　保険加入者

　表13-2は，医療保険の加入状況を示したものである。高齢者は，93.9％が公的医療保険に，58.0％が民間医療保険に加入している。そのために，無保険者の割合は1.8％にすぎない。非高齢者は，21.4％が公的医療保険に，64.8％が民間医療保険に加入している。民間医療保険に加入している非高齢者の大部分は団体医療保険（雇用主提供医療保険）に加入している。無保険者の割合は

表13-2　医療保険の加入状況（2009年）

(1000人)

種類	全国民		高齢者		非高齢者	
	人数	割合	人数	割合	人数	割合
公的医療保険	93,167	30.6%	36,255	93.9%	56,912	21.4%
メディケア	43,440	14.3%	36,102	93.5%	7,338	2.8%
メディケイド	47,758	15.7%	3,649	9.4%	44,109	16.6%
軍人医療制度	12,412	4.1%	3,213	8.3%	9,199	3.5%
民間医療保険	194,545	63.9%	22,414	58.0%	172,131	64.8%
団体医療保険	169,689	55.8%	13,146	34.0%	156,543	58.9%
個人医療保険	27,219	8.9%	10,457	27.1%	16,762	6.3%
無保険者	50,674	16.7%	676	1.8%	49,998	18.8%
合計	304,280	100.0%	38,613	100.0%	265,667	100.0%

注：複数の医療保険の加入者がいる。
出所：DeNavas-Walt, Proctor and Smith（2010：76, 79）.

18.8％であり，無保険者のほとんどは非高齢者である。

（2）　無保険者

2009年の無保険者5067万人（16.7％）は，10年2月から4月にかけて，「昨年にいずれかの医療保険に加入していたか，どの医療保険にも加入していなかったならば実際に年間を通じて無保険であったか」について調査した結果であり，したがって09年の年間を通じて無保険であった人々の数である。しかし，いくつかの理由のために「いずれかの医療保険に加入していた」という回答は少なくなっており（したがって「年間を通じて無保険であった」という回答は多くなっており），他の調査と比較すると5067万人の無保険者数は調査時点で無保険であった人々の数により近いと見なされている。

ロビン・コーエンとマイケル・マルティネス，ブライアン・ワードは（Cohen, Martinez and Ward 2010），①調査時点で無保険であった人々，②調査時点から過去の1年間に無保険になったことがある人々，③調査時点で1年超無保険であった人々について調査した結果を示している。2009年の①は4630万人（15.4％），②は5850万人（19.4％），③は3280万人（10.9％）である。

ライル・ネルソンらによれば（Nelson et al. 2003），1996年7月～97年6月の1年間に無保険になったことがある非高齢者のうち，44.5％は無保険期間が4カ月以内であり，26.2％は無保険期間が5～12カ月であった。つまり，44.5％は無保険になって4カ月以内に，26.2％は無保険になって5～12カ月で再び医

第Ⅳ部　現代の重要課題

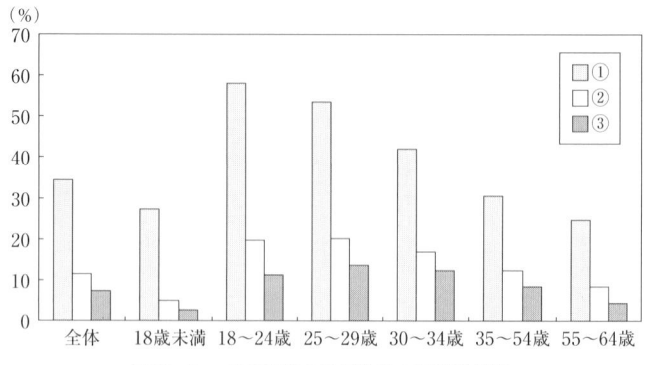

図13-5　非高齢者の無保険者の無保険期間

出所：Rhoades and Cohen（2010：4）．

療保険に加入していた。また，13.4％は無保険期間が13～24カ月であり，15.9％は無保険期間が24カ月超であった。つまり，29.3％は無保険期間が1年超継続していた。

図13-5は，非高齢者の年齢層別の無保険期間を示したものである。①のグラフは2007年と08年の2年間において少なくとも1カ月間，無保険になったことがある人々の割合，②のグラフは07年と08年の2年間を通じて無保険であった人々の割合，③のグラフは05～08年の4年間を通じて無保険であった人々の割合である。

非高齢者全体では，①が34.5％，②が11.5％，③が7.3％である。年齢層別（2007年末時点の回答者の年齢）では，①がもっとも大きい年齢層は18～24歳であり，58.0％である。②と③がもっとも大きい年齢層は25～29歳であり，それぞれ20.1％と13.7％である。

5　近年の政策動向

（1）　民間保険の改革と新たな公的保険の創設──1990年代

歴史的に民間保険は主に州政府が規制してきている。ただし，1944年の連邦最高裁の判決によって，連邦政府も規制する権限を有している。州政府と連邦政府は90年代に以下の医療保険改革を行った。

州政府は，80年代に低下した保険入手可能性と保険料負担可能性を改善する

ために,90年代前半に州保険法を改正して民間医療保険(中小企業・個人向けの医療保険)の改革を行った。改革の内容は,新契約加入保証,契約更新保証,料率規制などである。

新契約加入保証と契約更新保証は,リスクにかかわらず,保険会社が医療保険を申し込む企業に対して新契約加入と契約更新を保証しなければならないものである(団体医療保険の保険期間は一般に1年である)。つまり,保険会社が危険選択を行う(引き受け拒否をする)ことを禁止するものである。

料率規制は,保険者が保険料率を算定するときに使用する危険要因を制限することによって,企業間の料率格差を抑制するものである。危険要因は被保険者の属性であり,保険者は被保険者のリスクを測定するために指標として使用する。危険要因には,地域,性別,年齢,家族構成,職業・産業,健康状態,保険金支払実績などがある。

連邦政府(ビル・クリントン政権)も,1996年医療保険携行・執行責任法によって民間医療保険の改革を行った。同法は個人・中小企業向けの医療保険だけでなく,大企業向けの医療保険も対象としており,大企業向けの医療保険についても上記の新契約加入保証と契約更新保証を定めている。しかし,個人・中小企業・大企業のいずれの医療保険についても,料率規制は定めていない。

翌1997年には,連邦政府は第2節で述べたメディケアのパートCと児童医療保険プログラム(CHIP)を創設した。パートCとCHIPの特徴のひとつは,民間保険を活用していることである。CHIPでは,州政府は保険者として医療保険を引き受けているのではなく,民間保険会社に無保険児童向けの医療保険を開発・販売してもらい,その保険料を助成している。また,CHIPの加入資格を有する児童の親が就労していても,従業員の保険料負担が大きいために雇用主提供医療保険(家族保険)に加入できない場合には,その保険料も助成して民間医療保険の加入を促進している。

(2) 新たな公的保険と民間保険の創設——2000年代

2000年代に入り,連邦政府(ジョージ・W・ブッシュ政権)は2003年メディケア処方薬・改善・現代化法によってメディケアのパートDを創設した。パートDでも民間保険を活用している。また,同法によって民間医療保険の改革も行った。消費者主導型の医療保険(消費者主導とは,個人の自由と責任を発揮で

第Ⅳ部 現代の重要課題

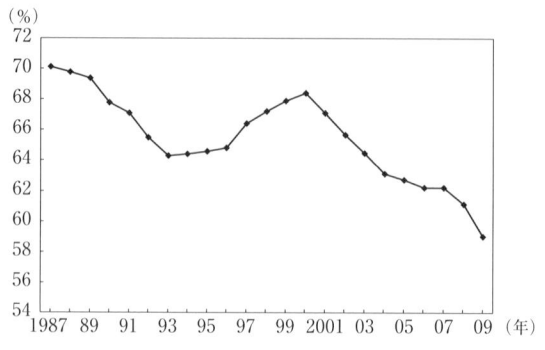

図13-6 非高齢者の雇用主提供医療保険の加入率の推移
出所:Fronstin(2003:5;2010:5).

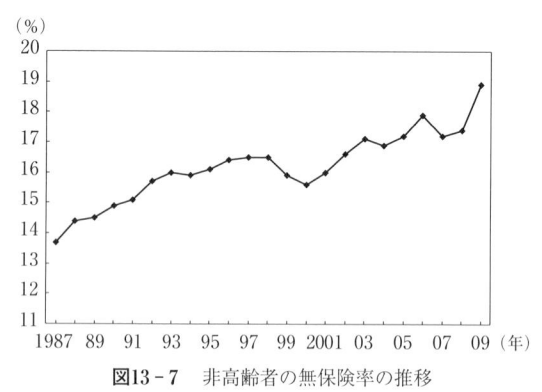

図13-7 非高齢者の無保険率の推移
出所:Fronstin(2003:5;2010:5).

きるという意味)と呼ばれる健康貯蓄口座(HSA)の創設である。HSAは個人が医療費自己負担や保険料の支払いなどに備えて貯蓄する口座であり,口座への拠出金や運用益などに租税優遇措置が適用される。ただし,この口座を開設するためには,高額定額控除型医療保険(HDHP)に加入しなければならない。ブッシュ政権は消費者主導型の医療保険を推進することによって医療費の抑制と無保険者の減少という政策課題を達成しようとした。

　非高齢者が加入する医療保険の主軸である雇用主提供医療保険の加入率は1980年代後半から90年代半ばにかけて低下していたが,90年代後半に上昇した(図13-6)。しかし,2000年代には再び低下し,それに対応して非高齢者の無

■□コラム□■

保険の州規制と全米保険監督官協会

　アメリカでは，保険は主に州政府が規制を行っている。州政府の保険監督当局は保険局であり，保険局の長官を保険監督官という。保険監督官は，大部分の州では州知事によって任命されている。

　州規制には，いくつかのメリットとデメリットがある。主要なデメリットには，州ごとに規制が大きく異なりうることがある。州ごとに規制が大きく異なると，複数の州で保険引受業務を行う保険者のコストは増加する（それは加入者のコストにもなる）。そのために各州政府は規制をできるだけ統一的・効果的に行う必要があり，その活動を積極的に行っているのが全米保険監督官協会（NAIC）である。NAICは，保険監督官が1871年に設立した非政府機関であり，主要な活動として全米基準となるモデル法を制定している（モデル法を州政府に強制する権限はない）。

　モデル法は各州政府にとって単なるひとつの参考モデルではない。各州の保険立法・保険監督・保険業の責任者と専門家が実質的な審議を行い，保険監督官の総意に基づいた重みのある全米基準モデルであり，各州の保険規制と保険業に大きな影響を与えているのである。各州政府は，NAICが提示したモデル法の規定が実行可能である場合，モデル法と同じ規定を採用している。他方，モデル法の規定が自州の実情にあわない場合には，自州の実情にあわせてモデル法の規定を修正している。各州で実情が異なる保険市場に対してNAICと各州政府は実効性のある規制を主導的に行っており，こうした保険の州規制はアメリカ経済社会の分権性を典型的に示しているのである。

保険率が上昇している（**図13-7**）。オバマ政権が医療保険改革を国内政策の重要課題のひとつに掲げた背景には，このような事態があるのである。

（3）　オバマ政権の医療保険改革

　オバマ政権は，発足して間もない2009年2月上旬に2009年児童医療保険プログラム再認可法を成立させた。同法には，児童医療保険プログラム（CHIP）の実施期間の延長（2013年9月30日までの4年半）とともに，加入資格の拡大と加入の促進，連邦補助金の増額，保険給付の拡大，雇用主提供医療保険への保険料補助の促進などの措置が盛り込まれている。なお，連邦補助金の増額は，保

険者が政府である公的保険を拡大させるものではない。CHIPの特徴である民間保険の活用は維持されており，雇用主提供医療保険に対する保険料助成は促進されている。

　医療保険改革法案は，まず下院法案（アメリカ保険料負担可能医療法）が2009年11月上旬に通過し，つづいて上院法案（患者保護および保険料負担可能医療法）が09年12月下旬に通過した。そして，10年3月下旬に上院法案の修正法案が下院を通過し，オバマ大統領が署名して成立した。同法にはさまざまな規定が定められており，10年から18年にかけて施行される（主要な規定は14年に施行される）。医療保険改革によって非高齢者の医療保険加入率がどの程度上昇するのか注目される。

● 参考文献
渋谷博史・中浜隆編（2010）『アメリカモデル福祉国家Ⅱ——リスク保障に内在する格差』昭和堂。
渋谷博史・中浜隆・櫻井潤（2010）「21世紀のアメリカ社会保障」『海外社会保障研究』第171号。
中浜隆（2006）『アメリカの民間医療保険』日本経済評論社。
中浜隆（2009）「アメリカの児童医療保険プログラム」『損害保険研究』第71巻第3号。
長谷川千春（2010）『アメリカの医療保障——グローバル化と企業保障のゆくえ』昭和堂。
Cohen, Robin A., Michael E. Martinez and Brian W. Ward (2010), *Health Insurance Coverage : Early Release of Estimates from the National Health Interview Survey, 2009*, National Center for Health Statistics.
DeNavas-Walt, Carmen, Bernadette D. Proctor and Jessica C. Smith (2010), U.S. Census Bureau, Current Population Reports, P60-238, *Income, Poverty, and Health Insurance Coverage in the United States : 2009*, U.S. Government Printing Office.
Fronstin, Paul (2003), *Sources of Health Insurance and Characteristics of the Uninsured : Analysis of the March 2003 Current Population Survey*, EBRI Issue Brief No. 264, Employee Benefit Research Institute.
Fronstin, Paul (2010), *Sources of Health Insurance and Characteristics of the*

Uninsured : Analysis of the March 2010 Current Population Survey, EBRI Issue Brief No. 347, Employee Benefit Research Institute.

Kaiser Family and HRET (2010), *Employer Health Benefits : 2010 Annual Survey*, The Henry J. Kaiser Family Foundation and Health Research and Educational Trust.

Nelson, Lyle *et al.* (2003), *How Many People Lack Health Insurance and For How Long?* The Congress of the United States, Congressional Budget Office.

Rhoades, Jeffrey A. and Steven B. Cohen (2010), *The Long-Term Uninsured in America, 2005-2008 : Estimates for the U. S. Civilian Noninstitutionalized Population under Age 65*, Statistical Brief No. 294, Agency for Healthcare Research and Quality.

(中浜　隆)

第14章
教育政策

　アメリカは教育大国である。学問の最高峰と評されるハーバード大学は，このことを象徴している。現代アメリカの高等教育は，アメリカ国家全体とグローバル社会を牽引し，その基礎段階にある初等中等教育は，州や地方自治体（学校区）によって地方分権的に運営されている。グローバルとローカルの両面を擁する点に，教育システムのアメリカ的特徴と多様なる発展の源泉がある。州や学校区そして連邦政府はそれぞれ異なった権限と責任で教育システムの主要部分を占める公的部門を運営している。たとえば初等中等教育では，各学校区の住民が教育予算や運営に直接参加するという草の根の分権システムが確立されている。ただし，その分権システムが教育サービスに格差を生むという矛盾も指摘されている。

　本章では，アメリカ的な教育政策の基本的ベクトルを提示したうえで，初等中等教育，高等教育それぞれの基本構造と特徴，問題点について論じる。

1　アメリカの教育支出と教育政策ベクトル

（1）　教育大国

　本節では，アメリカが「教育大国」と表現するにふさわしいのかをマクロ的視点から検討する。次に，現代アメリカの教育改革の基本条件とされる3つの「教育政策ベクトル」というものを提示する。これは，第2節「初等中等教育」，第3節「高等教育」での重要な視点となるものである。

　そこで以下では，アメリカの教育支出の水準を国際比較を通じて見ておくことにしよう。

　表14-1は，2000年～06年までのOECD主要国における生徒一人あたり全教育支出（公立，私立合計）を教育課程別に比較したものである。なお数値はすべて2008年米ドルで換算している。

表14-1 主要OECD諸国における生徒一人あたり教育支出（2000～06年）

国名／年	初等教育				中等教育				高等教育			
	2000	2004	2005	2006	2000	2004	2005	2006	2000	2004	2005	2006
オーストラリア	6,210	6,584	6,606	6,740	8,620	9,301	9,270	9,291	16,071	15,999	16,073	16,037
フランス	5,609	5,793	5,915	5,855	9,547	9,959	9,841	9,936	10,469	12,160	12,122	12,355
ドイツ	5,249	5,640	5,528	5,727	8,535	8,636	8,418	8,061	13,626	13,969	13,721	13,901
イタリア	7,468	8,424	7,535	8,241	9,025	8,940	8,432	9,073	10,084	8,803	8,848	9,318
日　本	6,885	7,467	7,435	7,465	7,834	8,680	8,718	8,870	13,646	13,898	13,589	14,331
韓　国	3,945	5,118	5,171	5,271	5,087	7,707	7,326	7,755	7,649	8,057	8,385	9,147
メキシコ	1,614	1,931	2,109	2,139	2,019	2,191	2,403	2,312	5,861	6,586	7,058	6,901
ニュージーランド	──	5,916	5,270	5,289	──	7,180	6,922	6,454	──	10,106	11,313	9,919
スペイン	4,927	5,659	6,066	6,376	6,483	7,638	7,950	8,496	8,335	10,690	11,123	11,841
スウェーデン	7,922	8,514	8,304	8,222	7,926	9,163	9,038	9,074	18,876	18,486	17,580	18,146
イギリス	4,847	6,772	7,013	8,258	7,491	8,082	7,901	9,359	12,074	13,090	14,890	16,498
アメリカ	8,746	10,037	10,094	10,369	11,071	11,328	11,454	11,557	25,454	25,620	26,867	26,816

注：2008年米ドルに換算。
出所：Organization for Economic Cooperation and Development (OECD), *Education at a Glance, 2002 through 2009*より筆者作成。

　初等教育では，アメリカは2006年時点で1万369ドルを支出しており，これは主要国のなかで最大である。メキシコ（2139ドル）の4.84倍，フランス（5855ドル）の1.78倍，日本（7465ドル）の1.39倍である。アメリカの次に大きいのがイギリスで，8258ドルである。次に中等教育を見ると，やはりアメリカが最大であり，2006年では1万1557ドルを支出している。フランス（9936ドル），イギリス（9359ドル）も高水準で推移している。日本は8870ドル，韓国は日本より低い7755ドルである。

　高等教育では，アメリカを含むすべての国において初等教育や中等教育よりもその支出水準が高くなっているなかで，アメリカのそれが2006年時点で2万6816ドルと突出して高い。イギリスは2000年以後急速に増加しており，2006年では1万6498ドルになっている。またスウェーデンは2000年以後に若干減少を見たが比較的高水準で推移し，2006年にはアメリカに次ぐ1万8146ドルになっている。その他オーストラリアが1万6037ドル，日本が1万4331ドル，ドイツが1万3901ドルである。イタリアは2004年に大きく減少し，2006年には韓国の9147ドルとほぼ同水準である。

　このようにアメリカの教育支出水準は先進主要国のなかで最大であり，「教育大国」の名にふさわしい。しかし，「生徒一人あたり教育費」というマクロ的平均値のみでアメリカの教育システム全体が他国に比べて優れていると単純にはいえず，むしろそこにアメリカの特質あるいは問題が潜在している。たと

えば，教育のアウトプットとしての学習成果や技能の向上，所得水準や労働生産性の上昇というものが，他国に比べてアメリカのほうが優れているかどうかは，この教育支出水準では判断できない。むしろ多人種・移民国家アメリカでは，黒人やヒスパニックなどの貧困家庭の生徒や英語能力に乏しい移民家庭が集中する大都市（たとえばニューヨーク，ロサンゼルス，シカゴが典型例であるが）の公立学校での学習成果が低迷している趣旨の報告書は数多くある。この問題の背後には，アメリカ社会に根付く人種差別，所得格差，セグリゲーション（居住地区に反映された人種別・経済的な分断）が横たわっている。それゆえに，「生徒一人あたり教育費」の多寡だけで単純に議論することはできない。とくにこの問題は初等中等教育において重大であることは後述するとおりである。

（2） 3つの教育政策ベクトル

現代アメリカの教育システムは，次に述べる3つの「教育政策ベクトル」のもとで運営されている。ここでいう「教育政策ベクトル」とは，戦後アメリカの教育改革の諸議論につねに登場する教育政策の基本的方向性のことであり，その意味で，アメリカ的価値観を反映したものといえる。

第1は，「分権」ベクトルである。建国以来アメリカが堅持する連邦制（federal system）では，州を基本単位とする行財政システムが基本原則とされている。合衆国憲法修正第10条が定めるように，軍事や外交など外政を除いた内政のすべてにかかわる権力は州政府にある。教育は，ここでいう内政の最も典型的な分野である。

この「分権」ベクトルは，義務教育を含む初等中等教育において際立っている。初等中等教育行財政の権限をもつ州政府は，「学校区（school district）」と呼ばれる地方自治体にその権限を委譲しており，これによって学校区ごとの草の根的な地方自治が確立されている。学校区は各々の学校区内に居住する納税者や子をもつ親などで構成される「教育委員会（board of education）」を独自に設置し，その権限と財源，そして責任に基づいて学校区の予算を決議するほか，教員人事，学習カリキュラムの詳細も策定する。

第2のベクトルは，「機会」ベクトルである。これは，個々人の自発的な意欲や努力を前提条件とし，もし意欲や努力が認められる場合などには，その個人に対して教育を受ける「機会」を広く与えるべきものとする。これは今日の

先進諸国が掲げる，いわゆる教育機会均等という政策理念に体現されている。ただし「機会」ベクトルの背景には，「機会」を平等化し，「結果」はその個人の責任とすることが社会全体にとって公平であるとする価値観も確立されている。政府も，チャンスを活かそうとする個人の意思や意欲，自助努力というものを最大限に支援あるいは評価する立場を明確に示し，いわゆるモラル・ハザードを回避すべきと考える。

　また，この「機会」ベクトルは，初等中等教育から高等教育までの学校教育だけに限られたものではない。すなわち就業して所得を得る段階，労働市場における適正な資源配分をめぐる議論にまで及ぶ重要なベクトルである。

　第3は，「競争」ベクトルである。教育は，個人や経済全体にとって生産的な意味合いが強く，その国の労働力強化にとって必要不可欠な投資である。「競争」ベクトルのもとでは，教育達成度すなわち教育歴に応じて個々の労働者の所得水準が決定されるのは，その労働者に対する公平かつ合理的な資源配分の評価結果であると見なされるからである。そうした労働市場の運用は教育歴による賃金差別であるとの批判も根強い。しかし，中長期的な視点から有能な者にはより多くの報酬を与えることで誘発される個人のさらなる自助努力の促進，労働生産性の向上，企業の国際競争力の強化という経済的恩恵への期待も大きい。

　加えて，「競争」ベクトルには，論理的には，第2の「機会」ベクトルが強いほどその正当性を増すという特徴がある。すなわち，機会が完全に保障されていたとすれば，すべての個人に対する処遇や評価は説得力を得ることになり，たとえ経済格差が生じたとしても，競争的な労働市場には一定の公平性が保たれることになる。実際にアメリカがグローバル化した世界経済あるいは労働市場から有能な人材を引き寄せることができるのも，この「競争」ベクトルが機能しているからであり，またアメリカ社会の側も受容しているからである。

　以上に述べた「分権」「機会」「競争」が，アメリカの教育政策ベクトルを規定する基本的方向性であり，これらの要素を満足することがアメリカの教育改革には求められるのである。

2　初等中等教育

　次に本節では，以上に述べた「教育政策ベクトル」をふまえ，初等中等教育（義務教育を含む）の基本構造と特徴について述べよう。

　アメリカの初等中等教育は，小学校，中学校，高校，すなわち1学年から12学年まで構成しており，このうち9学年または10学年までをいわゆる「義務教育（compulsory education）」とするのが一般的である。現在全米には，公立私立を合計すると5500万人の生徒がいるが，それの9割にあたる4900万人が公立学校に在籍している。また公立学校のなかでも，1990年代以後にミネソタ州から全米へ普及した，特色あるカリキュラムや教育方法を特徴とする「チャーター・スクール（charter school）」が急増しているほか，学校教育を受けさせず家庭教師を雇うなどして自宅で学習させる「ホーム・スクーリング（home schooling）」もすべての州で合法化されているなど，「学校選択」あるいは多様性が制度的に保障されている。

（1）　基本構造——州・学校区の分権システム

　初等中等教育の基本構造は，次に述べるとおりである。

　第1に，州政府は地方自治体である学校区に初等中等教育の運営権限を委譲しており，その運営権限は学校区ごとに組織される教育委員会が行使する。現在全米には，約1万3000の学校区がある。

　学校区とは，一般行政を所管する市（city）あるいはカウンティ（county）から独立した地方自治体であり，初等中等教育行政に特化した行政組織である。ただしメリーランド州やルイジアナ州などのようにカウンティ（パリッシュ）の行政区域と一致している州もあるが，その場合でも基本的には一般行政から組織的に分離されている点に特徴がある。ハワイ州は州全域がひとつの巨大な学校区になっている。教育委員会の構成メンバーは，学校区ごとに実施される公選などで選出される。その場合，生徒の親をメンバーに一定数加えることを義務付けている学校区が多い。

　第2に，財政面における学校区の自主性や独自性が実に際立っている。学校区は，地方自治体の基幹税のひとつである地方財産税（local property tax）の

第14章　教育政策

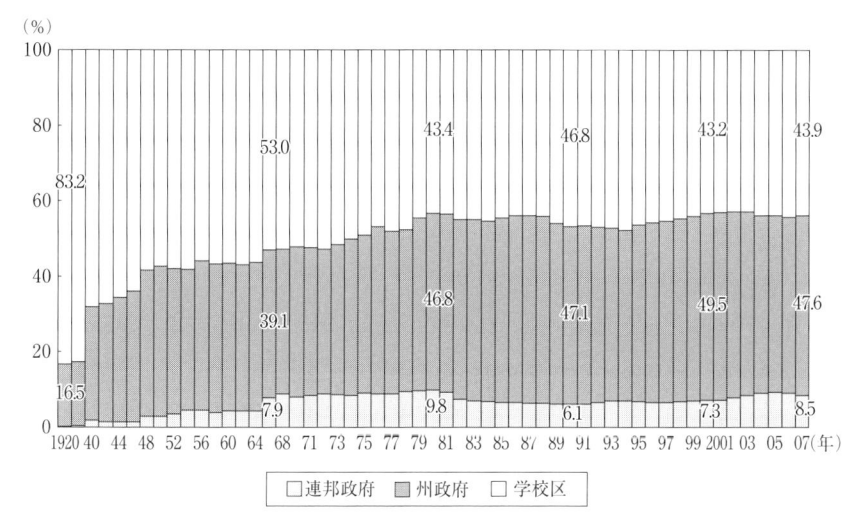

図14-1　初等中等教育費の政府別シェア

出所：U. S. Department of Education（各年），National Center for Education Statisticsより筆者作成。

課税権を州政府から委譲されており，それを自主財源として毎年度の予算編成を独自に行っている。学校区への地方財産税課税権の委譲は，学校区の財政的な独自性を担保するが，一方で，学校区間の財政力格差すなわち「生徒一人あたり教育費（educational expenditures per pupil）」に格差を生み出すという側面もある。つまりアメリカ的価値観としての「分権」ベクトルが，「生徒一人あたり教育費」の格差を生み出すかたちになっている。これを受けて，州政府はその格差を縮小するために補助金を配分するようになった。これは州教育均衡交付金と一般に呼ばれる州レベルでの教育補助金である。これについては後述する。

図14-1は，1920～2007年の初等中等教育費の政府別シェアの変化を示したものである。これによると，1920年の時点では学校区のシェアが80％を越えていたが，その後徐々に縮小し，州政府のシェアが増大している。州政府シェアの増大は，上述した州政府から学校区へ配分される州教育均衡交付金の拡充によるものである。州政府シェアは80年代初頭の時点で47％前後まで増大したが，その後は横ばいになっており，今日では学校区と州政府が初等中等教育費を折半するという構造が定着している。

一方，連邦政府のシェアはきわめて小さい。後述する65年「初等中等教育法」という連邦法の施行により若干増大を見ているが，しかし今日まで10％未満にとどまっている。

（2）「生徒一人あたり教育費」格差問題

学校区は，地方財産税を自主財源として初等中等教育費の主要な部分を賄っている。

地方財産税とは土地や家屋の市場価額（課税標準）に一定税率をかけて税額が決まる地方税である。そのため市場価額の高い家屋が建ち並ぶ富裕地域を有する学校区は地方財産税収が豊かであり，逆に貧困層の集中する都市部にある学校区では貧弱になる。つまり学校区間に財政力格差が生じており，それが「生徒一人あたり教育費」に直結している。

学校区間の「生徒一人あたり教育費」格差という財政問題は，1970年代に多くの州でその責任と是正策をめぐる訴訟を引き起こした。カリフォルニア州はその典型例である。同州では，財政力のもっとも豊かな学校区と，もっとも脆弱な貧困学校区との「生徒一人あたり教育費」格差を100ドル以下に止めなければならないとする州最高裁判決（第2判決）が76年12月3日に下された。これは「セラノ対プリースト裁判」と呼ばれ，戦後アメリカ教育史に名を残す画期的な判決とされている。「セラノ」とは原告側であるヒスパニック系住民の人名であり，「プリースト」とは被告側の当時カリフォルニア州財務長官の名前である。

その後も，同判決を機に多くの州で学校区間の財政力格差を縮小するのは州政府の責任とされ，「州教育均衡交付金（state equalization funding）」と一般に呼ばれる州レベルでの教育補助金が学校区に交付されるようになった。今日，この州教育均衡交付金の仕組みは州で異なるが，一般的には州議会が毎年度「生徒一人あたり教育費」の最低保障額を意味する「基準値（foundation level）」を策定し，それに満たない部分を補塡するというのが基本的な枠組みになっている。

（3） 連邦政府の「支援」と「配慮」

連邦政府は，上述したように学校区が主体的に運営する初等中等教育行政に

対して関与することは合衆国憲法上，違憲とされている。しかし1960年代リンドン・ジョンソン民主党政権期において，「偉大な社会（the Great Society）」と呼ばれる連邦政府主導の社会政策の一環として，教育への財政支援が開始された。その最大の法的根拠となったのが，1965年「初等中等教育法（Elementary and Secondary Education Act of 1965）」である。

連邦政府は「初等中等教育法タイトルⅠ（Title Ⅰ）」を法的根拠として，貧困家庭の生徒を対象とする連邦補助金を学校区に直接交付することになった。これは実質的には貧困対策としての積極的な所得再分配政策である。もちろん連邦政府による教育への財政支援は，州や学校区の地方自治への介入にあたるとして連邦議会内でも批判が高まった。しかしリベラル派の連邦議員を中心に，州や学校区の地方分権的な学校運営に何ら直接的に「関与」しないこと，すなわちアメリカ国民全体の基本的人権に関する連邦政府（中央政府）としての「最低限の配慮および支援」という政策論理で連邦議会が承認し，可決したのである。たとえば，同法案の審議過程では，全米教育協会（NEA），全米州教育長協議会（Council of Chief State School Officers）といった教育関係の利益団体が，州や学校区の地方自治に配慮した同法案の枠組みづくりにかかわったという経緯がある。

また初等中等教育法は，その施行後は数次にわたって修正と授権を繰り返して今日まで運用されてきた。近年ではジョージ・W・ブッシュ共和党政権下で，共和党ベイナー下院議員らによって2001年に大幅な改正案が提案され，その翌年に「落ちこぼれ防止法（No Child Left Behind Act：NCLB）」として可決された。NCLB法による主な修正点は，①学力テストの毎年度実施，②学力向上の目標設定とその努力義務，③学習成績通知カード（レポート・カード）の毎年度作成，④有資格者の教員などの確保，⑤読む力の重点化，⑥連邦補助金の使途に関する学校区への裁量拡大であった。これに対して，NCLB法が州や学校区への不当な介入にあたるとしてほとんどの州が批判の態度をとり，たとえばコネチカット州議会などはブッシュ大統領および連邦議会を相手取って訴訟を起こした。さらに全米州議会協議会も同法における連邦補助金の交付条件が不明確である，あるいは連邦資金の裏付けがない義務を州や学校区に課する規定が含まれており，合衆国憲法に照らして違憲である趣旨の調査報告書を公表している。NCLB法をめぐる論争は連邦と州・学校区間に今日にも及んでおり，ア

メリカ連邦制における州や学校区の強い独立性をうかがいしることができる。

3　高等教育

　次に，高等教育について論じる。本章冒頭で述べたようにアメリカを「教育大国」と評する根拠のひとつに，ハーバード大学など北東部に集中する名門私立大学の非常に優れた学術成果や影響力というものが挙げられる。

　一方，租税資金の投入を前提として運営される公的な大学（以下，「州立大学」と表記）の存在も重要である。とくに1960年代以後における州立大学の規模的拡大は教育機会均等化を実現し，高等教育システム全体の発展に大きく寄与した。現在全米には2000万人の大学生および大学院生がいるが，このうち7割強が州立大学部門に在籍している。初等中等教育と同様，高等教育も公共部門の規模が大きい。

（1）　基本構造──機関補助と個人補助

　まず高等教育の構造について論じる。表14-2は，1980～2008年の4年制州立大学の収入構造を示したものである。これによれば，州立大学の最大の収入源は州政府からの補助金（州運営費交付金など）であるが，ただしそのシェアは縮小トレンドにある。一方，授業料のシェアは増大傾向にある。1980年で12.9％であったのが，2008年には20.1％まで増大している。

　高等教育への租税資金の投入パターンには，主として次の2種のものがある。第1は「機関補助」というパターンであり，具体的には州政府から各州立大学に学生数などを基準にして積算配分される州運営費交付金と，連邦政府の研究開発費がある。第2は，学生個人に配分される「個人補助」というパターンである。これは主として学生個人に支給される奨学金のことで，その奨学金には返済不要のグラント型と，返済要のローン型がある。奨学金システムについては後述することにしよう。

　州運営費交付金は，州立大学の経常的支出を賄う最重要な財源であるが，しかし表14-2のとおり1980年代以後は縮小している。この州運営費交付金の縮小化は個々の州立大学の財政運営に直接影響を与えるものとなり，次に述べる授業料の引き上げが，その縮小分を補完するという構造にシフトしている。

表14-2　州立大学の収入構造

(％)

収入源／年	1980	1985	1990	1995	1996	1997	1998	1999	2000	2005	2006	2007	2008
授業料	12.9	14.5	16.1	18.8	19.0	18.9	18.9	18.5	18.1	17.0	16.8	17.9	20.1
連邦政府	12.8	10.5	10.3	11.1	11.0	10.6	10.7	10.8	11.2	14.2	13.3	13.6	15.0
州政府	45.6	45.0	40.3	35.8	35.6	35.7	36.0	35.8	35.6	25.5	25.0	26.9	26.9
地方政府	3.8	3.6	3.7	4.1	3.9	3.8	3.8	3.8	4.0	3.7	3.7	3.9	4.5
民間部門の外部資金	2.5	3.2	3.8	4.1	4.3	4.5	4.7	4.8	5.1	2.3	2.4	2.6	2.6
財産基金収入	0.5	0.6	0.5	0.6	0.6	0.6	0.7	0.7	0.8	4.4	6.6	2.0	-4.6
病院等施設使用料・販売収入	19.6	20.0	22.7	22.2	22.3	22.2	21.8	21.6	21.7	19.3	18.5	19.5	21.6
その他	2.4	2.6	2.6	3.3	3.3	3.7	3.5	3.9	3.7	13.6	13.7	13.6	13.9
合計	100.0	100.0	100.0	100.0	100.0	100.0	100.0	100.0	100.0	100.0	100.0	100.0	100.0

注：4年制州立大学を対象。
出所：U.S. Department of Education, National Center for Education Statistics (2009), *Digest of Education Statistics 2008*, p.495, Table 349, および*Digest of Education Statistics 2010*, p.515, Table 362より筆者作成。

表14-3　大学授業料の上昇トレンド

(ドル)

大学／年	1980	1985	1990	1995	2000	2005	2010
州立大学	2,174	2,540	2,936	3,925	4,343	5,828	7,020
私立大学	9,501	11,494	14,997	17,006	20,047	22,792	26,273

注：授業料（使用料を含む）は2010年実質額。4年制大学の学部生のみ対象。州立大学の授業料は州民（当該州に1年以上居住する者）の授業料。なお州民以外（留学生を含む）の授業料は約2.5倍～3倍高い。
出所：College Board (2009), *Trends in College Pricing 2009*, p.9より筆者作成。

（2）授業料の上昇トレンド

1980年代以後における州運営費交付金の縮小は，学生あるいはその両親の負担する授業料の引き上げを必要とした。これにより高等教育費の負担が公から民へ大きくシフトし，受益者負担が強化されるかたちになった。

そこで，州立大学での授業料の引き上げはどの程度であったのかを見てみよう。**表14-3**は，1980～2010年の4年制州立大学のフルタイム学部生が支払う授業料（2010年実質値）の推移を示したものである。これによれば，州立大学では2010年の授業料（7020ドル）は1980年の3.24倍，私立大学では2.77倍に上昇している。

大学の授業料上昇は家計負担を増大させる。それはとくに，より所得水準の低い家庭の学生の教育機会均などを脅かすのみならず，所得階層別の経済格差が拡大し，中長期的にはアメリカ国家全体の労働力低下という問題も引き起こ

表14-4 奨学金受給率の上昇トレンド（2001～08年）

年	在籍学生総数	奨学金受給学生数	奨学金受給率（％）	タイプ別奨学金受給率（％）				タイプ別平均奨学金受給額（ドル）			
				連邦政府奨学金	州・地方政府奨学金	大学独自奨学金	各種ローン	連邦政府奨学金	州・地方政府奨学金	大学独自奨学金	各種ローン
州立大学											
2001	804,793	573,430	71.3	26.6	36.5	29.6	40.7	2,569	2,068	2,616	3,212
2004	875,507	658,103	75.2	28.4	36.9	32.0	44.6	2,992	2,436	2,990	3,629
2005	888,267	670,365	75.5	28.3	38.2	32.0	44.3	3,048	2,622	3,388	3,998
2006	906,948	695,017	76.6	26.6	36.8	34.2	44.4	3,071	2,752	3,573	4,166
2007	949,162	716,323	75.5	26.6	36.7	34.2	43.8	3,365	2,848	3,759	4,433
2008	976,830	753,643	77.2	28.0	37.4	36.2	45.2	3,675	2,963	3,956	5,190
私立大学											
2001	419,499	347,638	82.9	27.4	32.2	70.1	58.1	2,930	3,001	7,458	4,000
2004	450,065	382,262	84.9	28.5	31.6	72.8	60.4	3,406	2,968	9,047	4,726
2005	459,435	390,761	85.1	27.2	31.4	73.8	59.8	3,463	3,059	9,360	4,991
2006	460,832	393,429	85.4	26.0	31.2	74.6	59.8	3,437	3,121	10,002	5,264
2007	468,969	400,044	85.3	25.8	30.4	74.4	59.4	3,729	3,329	10,797	5,558
2008	484,021	416,405	86.0	26.7	30.0	75.1	60.3	3,960	3,391	11,539	6,435

注：平均奨学金受給額は当年名目金額。
出所：U.S. Department of Education（各年），*National Center for Education Statistics*より筆者作成。

す。そのような諸問題に対する方策として拡充されたのが，次に述べる奨学金システムである。

（3） 奨学金システム

授業料上昇という構造的な問題に対応しうる重要な手段とされたのが，奨学金システムである。

今日アメリカには約2000万人の学部生および大学院生が大学に在籍しているが，このうち奨学金を受給している学生の比率はどの程度か。またどのような所得階層の学生が受給しているのか。

表14-4は，2001～08年における奨学金を受給している学生数とその比率（奨学金受給率），そしてタイプ別に見た奨学金受給率および平均受給額を示したものである。これによれば，奨学金受給率は01年以後において州立，私立を問わず，70％を超える水準で上昇しつづけており，とくに州立での上昇（5.9％増）が大きい。タイプ別に見ると，州立大学の「大学独自奨学金」での上昇（6.6％増）が最大であり，また「各種ローン」での上昇（4.5％増）も目立っている。私立大学では「大学独自奨学金」の受給率が圧倒的に高く，また2001年以後も上昇（5.0％増）しつづけている。

次に**表14-5**は，奨学金受給率を家庭所得階層別に見たものである。これに

第14章 教育政策

表14-5 家庭所得階層別に見た奨学金受給率（2008年）

(%)

家庭所得階層	州立大学	私立大学
100,000ドル以上　（もっとも豊か）	56.4	32.9
80,000 ～ 99,999ドル	63.1	40.0
60,000 ～ 79,999ドル	63.3	41.6
40,000 ～ 59,999ドル	66.8	49.3
20,000 ～ 39,999ドル	78.5	68.5
20,000ドル未満　（もっとも貧しい）	80.7	71.4
	66.5	48.2

注：ここで示される「奨学金」はグラント型やローン型など全奨学金の合計。
出所：U.S. Department of Education（各年），*National Center for Education Statistics*より筆者作成。

よれば，所得階層が低いほど奨学金受給率が高くなっており，最低の所得階層である2万ドル以下の受給率が，州立大学で80.7%，私立大学で71.4%になっている。次いで2万～4万ドル未満で州立78.5%，私立68.5%，4万～6万ドル未満で州立66.8%，私立49.3%，そして最高所得階層である10万ドル以上で州立56.4%，私立32.9%になっている。

ここで強調すべきは，第1に，10万ドル以上の最高所得階層に属する学生でも州立では2人に1人が，私立では3人に1人が奨学金を受給しているという点である。この統計データに示されている「奨学金」とは，返済不要のグラント型，返済要のローン型（有利子と無利子がある），就労を受給条件とする型（Work-Study）などすべてのタイプを対象としているが，このうち，返済不要のグラント型は低所得家庭を対象とする連邦政府のペル・グラント奨学金に加えて，学生個人の能力や業績を支給基準とする競争的な奨学金（merit-based）も多く含んでいるため，高所得階層の学生も奨学金を受給するかたちになっている。

第2に，アメリカの大学財政運営にかかわる点として，連邦や州など政府が直接運営する奨学金のほかに，個々の大学が学生のために独自に支給する「大学独自奨学金（institutional student aid）」が，州立，私立を問わず整備されており，海外からの留学生を含む有能な学生を取り込むためのアドミッション戦略のひとつに位置づけられているケースも少なくない。また大学独自奨学金は個々の大学の経常的支出として組み込まれているが，その支出を賄う最大の収入源となっているのが，次に述べる連邦政府などから配分される莫大な研究開発費である。

(100万ドル)

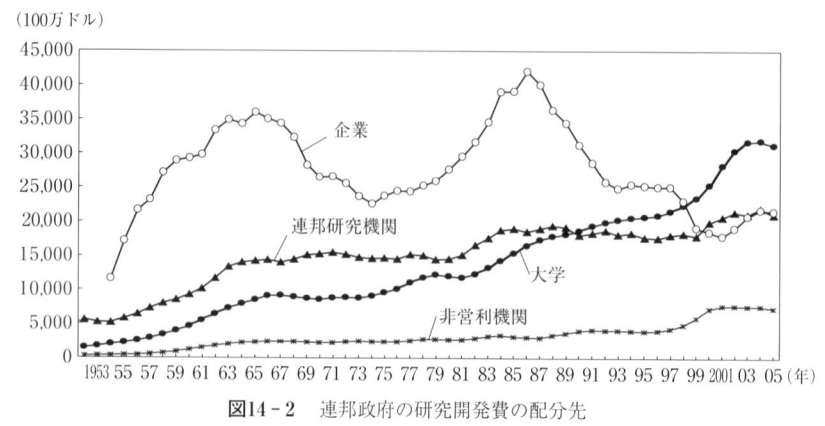

図14-2　連邦政府の研究開発費の配分先

出所：National Science Foundation（2008），*Science and Engineering Indicators 2008*, Appendix table 4-6より筆者作成。

（4）　連邦の研究開発費の配分と恩恵

先の表14-2で明らかにしたように，高等教育の主要な財源のひとつが連邦政府であるが，その主要部分が研究開発費である。**図14-2**は，その連邦研究開発費のセクター別に見た配分先の変化を示したものである。

図を見ると，連邦研究開発費の配分先は，戦後における米ソ対立を背景に軍需産業を中心とする民間企業への配分が，とくに1960年代と80年代に拡大している。この間，大学への配分は緩やかに上昇しており，2000年以後になると，企業を抜いて大学が連邦研究開発費の最大の配分先になっている。

「連邦研究機関」とは，国立衛生研究所や全米科学財団など連邦政府が直接間接に運営する研究機関をいうが，それらに配分された連邦研究開発費の一部は大学と共有されているケースも多いため，大学への実質的な配分額はさらに大きくなっている。そして，大学に配分された連邦研究開発費の一部が上述した大学独自奨学金の主要な外部資金となり，授業料の引き上げによる学生の経済的負担を軽減するという仕組みが高等教育システムに組み込まれている。

4　アメリカ経済社会の普遍的価値と教育システム

最後に，なぜアメリカの教育システムがアメリカ経済社会にとって最重要な存在でありつづけるのか，その本質的な部分について述べることにしよう。

■□コラム□■

産業構造の変化とコミュニティ・カレッジの限界

　戦後アメリカは，とくに東西冷戦を通じて西側の超大国としての国際的地位と競争力，そして圧倒的な軍事力に代表される世界最高の科学技術力を維持するため高等教育に莫大な資金を投じてきた。しかし冷戦の終結と，1990年代以後のグローバル化の加速に伴う産業構造の変化，すなわち製造業の急速な衰退による経済不況や失業問題は，州レベルでの高等教育の再編を余儀なくした。すなわち求職中の失業者，福祉や医療系の資格取得をめざす転職希望者，そして英語能力に乏しい移民労働者やその家族を対象とする，コミュニティ・カレッジの担う職業教育システムを強化せざるをえなくなった。

　コミュニティ・カレッジは，その名のとおり地域社会に根ざした2年制の高等教育機関であり，その設置の9割が州が運営する公立機関である。つまり州政府が職業教育プログラムを実質的に提供している。1980年代以後は4年制大学の授業料が高騰したことを背景に，それが低廉なコミュニティ・カレッジへの進学者が増え，4年制大学への編入を促進するという動きが目立つようになるが，しかし基本的には職業教育を主要なミッションとしている。

　ところがそのコミュニティ・カレッジも，機能，財政の両面で限界に達している。まず機能面では雇用創出が見込まれるIT産業で求められる高度な人材育成をコミュニティ・カレッジが担うことは困難とされ，仮にフォローできたとしてもIT産業自体が製造業ほど大量の雇用を創出できず，失業率の改善につながりにくい。また財政面では州財政の悪化でコミュニティ・カレッジへの補助が大幅に減額され，カリキュラムも貧弱なものになってしまったことで，上述した機能面でのパフォーマンスがいっそう低下するという悪循環を生んでいる。たとえば筆者は2002年，南オレゴン州立大学にフェローとして滞在したが，オレゴン州の高等教育予算の削減によりコミュニティ・カレッジの教員が無償で補講を行わざるをえない事態となったことを受け，教員らがデモ活動を行ったことが地元テレビ局のトップニュースで報じられた。

それはアメリカ経済社会の「普遍的価値」としての民主主義と市場経済に深くかかわっている。すなわち個々人が民主主義と市場経済に自力で参加することが，アメリカ国民としてのアイデンティティを確立し，文化的で豊かな生活を送るための前提条件となっており，その前提条件を満たす基礎知識や技能や礼節を得るための手段が教育システムでありつづけているからである。

　教育改革とは，その教育システムのあり方をめぐる一定の「選択」であるが，その「選択」の過程では，第1節で述べた「分権」，「機会」，「競争」の3つの「教育政策ベクトル」の調整が行われるのである。そのなかでも，州や学校区レベルの居住者が教育改革の「選択」の過程に直接関与できる草の根の仕組み，すなわち「分権」ベクトルが最重要であり，多人種・移民国家アメリカの多様なる発展を可能にしている。これがアメリカの教育システムの最大の特徴として位置づけられる。

　もちろん，アメリカ経済や産業構造を取り巻くグローバルな環境変化や，それに対応する連邦政府レベルでの党派的な揺り戻しも，「分権」的な教育システムに少なかれ影響を与えうる。しかし基本原則としては，州や学校区の権限と判断が最優先される「分権」ベクトルが発揮されるため，連邦政府は「支援」に徹するかたちになっているのである。

　このような認識からいえば，戦後の連邦政府の教育システムへの関与は，州や学校区に対する中央集権的な「介入」と解すのは間違いであろう。むしろ民主主義と市場経済というアメリカの普遍的価値を実現しようとするアメリカ国民全体のコンセンサスが連邦政府の側にも共有されており，その実現に向けて際限なく「支援」を行っているものと解すのが本質的である。

■　■　■

●参考文献

江原武一（1994）『大学のアメリカ・モデル――アメリカの経験と日本』玉川大学出版部。
小塩隆士（2003）『教育を経済学で考える』日本評論社。
小泉和重（2004）『アメリカ連邦制財政システム――「財政調整制度なき国家」の財政運営』ミネルヴァ書房。
渋谷博史（2010）『アメリカ・モデルとグローバル化Ⅰ　自由と競争と社会的階段』

昭和堂。
渋谷博史・塙武郎編（2010）『アメリカ・モデルとグローバル化Ⅱ 「小さな政府」と民間活用』昭和堂。
橘木俊詔・松浦司（2009）『学歴格差の経済学』勁草書房。
塙武郎（2006）「アメリカ初等中等教育財政の自治と構造」渋谷博史・前田高志編『アメリカの州・地方財政』日本経済評論社。
塙武郎（2007）「シカゴ市学校区の債券発行の枠組み」秋山義則・渋谷博史・前田高志編『アメリカの州・地方債』日本経済評論社。
塙武郎（2010）「大都市ニューヨークの教育財政システム」渋谷博史・塙武郎編『アメリカ・モデルとグローバル化Ⅰ 自由と競争と社会的階段』昭和堂。
塙武郎（2012）『アメリカの教育財政』日本経済評論社。
林健久（2003）『地方財政読本』東洋経済新報社。
ゲーリー・ベッカー（1992）『人的資本論』佐野陽子訳，東洋経済新報社。

（塙　武 郎）

第15章
環境政策

　本章では，世界的に注目を浴びている地球温暖化対策に焦点をあてながら，アメリカの環境政策を紹介する。最初に，温暖化対策としての排出量取引制度およびその議論について説明する。次に，環境ビジネスとして最近注目を浴びている再生可能エネルギーの動向を紹介する。最後に，アメリカで改めて注目を集めている省エネルギー政策を展望する。

　これらの政策を概観することにより，アメリカの環境政策の特徴が浮かび上がる。第1に排出量取引制度という市場メカニズムを活用しようという特徴がある。第2に，民主党政権は環境政策に熱心で，共和党政権は経済重視という傾向があるため，政権交代によって，環境政策の方針が大きく異なる可能性がある。第3に，州政府の役割が大きいことが特徴的である。第4に，環境政策においての効率性が重要視される。そのため，規制の便益や費用の試算が行われ，経済学が政策的意志決定で果たす役割が大きい。

1　アメリカの環境政策の特徴

　本章では，アメリカの環境政策をいくつかの特徴に注目して紹介する。第1の特徴は，環境問題解決においても，市場メカニズムを活用しようという傾向がうかがえるということである。環境政策における経済的手段の導入としては，環境税と排出量取引が考えられる。しかし，アメリカでは増税は政府の一般市民への干渉として，選挙においてタブー視されている。そのため，環境税の導入はきわめて難しく，排出量取引が主要な経済的手段として導入されている。地球温暖化問題におけるリーダーシップをとるのは欧州連合（EU）である。しかし，ヨーロッパが地球温暖化問題解決の切り札として導入した排出量取引制度は，もともとアメリカ発の環境政策手段なのであった。そのモデルになっているのは，アメリカの二酸化硫黄の排出承認証取引制度である。

第2の特徴は，政権政党によって，環境政策のスタンスが異なるということである。一般に，民主党政権は環境政策に熱心で，共和党政権は経済重視という傾向がある。そのため，連邦政府の環境規制も，政権交代によって，その方針が大きく変わる。アメリカは，共和党のジョージ・W・ブッシュ大統領のもとで，2001年に，京都議定書から離脱した。しかし，民主党は環境政策全般に熱心であり，温暖化対策も例外ではなかった。08年に民主党のオバマ氏が大統領になった際は，温暖化対策の国際的リーダーシップが期待された。実際，コペンハーゲンのポスト京都議定書の会議でも，オバマ大統領は大きな存在感を示した。国際的には，強力な温暖化政策を公約できていなかったが，オバマ政権は温暖化対策を新たなビジネスチャンスとしてとらえようしていた。

　第3の特徴は，連邦政府ではなく，州政府によるリーダーシップによって環境政策が進むということである。アメリカは日本と異なり，州の独立性が強い。それは環境政策でも顕著であり，州が独自の政策を導入することが多い。州ごとの政党支持層の違いがあり，民主党支持者が多い州では，環境政策が進む。反対に，共和党支持層の多い州では，環境政策に消極的という傾向がある。

　第4の特徴は，環境政策の効率性が重要視されることである。そのため，規制の便益や費用の試算が行われ，経済学が政策的意志決定で果たす役割が大きい。連邦の環境保護庁（Environmental Protection Agency）には，多くの経済学者が雇用され，経済学的な視点から規制の分析が行われている。また，温暖化対策のために二酸化炭素の排出削減を求める政策が提案されると，エネルギー省のエネルギー情報局が，経済モデルを用いて，その経済影響を試算するようになっている。さらに，環境保護庁でも異なった経済モデルを用いて，試算が行われる。

　本章では，世界的に注目を浴びている地球温暖化対策に焦点をあてながら，このような特徴をふまえて，アメリカの環境政策を紹介していく。最初に，温暖化対策としての排出量取引制度およびその議論について紹介する。次に，環境ビジネスとして最近注目を浴びている再生可能エネルギーを紹介する。最後に，アメリカであらためて注目を集めている省エネルギー政策を紹介する。

第Ⅳ部　現代の重要課題

2　排出量取引制度——アメリカ発の環境政策

（1）　アメリカ北東部の地域温室効果ガス・イニシアティブ（RGGI）

　排出量取引は，市場メカニズムを活用して環境対策を効率的に行うという制度である。政府が一定の排出枠を発行し，それを対象となる国や地域の企業に有償あるいは無償で配分する。排出を行う企業は，自らの排出に見合うだけの排出枠を保有する必要がある。排出削減の費用の低い企業は，保有の排出枠より多く削減し，そうでない企業に余った排出枠を売ることができる。削減費用の大きい企業は，削減する代わりに他企業から排出枠を購入すればよい。このように市場メカニズムを利用することにより，他の方法に比べて安く削減できるというのが，排出量取引の魅力である。排出量取引制度は，排出総量を抑制（キャップ）し，個別企業の売買（トレード）を許容するため，キャップ・アンド・トレードとも呼ばれる。

　この排出量取引を大規模に実施し，成功した最初の例が，アメリカの二酸化硫黄排出承認証（Allowance）取引制度である。同制度は，北米大陸の酸性雨の問題に対処するための酸性雨プログラムの一環として導入された。電力会社から排出される二酸化硫黄（SO_2）を効率的に抑制するために創設されたものである。このシステムのもとでは，化石燃料を使用する電力会社はSO_2の排出承認証を付与される。ひとつの排出承認証は，1トンのSO_2を排出する許可証となる。そして電力会社は毎年SO_2の排出量に見合った分の承認証を提出しなくてはならない。この承認証取引制度こそが，いわゆる排出量取引制度であり，それまで実施された排出量取引制度の最大のものであった。

　この成功を受けて，EUは温暖化対策として，欧州排出量取引制度（EUETS）を導入した。アメリカでも後で見るように連邦レベルの議論はされたが，G・W・ブッシュ政権のもとでは，その導入は絶望的であった。そのため，環境NGOや環境政策の専門家は，州レベルの温暖化政策の促進を進めた。その結果，導入されたのが，RGGI（Regional Greenhouse Gas Initiative：地域温室効果ガス・イニシアティブ）である。

　RGGIは，自主参加型のシカゴ気候取引所（CCX）を除くと，アメリカ初の温室効果ガス排出市場である。北東部の10州が参加し，2009年に開始された。

石炭，石油，天然ガスを燃料とする25メガワット以上の発電所が対象となる。09年の発電所への二酸化炭素（CO_2）排出枠の初期配分の総量は，およそ2000年の排出水準に設定されている。この排出目標（キャップ）は，15年まで固定される。その後の4年間で，排出枠の量は段階的に減らされ，19年までに10%削減される。さらに，排出量を20年までに，市場を導入しない場合に比べておよそ35%削減することになる。

　排出量取引の実施に際しては，排出枠の配分方法が重要な問題である。排出枠の配分方法には，有償と無償のものがある。無償方式は，過去の排出量などに基づき，政府が排出枠を無償で配分する方法である。有償方式は，オークション方式とも呼ばれ，政府が排出枠を売りに出す方法である。また，ふたつを組み合わせる方法もある。これまで，バーモント，ニューヨーク，メイン，マサチューセッツ，コネチカットなど半数以上のRGGI参加州が，100%オークションを採用するとした。ヨーロッパのEUETSのフェーズⅡ（2008〜12年）において，オークションの排出枠を10%未満とした結果，電力会社に「たなぼた利益」が出てしまったことがひとつの理由であると考えられている（EUもRGGIの影響を受け，フェーズⅢ〔2013〜20年〕では，オークションの割合が高くなる予定である）。

　RGGIには，排出枠売却収入の利用方法にも特徴がある。各州の排出枠の売却収入の最低25%を，省エネ政策や，消費者利益の増加などに貢献するよう定めている。つまり，各州が排出枠のオークションで得た資金を，省エネ促進，クリーン・エネルギー普及などに使用することができるということである。

　アメリカの環境政策では，その経済分析が重要な議論の基礎となる。RGGI事務局も，排出量取引制度導入に際し経済モデルによる分析を行い，排出枠価格の推計を行っている。モデル分析によると，排出枠価格は10年に5ドル，24年に12ドルと予想した。また，21年の電力価格の上昇は，5%と予測した。

　RGGI事務局は，排出量取引制度が域内総生産（GRP）や雇用へ与える影響も分析している。どちらにおいても，RGGIの経済的影響は非常に小さく，0.01%以下であると予測されている。このように，アメリカでは環境政策の実施にあたり，経済モデルを用いて，その政策を定量的に評価するということが特徴的である。

　なお，州政府による本格的なオークションは08年9月からはじまっている。

最初のオークションでは排出枠の価格は二酸化炭素1トンあたり，3.07ドルであった。その後のオークションでは，リーマンショックの影響による電力需要の低迷もあり炭素価格は低めに推移しているものの，排出量取引制度は機能している。

（2） カリフォルニア州と西部諸州の取り組み

　カリフォルニアは自他共に認める，アメリカにおける環境政策のリーダーである。カリフォルニア州の政策が，連邦政策のひな形になるということも起きている。したがって，カリフォルニア州の現在の動向を把握することが，アメリカの気候政策を理解するうえで重要になってくる。実際，再生可能エネルギー利用割合基準（Renewable Portfolio Standard：RPS）や省エネ政策で，連邦政府や多くの州をリードしてきた。とくに，1975年以来，2000年代初頭までに全米平均では一人あたりの電力消費量は50％も増加したのに対し，同州ではほとんど増加していないことは，よく知られている。

　カリフォルニアの温暖化政策で世界的な注目を受けたものに，AB32（カリフォルニア地球温暖化対策法）がある。同法は，同州の温室効果ガス排出量を20年までに，1990年レベルまでに削減することを決めている。

　AB32はその詳細をカリフォルニア大気資源局に委ね，排出削減目標をどのように達成するかを明確にしていない。しかし，これは同州の規制導入においては，特別なことではない。同州では，議会が州政府に強い規制水準を要求したうえで，規制の詳細の設計は，カリフォルニア大気資源局などの部局の裁量に任せてきた。AB32は，市場メカニズムに基づく政策手段を選択肢として認めており，その後，排出量取引制度が導入されることが決定された。

　カリフォルニア単独の動きとは別に，西部7州（アリゾナ，カリフォルニア，モンタナ，ニューメキシコ，オレゴン，ユタ，ワシントン）による排出量取引制度の提案も行われていた。西部7州はカナダの2州（ブリティッシュ・コロンビア，マニトバ）と，20年までに05年レベルから15％削減を目標として，排出量取引を導入することをめざしていた。

　北東部，西部諸州の動きに加え，中西部の州も温暖化に向けて独自の取り組みを開始した。07年12月に，中西部9州（イリノイ，アイオワ，カンザス，ミシガン，ミネソタ，ウィスコンシンが参加，ただしオハイオ，インディアナ，サウスダコタ

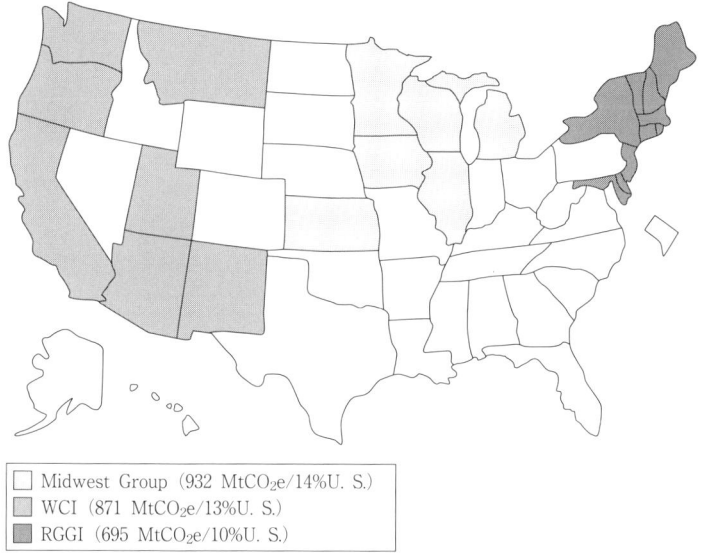

- Midwest Group (932 MtCO$_2$e/14%U. S.)
- WCI (871 MtCO$_2$e/13%U. S.)
- RGGI (695 MtCO$_2$e/10%U. S.)

図15-1 州レベルの排出量取引制度の議論（2008年）
出所：ピューセンター・ホームページ。

はオブザーバー参加）も，カナダのマニトバ州と排出量取引制度の導入で合意した。20年に1990年レベルに削減する目標を掲げた。

なお，**図15-1**に2008年時点での排出量取引導入の検討を表明した地域を地図に示した。西部6州，RGGI参加州と，中西部の6州のGDPの合計は，全米GDPの5割以上を占めている。州レベルの動きとはいえ，軽視できないものとなっていた。

（3） 連邦議会での議論

上記のような州レベルの動きを受け，連邦レベルでも温室効果ガスの排出量取引制度が議論された。連邦での排出量取引制度の実施には，法律の導入が必要となる。そこで，議会においてどのように議論されたかを紹介しよう。ブッシュ政権下の第109議会（2005～06年）でも，気候変動，あるいは，温室効果ガス排出に関する法案，議決案，法の修正案の数が106にのぼった。そのなかには，キャップ・アンド・トレードを提案するものもあった。

第110議会（2007～08年）においても，キャップ・アンド・トレードを含む法

案が提案された。アメリカの連邦議会では，法案は提案する議員の名前で呼ばれる。サンダース・ボクサー法案，ファインシュタイン・カーパー法案，リーバーマン・マケイン法案，ケリー・スノウ法案，アレクサンダー・リーバーマン法案，ビンガマン・スペクター法案，ワクスマン法案などである（有村ほか2007）。そして，多くの提案が出された後，リーバーマン・ワーナー両議員の提出した法案が，上院の環境・公共事業委員会ではじめて可決された。同法案は，上院本会議での可決まではいたらなかったが，アメリカの温暖化政策上，大きな一歩であった。

　このような議論の積み重ねの結果，オバマ大統領のもと，第111議会で，連邦レベルの排出量取引制度にさらに大きな前進が見られた。2009年6月には，ワクスマン・マーキー法案が，下院議会で可決された。その内容は，20年までに，05年比20％削減，50年までに，同85％削減しようというものであり，大変，意欲的なものであった。アメリカ経済の84％以上の排出を対象にしようというものであり，欧州の排出量取引制度と比較しても，より包括的なものであった。

　排出量取引制度の導入にあたっては，費用の高騰や，排出枠の価格の変動に大きな懸念が示されることが多い。これらの問題に対処するための仕組みも取り入れられていた。特に，多量のオフセットが許容されていた。国内・海外あわせて，安価な削減機会を利用しようというのである。そして，排出枠の配分方法は，後述するようにエネルギー集約的かつ貿易依存型産業には無償配分にしながらも，大胆にオークションを取り入れたものであった。

　これにつづき，上院では，同年9月末に，ケリー・ボクサー法案が示された。同法案は，大枠では，下院を通過した法案に近い。しかしながら，上院では，排出量取引法案は可決されなかった。その理由の一つは，上院の60票の壁があったことである。

　アメリカ議会では，フィリバスター（議事妨害）により，議案を廃案に持ち込むことが可能である。この議事妨害を阻止して，上院での法案の通過のためには60票の賛成票が必要である。しかし，2010年の段階では，賛成票60票までは遠い状態であった。

　さまざまな法案には，賛成派，反対派，中間派がいる。経済学の中位投票者定理（Median Voter Theorem）が示唆するように，法案の可決には，態度を決めかねている中間派を取り込むことが重要である。2008年秋には，中西部の製

造業，石炭産業の盛んな州を中心に，民主党議員10人が，上院のリード院内総務と，ボクサー環境公共事業委員長に向け，排出量取引法案への強い憂慮を示す書簡を提出している。このメンバーは，その後，6人増え，Gang of 16と呼ばれるようになった。彼ら中間派が，地元州の産業の負担を軽減するために，排出量取引の制度設計に注文を出したのである。

この中間派の注文に対する答えのひとつが，国境調整である。国境調整とは，アメリカと「同等」の温暖化対策を行っていない国からのエネルギー集約的な財（生産に化石燃料を多く使用する財，鉄鋼など）が輸入される場合，輸入業者に排出枠の購入を義務付けるというものである。アメリカの産業界には，アメリカが温室効果ガス削減に取り組んでも，中国・インドがアメリカ同等に取り組まなければ不公平であるという意見が強い。09年のコペンハーゲン会議の前に示された中国の削減目標も，何の努力も必要としない水準であるという批判も出ている。国境調整により，はじめて，各国企業は同じ土俵で競争ができるというのである。

海外輸出をしている業界は，この措置に必ずしも賛成ではない。しかし，素材系産業（電力，石炭，鉄鋼）は国境調整措置を推進しようとする傾向がある。そして，上記のGang of 16は，地元でこれらの素材産業が支持基盤になっている場合もあり，国境調整措置が重要な論点となったのである。

この背後には，1997年にクリントン政権下で可決されたバード・ヘーゲル決議の考え方がある。途上国の積極的な参加がなければ，アメリカは削減義務を負うような国際条約には参加しないというものである。アメリカの底流にあるのは，当時，圧倒的多数で可決されたこの決議の考え方なのである。

(4) マサチューセッツ州 対 環境保護庁

しかし，排出量取引法案が可決されないからといって，連邦政府が無策でいるというわけではない。もうひとつ鍵となるのが，大気浄化法の存在である。ブッシュ政権のもとで温室効果ガス削減に取り組まない環境保護庁に対し，マサチューセッツ州をはじめとする環境先進州が裁判を起こした。温室効果ガスの規制を行わないのは，大気浄化法に違反するというのである。この「マサチューセッツ州対環境保護庁」の裁判では，2007年の最高裁判決で環境保護庁が敗訴した。そのため，環境保護庁は温室効果ガスが，国民の健康や福祉に損

害をもたらすかどうかを検討することになった。当然ながら，温室効果ガスは汚染物質と認定され，大気浄化法の規制対象物質となったのである。

　2012年2月現在，連邦議会でのキャップ&トレード法案の成立が困難な状況であるために，環境保護庁は，発電所などからの二酸化炭素排出に規制をかけなければならない。そのため，環境保護庁は大気浄化法にのっとり，規制を実施する具体的な手段の検討に入っている。規制を実施しなければ，環境団体などから訴訟を起こされる可能性があり，また，規制を導入すれば，排出者から規制の導入の妥当性について訴訟を受ける可能性が高い。そのため，大気浄化法のもとでの規制実施には，相当程度の時間を要すると予測されている。

3　再生可能エネルギー

（1）　進みつつある再生可能エネルギー

　温暖化問題が重要になるにつれ注目を浴びたのが，二酸化炭素排出の少ない再生可能エネルギーである。とくに，バラク・オバマ大統領の就任とともに，再生可能エネルギー関連のビジネスへ大きな期待が高まった。しかし，再生可能エネルギーの普及策は，それ以前からはじまっていた。本節では，オバマ大統領以前に進んでいたアメリカの州政府による取り組みを紹介する。次に，現在，議論されている連邦政府による促進策を紹介する。

　水力を除く再生可能エネルギーの発電量は，温暖化対策に消極的なブッシュ政権のもとでも，2001年から08年までに50％増加し，シェアも3％近い水準になった（**図15-2**）。オバマ大統領以前にも，すでに再生可能エネルギーの普及がはじまっていたのである。

　この増加の内訳を示したのが，**図15-3**である。1990年代を通じて，地熱発電は再生可能エネルギーでもっとも高い発電量（消費量ベース）を誇っていた。その次が，太陽光，そして，風力の順であった。しかし，伸びが著しいのは風力である。2000年を境に，消費量ベースで太陽光を抜いた。07年以降，地熱発電を大幅に越えた水準になっている。2010年時点でも，太陽光の伸びは，全米レベルではそれほどでもない。

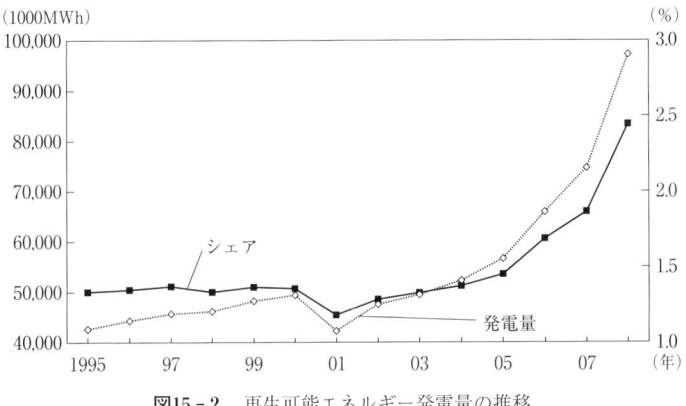

図15-2 再生可能エネルギー発電量の推移
出所:エネルギー情報局データより筆者作成。

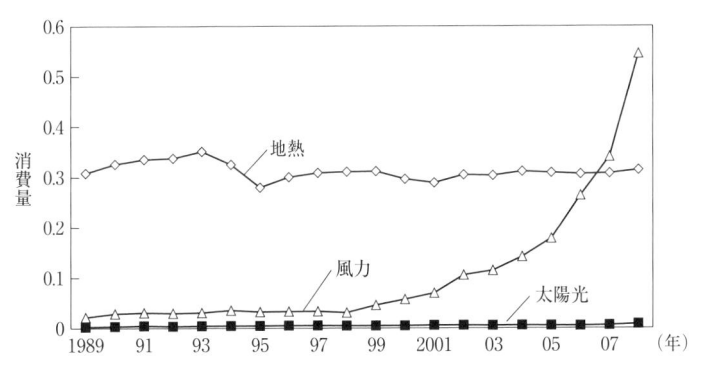

図15-3 主要再生可能エネルギーの普及(エネルギー源別,消費量ベース)
出所:エネルギー情報局データより筆者作成。

(2) 州政府先導の風力発電

　この風力発電の伸びを支えているのが,環境先進州での発電の増加である。たとえば,カリフォルニア州では,2000年以降,急激に風力の発電量が増加した。なんと,8年間で約2倍になっている。さらに,これ以上の伸びを示しているのが,アイオワ,ミネソタ,ニューメキシコである。とくに,アイオワ州はカリフォルニア州の発電を大幅に越えた(**図15-4**)。これらの変化は,ブッシュ政権のもとではじまったのである。09年時点で,アイオワ,ミネソタの両

第Ⅳ部　現代の重要課題

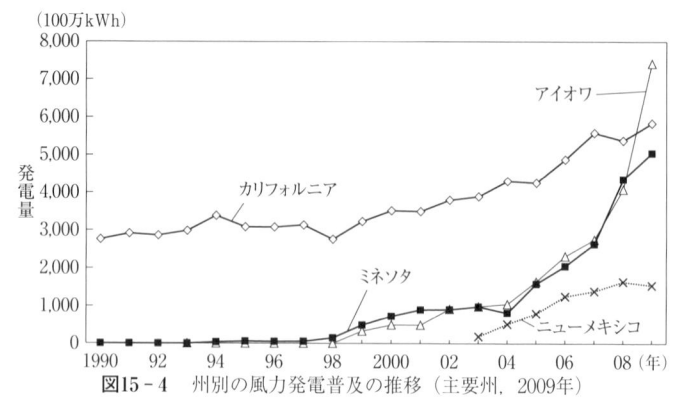

(100万kWh)

図15-4　州別の風力発電普及の推移（主要州，2009年）

出所：エネルギー情報局データより筆者作成。

表15-1　州別の風力発電のシェア（主要州，2009年）

(1,000KWH)

	電源に占めるシェア	発電量	総発電量
アイオワ	14.31%	7,421,000	51,860,000
ミネソタ	9.63%	5,053,000	52,492,000
ニューメキシコ	3.90%	1,547,000	39,674,000
カリフォルニア	2.85%	5,840,000	204,776,000
ニューヨーク	1.70%	2,266,000	133,151,000

出所：エネルギー情報局データより筆者作成。

州では，風力の発電シェアはそれぞれ，14.31％，9.63％と非常に高い水準になっている（**表15-1**）。

　実は，このように風力発電の普及が進むなか，連邦レベルでは，強力な政策は実施されていなかった。この伸びを支えてきたのは，州政府による取り組みだったのである。先進州を中心に，RPS（再生可能エネルギー利用割合基準）を導入していたのである。これは，発電量の一定割合を再生可能エネルギーにするよう義務付ける制度である。連邦政府はRPSを導入できていないが，各州政府が独自に導入してきたのだ。09年11月時点で，29州とワシントンDC（コロンビア特別区）がRPSを定めている（**図15-5**）。連邦政府の政策を待たずして，地方主導で再生可能エネルギーが普及しつつあるのである。

　もうひとつ忘れてならないのは，ベンチャーキャピタルである。ベンチャーキャピタルとは，リスクも高いが高い収益が期待できる新しい企業に対して，投資を行う投資会社である。風力発電はベンチャーキャピタルの投資の受け皿

第15章　環境政策

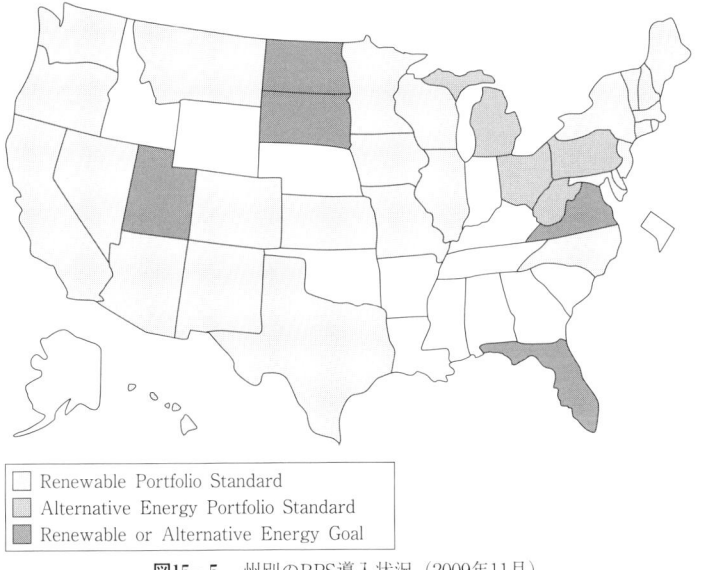

- Renewable Portfolio Standard
- Alternative Energy Portfolio Standard
- Renewable or Alternative Energy Goal

図15-5　州別のRPS導入状況（2009年11月）
出所：ピューセンター・ホームページ。

になっているのである。小さいながらも新しいベンチャーがアメリカ経済の活力の源泉となっていることをうかがわせる現象である。

　その後，遅ればせながら，連邦議会も，再生可能エネルギーの促進に動き出している。新たなエネルギー法案の成立がめざされている。連邦レベルのRPS導入を目標としている。電力に占める再生可能エネルギーの割合を高めようというのである。法案によっては，市場メカニズムの利用を考えている。つまり，目標を達成できない電力会社は，基準以上を達成した電力会社からクレジットを購入すればよい，という制度である。この柔軟な措置こそが，アメリカ流なのである。

（3）　オバマ大統領の登場と連邦政府の取り組み

　オバマ大統領の登場によって，グリーン・ニューディールが注目を浴びた。グリーン・ニューディール政策とは，財政支出によって雇用を確保するとともに，産業を環境に配慮した構造を変えていこうとするものである。その目玉のひとつが再生可能エネルギー政策なのである。リーマンショック以降のアメリ

カ経済の未曾有の危機を,環境をキーワードに乗り越えようとしたといえよう。

同時に,予算教書のなかでも,クリーン・エネルギーを重要項目として取り上げている。特に,再生可能エネルギーに関しては,発電能力を倍増する目標を掲げている。また,再生可能エネルギー促進に有用な配電網の近代化もめざしている。

興味深いのは,オバマ政権が再生可能エネルギーを,必ずしも分散型発電と見ていないことである。つまり,中西部や山岳州といったアメリカの内陸地区で,再生可能エネルギーによる大量の発電を行うことが期待されている。これらの地域には,風力や太陽光での発電余地が大きいと考えられているからである。

問題は,電力の巨大消費地が,西海岸と東海岸にあることである。そこで発電地と消費地とを結び付けることが必要になる。それが,配電網・スマートグリッドの整備構想である。アメリカでは,日本と異なり,各州に複数の電力会社が存在し,規制も州ごとに行われる。したがって,上記の構想には連邦政府の力が必要となってくるのである。

実は,環境先進州が掲げるRPSは,すでに現在提案されている連邦法案より高い目標を掲げている。たとえば,カリフォルニア州は2010年までに20%,ミネソタ州は25年までに25%を目標として掲げている。そのため,一部の州にとっては,連邦法案の影響はほとんどないという可能性もある。したがって,連邦が再生可能エネルギー普及に果たすべき役割は,この州をまたがる配電網構築にあると考えられるだろう。

4 省エネルギー

(1) 省エネへの関心の背景

アメリカを訪問したことのある人ならば,アメリカがエネルギー大量消費国であることを実感したであろう。たとえば,一般住宅においても,冷暖房は,日本のような一部屋ごとではなく,全館冷暖房である。そんなアメリカにおいても,省エネルギーへの関心が高まっている。背景には,地球温暖化問題への関心の高まりがある。石炭,天然ガス,原子力,再生可能エネルギーなどに続いて,省エネを「第5のエネルギー」と呼ぶ向きもある。

省エネへの関心の高まりのもうひとつの要因は，エネルギー安全保障である。リーマンショック前のガソリン価格の高騰は，石油依存への不満となった。また，イラク戦争に参加した原因はアメリカの石油依存にあると考える人も多い。アメリカ国内のバイオ燃料への関心の高さも，背景にはエネルギー安全保障の意識の高まりがある。

民生部門（一般家庭やオフィスなど）の温室効果ガス排出量はアメリカ全体の約4割を占めており，この部門での省エネが温暖化対策においても重要な意味をもつ。また，アメリカでは日本と異なり州政府の独自性が強く，連邦政府に先んじて規制を実施することも多い。そこで本節では，連邦政府と州政府の民生部門への省エネに関する取り組みを紹介する。

（2） 電気製品の効率基準

電気製品に対する最低効率基準は，製品ごとにエネルギー効率の基準を設定し，省エネを促進するという政策である。最初の規制は，カリフォルニアで1977年に導入された。対象は，冷蔵庫や冷凍庫であった。さらに，カリフォルニア州政府は，効率基準を拡張し，蛍光灯，さまざまな空調製品，ビル用冷暖房装置，暖房炉，ボイラー，温水器，シャワーヘッドなどを追加した。その後，ニューヨーク州などもこの政策を導入した。

これに対し，連邦政府が動き出したのは，ようやく87年になってからである。国家電気器具エネルギー保存法が成立した。同法は，15種類の家庭の電気製品（冷蔵庫，冷凍庫，洗濯機，乾燥機，食器洗い機，レンジ，オーブン，エアコン，暖房，温水器など）の基準を設定した。

これらの最初の基準は後に何度か引き上げられた。そして，1992年のエネルギー政策法では，誘導電動機，各種電灯，商業用の冷暖房機にまで基準が設けられた。その後，技術進歩を反映して，97年，2000年，01年に基準はアップデートされた。05年エネルギー法では，新たに16製品が基準の対象として追加された。これを受け，08〜11年にかけても，蛍光灯，除湿器，乾燥機などの効率基準が追加されていく。また，07年に成立した新エネルギー法案では，電球の規制が強化された。数年内に，エジソンが開発した発熱灯が市場から消え，小型蛍光灯電球（CFL）やLEDにとって代わられる見通しである。

エネルギー法は，連邦政府と州政府の関係を考えるうえで興味深い事例であ

図15-6 エネルギースターのラベル
出所：エネルギースター・ホームページ。

る。1987年の連邦法には，連邦基準が州の効率基準に優先するという条項が含まれていた。つまり，州政府は，連邦政府が設定した規制より，厳しい規制が課せなくなったのである。しかし，連邦基準の対象になっていない製品については，州政府が基準を設けることを許容した。また，92年の連邦法案に示された対象製品のうち20製品について，エネルギー省は，期限内に基準のアップデートを終えることができなかった。このことは，各州による独自の効率基準の設定に拍車をかけた。たとえば，カリフォルニアでは2004年に，白熱電球やプール用のポンプなど17種の製品に新たに効率基準が設けられた。

　上記の規制的手段に加えて，連邦政府は，企業や個人のエネルギー効率向上のため，エネルギースターと呼ばれる自主的参加プログラムを実施している。電気製品などへのラベリング（**図15-6**）である。ここでは，50種類以上の製品についてエネルギー効率基準を設けている。条件を満たす製品にはエネルギースターのラベルを貼ることが可能となる。消費者がエネルギー効率の高い製品を購入する際の助けになると考えられる。現在では，エネルギースターは国際的な基準としても使用されており，日本で販売されているパソコンなどにもこのラベルが付いていることがある。

　連邦政府による最低効率基準が洗濯機，冷蔵庫などの従来型の家電を対象とするのに対し，エネルギースターは，コンピューターなどの比較的新しい製品までもその対象としている。2007年7月には，コンピューターに関するラベリングが修正され，35メーカーの649モデルがエネルギースター商品として認められた。09年にも，新しい測定方法のもと，コンピューターに関するさらなるラベリングが発表された。また，省エネにつながる電源管理ソフトもエネルギースターによって承認されている。

　さらに，エネルギースターは，IT産業で用いられるサーバーや，データ・センターそのものもラベリングの対象としようとしている。2009年にはサー

バーに対するエネルギースター基準が示され，メーカーもエネルギー効率の高いサーバーの開発に注力している。

(3) 省エネに関する建築基準

省エネに関する建築基準は，居住用や商業利用の建築物の床，壁，天井，窓などに，エネルギー効率の最低基準を設定し，省エネを促進するものである。

ここでも，州政府がさまざまな取り組みを行っている。最初の基準は，カリフォルニア州で1977年に導入された。80年代には，フロリダ，ニューヨーク，ミネソタ，オレゴン，ワシントンの各州も同様の基準を導入し，また全米建築主事協議会がモデルエネルギー基準を設けた。90年代には，このモデルエネルギー基準は，各州の取り組みをまとめる目的で，国際省エネルギー基準と改称された。商業用ビルの基準は，米国暖房冷凍空調学会などによって設定されている。2006年12月時点で，39の州とワシントンDCで，省エネに関する建築基準が導入されている。

ただし，これら各州の建築基準に問題がないわけではない。建築基準の遵守を確保するための枠組みが十分ではない可能性があるのである。遵守状況が州ごとに大きく異なっている可能性も指摘されている。

連邦政府は規制を設けるのではなく米国暖房冷凍空調学会などと連携して，エネルギー効率のよい建築物の情報提供を行っている。経済的インセンティブも与えている。05年のエネルギー法では，国際省エネルギー基準の03年基準より50％以上の省エネを達成する住宅の建設に対して，2000ドルの税控除を与えている。

建築物に関しても，先ほど紹介したエネルギースタープログラムが適応されている。たとえば，ホーム・インプルーブメント（住宅改修）と呼ばれるプログラムでは，冷暖房の効率改善のために技術援助を行っている。

さらに，エネルギー管理によって，既存のビルや工場のエネルギー効率を改善するプログラムもある。この場合，基準を満たせば，エネルギースターのパートナーと称することができる。

また，サーバーの省エネ促進でも，サーバーを集約させたデータ・センターをひとつの建物としてつくることで省エネを進めていこうという動きもある。

（4） CAFE規制

CAFE（Corporate Average Fuel Economy）規制（企業別平均燃費規制とも呼ばれている）も温暖化問題の解決に貢献する重要な政策である。同規制は，自動車メーカーごとに，売り上げた自動車の燃費平均を規制するものである。同規制は最初，1972年に，エネルギー危機に対応するために法制化された。したがって，同規制の目的は温室効果ガス削減そのものではない。しかし，燃料消費削減を通じて温室効果ガス削減に貢献している。

その後，長い間，CAFE規制の強化は行われなかった。しかし，2007年に議会を通過した新エネルギー法案では，自動車のCAFE規制が32年ぶりに改訂された。民生部門だけではなく，輸送部門でも省エネが進められているのである。

さらに，CAFE規制の強化は進んだ。前述の「マサチューセッツ州対環境保護庁」の裁判の結果を受け，環境保護庁が早速取りかかったのが，自動車の排出規制である。これまで，アメリカでは，CAFE規制は石油消費の削減の規制であったが，今度は，二酸化炭素そのものを規制しようというのである。2010年，オバマ大統領は，改訂されたばかりのCAFE規制をさらに強化し，16年までに，各自動車メーカーが販売する自動車の平均燃費をガソリン1ガロンあたり35.5マイルにする規制を導入した。同時に，大統領は，16年までに，1マイルあたりの二酸化炭素排出量も250グラムにするという規制も課し，連邦政府による初の自動車に関する二酸化炭素規制を導入したのである。その後，16年以降に関するCAFE規制の強化が議論されている。

（5） 電力会社の省エネ——DSM

アメリカの省エネの特徴のひとつは，電力会社が省エネに取り組んでいることである。省エネDSM（Demand Side Management）とは，電力会社が消費者に働きかけて電力消費量を削減することである。

省エネDSMには，さまざまな方法がある。第1に，電気の効率利用に関する省エネ教育，広報活動，省エネ技術情報の提供である。第2に，エネルギー効率性の高い設備への変さらに伴う低利融資や，補助金などの提供である。

図15-7は，電力会社の省エネDSMに用いられた支出の推移を表している。1993年に16億ドルを超えた省エネ支出は，自由化に伴い急速に縮小した。しかし，98年以降再び上昇した。2003年に一度減少するものの，地球温暖化問題へ

第15章 環境政策

■□コラム□■

大統領選挙とトウモロコシ

通常は，環境政策において意見の食い違う民主党と共和党だが，必ず意見が一致するものがある。それは，バイオ燃料であるコーン・エタノールの普及促進についてである。その理由は，各党の大統領候補が決定される予備選挙と関係があるといわれている。

コーン・エタノールは，トウモロコシからつくられる燃料で，ガソリンに混入して販売されている。エタノールは，二酸化炭素や大気汚染物質が少なく，環境にやさしいことが知られている。欠点は，値段が高いことだった。政府は，エネルギー安全保障と環境保護の観点から，1ガロンあたり50セントを超える補助金を出して，その普及に努めた。その後，エタノールは広く普及し，補助金はもう不要であるという意見も出ている。しかし，どの大統領候補も必ず補助金を支持する。それは補助金が，アイオワ州の産業と大いに関係があるからである。

アイオワ州は全米一のトウモロコシの生産地である。ケビン・コスナー扮する主人公が，トウモロコシ畑を切り開いて野球場をつくる映画「フィールド・オブ・ドリームス」は，アイオワ州が舞台であった。実際，筆者が学生時代にアイオワ州を車で縦断したおり，限りなくつづく青々としたトウモロコシ畑を眺めながら，何十マイルも走りつづけたことがあった。

エタノール生産に補助金が付けば，その原料であるトウモロコシの需要が増える。そのため，アイオワ州の農家には大きな収入が確保される。エタノール普及のための補助金政策を支持しなければ，アイオワ州の一大勢力であるトウモロコシ農家の票が獲得できないのである。

大統領選の予備選は，それぞれの党ごとに，全米50州において順番に行われる。一番多くの州で支持を受けた候補者が，各党の大統領候補になる。アイオワ州は予備選が行われる一番最初の州である。ここでつまずくと，その後の選挙を勝ち抜くことは難しい。そのため，アイオワ州における大きな票田であるトウモロコシ生産者の支持を受けることが，選挙に勝つための絶対的条件なのである。

第Ⅳ部　現代の重要課題

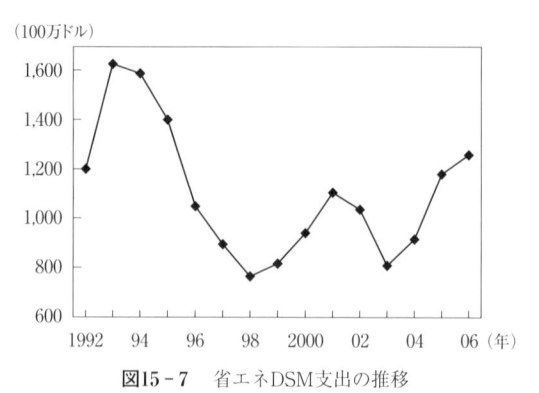

図15-7　省エネDSM支出の推移
出所：エネルギー情報局データより筆者作成。

の関心の増加，エネルギー安全保障意識の浸透により，再び増加傾向にあることが確認される。06年には，12.5億ドルが支出されており，大変大きな金額となっている。

電力会社が省エネに取り組んできた理由には，ひとつには発電所のキャパシティがあると考えられる。温暖化政策や各種燃料の価格に不確実性が伴うなか，電力会社は新規発電所建設に必ずしも積極的ではない。需要の増加に対して，新しい発電所を建設するより，省エネによって需要を抑制する方が，リスクの低い可能性がある。また，省エネ取り組みの費用を電力価格に上乗せさせることが認められていることも，電力会社が省エネに取り組む要因であると考えられる。

最近では，これらの省エネ支出の効果についての議論が盛んである。これまでの電力会社の報告や研究によると，1kwhの電力節約に必要な費用は，0.008〜0.229ドルとかなりばらつきがある（Gillingham *et al.* 2006）。電力会社の報告は，人々の行動の変化を反映していないという批判もある。実際の費用効果性については，今後の研究を待つ必要があるだろう。

*　本章の作成にあたっては，地球環境研究総合推進費H-091のおよび，住友財団の環境研究助成の調査結果を利用している。ここに謝意を記す。なお，本章のデータは，基本的にエネルギー省エネルギー情報局（http://www.eia.doe.gov/）から得た。

●参考文献

有村俊秀, Dallas Burtraw, Alan Krupnick, Karen Palmer（2007）「米国における気候変動政策の進展」持続可能な発展の重層的環境ガバナンス　ディスカッション・ペーパー　NoJ07-07R（http://www.sdgovernance.org/internal/docs/SDG-DP-JNo07-07R.pdf）。

亀山康子・高村ゆかり編（2011）『気候変動と国際協調——京都議定書と多国間協調の行方』慈学社出版。

日引聡・有村利秀（2002）『入門　環境経済学』中央公論新社。

細田衛士編（2011）『環境経済学』ミネルヴァ書房。

前田章（2010）『ゼミナール 環境経済学入門』日本経済新聞出版社。

諸富徹・鮎川ゆりか編（2007）『脱炭素社会と排出量取引——国内排出量取引を中心としたポリシー・ミックス提案』日本評論社。

Gillingham Kenneth, Richard G. Newell and Karen L. Palmer (2006), "Energy Efficiency Policies: A Retrospective Examination," *Annual Review of Environment and Resources*, Vol. 31 pp. 161-192.

（有村俊秀）

終 章
アメリカ経済の展望

　これまでの章からも明らかなように，アメリカ経済・社会は多くの課題に直面し何度も危機に陥ってきたが，その独自の経済再生力で蘇(よみがえ)ってきたといえよう。本章では，これからのアメリカ経済についてふたつの異なる時間的視野で考察するための手がかりを提供する。
　第1はサブプライム危機から広がった金融危機後に関するものであり，第2は長期的な展望に関するものである。アメリカ経済は，短期的にも長期的にも，ダイナミックに変化している。具体的な個々の変化は未来に起きる諸事象に左右されるが，それらの変化の大枠の底流となる諸要素を知ってほしい。

1　金融危機後の停滞

　サブプライム危機から広がった今次の金融危機の後，アメリカ経済は景気後退に陥った。第8章で見たようにその後の回復は緩慢であり，2011年夏現在も高い失業率がつづいている。持続的な停滞が生じることすら懸念されている。景気対策と税収減によって財政赤字も膨れ上がり，その長期的な持続可能性が疑問視されたり，政治的反対が高まったりしているので，財政政策による景気浮揚は難しくなっている。金融政策への期待が高まる局面だが，すでに政策金利は下限であるゼロ水準にまで引き下げられている。そこで，追加的な金融緩和策として，国債の大量購入のような量的な施策とか，ゼロ水準の金利の継続の約束（コミットメント）などが，実施されつつある。
　日本で生活しその経済を観察している者にとっては，既視感に襲われる状況である。日本は1990年代初頭のバブル崩壊後，「失われた10年」を経験した。その間もその後も経済活動水準の循環的な変動は見られたが，力強く持続的な回復にはつながらず，マイルドなデフレーションは現在にまで及んでいる。財

政赤字は先進国中最悪の水準に膨張し，金融政策はさまざまな緩和を繰り返して，金利はゼロ近傍に貼り付いている。その間に，平均的な人々の生活水準は停滞し，むしろ低下してきた。これだけ長期的な経済停滞の原因は単純なものではなく，複数の要因が重なったと考えられよう。少子高齢化の結果として人口減少がはじまったことも，総需要の伸びを低下させただろう。繰り返された円高も，日本企業の国際競争力を落としたり，生産活動の国外への流出を後押ししたりしたことだろう。不良債権を抱えた金融システムが積極的にリスクをとれなくなって，貸出が伸びなくなったことも企業投資や新規開業を減らしてしまっただろう。

家計は，バブル期に借金をして住宅などの資産を購入したのに，その後に資産価格が下落してしまって，純資産の減少に直面することとなった。借金の価値はそのままなのに，対応する資産の価値は下落したので，純資産がマイナスになってしまった場合も多い。企業も，「財テク」＝投機に資金を投入した場合は家計と同じく状況であったし，バブル期の高成長に応じて設備投資した場合は，借金に見合うだけの売り上げが望みがたくなり「過剰設備」状態になってしまった。こうした場合，家計は消費水準を減らして貯蓄を増やして，資産の再構築に励むこととなる。企業も投資を減らして，利益を借金返済に向けることとなる。これが，バランスシート調整と呼ばれる現象であり，こうした行動がつづいている間，総需要の水準を持続的に低下させることとなる。政府が財政出動で総需要低下の穴を埋めようとしても，バランスシート調整の持続に応じて財政赤字も継続することとなり，国債発行残高（政府の借金総額）は膨れ上がってしまうのである。

ラインハートとロゴフが過去数百年にわたる各国の経験を調べた共同研究によれば，こうした状況は10年間ほどつづくのが平均的であり，財政破綻が繰り返されてきたという。アメリカについても例外ではないだろうと懸念されているわけである。ただし，バブル崩壊後の日本と比べると，アメリカ経済にはいくつかの強みがあると考えられる。第1に，アメリカの人口はまだ成長している。第2に，アメリカはまだデフレーションに陥っていないし，インフレ期待も2％近い水準でまだ安定している。第3に，アメリカの労働市場は非常に柔軟であり，成長産業の転換に対応しやすい。第4に，アメリカの金融システムは複線的であり，一部の金融機関が傷んでも，他の経路で資金が供給できる。

こうした諸点を考慮すると，アメリカ経済も持続的なバランスシート調整を経験するであろうが，日本よりは軽傷で済むのではないだろうか。ただし，日本の場合と違ってアメリカの停滞は世界経済を巻き込んで不安定化させてしまっており，そちらのマイナス効果は過大にならない限りという条件付きの推論でしかないが。

2　アメリカ経済を長期的に観察・考察するために

本節では，より長期的な視点から，アメリカ経済を展望してみよう。各章の分析から浮かび上がってきた点を中心に，以下では今後のアメリカ経済を観察・考察するにあたり，重要と思われる点を見ていこう。

日本人にとってなじみが薄いがアメリカを観察するうえで重要なものに，連邦制が挙げられよう。本書の財政・金融・法システムなどの諸章を見てもらえば，州・地方政府が連邦政府に匹敵するような役割を果たしていることが明らかであろう。独立後ほどなく13の元植民地がつくった憲法において，連邦政府の管轄と明記されていない分野は，基本的に州政府の領域なのである。日本では「特区」が導入されて日が浅いが，アメリカでは州ごとにさまざまなルールを決めているのがむしろ当然なのである。教育や医療・福祉，都市・経済再生などの難しい諸問題に関しては州ごとの取り組みがあり，自然と実験が行われることとなり，成功例を他の州が模倣することになる。近年は州知事として実績を挙げた者が連邦大統領となることが多い。今後も，連邦と州との権限の境界線は移っていくだろうが，連邦制の重要性は変わらないであろうし，その機能の発揮が期待される。

日本と違う点としては，エスニック集団の存在の重要性も挙げておくべきだろう。アメリカは移民によって成長してきた国であるし，いまもなお，世界中からの移民を引き付けるだけの自由と経済的機会を提供している。しかし，新しい移民への排斥も繰り返されてきた。日本からの移民がその標的となったこともあった。また，国内で人種・エスニック集団の間に摩擦があることも周知であり，1992年のロス暴動のように噴出することもある。ただし，こうした問題を克服すべくさまざまな試みがなされてきているし，増大するマイノリティ人口は大きな政治的影響力をもちつつある。たとえば，ヒスパニック系は，マ

イノリティとして経済的利害からは民主党支持に傾くものの，社会的関心からは共和党と同調する部分も大きい。フロリダのキューバ系のように，出身国との政治的な関係も政党支持に影響を及ぼしうる。テキサス州知事出身のジョージ・W・ブッシュ政権はもちろんのこと，はじめてのアフリカ系大統領であるオバマの政権でも，スペイン語でホームページがつくられるなど，アメリカ政治はますます多文化の方向に進んでいる。同じような政治勢力の多様化は，2000年から10年の国勢調査の間に，総人口の4％から5％へと人口が増加したアジア系アメリカ人にとってもあてはまる。01年の9.11以降のアメリカ社会は，一方でアメリカ的なものへの忠誠を強く求める方向に進んでいるものの，実際にアメリカ社会を構成する「顔」がますます多様性を増していることは否定できないだろう。

　アメリカの経済・社会を見ていくうえで，技術の革新とそれに対応した法律・ビジネスなどのシステムが構築されていくという大きなうねりを忘れてはならない。19世紀半ばに大陸横断鉄道が建設されて巨大市場が形成され，生産の標準化により大規模生産が進み，20世紀に入ると電化が進んだ。いままた，IT（情報技術）革命によって社会・経済システムが改革されようとしている。この大きなうねりと関連しながら，政府と市場との相対的な役割に関する「大きな政府」と「小さな政府」の変遷があることにも留意してほしい。ひとつの仮説であるが，新しい技術が発生してそれが社会経済システムを変革したり，経済が順当な成長を遂げるときには，改革の進行を妨げないように政府の役割が縮小し，新しいシステムの弊害が表面化したり，経済・社会的な危機が生じた場合には，政府の役割が拡大していくのかもしれない。ただし，アメリカにおいては，他の先進諸国よりも，政府の拡大傾向へのチェックが強いだろう。

　アメリカの経済システムの根幹には，「機会の公平性」を基本的な価値として，自由な市場取引を促進することがある。これこそが，世界中から多くのビジネスやタレントを吸引している原因であろう。社会主義システムが崩壊し，日本型経済システムも困難に直面している現在は，この根幹に変わるべき代替的なシステムはいまだに発見されていない。むしろ，この根幹を支える情報公開とチェックシステムは，IT革命によって大きく進歩した。したがって，アメリカの経済・社会システムの根幹部分は，当分の間は維持されていくだろう。新しい技術革新に対応した社会経済システム改革も，「大きな政府」と「小さ

な政府」の交替も，この根幹の枠内で進行していくだろう。近年の会計・金融市場スキャンダルはシステムの重要な弱点を示しているが，その面での改善の試みが継続されていくことになるだろう。

最後に，アメリカの諸システムが必ずしも世界標準（グローバル・スタンダード）となっていない点にも留意しておいてもらいたい。アメリカが世界レベルの諸ルール作成において大きな役割を果たしてきたことは否定できないが，アメリカのルールがそのままに世界のルールとなっているわけではない。金利規制や州際・業際規制によって縛られていた金融システムは世界標準へのキャッチアップ過程にあるし，国民皆保険を実現できていない医療システムにもアメリカ独自の得失と問題点がある。

本書は主として経済社会システムの側面から，アメリカ経済を考察してきた。アメリカ経済もさまざまな問題を経験し，試行錯誤しながら，その解決に取り組んできたのである。現在の日本経済は長期的な停滞状況にあり，脱出策を模索中である。本書の事実関係や分析が，日本経済が復活を果たすために，何らかの示唆を与えること期待して，結びとしたい。

●参考文献
カルメン・M・ラインハート／ケネス・S・ロゴフ（2011）『国家は破綻する──金融危機の800年』村井章子訳，日経BP社。
Quian, Rong, Carmen M. Reinhart and Kenneth S. Rogoff (2010), "On Graduation from Default, Inflation and Banking Crisis : Elusive or Illusion," NBER Working Paper No. 16168.

（地主敏樹・村山裕三・加藤一誠）

資　　料

資料1 アメ

年　度	面積 (平方マイル)	人　口 (万人)	人口密度 (人/平方マイル)	都市人口比率 (%, 2500人以上の 都市居住者比率)	国民の年齢 の中央値
1900	2,969,834	7,599	25.6	39.8	
1910	2,969,565	9,197	31.0	45.7	
1920	2,969,451	10,571	35.6	51.3	
1930	2,977,128	12,278	41.2	56.3	
1940	2,977,128	13,167	44.2	56.7	
1950	2,974,726	15,070	50.7	64.0	
1960	3,540,911	17,932	50.6	69.9	29.5
1970	3,540,023	20,321	57.4	73.6	28.1
1980	3,539,289	22,655	64.0	73.7	30.0
1990	3,536,278	24,871	70.3	75.2(新基準78.0)	32.9
2000	3,537,438	28,142	79.6	79.0	35.3
2010	3,531,905	30,875	87.4	未定	37.2[1]

| 年　度 | 白人比率[2] | 移　民 | | 名目GDP
(10億ドル) | 財・サービス・貿易(10億ドル) | |
		流入数	年齢の中央値		輸出額	輸入額
1900	87.9	448,572	38.5	19.3	1.5	0.9
1910	88.9	1,041,570	37.2	31.6	1.9	1.6
1920	89.7	430,001	40.0	87.1	8.7	5.8
1930	89.8	241,700	43.9	91.2	4.4	4.1
1940	89.8	70,756	51.0	101.4	4.8	3.4
1950	89.5	249,187	55.9	293.7	12.3	11.6
1960	88.6	265,398	57.2	526.4	25.9	22.4
1970	87.4	373,326	52.0	1,038.3	56.6	54.4
1980	83.2	524,295	39.9	2,788.1	271.8	291.2
1990	80.3	1,535,872	37.3	5,800.5	535.2	616.1
2000	77.1(白人のみ75.1)	841,002	38.1	9,951.5	1,072.8	1,449.5
2010	74.8(白人のみ72.4)	1,042,625	41.4	14,526.5	1,837.6	2,337.6

注：1．最高42.7（メイン州）。
　　2．「白人比率」は白人・白人系。
出所：*Historical Statistics of the US*（電子版）のデータが出所は公表データが統一されていないため、可
　　　tion Policy、国土安全保障省およびInstitutehttp://www.usgovernmentspending.comなどのデータを

資　料

リカの基本統計

年　度	政府支出(連邦・州・地方政府計)の対GDP比(%)	政府支出に占める連邦政府の支出の比率(%)	工業生産指数(2007年=100)	失業率(対民間労働力, %)	消費者物価指数(1982-84年=100)
1900	(1902=6.9)	(1902=34.3)		5.0	8.4
1910	8.0	31.2		5.9	9.5
1920	12.8	59.6	5.6	5.2	20.0
1930	13.1	32.7	6.9	8.9	16.7
1940	20.1	47.2	8.5	9.5	14.0
1950	24.0	61.6	14.0	5.2	24.1
1960	28.7	61.5	24.1	5.6	29.6
1970	31.0	56.9	37.8	5.0	38.8
1980	33.7	57.8	51.7	7.2	82.4
1990	36.0	56.3	61.4	5.6	130.7
2000	32.8	50.7	91.1	4.0	172.2
2010	40.7	52.8	87.7	9.6	218.1

年　度	ダウ=ジョーンズ工業平均株価指数(1月時点)	財務省証券3カ月物利率(1月時点)	累積自動車登録台数(1000台)	持ち家比率(全国, %)	銀行数(FDICの保証機関)
1900	65.2		8	46.7	
1910	94.7		469	45.9	
1920	104.5		9,239	45.6	
1930	252.1	(1934=0.72)	26,750	47.8	(1934=14,146)
1940	147.7	0.0	32,453	43.6	13,442
1950	199.8	1.1	49,162	55.0	13,446
1960	655.4	4.4	73,858	61.9	13,126
1970	782.9	7.9	108,418	64.3	13,511
1980	860.7	12.0	155,796	64.8	14,434
1990	2,679.2	7.6	188,798	63.9	15,162
2000	11,308.9	5.3	221,475	65.9	9,904
2010	10,471.2	0.1	(2009=246,283)	68.4	7,657

能な限り, Bureau of the Census, Bureau of Economic Analysis, Bureau of Labor Statistics, Migra-
使用したが, 遡及できないものは, *Historical Statistics of the US*(電子版)を基本とする。

資料2 アメリカ関連年表

年代	社 会 の 動 き
1492	コロンブスによる新大陸発見
1607	ジェームズタウン建設
1619	黒人奴隷の輸入開始
1620	プリマス植民地建設
1630	マサチューセッツ湾植民地建設
1681	ペンシルヴァニア植民地建設
1733	ジョージア植民地（最後のイギリス植民地）建設
1776	独立宣言
1788	合衆国憲法発効
1793	ホイットニー綿操機発明
1803	フランスよりルイジアナ購入
1812	米英戦争（～14年）
1819	スペインよりフロリダ購入
1823	モンロー宣言
1825	エリー運河開通
1830	ボルティモア＝オハイオ鉄道開通
1832	民主党，最初の全国党大会
1838	自由銀行法制定
1845	テキサス併合
1846	米墨戦争（～48年），ニューメキシコとカリフォルニア獲得
1848	カリフォルニアに金鉱発見
1854	共和党結成
1857	経済恐慌
1861	南北戦争開始（～65年）
1863	奴隷解放宣言
	国法銀行法成立
1867	アラスカ購入
1869	最初の大陸横断鉄道開通
1873	経済恐慌
1876	電話の発明
1879	電球の発明
1882	中国人移民排斥法
1887	州際通商法成立
1890	フロンティア消滅
	シャーマン・反トラスト法成立
1893	経済恐慌
1898	米西戦争，フィリピン・グアム・プエルトリコ米領化
	ハワイ併合
1903	フォード自動車，大量生産方式
	パナマ運河条約（運河地帯の永久租借）
1907	経済恐慌
1913	ウィルソン大統領就任（～21年）
	連邦準備銀行法
1914	第一次世界大戦（～18年）
	クレイトン・反トラスト法成立，連邦取引委員会法成立
1919	禁酒法（憲法修正18条，ヴォルステッド法）成立
1920	戦後不況
	ラジオの定時放送開始
1921	ハーディング大統領就任（～23年）
1923	クーリッジ大統領就任（～29年）
1924	割当移民法制定（排日条項）

1929	フーバー大統領就任（〜33年）
	ニューヨーク株式暴落，大恐慌
1930	スムート＝ホーレー関税法
1932	復興金融公社（RFC）設立
1933	ローズベルト大統領就任（〜45年）
	ニューディール政策
1935	社会保障制度導入
1939	第二次世界大戦（〜45年）
1944	ブレトンウッズ会議，戦後の国際金融体制決定
1945	トルーマン大統領就任（〜53年）
1946	雇用法成立
1950	朝鮮戦争（〜53年）
1953	アイゼンハワー大統領就任（〜61年）
1961	ケネディ大統領就任（〜63年）
1962	キューバ危機
1963	ジョンソン大統領就任（〜69年）
1964	ベトナム戦争（〜73年）
	新公民権法「偉大な社会」
	大規模減税
1969	ニクソン大統領就任（〜74年）
1971	ニクソン新経済政策（ニクソンショック）
1972	ウォーターゲート事件（〜74年）
1973	第一次石油危機
1974	フォード大統領就任（〜77年）
1977	カーター大統領就任（〜81年）
1978	航空規制撤廃法成立
1979	第二次石油危機（イラン革命）
	駐イラン米国大使館人質事件
1981	レーガン大統領就任（〜89年）
	大規模減税
1985	プラザ合意（ドル高是正）
	グラム＝ラドマン＝ホリングス（GRH）法成立
1987	ニューヨーク株式市場崩壊
1989	G・H・W・ブッシュ大統領就任（〜93年）
	冷戦の終結
	米加自由貿易協定
1991	湾岸戦争
1992	ロサンゼルス暴動
1993	クリントン大統領就任（〜2001年）
1994	北米自由貿易協定（NAFTA）発効
1996	福祉法改正（AFDCからTANFへ）
1998	連邦財政黒字化
2001	G・W・ブッシュ大統領就任（〜09年）
	同時テロ攻撃，アフガニスタン紛争
	大規模減税
2003	イラク戦争
2008	ベアスターンズ，リーマンブラザーズ破綻
	AIG・投資銀行など多くの大手金融機関で巨大損失発覚
	世界不況
2009	オバマ大統領就任
2010	医療保険改革法成立
	金融制度改革（ドッド＝フランク法成立）

索　引
（＊は人名）

ア　行

愛国者法　249
アウトプット（産出）　8
アコード　124
アセット・マネジメント　80
新しい古典派　146
アファーマティブ・アクション　120, 131
アポロ計画　93
アムトラック　81
アメリカ式製造方式　29
アメリカとの契約　157
アライアンス　82
意思決定　45
偉大な社会　94, 129, 181
一括補助金　158
一般教書　231
一般財源保証債　85
一方主義　233
移民　12, 107, 237
　　──のいない日　250
　　旧──　238
　　新──　238
移民改革・管理法　246
移民制限法　111
移民法
　　──（1990年）　246
　　──改正　152, 172, 243
移民労働者　239
移民割当法　243
医療制度改革　155
医療保険改革　169, 194, 268, 271
医療保険制度の特徴　255
インセンティブ・パッケージ　83
インターステート道路　79, 80, 87
インターネット　33, 47, 49
インフレ　134
　　──期待　139
＊ヴァンダビルド，コーネリアス　16
ウェーバープログラム　259
ウォーターゲート事件　143
売上税　189
運航免許の恒久的認可条項　81
エアポート・オーソリティ　84, 85
英米法　54
エクイティ　58
エクソン・フロリオ条項　100
エスニック集団　313
エネルギースター　304
エンタイトルメント（・プログラム）　137, 261
応用ミクロ経済学　60
大きな政府　129, 181, 314
オープンネットワーク型組織　49
＊オバマ，バラク　169, 230, 250, 271, 298
オフショア・アウトソーシング　228
オフ　バジェット（予算外予算）　184
オペレーション・ツイスト　133
オムニバス（乗合馬車）　77
オン・バジェット（予算内予算）　184

カ　行

階級意識　32
会社更生法（チャプター11）　83
階層制のマネジメント　39
ガイドポスト　133
カウボーイ　11
価格カルテル　71
革新主義運動　108
格付け　86

家族再結合　244
家族保険　262
学校区　274, 276, 278
合衆国憲法　31, 79
　　——修正第14条　252
株式会社　41, 52
株式市場崩壊　112
株主主権　43
株主反革命　42
カルテル　71
慣習法　197
関税法337条（1930年）　233
完全雇用法（ハンフリー・ホーキンス法）
　　144
管理階層　40
官僚制　47
関連市場　66
機会の公平性（平等）　16, 314
機会ベクトル　276
企業統治　→コーポレート・ガバナンス
企業分割命令　65
技術的抱き合わせ　64
技術の革新　314
規制アービトラージ（裁定）　199
規制緩和　144, 149
基礎的財政収支（プライマリーバランス）
　　193
規模の経済　37
義務教育　278
義務的経費　→エンタイトルメント
逆通勤（問題）　78
逆輸入　226
9.11テロ事件　83, 99, 163, 314
教育委員会　276, 278
教育改革　276, 277, 288
教育機会均等　277
教育政策ベクトル　276, 288
教育達成度　277
業際規制　200
競争の自由化戦略　230

競争ベクトル　277
京都議定書　4, 291
キリスト教保守派勢力　149
＊キング，マーティン・ルーサー　131
ギングリッチ革命　156
均衡財政法　160
禁酒法　112
近代企業　40
金融
　間接——　197
　直接——　197
金融会社　201
金融革新　197
金融危機　4, 168, 205, 311
金融規制　205
金融政策　311
金融制度改革（ドッド＝フランク法）　171,
　　213
空港・航空路信託基金　87
クラスアクション　71
グラス・スティーガル法　198
グラム＝リーチ＝ブライリー法　200
グリーン・ニューディール　4
＊クリントン，ビル　61, 98, 154, 168, 211, 229
クレイトン法　→反トラスト法
軍産学複合体　127
軍事研究　92
経営者革命　42
経営者支配　42
景気安定化政策　129
経済緊密化協定　232
経済再建計画　190
経済再建租税法（1981年）　190
経済諮問委員会議　18
結果の平等　16
減税　145
原則自由型　197
郊外化　78
航空規制撤廃法　82
工場制組織　36

324

索　引

公正貿易　233
公的医療サービス　254
公的金融機関　203
高等教育　274, 282
高度技術製品　222
『荒廃するアメリカ』　74, 79
高付加価値製品　222
衡平法　58
公民権運動　128
公民権法（1964年）　131
合理の原則　67
コーポレート・ガバナンス　41, 161, 209
互換性部品　28
国際競争力の低下　219
国際収支表　226
国勢調査　251
国土安全保障省　99, 162
国土安全保障法　249
国内排出権取引制度（排出量取引）　170, 292
国防総省　91
個人所得税　187
個人の自由　31
コックス委員会　100
コミュニティ・カレッジ　287
コモンロー　54, 58
雇用主提供医療保険　262
雇用法（1946年）　121
孤立主義　18
コントロール・グラフ　45
コンピュータ　90

サ　行

サービス経済化　216, 226
サービス生産部門　215
サーベンズ・オックスリー法　162
財産税　189
歳出委員会　185
歳出予算　183
財政赤字　147, 181, 311
再生可能エネルギー　298

財生産部門　215
財政政策　311
財政連邦主義　177
再転換投資　121
裁判員制度　54
最貧国援助　165
裁量上訴　57
裁量的経費　153, 154, 183, 191
　——への上限（Cap）設定　191, 192
サブプライム危機　221, 311
サブプライム・（住宅）ローン　168, 211
サプライサイド経済学　145
産業革命（イギリス）　36
産業政策　97
産業組織論　60
産業統制　118
産業内貿易　223
ジェット・エンジン　90
シカゴ学派　60
　ポスト・——　61
シカゴ革命　61
時間節約　75
識字テスト法　243
事業部制組織　38, 49
仕組み債　204, 212
資産管理業　202
事実審　56
市場アクセス　230
市場型取引　196, 212
市場支配力　62
児童医療保険プログラム　260
シビルロー　54
司法省反トラスト局　59
シャーマン法　→反トラスト法
社会保障税　187
社会保障制度（公的年金制度）　115
社会保障番号　213
シャドーバンキング　168, 198, 204, 212
州運営費交付金　282
就学前教育（ヘッド・スタート）　129

325

自由企業体制　14, 35, 51
州教育均衡交付金　279, 280
州際商業　17
自由銀行制度　198
州・地方債　85
州権論　17
柔構造組織　46
私有財産（権）　15, 30
住宅価格バブル　213
自由放任経済　14, 30
州立大学　282-284
受益者負担　79, 283
＊シュムペーター，ジョセフ・A.　19
需要
　　繰延べ――　122
　　派生――　74
　　本源的――　74
奨学金　282, 284
　　競争的な――　285
証券化　198, 203
情報スーパーハイウェイ　98
将来人口　13
職業教育　287
職能制組織　36, 37, 49
初等中等教育　274, 278
初等中等教育法　280, 281
　　――タイトルⅠ　281
所得弾性値　221
所有と経営の分離　40, 42
シリコンバレー　3
新経済政策　139
人口構造の変化　138
新国際分業体制　240
人種差別　276
信託基金　183
　　連邦道路――　79, 87
人民元の切り上げ　233
新連邦主義　141
垂直統合（企業）　37, 48
垂直分離（命令）　66, 67, 69

スイッチングコスト　82
スーパー301条　233
スーパー・リジョナルズ　199
スタグフレーション　3
スピン・アウト　92
スプートニク　93
スペース・シャトル　95
スミソニアン博物館　29
スムート・ホーレー関税法　110, 233
スリフト（貯蓄金融機関）　201
税収分配（レベニュー・シェアリング）　141
生徒一人あたり教育費　275, 276, 279, 280
政府の債務残高　182
＊ゼーリック，ロバート　230
世界銀行　18, 196
世界標準　315
セカンダリ空港　84, 86
石油危機　219
　　第一次――　220
　　第二次――　144
セグリゲーション　276
セマテック　97
セラノ対プリースト裁判　280
全国労働関係法（ワグナー法）　115
戦後停滞論　121
全米保険監督官協会　271
専門ビジネス技術サービス　227, 228
創造的なエネルギーの解放　31
創造的連邦主義　133
相対型取引　197
ソーシャル・フレームワーク　7
組織形態　36, 38
組織のシステム　50
組織力　51

タ 行

ターンパイク　79
大学独自奨学金　284-286
大規模減税　161
大規模生産　314

索　引

対距離課金　80, 88
第三の道　154
『大統領経済報告』　221
大統領輸出評議会　231
大統領予算教書　185
大陸横断鉄道　314
大陸法　54
大量生産　25, 37
抱き合わせ　62
タフト・ハートレイ法　123
多文化主義　12
多様化プログラム　247
単身保険　262
地域貿易イニシアティブ政策　230
小さな政府　145, 190, 315
畜産業用地　10
知的財産権保護　230
地方公共団体　179
地方財産税　194, 278, 280
チャーター・スクール　278
チャネル・コンフリクト　49
*チャンドラー，アルフレッド　36, 48
中央銀行の独立性　210
超党派貿易促進権限法（2002年）　232
通関統計　226
通商法301条（1974年）　233
通商法制の執行強化　231
T型フォード　25, 110
ティー・パーティー勢力　172
ディロン原則　179
出来高払いプラン　257, 265
デタント（緊張緩和）　94
デット・デフレーション　114
デニズン　157
デビットカード　213
デフレーション　114
　──懸念　167
電気鉄道　77
電子商取引　48
同意判決　61, 68

統合予算　184
投資銀行　202, 205
投資信託　202
投資ファンド　205
当然違法　63
投票権法（1965年）　131
独占力　65
特定財源制度　79
特別セーフガード　230, 232
独立自営農民　16
特区　313
ドットコム企業　159
トップ・ダウン型戦略策定　45
*ドマー，エブセイ・D.　20
ドメイン　45
トリガー（一律歳出命令削減）条項　193
取締役会　43
ドル高政策　219

ナ　行

南北戦争　23
難民法　246
日米貿易摩擦　234
日本的経営　51
ニュー・エコノミー　158
ニューディール（連合）　16, 114, 117
ニューヨーク証券取引所　196
年金基金　202

ハ　行

バーチャル・コーポレーション　49
ハーバード学派　60
ハーバード大学　274, 282
パー・プロセッサ・ライセンス　62
*バーリ，アドルフ　42
陪審制度　54
ハイテク業種　219
ハイリスク・ハイリターン　206
馬車鉄道　77
パナソニック（松下電器産業）　39

ハブ・アンド・スポーク　82, 84, 151
ハブ空港　83
バランスシート調整　312
＊ハロッド, ロイ・F.　20
反トラスト法　54, 58, 71
　　クレイトン法　59
　　シャーマン法　59, 108
　　FTC（連邦取引委員会）法　59
判例（法）　55, 58
非営利団体　132
比較優位（比較劣位）　222
ヒスパニック　242
ビッグビジネス　36
標準化　27
貧困への戦い　16, 129
ファイン・チューニング　129
ファニーメー　203
フェアディール政策　124
フェデラリスト　17
　　アンチ――　17
＊フォーゲル, ロバート　16, 75, 76, 78
フォード型生産方式　24
福祉法改正（福祉改革法）　154, 157, 248
双子の赤字　147, 190
物価賃金凍結　139
＊ブッシュ, G. H. W.（父）　147, 153, 229, 230
＊ブッシュ, ジョージ・W.（子）　69, 99, 160, 249, 269, 281, 291, 292, 295, 297, 298, 314
プッシュ・プル論　240
不法移民　245
不法移民改革および移民責任法　248
不法移民取り締まり法（アリゾナ州）　250
プラザ合意　147
＊フランクリン, ベンジャミン　16
フレディーマック　203
ブレトンウッズ体制　124
分権システム　274
分権ベクトル　276, 279, 288
ペイ・アズ・ユー・ゴー（PAYGO）原則　153, 155, 191
米中経済安全保障検討委員会　100
ヘッジファンド　202, 208
ペティ＝クラークの法則　216
ベトナム戦争　130
ペル・グラント奨学金　285
ベンチャー・キャピタル　203
貿易赤字額　221
貿易依存度　19, 220
貿易収支の不均衡　221
包括通商競争力法（1988年）　233
法源　55
法人所得税　187
ポート・オーソリティ　84
ホーム・ルール憲章　179
補完協定　229
捕鯨国　10
保護貿易主義　110
ボストーク1号　93
ポスト産業経済社会　241

マ　行

マイレージ・プログラム　82
マシーン政治　108
マッカーシズム　127
マッケイン＝ファインゴールド法　163
マネーサプライ　144
マネジドケア・プラン　264, 265
マンハッタン計画　89
＊ミーンズ, ガーディナー　42
ミドル・アップ・ダウンの経営　45
民間医療保険　255, 266
民間航空局（民間航空法）　81
民事的裁判所侮辱　63
無形の経済財　8
無保険者　267
メディギャップ保険　256
メディケア（公的医療保険）　129, 155, 254, 255, 266
メディケイド（公的医療扶助）　129, 155, 189,

索　引

258

ヤ 行

山猫銀行　198
郵便道路　79
有料道路　80, 88
輸出依存度　220
輸出自主規制協定　233
輸出信用　231
輸出促進政策　231
輸出倍増目標　232
輸送統制　118
輸送密度の経済性　83
ユニット・バンキング制　199
ユニバーサル・バンク　200
輸入依存度　220
幼稚産業　81
預金保険　207
予算委員会　185
予算決議　141
予算制度（編）　183-185

ラ 行

ラッファー曲線　145
リーグル＝ニール法　199
リーマンショック（リーマンブラザーズ）
　　20, 83, 168, 192, 294, 301, 303
リニエンシー制度　71
留保権限　179
量産効果　29
旅客施設使用料　86, 88
＊リンドバーグ，チャールズ　81
ルーラル・エリア　10
冷戦　91, 124
　新――　145
レーガノミックス　190, 233
レーガン・デモクラット　148
＊レーガン，ロナルド　97, 143, 219, 229, 233
レベニュー債　85
連邦（制国家）　55, 177, 198, 313

連邦医療補助率　260
連邦基金　183
連邦研究開発費　286
連邦裁判所　56
連邦準備制度　209
連邦道路信託基金　→信託基金
連邦燃料税　79, 80
連邦貧困水準　259
連邦補助道路　79, 80, 87
ロイヤルティ・ライセンス使用料　227, 228
労働組合　41
労働生産性　144
労働統制　118
ロー対ウェイド判決　142
＊ロックフェラー，ジョン　16

A to Z

AAA（農業調整法）　115
AD（アンチダンピング）　232
AFDC（要扶養児童家庭扶助）　148
AFL（アメリカ労働総同盟）　111
APECホノルル首脳会議　232
ARRA2009（米国再生・再投資法）　193
ATM　213
BBA1997（財政収支均衡法）　192
BEMs　231
CAB（民間航空委員会）　81
CAFE（企業別平均燃費）規制　306
Cap　154, 191, 192
CBO（議会予算局）　185
CEA（経済諮問委員会）　121, 184
CVD（相殺関税）　232
EGTRRA2001（減税調整法）　192
EPA（環境保護庁）　143
ESA2008（経済刺激法）　192
eビジネス　48
FDIC（連邦預金保険公社）　198
FFP（フリークエント・フライヤーズ・プログラム）　82
FRB（連邦準備）　198

329

FTA（自由貿易協定）　215, 231
FTAA（米州自由貿易圏協定）　230
FTAAP（アジア太平洋自由貿易地域）　232
FTC（連邦取引委員会）法　→反トラスト法
GDP（国内総生産）　8
GL（グローベル＝ロイド）指数　223
GM（ジェネラル・モーターズ）　39
GRH（グラム＝ラドマン＝ホリングス）法
　　148, 190
HMOプラン　257, 265
HS（国際統一関税品目分類）　221
HSA（健康貯蓄口座）　270
HSARPA（国土安全保障高等研究計画庁）
　　99
IMF（国際通貨基金）　18, 196
IT（情報技術）　159, 219
　　――革命　47, 98, 150, 314
　　――投資　159
　　――バブル　161, 208
ITC（国際貿易委員会）　233
JCWAA2002（雇用創出および勤労者支援法）
　　192
JGTRRA2003（雇用および成長のための減税
　　調整法）　192
LBO（企業買収）　207
LCC（格安航空会社）　83, 84, 86
LDC-Debt（途上国向け貸出し）　207
MBA（経営学修士）　47, 51
MBS（モーゲージ担保証券）　203
MMF（マネー・マーケット・ファンド）
　　151, 205
NAFTA（北米自由貿易協定）　153, 155, 216,
　　225, 229

NAICS（北米産業分類システム）　216
NASA（連邦航空宇宙局）　93
NASDAQ　161, 196
NATO（北大西洋条約機構）　125
NCLB法（落ちこぼれ防止法）　165, 281
NEI（国家輸出戦略）　231
New I.O.　61
NIRA（全国産業復興法）　115
OBRA90,93（包括予算調整法）　153, 191
OJT（職場内教育）　46
OMB（行政管理予算局）　184
OPEC（石油輸出国機構）　140
PPOプラン　257, 266
QCサークル活動　46
S&L（貯蓄貸付組合）　151
　　――危機　206
SACU（南部アフリカ関税同盟）　230
SBJA2009（中小企業支援法）　193
SCPパラダイム　60
SEC（証券取引委員会）　198
SIC（標準産業分類）　216
SNAP（補足的栄養支援）　189
SOX（サーベンズ・オックスリー）法　209
TANF（貧困家庭一時扶助）　157, 188
TARP（不良資産救済プログラム）　170
TPP（環太平洋パートナーシップ協定）　232
TRA1997（納税者負担軽減法）　192
TRUIRJCA2010（減税延長・失業保険特別延
　　長・雇用創出法）　193
USTR（通商代表部）　230
WFTRA2004（勤労家族減税法）　192
WTO（世界貿易機関）　224, 226

《執筆者紹介》(所属, 執筆分担, 執筆順, ＊は編者)

＊地主　敏樹（神戸大学大学院経済学研究科教授, 序章・第7章・第8章・第10章・終章）

＊村山　裕三（同志社大学大学院ビジネス研究科教授, 序章・第2章・第6章・終章）

＊加藤　一誠（慶應義塾大学商学部教授, 序章・第5章・終章）

榊原　胖夫（同志社大学名誉教授（逝去）, 第1章）

上林　憲雄（神戸大学大学院経営学研究科教授, 第3章）

泉水　文雄（神戸大学大学院法学研究科教授, 第4章）

大津留(北川)智恵子（関西大学法学部教授, 第7章・第8章）

前田　高志（関西学院大学経済学部教授, 第9章）

滝井　光夫（桜美林大学名誉教授, 第11章）

藤重　仁子（森ノ宮医療大学大学院保健医療学研究科教授, 第12章）

中浜　隆（小樽商科大学商学部教授, 第13章）

塙　武郎（大月市立大月短期大学経済科准教授, 第14章）

有村　俊秀（早稲田大学政治経済学術院教授, 第15章）

《編著者紹介》

地主敏樹（ぢぬし・としき）

 1959年　西宮市に生まれる。
 1989年　ハーバード大学大学院修了（Ph. D.）。
 現　在　神戸大学大学院経済学研究科教授。
 主　著　『マンキュー　経済学Ⅰ・Ⅱ』（共訳）東洋経済新報社，2000年。
　　　　　『マンキュー　マクロ経済学Ⅰ・Ⅱ』（共訳）東洋経済新報社，2003年。
　　　　　『アメリカの金融政策──金融危機対応からニュー・エコノミーへ』東洋経済新報社，2006年。

村山裕三（むらやま・ゆうぞう）

 1953年　京都市に生まれる。
 1982年　経済学博士（ワシントン大学）。
 現　在　同志社大学大学院ビジネス研究科教授。
 主　著　『アメリカの経済安全保障戦略──軍事偏重からの転換と日米摩擦』PHP研究所，1996年。
　　　　　『テクノシステム転換の戦略──産官学連携への道筋』NHK出版，2000年。
　　　　　『経済安全保障を考える──海洋国家日本の選択』NHK出版，2003年。

加藤一誠（かとう・かずせい）

 1964年　京都市に生まれる。
 1992年　同志社大学大学院経済学研究科博士課程後期満期退学。
 2002年　博士（経済学）（同志社大学）。
 現　在　慶應義塾大学商学部教授。
 主　著　『アメリカにおける道路整備と地域開発──アパラチアの事例から』古今書院，2002年。
　　　　　『交通の産業連関分析』（共著）日本評論社，2006年。
　　　　　『交通インフラ・ファイナンス』（共編著）成山堂書店，2014年。

シリーズ・現代の世界経済　第1巻
現代アメリカ経済論

2012年4月30日　初版第1刷発行	〈検印省略〉
2017年5月10日　初版第3刷発行	定価はカバーに表示しています

編著者	地主　敏樹 村山　裕三 加藤　一誠	
発行者	杉田　啓三	
印刷者	藤森　英夫	

発行所　株式会社　ミネルヴァ書房
607-8494　京都市山科区日ノ岡堤谷町1
電話代表　(075)581-5191
振替口座　01020-0-8076

Ⓒ 地主・村山・加藤, 2012　　　亜細亜印刷・藤沢製本

ISBN978-4-623-05869-3
Printed in Japan

シリーズ・現代の世界経済〈全9巻〉

A5判・美装カバー

第1巻 現代アメリカ経済論　　　地主敏樹・村山裕三・加藤一誠 編著

第2巻 現代中国経済論　　　　　加藤弘之・上原一慶 編著

第3巻 現代ヨーロッパ経済論　　久保広正・田中友義 編著

第4巻 現代ロシア経済論　　　　吉井昌彦・溝端佐登史 編著

第5巻 現代東アジア経済論　　　三重野文晴・深川由起子 編著

第6巻 現代インド・南アジア経済論　石上悦朗・佐藤隆広 編著

第7巻 現代ラテンアメリカ経済論　西島章次・小池洋一 編著

第8巻 現代アフリカ経済論　　　北川勝彦・高橋基樹 編著

第9巻 現代の世界経済と日本　　西島章次・久保広正 編著

────── ミネルヴァ書房 ──────

http://www.minervashobo.co.jp/